高等学校规划教材

随机过程及其在金融领域中的应用

（第 2 版）

王 军 邵吉光 王 娟 编著

清华大学出版社
北京交通大学出版社
·北京·

内 容 简 介

本书主要包括两部分内容：一部分是概率空间、随机过程的基本概念、Poisson 过程、更新过程、Markov 链、Brown 运动、鞅、随机微分方程等；另一部分是数理金融学的基本概念和基本知识、金融领域中的数学模型、期权定价理论、Black-Scholes 公式、随机过程的一些理论在金融领域中的应用等。

本书适用于高等院校应用数学、统计学、金融（金融工程、金融数学等）、管理科学、经济学等专业高年级学生与研究生的教学，也可供有关专业技术人员参考。

图书在版编目（CIP）数据

随机过程及其在金融领域中的应用／王军，邵吉光，王娟编著. —2 版. —北京：北京交通大学出版社：清华大学出版社，2018. 8（2023. 7 重印）
ISBN 978-7-5121-3655-7

Ⅰ. ① 随…　Ⅱ. ① 王…　② 邵…　③ 王…　Ⅲ. ① 随机过程-应用-金融　Ⅳ. ① F830

中国版本图书馆 CIP 数据核字（2018）第 173482 号

随机过程及其在金融领域中的应用
SUIJI GUOCHENG JIQI ZAI JINRONG LINGYU ZHONG DE YINGYONG

责任编辑：黎　丹
出版发行：清 华 大 学 出 版 社　　邮编：100084　　电话：010-62776969　　http://www.tup.com.cn
　　　　　北京交通大学出版社　　邮编：100044　　电话：010-51686414　　http://www.bjtup.com.cn
印 刷 者：北京鑫海金澳胶印有限公司
经　　销：全国新华书店
开　　本：185 mm×260 mm　　印张：16　　字数：399 千字
版　　次：2018 年 8 月第 2 版　　2023 年 7 月第 3 次印刷
书　　号：ISBN 978-7-5121-3655-7/F・1796
印　　数：7 001～9 000 册　　定价：39.00 元

本书如有质量问题，请向北京交通大学出版社质监组反映。对您的意见和批评，我们表示欢迎和感谢。
投诉电话：010－51686043，51686008；传真：010－62225406；E-mail：press@bjtu.edu.cn。

前　言

随机过程理论是概率论的重要分支，是一门应用性很强的学科。从 1930 年起，对于随机过程理论的研究不断发展和丰富，特别是近几十年来，随机过程理论及其应用得到了迅速发展。随机过程理论被广泛地应用到物理学、自动控制、电子工程、通信科学、经济学、管理科学及金融学等领域。本书的一个主要目标就是介绍随机过程在金融领域中的应用。为此，本书内容除了包括随机过程的基本概念、基本理论与基本方法外，还着重介绍了 Brown 运动、鞅理论和随机微积分［如伊藤（Ito）积分公式］等与金融相关的随机过程理论。

本书所介绍的随机过程理论主要有：概率空间理论、随机过程的基本概念、Poisson过程、更新过程、离散参数的 Markov 链、连续参数的 Markov 链、Brown 运动、鞅理论、随机积分、随机微分方程等。

在 20 世纪后期，迅速发展起来了一门新兴交叉性学科——数理金融学（mathematical finance），它是人们观察、研究与认识金融问题的一种独特方法，它把数学工具与金融问题有机地结合起来，为创造性地研究、解决各种金融问题提供基础与指导。通过数学建模、理论分析、理论推导、数值计算等定量分析，研究和分析金融交易中的各种问题，从而精确地刻画出金融交易过程中的一些行为及其可能的结果；同时研究其相应的预测理论，达到回避金融风险、实现金融交易收益最大化的目的，从而使有关金融交易的决策更加简洁和准确。因此，数理金融学是金融学自身发展而衍生出来的一个新的分支，是数学与金融学相结合而产生的一门新的学科。金融工程就是把数理金融的基本原理和结论工程化、产品化。金融工程学的发展为数理金融不断提出更多、更高的要求，同时数理金融学的发展也不断为金融工程提供新的理论和方法。这门新兴的研究领域发展很快，目前是世界上十分活跃的前沿学科之一。在国际上，这门学科已经有 50 多年的发展历史，数理金融和金融工程中的许多理论得以证明和完善。数理金融的迅速发展，带动了现代金融市场的金融产品不断快速创新，使得金融交易的范围和层次更加丰富和多样性。由于数理金融和金融工程所研究的金融现象具有很强的不确定性，因此随机过程等理论被广泛地应用到金融问题的研究中。本书将在这一方面进行相关的介绍，其中主要包含：数理金融学的基本概念和基本知识，金融领域中的数学模型，利率，随机游动与期权定价，期权定价理论，Black-Scholes 公式，资产组合与投资组合，随机过程的一些理论在金融领域中的应用等。

本书包含一定数量的习题并附有答案，读者需要具备概率论、微积分、线性代数与一些简单的金融知识。

编者感谢北京交通大学理学院对此项工作给予的支持，并感谢北京交通大学金融数学与金融工程研究所的师生们在本书编写过程中给予的支持和帮助。

编　者

2018 年 6 月于北京交通大学

目　录

第 1 章

金融领域中的数学模型

本章将简单地介绍根据一些金融现象和问题所构造的部分数学模型，这些数学模型将在本书的后续章节中加以具体研究和讨论. 希望通过对这些模型的简单介绍，能够使读者对金融理论与数学之间的联系有一些初步的认识和了解.

在证券市场(security market)中，证券投资者往往通过一切可行的分析方法和分析手段，对证券价格(price)的走势进行预测和分析. 例如，投资者在对股票(stock)进行投资时，希望能预测股票价格未来的走势，以期获取最大利益. 然而，根据历史的经验来看，能够对股票价格走势进行准确分析和预测的例子是少而又少. 于是，不禁要问，对股票价格波动的预测是否可能？随着人们对金融理论认识的不断深入，以及计算机科学的应用和情报信息处理的不断完善，希望在不久的将来，人们可以在一定范围和程度上正确地解析和预测股票价格的走势. 但就目前而言，人们还无法完全预测股价的波动情况，股价的变动具有一定的随机性. 基于这种情形，将概率论和随机过程理论引入到金融理论的研究中，对金融投资、金融管理和股票价格等金融问题进行相应的数学模型构造，并对这些数学模型进行分析和研究，以期达到对金融问题的理解和研究.

1.1 债券和利率

投资者在谈论股票和债券(bond)问题时，更关注其收益率(rate of return)情况. 考虑某一债券，假设现时刻用 Q_0 元(人民币)在证券公司买进此债券，在满期(maturity)时取回 Q_1 元($Q_1>Q_0$)，设满期期间(time to maturity)为 1 年，则此债券的年收益率(年利率)为

$$r=\frac{Q_1-Q_0}{Q_0} \tag{1-1}$$

对于股票，同样可以定义类似的年收益率的概念. 但股票与债券最大的差别在于，1 年后债券的年收益率 r 在现时刻购买债券时已经确定，而 1 年后股票的年收益率要依赖当时股票的价格，即现时刻购买股票时无法确定年收益率. 众所周知，股票的价格波动依赖于多方因素，如此股票公司所处的行业是否景气、整体社会经济发展的状况、公

司本身经营的好坏及政治环境和经济环境等因素. 因此，从现时刻来看，1年后股票的收益率是无法预先确定的，它具有随机性. 基于这种情况，可以用概率的方法建立相应的数学模型，用此模型讨论1年后股票的收益率.

【例1-1】 (二项式模型)设某股票现在的价格为S_0，1年后股票的价格S_1有两种可能的取值：或者以概率p从S_0增加至uS_0，或者以概率$(1-p)$减少至dS_0，即

$$S_0 \begin{cases} \nearrow uS_0, \text{以概率 } p \\ \searrow dS_0, \text{以概率} (1-p) \end{cases} \tag{1-2}$$

式中，$u>r+1>d>0$，u，d为非负常数，r为债券年收益率，且$r>0$.

根据例1-1所构造的数学模型，如果股票价格以概率p走高，则1年后股票的收益率为$(u-1)$，比债券的收益率r要高；相反地，如果股票价格以概率$(1-p)$走低，则1年后的收益率为$(d-1)$，比债券的收益率低. 由此可以看出，债券是无风险的安全资产，而股票是有风险资产. 由于例1-1的模型中具有随机性，因此希望讨论其期望收益率(mean rate of return)及分散程度(方差).

【例1-2】 对于例1-1所建立的模型，计算股票年收益率的数学期望μ(期望收益率)和方差σ^2，以及标准方差σ.

解 由数学期望的定义，期望收益率μ为

$$\mu=\frac{uS_0-S_0}{S_0}p+\frac{dS_0-S_0}{S_0}(1-p)$$
$$=(u-1)p+(d-1)(1-p)$$

收益率的方差为

$$\sigma^2=(u-1)^2p+(d-1)^2(1-p)-\mu^2$$
$$=(u-d)^2p(1-p)$$

标准方差为

$$\sigma=(u-d)\sqrt{p(1-p)} \tag{1-3}$$

式(1-3)中收益率的标准方差σ又称为**波动率**(volatility)，它表达了股票价格波动的程度.

债券的利率(interest rate)是满期后债券的收益率. 类似地，银行储蓄也有相应的利率，通常指年利率. 假设某储蓄者将本金(principal)Q元存入银行，如果年利率为r，则1年后存款余额将成为

$$Q+rQ=(1+r)Q$$

即本金与利息(interest)之和，利息等于本金乘以年利率，即 rQ. 若在 1 年结束时，该储蓄者将连本带息 $(1+r)Q$ 再次存款 1 年(或自动转存 1 年)，则 2 年后存款余额为

$$(1+r)Q+r(1+r)Q=(1+r)(1+r)Q=(1+r)^2Q$$

以此类推，可以得到 n 年后的存款余额为 $(1+r)^nQ$. 这种计利方式称为复利(compound)方式. 而且，当 n 充分大时，有

$$(1+r)^n\approx e^{nr} \tag{1-4}$$

如果将 1 年时间 n 等分，把 $\frac{1}{n}$ 年看成一个投资周(或储蓄周期)，每个周期的利率为 $\frac{r}{n}$，类似前面的讨论，1 年后的投资回报为 $\left(1+\frac{r}{n}\right)^nQ$. 如果将时间分割无限扩大，即 $n\to\infty$ 时，有

$$\lim_{n\to\infty}\left(1+\frac{r}{n}\right)^nQ=e^rQ \tag{1-5}$$

此极限称为连续复利(continuous compounding). 如果考虑 t 年后(t 为正实数)的投资回报，则把 $\frac{t}{n}$ 年看成一个投资周期，当 n 充分大时，每个周期的利率为 $\frac{t}{n}r$，于是 t 年后的投资回报为

$$\lim_{n\to\infty}\left(1+\frac{tr}{n}\right)^nQ=e^{rt}Q \tag{1-6}$$

式(1-6)是式(1-5)的一般连续复利形式.

【例 1-3】 设某投资者将资金投入到一个以每年计息一次、复合利率为 r 的账户中，多少年后投资者的资金将变成原来的 1.5 倍?

解 设初始投入资金为 Q 元，则由题意和公式(1-4)，有

$$Q(1+r)^n=1.5Q \quad 且 \quad (1+r)^n\approx e^{nr}$$

所以，近似地有

$$e^{nr}\approx 1.5$$

即所需年数大约为

$$n\approx\frac{\ln 1.5}{r}=\frac{0.405}{r}$$

假设年利率 $r=0.02$，则需要大约 20.3 年资金将变成原来的 1.5 倍.

【例 1-4】 设某投资者将资金 Q 元投资一年，年利率为 $r=0.03$，如果银行按每年计息一次来计算利息或银行按连续复利来计算利息，两种计算方法有什么不同？

解 设初始投入资金为 Q 元，则由定义

$$\text{银行按每年计息一次的利率}=r=0.03$$

$$\text{银行按连续复利的利率}=\frac{Qe^{r}-Q}{Q}=e^{0.03}-1\approx 0.030\,45$$

由此可以看出，如果银行按连续复利来计算利息，则实际支付的利息总额要比以单利利率 r 支付的多. 假设银行按连续复利来计算利息，则此时利率 r 称为**名义利率**(nominal interest rate)，而实际利率

$$r_{\text{eff}}=\frac{\text{一年本金与利息之和}-Q}{Q}$$

称为**有效利率**(effective interest rate). 为了使问题简单化，在后续的内容中主要涉及利率，而不具体声明为何种利率.

在上面的讨论中，假设年利率 r 是固定值，每年都不改变. 但是在现实中，年利率 r 是经常变化的，对于这种复杂情况，可以用利率 $r(t)$ 来替换式(1-5)中的年利率 r，利率 $r(t)$ 又称为瞬间利率. 利率 $r(t)$ 的走势(与股票价格相同)是不可预知的，当投资者判断 $r(t)$ 未来下降时，现时刻将购入利率高的债券；相反地，当投资者判断 $r(t)$ 未来上升时，现时刻将卖掉手中的债券. 债券和利率的研究是数理金融学中的重要组成部分.

1.2 证券市场和股票的波动

初看起来，图 1-1、图 1-2 和图 1-3 上的曲线很类似，而实际上它们存在很大差别. 图 1-1 是通过 Mathematica 模拟进行 400 步而产生的简单随机游动(simple random walk)图；图 1-2 和图 1-3 分别是中国上海证券交易所上海综合指数一年(2005 年)走势图和中国石化股票一年(2005 年)走势图，并且图 1-1、图 1-2 和图 1-3 的走势是完全不一致的. 人们希望利用数学工具和图形对股市指数的波动进行研究和模拟，用以预测股价的走势，但是应该看到此项工作的困难性和复杂性.

设 X_1，$X_2\cdots$，是独立同分布随机序列，且 $P(X_i=1)=\frac{1}{2}$，$P(X_i=-1)=\frac{1}{2}$，$i=1, 2, \cdots$. 令

$$Y_0=0,\ Y_1=X_1,\ \cdots,\ Y_n=X_1+\cdots+X_n$$

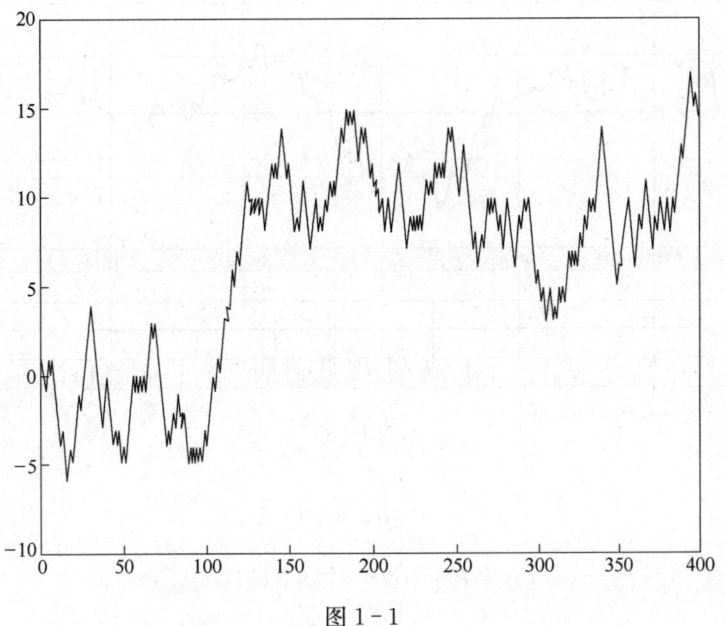

图 1-1

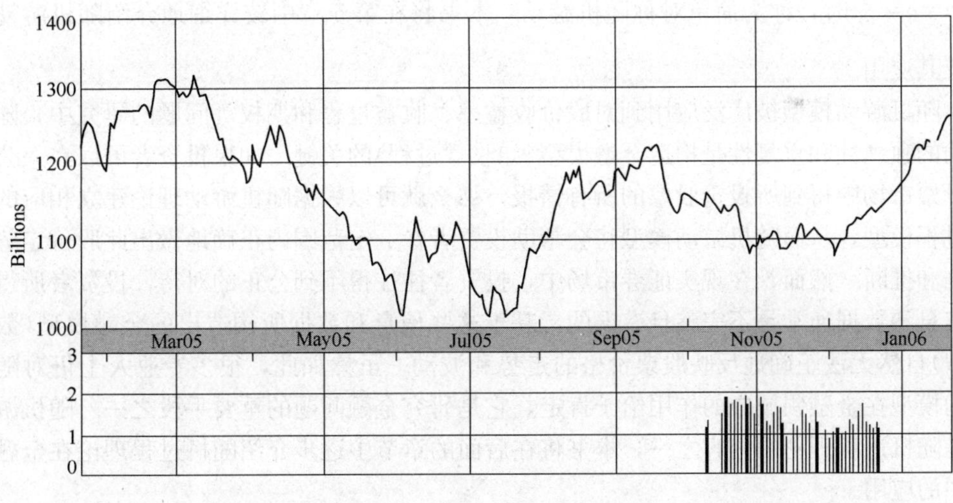

图 1-2

则$\{Y_n, n=0, 1, 2, \cdots\}$称为一维(直线上)简单对称随机游动过程. 直线上的随机游动是离散参数 Markov 链，考虑在直线整数点上运动的粒子，当它处于位置 j 时，向右移动到 $j+1$ 的概率为 p，而向左移动到 $j-1$ 的概率为 $q=1-p$，又设时刻 0 时粒子处在原点，即 $Y_0=0$. 于是粒子在时刻 n 所处的位置$\{Y_n\}$就是一个 Markov 链，称为随机游动，且具有转移概率

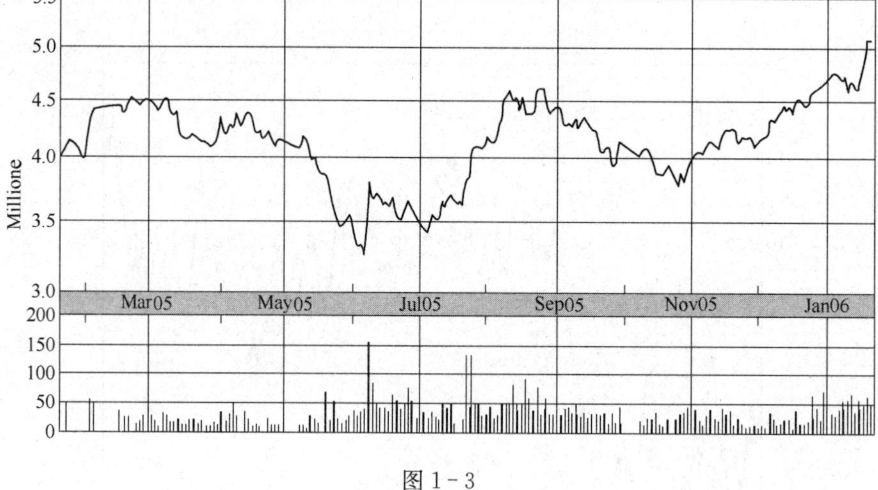

图 1-3

$$p_{jk}=\begin{cases}p, & k=j+1\\ q, & k=j-1\\ 0, & \text{其他}\end{cases}$$

当 $p=q=\frac{1}{2}$ 时，称为简单对称随机游动. 本书将在第 5 章中较详细地介绍随机游动模型及其应用.

随机游动模型被广泛应用到对股价收益率、收益过程和期权等问题的研究中，随机游动的独立性和重复性是构造金融模型(如收益过程)的关键. 如果投资者可以在一公平的股票市场中得到所投资股票的所有情报，那么就可以根据随机游动理论建立相应的收益过程模型，从而随机游动模型将会帮助投资者在一定范围内正确地做出此股价走势的预测和推断. 然而，在现实证券市场中，投资者往往得不到公正的对待，投资者所得到的信息和数据通常是不完整且有误的，基于这些信息和数据所构造出的金融模型(数学模型)自然无法正确地反映股票价格的走势和波动. 虽然如此，很多专业人士仍对随机游动模型在金融领域中的作用给予肯定，它是研究金融问题的重要手段之一. 随机游动也是随机过程理论的内容之一，本书将在后面的章节中逐步介绍随机过程理论在金融领域中的应用.

1.3 资产组合

设某市场有 n 个证券，证券通常包含债券、股票、公债和其他金融衍生产品. 给每个证券施以编号，记为 $i(i=1, 2, \cdots, n)$. 若某投资者的资金为 Q 元，那他将如何进行投资呢？是将全部资金投资在某一证券上？还是分散投资到不同的证券呢？为了简单起见，假设该市场不允许进行卖空(short sale)操作. 所谓卖空，是指投资者虽不具有某种证券，但他从证券市场中借到一定数量的该种证券，并在市场中卖出. 当然，日后此投资者必须归还所借到的证券及获得的股利(dividend). 用 w_i 表示对证券 i 的投资比率，由于不允许卖空，所以有 $w_i \geqslant 0$ 且 $\sum_{i=1}^{n} w_i = 1$，投资者对证券 i 的投资额为 $w_i Q$ 元. 比率向量 $\boldsymbol{w}=(w_1, \cdots, w_n)$ 称为资产组合.

在 t 时刻，若证券 i 的价格为 $S_i(t)$，则投资者可买入该证券 $w_i \dfrac{Q}{S_i(t)}$ 股(这里假设证券的单位是可以无限分割的，即投资者可持有 0.36 股或 135.6 股等). 如果用 $S_i(t+1)$ 表示证券 i 下一时刻的价格，则此资产组合 $\boldsymbol{w}$ 从 t 时刻到 $t+1$ 时刻所获得的利益为

$$\sum_{i=1}^{n}(S_i(t+1)-S_i(t))\frac{w_i Q}{S_i(t)}=\sum_{i=1}^{n}\left(\frac{S_i(t+1)-S_i(t)}{S_i(t)}\right)w_i Q$$

因此，此资产组合的收益率 $r(t)$ 为

$$r(t)=\sum_{i=1}^{n}\frac{r_i(t)w_i Q}{Q}=\sum_{i=1}^{n}r_i(t)w_i \tag{1-7}$$

式中，$r_i(t)=\dfrac{S_i(t+1)-S_i(t)}{S_i(t)}$，它表示证券 i 从 t 时刻到 $t+1$ 时刻的收益率.

合理的投资策略应该是将资金分散投资，以使自己资产组合的收益率最大化. 马尔科维茨模型(Markowitz model)就是在假定证券收益率服从多元正态分布的条件下，对单周期资产组合进行分析和研究.

假设市场上仅有 n 种风险证券或资产(即不存在无风险资产)，X_i 是证券 i 单周期的收益率(X_i 是随机变量)，则证券 i 的期望收益率为 $\mu_i = E(X_i)$，收益率向量和期望收益率向量分别记为

$$\boldsymbol{X}=(X_1, X_2, \cdots, X_n), \quad \boldsymbol{\mu}=(\mu_1, \mu_2, \cdots, \mu_n)$$

收益率的方差和协方差分别为

$$\sigma_{ii}=V(X_i)=E(X_i^2)-(EX_i)^2$$

$$\sigma_{ij}=\sigma_{X_iX_j}=E(X_iX_j)-E(X_i)E(X_j)$$

$$i=1, 2, \cdots, n, \quad j=1, 2, \cdots, n$$

其对应的协方差矩阵(variance-covariance matrix)记为

$$\boldsymbol{\Sigma}=(\sigma_{ij})_{n\times n}$$

如果 $\boldsymbol{w}=(w_1, w_2, \cdots, w_n)$ 为资产组合向量，则期望收益率(总收益率)为(见式 (1-7))

$$\mu=E\left(\sum_{i=1}^{n}X_i w_i\right)=\sum_{i=1}^{n}w_i\mu_i$$

收益率的方差(总风险)为

$$\sigma^2=E\Big[\big(\sum_{i=1}^{n}X_iw_i\big)^2\Big]-\Big[E\big(\sum_{i=1}^{n}X_iw_i\big)\Big]^2$$
$$=\sum_{i=1}^{n}\sum_{j=1}^{n}w_i\sigma_{ij}w_j$$
$$=\boldsymbol{w}\boldsymbol{\Sigma}\boldsymbol{w}^{\mathrm{T}}$$

其中，$\boldsymbol{w}^{\mathrm{T}}=(w_1, w_2, \cdots, w_n)^{\mathrm{T}}$ 是向量 $\boldsymbol{w}$ 的转置.

上面介绍了单周期资产组合模型. 更一般地，考虑多周期资产组合模型，即每周期结束时连本带利进行新的再投资. 为了使问题简单化，假设市场是一个理想的证券市场——**无摩擦市场**(frictionless markets)，即资本市场无任何交易成本、税收，无卖空限制(允许卖空操作)，资产数量单位无限可分. 设 $\Lambda=\{0, 1, \cdots, T\}$ 为离散的时间集合，投资者的单位原始资金为 1，市场中有 n 种证券，第 0 周期投资的资产组合为

$$\boldsymbol{w}_0=(w_{01}, w_{02}, \cdots, w_{0n})$$

当其中某 $w_{0i}<0(1\leqslant i\leqslant n)$时，它表示证券 i 处于卖空的状态. 到第 0 个周期结束时投资者连本带利得到

$$\boldsymbol{w}_0\boldsymbol{Y}_0^{\mathrm{T}}=\sum_{i=1}^{n}w_{0i}Y_{0i} \tag{1-8}$$

式中，$\boldsymbol{Y}_0=(Y_{01}, Y_{02}, \cdots, Y_{0n})$为该周期的投资收益向量，$\boldsymbol{Y}_0^{\mathrm{T}}$为 $\boldsymbol{Y}_0$ 的转置，其中 Y_{0i} 表示单位资金投资于第 i 种证券，经过单位时间后本金加上股利等的总和关于本金的百分比。在投资中期，也可以把期末的价格与初期的价格比作为投资收益率. 在这里假设每个投资周期结束后，投资者既不增加资金也不减少资金，而是把这些资金再以新的资产组合方式继续投资，即不允许资金的流出和流入，也就是

$$\sum_{i=1}^{n}w_{(t-1)i}S_i(t)=\sum_{i=1}^{n}w_{ti}S_i(t),\quad t=1,2,\cdots,T \tag{1-9}$$

式(1－9)表达了资金组合(新周期)改变前后的资金量是相同的. 式(1－9)称为**自融资**(self-financing).

若 $\boldsymbol{w}_1=(w_{11}, w_{12}, \cdots, w_{1n})$，$\boldsymbol{Y}_1=(Y_{11}, Y_{12}, \cdots, Y_{1n})$分别为第 1 个周期的资产组合和收益向量，则在第 1 个周期末投资者拥有的资金为

$$(\boldsymbol{w}_0\boldsymbol{Y}_0^{\mathrm{T}})(\boldsymbol{w}_1\boldsymbol{Y}_1^{\mathrm{T}})$$

以此类推，设投资者在第 i 个周期的资产组合为$\boldsymbol{w}_i=(w_{i1}, w_{i2}, \cdots, w_{in})$，而第 i 个周期的收益向量为$\boldsymbol{Y}_i=(Y_{i1}, Y_{i2}, \cdots, Y_{in})$，则到第 T 个周期末投资者拥有的资金累计为

$$S_T=\prod_{i=0}^{T}(\boldsymbol{w}_i\boldsymbol{Y}_i^{\mathrm{T}}) \tag{1-10}$$

如果对式(1－10)取对数，则

$$\ln S_T = \sum_{i=1}^{T} \ln(\boldsymbol{w}_i \boldsymbol{Y}_i^{\mathrm{T}}) \tag{1-11}$$

当然投资者希望自己的收益最大化，即 $\ln S_T$ 达到最大，这就是所谓的 ln-最优资产组合问题.

希望自己的收益最大化是投资者追逐的目标，但是在投资过程中对风险的控制尤其重要，投资者在投资收益和风险中寻求某种平衡是十分重要的. 例如，如果一个资产组合对确定的方差水平具有最大期望收益率，同时对确定的期望收益水平有最小的方差，那么这样的资产组合称为"均值-方差"有效的资产组合，这一类问题也称为均值-方差资产组合问题. 如果投资者以持有某些有价证券组合来抵消某种金融衍生证券所带来的风险，则称为**套期**(或完全套期)；如果只抵消了部分风险，则称为**部分套期**.

1.4 期权定价理论和套利定价

金融学中的期权(option)，是在约定时间的基础上，按照约定价格对证券进行买或卖的权利(或合约). 具体地讲，期权是由交易双方来签订，按照约定时间、约定价格，买卖约定数量的特定证券(也可以是商品或有价证券)的合约或权利.

1. 期权

期权可分为两类：看涨期权或买入期权(call option)；看跌期权或卖出期权(put option). 这里主要针对买入期权加以说明. 假设现时刻 A 股票的价格为 S 元，某投资者预测此股票的价格将会上涨，于是投资者从其他交易人(或期权交易所)那里购买一份期权，该期权规定投资者可在一定期间 $[0, T]$ 内，以价格 K(单股的价格)元购入 1 股股票 A. 在期权的有效期内，投资者可实施购买权利，也可不实施这一购买权利. 如果股价在 $[0, T]$ 内确定上升了，且股价高于 K，即

$$S(t) > K, \quad \text{存在 } t \in [0, T]$$

投资者有利可图，则他可以实施期权，以价格 K 在 t 时刻购买 1 股 A 股票. 如果 A 股票的价格在有效期内下跌了，则投资者就放弃实施期权，期权在时刻 T 后自动失效. 由此看来，投资者在行使选择权的过程中，一直处于主动的地位，而期权的出售者(option seller)或出具者(writer)处于一种被动的状态.

$[0, T]$ 是权利行使期间，通常 T 为 3 个月、6 个月或 12 个月等. K 称为实施价格(exercise price)或协议价格(敲定价格)(striking price). 在满期 T 前(包括 T 交易日)实施期权的期权称为美式期权(American option)，如前面所叙述的内容. 如果期权只能在最终日(T 交易日)当天实施，这样的期权称为欧式期权(European option). 投资者会根据市场和资金等情况购买期权，这种权利的价格通常称为权利金或保险费(premium)，它是期权购买人付给期权出具人用以换取期权所赋予权利的代价.

对于欧式买入期权而言，假设投资者以权利金 $C(S, T, K)$ 买入一份期权，并用

$S(T)$表示 T 时刻的股票价格，$S(0)=S$ 表示 0 时刻的股票价格．根据欧式买入期权的概念，当权利实施日的股价 $S(T)>K$ 时，投资者将实施期权，以价格 K 元购入 1 股此股票，并立即在交易所卖掉此股票，则此时可得利益为

$$S(T)-K$$

由于期权的单股权利金为 $C(S,T,K)$，所以最终取得的利益为

$$S(T)-K-C(S,T,K)$$

相反地，如果 $S(T)\leqslant K$，投资者将放弃期权的权利，投资者的损失仅为权利金 $C(S,T,K)$．

综上所述，对于欧式买入期权而言，投资者的利益为

$$(S(T)-K)^{+}-C(S,T,K) \tag{1-12}$$

式中，记号$(Z)^{+}=\max\{Z,0\}$．类似地，可以讨论美式买入期权的问题．

与买入期权相反的是卖出期权，它是证券卖出的权利．若投资者在现时刻预测 A 股票的价格将会下跌，则他可以购买一份卖出期权，该期权规定投资者在期间$[0,T]$内以事先敲定价格 K 卖出 A 股票．如果现实情况与预想相符，即 A 股价下跌，则此时投资者可从市场上买进 A 股票，再以较高的价格 K 实施卖出期权，以获取利益．如果现实情况与预想不符，即 A 股价上升，则投资者放弃实施期权，投资损失仅为权利金．

虽然，从表面上看美式期权在操作上比欧式期权更加灵活，更容易获取利益，但是对买入期权而言，美式买入期权与欧式买入期权的价值是相同的，实际上提前执行美式买入期权永远不是一个最佳的选择，见下面的例 1-5．然而，对卖出期权而言，情况却是相反的，提前执行一个卖出期权可能是很有利的，因此美式卖出期权比欧式卖出期权更具有价值．

【例 1-5】 美式买入期权不需要在期权到期日 T 之前执行．

证 假设某投资者购买了一美式买入期权，其敲定价格为 K，设在 $t(0\leqslant t\leqslant T)$时刻的股票价格为 $S(t)$（且 $S(t)>K$），则还有 $T-t$ 时间期权就要到期．如果在 t 时刻就实施期权，则投资人的收益为

$$S(t)-K \tag{1-13}$$

然而，如果不实施期权，而采取另外一种买卖方式，即在时刻 t 进行股票卖空操作而得到 $S(t)$，在到期日 T，投资者可以以价格 $\min\{S(T),K\}$再买回此股票并归还此股票，则在这种投资策略下，投资人的收益为

$$S(t)-\min\{S(T),K\} \tag{1-14}$$

比较式(1-13)和式(1-14)，本例的结论得证．

期权定价问题实际上就是如何确定期权的价值，即如何确定权利金（如欧式买入期权的 $C(S,T,K)$等）问题．随机过程理论，特别是随机积分理论，在期权定价理论方

面有着重要的应用，这将在后续的章节中加以介绍.

从前面的内容可以看出，期权的操作过程要比股票的操作(或买卖)过程复杂得多，然而期权却以其独特的魅力吸引着广大的金融投资者. 例如，对于欧式买入期权，花少量金钱(权利金 $C(S, T, K)$)后，如果股价上升，则可与股票持有者获得相同收益效果，如果股价下跌，损失也只有权利金而已. 具体而言，现时刻某股票单股价格为 S 元，且投资者持有此股票，若在 T 时刻的股价 $S(T)>S$，投资者卖出此股票，每股所获利益为

$$S(T)-S \tag{1-15}$$

而欧式买入期权持有者每股所获的利益为

$$S(T)-S-C(S, T, S) \tag{1-16}$$

这里假设实施价格 $K=S$. 式(1-16)表明股票持有者与期权购买者利益差仅为权利金 $C(S, T, S)$. 但是股票持有者在买卖股票时要付一定的手续费，若投资资金是借的资金，还需付给借方较高的利息. 若在 T 时刻股价下跌，即 $S(T)<S$，则股票持有者每股的损失为 $S-S(T)$，下跌程度越大损失也越大，然而欧式买入期权持有者的损失是不变的、可控制的.

在本小节里，主要讨论了关于证券或股票的期权问题，实际上用同样的方式进行设计，也可以讨论或建立关于某些特定商品或有价证券等的期权模型.

2. 套利

下面从一个例子出发来介绍套利(arbitrage)的概念. 设 $S(t)$ 表示某股票在 t 时刻的股票价格，$S(0)=S$ 表示此股票当前的股票价格. 双方在 0 时刻约定在 t 时刻以价格 F 购买和交割 1 股此股票，从而签订了一个远期合约. 如果利息是以利率 r 连续折现的(即按连续复利来计算利息)，且有

$$F=Se^{rt} \tag{1-17}$$

则不存在所谓的套利机会(arbitrage opportunity).

为了说明此等式必须成立，首先假设

$$F<Se^{rt}$$

下面要说明对于上式，在 0 时刻就可以确保赢利(即无风险赢利)，也就是套利成功. 具体操作过程如下，在 0 时刻卖出 1 股此股票(卖空)，当然需要在 t 时刻将此股票买回. 将卖出股票的所得 S 投入到一个 t 时刻到期的债券，并购买一个约定在 t 时刻交割 1 股股票的远期合约. 这样在 t 时刻可以从债券中得到 Se^{rt} 元的收入，从中取出 F 实施远期合约而购买 1 股股票，再将此股票偿还在 0 时刻所欠的股票. 通过这一操作，在 0 时刻可以确保在 t 时刻获得正利益为

$$Se^{rt}-F>0 \tag{1-18}$$

如果假设

$$F>Se^{rt}$$

则在0时刻卖出一个远期合约并借款(或贷款)S(如从银行或证券公司等借款)，从而购买1股此股票．在t时刻实施远期合约，即卖出1股此股票，用所得的收入F去偿还在0时刻的借款和利息Se^{rt}，因此在0时刻可以确保在t时刻获得正利益为

$$F-Se^{rt}>0 \tag{1-19}$$

于是由式(1-18)、式(1-19)可知，若$F=Se^{rt}$不成立，通过如上的投资策略，投资者在0时刻就可以确保在t时刻赢利(即无风险赢利)，也就是套利．所以如果有$F=Se^{rt}$，则不存在套利机会．上例也说明了人们可以通过对套利的研究而定出期权等的价格．

从此例可以看出套利的基本含义，即在开始时无资本(资金)，经过资本的市场运作后可获得正利益，而且获得这种正利益的概率为正．当这种套利的机会出现时，自然会导致大量的投机者进行投机性投资，从而进行套利．经过相对短的时间后，市场就会重新返回到正常状态，即返回到无套利状态．这个过程也正是金融产品及其衍生产品的定价过程．如果市场不存在套利机会，则称市场是**无套利市场**(或可行市场)．

习 题 1

1. 设人民币存款利率为5%，每年计息一次，那么大约要多少年才能使存款额变为原来的4倍？如果利率变为4%，又要多少年？

2. 如果利率为年复合利率(r)，请给出一个公式，用它来估计要多少年才能使存款额变为原来的3倍．

3. 考虑期权定价C问题，设利率为r，在$t=0$时刻，某股票的价格为100(元)，在$t=1$时刻，该股票的价格为200元或50元，即

$$100(t=0)\begin{matrix}\nearrow 200\\ \searrow 50\end{matrix}\qquad (t=1)$$

试证明：若$C\neq\dfrac{100-50(1+r)^{-1}}{3}$，则存在一个购买组合，使得在任何情况下都能带来正的利润现值，即套利发生．

4. 令C是一个买入期权的价格，S是该证券现在的价格，证明$C\leqslant S$.

5. 设C是一个欧式买入期权的价格，其敲定价格为K．再设P是一个欧式卖出期权的价格，其敲定价格也为K．期权的满期为T．设S是股票在0时刻的价格，利率为

r. 试说明若下式

$$S+P-C=Ke^{-rT}$$

不成立，则一定存在套利机会.

6. 令 C 是一个买入期权的价格，这个期权可以在 t 时刻以价格 K 买入一个证券. S 是证券现在的价格，r 是利率. 试写出一个包含 C, S, Ke^{-rt} 的不等式，并给出证明.

第 2 章

概率空间

在这一章中，将集中介绍概率空间的一些基础知识和相关内容，如概率空间的概念、随机变量、随机向量、分布、分布函数、密度函数、期望、条件期望、矩、方差、协方差等. 这里只是简单的回顾，并不能取代整个概率论的内容，建议读者适当地查阅相关书籍.

2.1 概率空间与随机变量

设 Ω 是某一随机试验的**基本事件空间或样本空间**，Ω 中的元素就是描述该试验的基本事件，即试验的可能结果. 样本空间 Ω 的子集称为**事件**.

定义 2-1 若 $\mathscr{F}$ 是 Ω 中一些子集组成的集类，且满足：

(1) $\Omega\in\mathscr{F}$;

(2) 若 $A\in\mathscr{F}$，则 $A^c\in\mathscr{F}$;

(3) 若 A_1，A_2，$\cdots\in\mathscr{F}$，则 $\bigcup_{i=1}^{\infty}A_i\in\mathscr{F}$，

则称 $\mathscr{F}$ 为 Ω 上的一个 **σ 域**或 **σ 代数**. 并称二元组$(\Omega,\mathscr{F})$为**可测空间**.

【例 2-1】 令集合类为

$$\mathscr{F}_1=\{\varnothing,\ \Omega\}$$

$$\mathscr{F}_2=\{\varnothing,\ \Omega,\ A,\ A^c\}，\text{其中 } A\neq\varnothing \text{ 且 } A\neq\Omega$$

$$\mathscr{F}_3=\mathscr{F}(\Omega)=\{A:\ A\subset\Omega\}$$

则 $\mathscr{F}_1$，$\mathscr{F}_2$，$\mathscr{F}_3$ 均为 Ω 上的 σ 域. 其中，$\mathscr{F}_1$ 是 Ω 上最小的 σ 域，$\mathscr{F}_3$ 是 Ω 中所有子集组成的集类，是 Ω 上最大的 σ 域.

定理 2-1 设 C 是 Ω 中一些子集组成的集类，则存在唯一的 Ω 的 σ 代数 $\sigma(C)$，它包含 C 而且被包含 C 的任一 σ 代数所包含. $\sigma(C)$ 称为**由 C 生成的 σ 代数**，或**包含 C 的最**

小 σ 代数.（证明见文献［42］）

【例 2-2】 （Borel 集）设 $\Omega=\mathbf{R}^d$，$d\geqslant 1$，则集类

$$C^{(d)}=\{(\boldsymbol{a},\ \boldsymbol{b}]: -\infty<a_i<b_i<+\infty,\ i=1,\ \cdots,\ d\} \tag{2-1}$$

是 $\mathbf{R}^d$ 的子集类，式中 $\boldsymbol{a}=(a_1,\ a_2,\ \cdots,\ a_d)$，$\boldsymbol{b}=(b_1,\ b_2,\ \cdots,\ b_d)$. 则 σ 域 $\mathscr{B}^d=\sigma(C^{(d)})$ 称为 d **维 Borel 域(代数)**，其元素称为 Borel 集. 通常，称$(\boldsymbol{a},\ \boldsymbol{b}]$是矩形区域.

对于可测空间$(\Omega,\ \mathscr{F})$，在 $\mathscr{F}$ 上定义一个非负集函数 $P(\cdot)$，以度量 $\mathscr{F}$ 中事件发生可能性的大小，它满足

(1) 非负性：$0\leqslant P(A)\leqslant 1$，对于任何事件 $A\in\mathscr{F}$；

(2) 规范性：$P(\Omega)=1$；

(3) 可列可加性：若 A_1，A_2，…，$\in\mathscr{F}$，且两两不交 $A_i\cap A_j=\varnothing$，$i\neq j$，i，$j=1$，2，…，则

$$P\left(\bigcup_{i=1}^{\infty}A_i\right)=\sum_{i=1}^{\infty}P(A_i)$$

称 $P(A)$为事件 A 的**概率**，称$(\Omega,\ \mathscr{F},\ P)$为**概率空间**.

根据概率定义，可得如下基本性质.

(1) 对于任何事件 A，$B\in\mathscr{F}$

$$P(A\cup B)=P(A)+P(B)-P(A\cap B)$$

(2) 如果 A，B 互不相容，则

$$P(A\cup B)=P(A)+P(B)$$

(3) $P(A^c)=1-P(A)$，$P(\Omega)=1$，$P(\varnothing)=0$

一个试验或比赛的结果可以是随机的. 例如，掷一枚硬币，会得到两种可能的结果：正面或反面. 试验之前是无法预知的，这是因为硬币出现正面还是反面是随机的. 又如，学生考试前无法确定自己的确切考试成绩及排名，股票投资者无法预测未来一年投资收益率的多少，等等. 为了便于研究，可以为试验的每一种可能结果赋予一个数值. 例如，掷一枚硬币，可以记出现正面时为 1，出现反面时为 0，因此得到一个随机变量 $X=X(\omega)\in\{0,\ 1\}$，用 $\Omega=\{$正面，反面$\}$来表示所有可能结果的集合，则 $\omega\in\Omega$.

下面给出随机变量的数学定义. 设$(\Omega,\ \mathscr{F})$是一可测空间，若函数 f：$\Omega\mapsto\overline{\mathbb{R}}=[-\infty,\ +\infty]$使得对任意 $x\in\overline{\mathbb{R}}$，有

$$\{\omega\in\Omega\,|\,f(\omega)\leqslant x\}\in\mathscr{F}$$

则称函数 f 是关于 $\mathscr{F}$(或 Ω)上的**可测函数**. 特别地，概率空间$(\Omega,\ \mathscr{F},\ P)$上定义的可测函数称为**随机变量**. 若 f(或用符号 $X=X(\omega)$)取值于 $\mathbf{R}=(-\infty,\ +\infty)$，则 f(或 X)称

为有限值随机变量.

随机变量和概率之间的关系可以用一些数值量来刻画. 设 $X=X(\omega)$ 是定义在 Ω 上的一个随机变量，令

$$F_X(x)=P(X\leqslant x)=P(\{\omega: X(\omega)\leqslant x\})$$

式中，$x\in\mathbf{R}$，称 F_X 为随机变量 X 的**分布函数**. 而且，分布函数关于 x 是单调增加、右连续函数. 由上式可求出 X 在区间 $(a, b]$ 上的概率，即对于任意 $a, b\in\mathbf{R}$ 且 $a<b$，

$$P(\{\omega: a<X(\omega)\leqslant b\})=F_X(b)-F_X(a)$$

此外，还可以求出 X 为某一值时的概率.

$$\begin{aligned}P(X=x)&=P(\{\omega: X(\omega)=x\})=P(\{\omega: X\leqslant x\})-P(\{\omega: X<x\})\\&=P(\{\omega: X(\omega)\leqslant x\})-\lim_{h\downarrow 0}P(\{\omega: X(\omega)\leqslant x-h\})\\&=F_X(x)-\lim_{h\downarrow 0}F_X(x-h)=F_X(x)-F_X(x-0)\end{aligned}$$

类似地，可以求出相应的概率 $P(a\leqslant X\leqslant b)$，$P(a\leqslant X<b)$，$P(a<X<b)$，$P(X>a)$，$P(X<b)$.

定义 2-2 设 $X(\omega)$ 是概率空间 $(\Omega, \mathscr{F}, P)$ 上的一个随机变量，对 Borel 集 $B\in\mathscr{B}^1$（见例 2-2)，定义

$$P_X(B)=P(X\in B)=P(\{\omega: X(\omega)\in B\})$$

把 $P_X(B)$ 称为 X 的**分布**.

在计算任意事件 $\{X\in B\}$ 的概率时，既可以用 P_X 也可以用分布函数 F_X，此时它们的概念是等价的.

随机变量按其取值情形可分为两大类：离散型随机变量和连续型随机变量. 若随机变量 X 取值 $(x_1, x_2, \cdots)$ 的个数是有限的或可列无穷的，且

$$p_k=P(X=x_k)\geqslant 0,\quad \sum_k p_k=1$$

则随机变量 X 称为**离散型随机变量**. 离散型随机变量 X 的分布函数定义为

$$F_X(x)=\sum_{k:x_k\leqslant x}p_k,\quad x\in\mathbf{R} \tag{2-2}$$

由离散型分布函数（式(2-2)）的定义可知，当 $x=x_k$ 时，分布函数 F_X 是以跨度 p_k 递增跳跃的.

【例 2-3】 （两个重要的离散型分布）

(1) **二项分布** 设 $n\in\mathbf{N}=\{0, 1, 2, \cdots\}$，$p\in(0, 1)$，若 X 的分布为

$$P(X=k)=\binom{n}{k}p^k(1-p)^{n-k},\quad k=0, 1, \cdots, n \tag{2-3}$$

称随机变量 X 服从参数为 (n, p) 的二项分布 $B(n, p)$.

(2) **泊松分布** 设 $\lambda>0$，若 X 的分布为

$$P(X=k)=e^{-\lambda}\frac{\lambda^k}{k!},\quad k=0, 1, 2, \cdots \tag{2-4}$$

称随机变量 X 服从参数为 λ 的**泊松分布** $P(\lambda)$. 泊松分布具有极其广泛的应用，例如，通过某路口的汽车流量；某超市每天的顾客数；寻呼台的寻呼次数；保险公司在一段时间内理赔的保单数；某城市每一天交通事故的发生数；某大学每天收到的信函数，等等. 泊松分布与二项分布有着紧密的联系，当 n 很大时，用二项分布求有关问题的概率时计算量较大，比较麻烦. 如果 n 很大，p 很小，且 $np\to\lambda(n\to\infty)$，则可用泊松分布作为二项分布的近似计算.

随机变量 X 称为**连续型**的，如果存在定义在 $\mathbf{R}$ 上的非负可积函数 $f_X(x)$(或记为 $f(x)$)，使对任意 $x\in\mathbf{R}$，其分布函数可表示为

$$F_X(x)=\int_{-\infty}^{x} f_X(y)\mathrm{d}y,\quad x\in\mathbf{R} \tag{2-5}$$

$$\text{且}\int_{-\infty}^{+\infty} f_X(y)\mathrm{d}y=1$$

与离散型随机变量及其分布相对比，连续型随机变量的分布函数不存在跳跃点，所以对于任何 $x\in\mathbf{R}$，$P(X=x)=0$，或者等价地表示为

$$\lim_{h\to 0} F_X(x+h)=F_X(x),\quad x\in\mathbf{R} \tag{2-6}$$

即连续型随机变量在任一特定点上取值的概率为0. "连续型随机变量"这一名称，就是由于其分布函数 F_X 的连续性(式(2-6))而得来的. 把 $f_X(x)$(或 $f(x)$)称为连续型随机变量 X 的**分布密度函数**或**概率密度函数**.

【例2-4】 (四个重要的连续型分布)

(1) **均匀分布** 如果连续型随机变量 X 的分布密度为

$$f_X(x)=\begin{cases}\dfrac{1}{b-a}, & x\in(a, b)\\ 0, & \text{其他}\end{cases} \tag{2-7}$$

则称 X 在区间 (a, b) 上服从**均匀分布**，记为 $X\sim U(a, b)$.

(2) **指数分布** 如果连续型随机变量 X 的分布密度为

$$f_X(x)=\begin{cases}\lambda e^{-\lambda x}, & x>0\\ 0, & x\leqslant 0\end{cases} \tag{2-8}$$

则称 X 服从参数为 $\lambda(\lambda>0)$ 的**指数分布**. 指数分布具有无记忆性，即若 X 服从指数分

布，则对于任意 s，$t\geqslant 0$，有

$$P(X>s+t\mid X>t)=P(X>s)$$

反过来，如果一个非负连续型随机变量 X 的分布函数 $F_X(x)$ 具有无记忆性，则它一定是指数分布.

(3) **伽玛分布** 如果连续型随机变量 X 的分布密度为

$$f(x)=\lambda \mathrm{e}^{-\lambda x}\frac{(\lambda x)^{n-1}}{(n-1)!},\quad x\geqslant 0$$

则称 X 服从参数为 n，λ 的**伽玛分布**，记为 $X\sim\Gamma(n,\ \lambda)$.

(4) **正态分布** 如果连续型随机变量 X 的分布密度为

$$f_X(x)=\frac{1}{\sqrt{2\pi}\sigma}\exp\left\{-\frac{(x-\mu)^2}{2\sigma^2}\right\},\quad x\in\mathbf{R} \tag{2-9}$$

式中，$\mu\in\mathbf{R}$，$\sigma^2>0$，则称 X 服从参数为 $(\mu,\ \sigma^2)$ 的**正态(normal)分布**或**高斯(Gaussian)分布**，记为 $X\sim\mathrm{N}(\mu,\ \sigma^2)$.

正态分布模型是概率论与数理统计中最重要的模型之一，正态分布无论是在概率论与数理统计理论研究方面，还是在实际应用方面都有着非常重要的地位. 因为在自然现象和社会现象中，大量事物所呈现出来的统计规律都服从或近似服从正态分布. 当 X 服从标准正态分布 N(0，1)时，用 $\varphi(x)$ 表示密度函数 $f_X(x)$，用 $\Phi(x)$ 表示分布函数 F_X. 在实际问题中，若所研究的随机变量是大量相互独立的随机变量之和，而且其中每个随机变量所起的作用都是很微小的，那么可以认为由这些微小因素所构成的随机变量往往近似地服从正态分布，这种现象就是中心极限定理的体现.

2.2 随机变量的数字特征

概率分布完整地刻画和描述了随机变量的概率性质，因此随机变量的分布函数或密度函数是描述随机变量统计规律的最根本的方法和手段. 但在实际问题中，求随机变量的分布函数并不容易，而且有时仅仅了解随机变量的分布函数或密度函数是不够的，由此引入了随机变量的数字特征，它们是与随机变量分布函数相关的一些数值. 数学期望、方差、矩就是其中常用的几个随机变量的数字特征.

在 2.1 节中，引入了可测函数的概念；在本小节中，定义可测函数的概率积分. 可测函数 $f(\omega)$ 可分解成正部 $f^+(\omega)$ 和负部 $f^-(\omega)$ 两部分，即

$$f(\omega)=f^+(\omega)-f^-(\omega),\quad |f(\omega)|=f^+(\omega)+f^-(\omega)$$

其中，$f^+(\omega)=\max\{f(\omega),\ 0\}$，$f^-(\omega)=\max\{-f(\omega),\ 0\}$. 此时，可以定义非负可测函数在 Ω 上对 P 的积分(见文献［42］)，即

$$\int_{\Omega} f^{+}(\omega)\mathrm{d}P(\omega),\quad \int_{\Omega} f^{-}(\omega)\mathrm{d}P(\omega) \tag{2-10}$$

若两积分$\int_{\Omega} f^{+}(\omega)\mathrm{d}P(\omega)$，$\int_{\Omega} f^{-}(\omega)\mathrm{d}P(\omega)$都是$+\infty$，则称$f$在$\Omega$上对$P$的**积分不存在**；若两积分中至少有一个有限，则称f在Ω上对P的**积分存在**，其积分表示成

$$\int_{\Omega} f(\omega)\mathrm{d}P(\omega)=\int_{\Omega} f^{+}(\omega)\mathrm{d}P(\omega)-\int_{\Omega} f^{-}(\omega)\mathrm{d}P(\omega) \tag{2-11}$$

若式(2-10)两积分都有限，则称f在Ω上对P**可积**，此时有

$$\int_{\Omega} |f(\omega)|\,\mathrm{d}P(\omega)<+\infty \tag{2-12}$$

更一般地，对$r\geqslant 1$，用$L^r(\Omega, \mathscr{F}, P)$($L^r(\Omega)$或$L^r$)表示一切使积分

$$\int_{\Omega} |f(\omega)|^r\mathrm{d}P(\omega)<+\infty \tag{2-13}$$

成立的可测函数类，且记为$f\in L^r(\Omega, \mathscr{F}, P)$($L^r(\Omega)$或$L^r$)．若$f\in L^r$，当$r>1$时，设$s$满足条件$\frac{1}{r}+\frac{1}{s}=1$，则根据 Hölder 不等式，有

$$\begin{aligned}\int_{\Omega} |f(\omega)|\,\mathrm{d}P(\omega)&\leqslant\left\{\int_{\Omega} |f(\omega)|^r\mathrm{d}P(\omega)\right\}^{1/r}\cdot\left\{\int_{\Omega} 1^s\mathrm{d}P(\omega)\right\}^{1/s}\\&=\left\{\int_{\Omega} |f(\omega)|^r\mathrm{d}P(\omega)\right\}^{1/r}<+\infty\end{aligned}$$

于是有$L^r\subset L^1$成立.

设随机变量$X\in L^1$，$X(\omega)$的**数学期望**(expectation)(或**均值**(mean))定义如下.

$$E(X)=\int_{\Omega} X(\omega)\mathrm{d}P(\omega)$$

设随机变量$X\in L^2$，$Y\in L^2$，则$X(\omega)$的方差(variance)$V(X)$，$X(\omega)$与$Y(\omega)$的**协方差**(covariance)σ_{XY}分别定义如下.

$$V(X)=\int_{\Omega}(X(\omega)-E(X))^2\mathrm{d}P(\omega)$$

$$\sigma_{XY}=\int_{\Omega}(X(\omega)-E(X))(Y(\omega)-E(Y))\mathrm{d}P(\omega)$$

1. 离散型随机变量的数字特征

设离散型随机变量X的分布率为$p_k=P(X=x_k)$，$k=1, 2, \cdots$，则

$$\mu_X=E(X)=\sum_{k=1}^{\infty} x_k p_k$$

称为随机变量X的**数学期望**或**均值**. 令

$$\sigma_X^2=V(X)=\sum_{k=1}^{\infty}(x_k-\mu_X)^2 p_k$$

称 σ_X^2 为随机变量 X 的方差. 令

$$E(X^l)=\sum_{k=1}^{\infty}x_k^l p_k,\quad l\in \mathbf{N}$$

称 $E(X^l)$ 为随机变量 X 的 l **阶矩**. 令

$$E(g(X))=\sum_{k=1}^{\infty}g(x_k)p_k$$

称 $E(g(X))$ 为函数 $g(X)$ 的数学期望.

2. 连续型随机变量的数字特征

设连续型随机变量 X 的概率密度为 $f_X(x)$，则

$$\mu_X = E(X)=\int_{-\infty}^{+\infty}xf_X(x)\mathrm{d}x$$

称为随机变量 X 的**数学期望**或**均值**. 令

$$\sigma_X^2= V(X)=\int_{-\infty}^{+\infty}(x-\mu_X)^2 f_X(x)\mathrm{d}x$$

称 σ_X^2 为随机变量 X 的方差. 令

$$E(X^l)=\int_{-\infty}^{+\infty}x^l f_X(x)\mathrm{d}x,\quad l\in \mathbf{N}$$

称 $E(X^l)$ 为随机变量 X 的 l **阶矩**. 令

$$E(g(X))=\int_{-\infty}^{+\infty}g(x)f_X(x)\mathrm{d}x$$

称 $E(g(X))$ 为函数 $g(X)$ 的数学期望.

数学期望反映了随机变量取值的平均水平. 方差和标准方差体现了随机变量与期望值的偏离程度. 例如，正态分布 $N(\mu,\sigma^2)$ 的参数 μ 和 σ^2 分别为随机变量 X 的期望与方差. 而下面的 Chebyshev 不等式给出了用方差来估计随机变量与其数学期望偏差的概率估计上界.

定理 2-2(Chebyshev 不等式) 设随机变量 X 的均值为 μ，方差为 σ^2，则对于任意 $\varepsilon>0$，不等式

$$P(|X-\mu|\geqslant\varepsilon)\leqslant\frac{\sigma^2}{\varepsilon^2}$$

成立，上述不等式称为**切比雪夫(Chebyshev)不等式**. (证明略)

【例 2-5】 对于非负值随机变量 X，可以证明

$$E(X)=\int_0^{+\infty}P(X>x)\mathrm{d}x=\int_0^{+\infty}[1-F_X(x)]\mathrm{d}x \tag{2-14}$$

式中，$E(X)$或者有限，或者趋于$+\infty$.

证 由分部积分公式，有

$$\int_0^{+\infty}[1-F_X(x)]\mathrm{d}x=\lim_{x\to+\infty}x[1-F_X(x)]+\int_0^{+\infty}x\mathrm{d}F_X(x)$$

$$=\lim_{x\to+\infty}x[1-F_X(x)]+E(X)$$

当$E(X)<+\infty$时，由上式可知，只需证明第一项等于0. 事实上，

$$\lim_{x\to+\infty}x[1-F_X(x)]=\lim_{x\to+\infty}x\int_x^{+\infty}\mathrm{d}F_X(y)$$

$$\leqslant\lim_{x\to+\infty}\int_x^{+\infty}y\mathrm{d}F_X(y)=0$$

于是式(2-14)成立.

当$E(X)=+\infty$时，由于

$$\lim_{x\to+\infty}x[1-F_X(x)]\geqslant 0$$

所以式(2-14)成立.

一般而言，若随机变量X可取负值，用类似的方法有

$$E(X)=\int_0^{+\infty}[1-F_X(x)]\mathrm{d}x-\int_{-\infty}^0 F_X(x)\mathrm{d}x \tag{2-15}$$

2.3 随机向量及其联合分布

在研究随机现象时，经常需要同时考虑两个或更多个随机变量，即需要研究这些随机变量的联合分布. 在本书中，只研究二维和有限维随机向量，以便为以后定义随机过程作铺垫.

设$\boldsymbol{X}=(X_1, \cdots, X_n)$，如果其中每一个分量$X_1, \cdots, X_n$是一维的、取值为实数的随机变量，则称$\boldsymbol{X}=(X_1, \cdots, X_n)$为$n$维**随机向量**. 与一维随机变量相类似，可以引进分布函数、数学期望、矩及协方差矩阵来描述随机向量的分布情况和各分量之间的关系.

定义 2-3 设$\boldsymbol{X}=(X_1, \cdots, X_n)$为$n$维随机向量，则$X_1, \cdots, X_n$的**联合概率分布**定义为

$$F_{\boldsymbol{X}}(\boldsymbol{x})=P(X_1\leqslant x_1, \cdots, X_n\leqslant x_n)$$

$$=P(\{\omega: X_1(\omega)\leqslant x_1, \cdots, X_n(\omega)\leqslant x_n\})$$

其中$\boldsymbol{x}=(x_1, \cdots, x_n)\in\mathbf{R}^n$. $F_{\boldsymbol{X}}(\boldsymbol{x})$又简称为$\boldsymbol{X}$的分布函数，简记为$F(\boldsymbol{x})$或

$F(x_1, \cdots, x_n)$.

在前面介绍随机变量时，涉及了离散型随机变量和连续型随机变量，随机向量也有这两种类型．但本书中，更多应用的是连续型随机向量，因此着重对连续型随机向量加以介绍．设 $f_{\boldsymbol{X}}(\boldsymbol{x})=f_X(x_1, \cdots, x_n)$ 为 $\mathbf{R}^n$ 上非负可积函数，使得对任意 $(x_1, \cdots, x_n)\in\mathbf{R}^n$，有

$$F_{\boldsymbol{X}}(x_1,\cdots,x_n)=\int_{-\infty}^{x_1}\cdots\int_{-\infty}^{x_n}f_{\boldsymbol{X}}(y_1,\cdots,y_n)\mathrm{d}y_1\cdots\mathrm{d}y_n$$

则称 $(X_1, \cdots, X_n)$ 为连续型随机向量，$f_{\boldsymbol{X}}(y_1, \cdots, y_n)$ 为 $\boldsymbol{X}$ 的**联合概率密度**．概率密度满足：对于任何 $\boldsymbol{x}\in\mathbf{R}^n$，有 $f_{\boldsymbol{X}}(\boldsymbol{x})\geqslant 0$，而且

$$\int_{-\infty}^{+\infty}\cdots\int_{-\infty}^{+\infty}f_{\boldsymbol{X}}(y_1,\cdots,y_n)\mathrm{d}y_1\cdots\mathrm{d}y_n=1$$

设 $f_{\boldsymbol{X}}$ 为随机向量 $\boldsymbol{X}$ 的概率密度，那么其中任意分量组

$$X_i,\ (X_i, X_j),\ (X_i, X_j, X_k),\ \cdots,\ \underbrace{(X_i, X_j, \cdots, X_m)}_{(n-1)\text{个}}$$

都存在概率密度，把它们称为 $\boldsymbol{X}$ 的**边缘密度**．

【例 2-6】（三维随机向量的边缘密度）设随机向量 $\boldsymbol{X}=(X_1, X_2, X_3)$ 的概率密度为 $f_{\boldsymbol{X}}$，则分量 X_1 的边缘密度为

$$f_{X_1}(x_1)=\int_{-\infty}^{+\infty}\int_{-\infty}^{+\infty}f_{\boldsymbol{X}}(x_1,x_2,x_3)\mathrm{d}x_2\mathrm{d}x_3$$

子向量 (X_1, X_2) 的边缘密度为

$$f_{(X_1,X_2)}(x_1,x_2)=\int_{-\infty}^{+\infty}f_{\boldsymbol{X}}(x_1,x_2,x_3)\mathrm{d}x_3$$

用同样的方法，可以求出 X_2，X_3，(X_2, X_3)，(X_1, X_3) 的边缘密度．同时，也可求出它们的**边缘分布函数**，例如

$$F_{X_1}(x_1)=\int_{-\infty}^{x_1}f_{X_1}(x_1)\mathrm{d}x_1=\int_{-\infty}^{x_1}\int_{-\infty}^{+\infty}\int_{-\infty}^{+\infty}f_{\boldsymbol{X}}(x_1,x_2,x_3)\mathrm{d}x_1\mathrm{d}x_2\mathrm{d}x_3$$

【例 2-7】（正态随机向量）如果 n 维随机向量的概率密度为

$$f_{\boldsymbol{X}}(\boldsymbol{x})=\frac{1}{(2\pi)^{n/2}(\det\sum)^{1/2}}\exp\left\{-\frac{1}{2}(\boldsymbol{x}-\boldsymbol{\mu})\boldsymbol{\Sigma}^{-1}(\boldsymbol{x}-\boldsymbol{\mu})^{\mathrm{T}}\right\},\quad \boldsymbol{x}\in\mathbf{R}^n$$

其中，$\boldsymbol{\mu}\in\mathbf{R}^n$ 和 $\boldsymbol{\Sigma}$ 是参数矩阵，$(\boldsymbol{x}-\boldsymbol{\mu})^{\mathrm{T}}$ 是向量 $(\boldsymbol{x}-\boldsymbol{\mu})$ 的转置，$\boldsymbol{\Sigma}$ 是 $n\times n$ 阶的正定对称矩阵，$\boldsymbol{\Sigma}^{-1}$ 是 $\boldsymbol{\Sigma}$ 的逆矩阵，则该随机向量是**正态随机向量**．

随机变量 X，Y 的协方差定义为

$$\sigma_{XY}=E[(X-E(X))(Y-E(Y))]=E(XY)-E(X)E(Y)$$

X，Y 的**相关系数** r_{XY} 定义为

$$r_{XY}=\frac{\sigma_{XY}}{\sqrt{V(X)}\sqrt{V(Y)}} \tag{2-16}$$

应用 Cauchy-Schwarz 不等式可以证明两个随机变量的相关系数 $r_{XY}\in[-1, 1]$.

随机向量的数学期望与随机变量类似，反映了随机向量取值的平均水平，其定义为

$$\boldsymbol{\mu}_{\boldsymbol{X}}=E(\boldsymbol{X})=(E(X_1), \cdots, E(X_n))$$

随机向量 $\boldsymbol{X}$ 的**协方差矩阵**定义为

$$\boldsymbol{\Sigma}_{\boldsymbol{X}}=(\sigma_{X_iX_j})_{n\times n}, i, j=1, \cdots, n$$

其中，$\sigma_{X_iX_i}=\sigma_{X_i}^2$.

随机变量 X，Y 具有如下的运算性质.

$$E(aX+bY)=aE(X)+bE(Y)$$

$$V(aX+bY)=a^2V(X)+b^2V(Y)+2ab\sigma_{XY}$$

其中，a，b 为常数.

下面介绍相互独立的随机变量及相关的定义和性质.

定义 2-4 随机变量 X，Y 称为是**相互独立**的，如果有

$$P(X\in B_1, Y\in B_2)=P(X\in B_1)P(Y\in B_2), \quad B_1, B_2\subset\mathbf{R}$$

即事件$\{X\in B_1\}$与$\{Y\in B_2\}$是相互独立的.

也可以通过分布函数与概率密度来定义随机变量的独立性.

(1) 如果随机变量 X，Y 满足

$$F_{(X,Y)}(x, y)=F_X(x)F_Y(y), \quad x, y\in\mathbf{R}$$

则称随机变量 X，Y 是相互独立的，它的逆命题也成立.

(2) 设(X, Y)的概率密度为 $f_{(X,Y)}$，边缘密度分别为 f_X 和 f_Y，如果随机变量 X，Y 满足

$$f_{(X,Y)}(x, y)=f_X(x)f_Y(y), \quad x, y\in\mathbf{R}$$

则称随机变量 X，Y 是相互独立的，它的逆命题也成立.

上述两个随机变量相互独立的定义，可以推广到 n 个随机变量的情形.

定义 2-5 如果随机变量 X_1，…，X_n，对于任意 $1\leqslant i_1<\cdots<i_k\leqslant n$，$k$ 为整数，$1\leqslant k\leqslant n$，满足

$$P(X_{i_1}\in B_{i_1}, \cdots, X_{i_k}\in B_{i_k})=P(X_{i_1}\in B_{i_1})\cdots P(X_{i_k}\in B_{i_k}), \quad B_1, \cdots, B_n\subset\mathbf{R}$$

则称随机变量 X_1，…，X_n 是**相互独立**的，即事件$\{X_1\in B_1\}$，…，$\{X_n\in B_n\}$是相互独

立的.

注意到 n 个随机变量相互独立时，其中任意两个随机变量是相互独立的，但反之则不然. 与前面相类似，随机变量 X_1，…，X_n 是相互独立的，当且仅当它们的分布函数满足

$$F_{(X_1,\cdots,X_n)}(x_1,\cdots,x_n)=F_{X_1}(x_1)\cdots F_{X_n}(x_n),\quad (x_1,\cdots,x_n)\in\mathbf{R}^n \tag{2-17}$$

或当且仅当它们的概率密度满足

$$f_{(X_1,\cdots,X_n)}(x_1,\cdots,x_n)=f_{X_1}(x_1)\cdots f_{X_n}(x_n),\quad (x_1,\cdots,x_n)\in\mathbf{R}^n \tag{2-18}$$

再来看一种特殊情况. 如果随机向量 $(X_1,\cdots,X_n)$ 的概率密度可以表示为 n 个非负函数 g_i 乘积的形式，即

$$f_{(X_1,\cdots,X_n)}(x_1,\cdots,x_n)=g_1(x_1)\cdots g_n(x_n),\quad (x_1,\cdots,x_n)\in\mathbf{R}^n$$

其中，$\int_{-\infty}^{+\infty}g_i(x_i)\mathrm{d}x_i=1, i=1,\cdots,n$. 也就是说，函数 $g_i(x_i)$ 是一维随机变量的概率密度，则可推出

$$f_{X_i}(x_i)=g_i(x_i),\quad f_{(X_i,X_j)}(x_i,x_j)=g_i(x_i)g_j(x_j)$$

(证明略).

在式(2-16)中，给出了随机变量 X，Y 相关系数 r_{XY} 的定义. 当 X，Y 相互独立时，易证 $E(XY)=E(X)E(Y)$，这时 $r_{XY}=0$. 需要注意的是，$r_{XY}=0$ 不一定推出 X，Y 是相互独立的. 由此可以推出，如果两个随机变量相互独立，那么它们的相关系数为0，即不相关，但其逆命题一般不成立. 下面介绍相互独立的随机变量的一条重要性质.

定理 2-3 如果 X_1，…，X_n 相互独立且它们的数学期望存在，则对于任何实函数 $g_1(x)$，…，$g_n(x)$，有

$$E[g_1(X_1)\cdots g_n(X_n)]=E[g_1(X_1)]\cdots E[g_n(X_n)]$$

定理 2-4 设 $(X_1,\cdots,X_n)$ 为 n 维随机向量，设 $f_{\mathbf{X}}(x_1,\cdots,x_n)$ 为其概率密度函数. 现有 n 元函数 $y_i=g_i(x_1,\cdots,x_n)(i=1,\cdots,n)$，且存在唯一反函数 $x_i=h_i(y_1,\cdots,y_n)(i=1,\cdots,n)$. 如果 g_i，h_i 有连续偏导数，则由分量 $Y_i=g_i(X_1,\cdots,X_n)(i=1,\cdots,n)$ 所给定的 n 维随机向量 $(Y_1,\cdots,Y_n)$ 的概率密度函数为

$$f_{\mathbf{Y}}(y_1,\cdots,y_n)=\begin{cases} f_{\mathbf{X}}(x_1,\cdots,x_n)|\mathbf{J}|, & \text{若 } y_1,\cdots,y_n \text{ 是在 } g_1,\cdots,g_n \text{ 的值域内} \\ 0, & \text{否则} \end{cases}$$

其中，$x_i=h_i(y_1,\cdots,y_n)(i=1,\cdots,n)$. $\mathbf{J}$ 为坐标变换的雅可比矩阵

$$\mathbf{J}=\begin{bmatrix} \dfrac{\partial x_1}{\partial y_1} & \dfrac{\partial x_1}{\partial y_2} & \cdots & \dfrac{\partial x_1}{\partial y_n} \\ \vdots & \vdots & & \vdots \\ \dfrac{\partial x_n}{\partial y_1} & \dfrac{\partial x_n}{\partial y_2} & \cdots & \dfrac{\partial x_n}{\partial y_n} \end{bmatrix}$$

$|\boldsymbol{J}|$为坐标变换的雅可比行列式.

2.4 条件数学期望

条件期望是学习随机过程理论(如鞅和伊藤随机积分等)必不可少的知识. 从初等概率论中可知，两个随机事件 A 和 B，当已知 B 发生时，事件 A 发生的条件概率为

$$P(A|B)=\frac{P(AB)}{P(B)}$$

其中，$P(B)>0$. 当且仅当 A 和 B 相互独立时，$P(A|B)=P(A)$.

设 X，Y 为离散型随机变量，对一切使 $P(Y=y)>0$ 成立的 y，给定 $Y=y$ 时，随机变量 X 的条件分布函数定义为

$$F(x|y)=P(X\leqslant x|Y=y)=\frac{P(X\leqslant x,\ Y=y)}{P(Y=y)},\ x\in\mathbf{R}$$

设随机变量 X 可能的取值为 x_1，x_2，…，离散型条件数学期望定义为

$$E(X|Y=y)=\int_{-\infty}^{+\infty}x\mathrm{d}F(x|y)=\sum_{k=1}^{\infty}x_kP(X=x_k|Y=y) \tag{2-19}$$

设 X，Y 为连续型随机变量，对一切使 $f_Y(y)>0$ 成立的 y，给定 $Y=y$ 时，随机变量 X 的条件概率密度定义为

$$f(x|y)=\frac{f_{(X,Y)}(x,\ y)}{f_Y(y)}$$

给定 $Y=y$ 时，随机变量 X 的条件分布函数定义为

$$F(x|y)=P(X\leqslant x|Y=y)=\int_{-\infty}^{x}f(x|y)\mathrm{d}x,\quad x\in\mathbf{R}$$

连续型条件数学期望定义为

$$E(X|Y=y)=\int_{-\infty}^{+\infty}x\mathrm{d}F(x|y)=\int_{-\infty}^{+\infty}xf(x|y)\mathrm{d}x \tag{2-20}$$

用 $E(X|Y)$表示随机变量 Y 的函数，它在 $Y=y$ 时，取值为 $E(X|Y=y)$. 下面介绍随机变量 $E(X|Y)$的基本性质.

(1) X_1 和 X_2 是两个随机变量，c_1，c_2 是常数，则

$$E[(c_1X_1+c_2X_2)|Y]=c_1E(X_1|Y)+c_2E(X_2|Y)$$

(2) 随机变量 X 和 $E(X|Y)$的数学期望相等，即

$$E(X)=E[E(X|Y)]=\int_{-\infty}^{+\infty}E(X|Y=y)\mathrm{d}F_Y(y) \tag{2-21}$$

(3) 当 X 和 Y 相互独立时，

$$E(X|Y)=E(X) \tag{2-22}$$

下面仅对 X，Y 为离散型随机变量的情况给出式(2-21)和式(2-22)的证明．若 Y 可能的取值为 y_1，y_2，…，此时式(2-21)可写成

$$E(X)=\sum_{l=1}^{+\infty}E(X|Y=y_l)P(Y=y_l) \tag{2-23}$$

证 设 X，Y 为离散型随机变量，再根据式(2-19)，式(2-23)右边可写成

$$\begin{aligned}\sum_{l=1}^{+\infty}E(X|Y=y_l)P(Y=y_l)&=\sum_{l=1}^{+\infty}\sum_{k=1}^{+\infty}x_kP(X=x_k|Y=y_l)P(Y=y_l)\\&=\sum_{l=1}^{+\infty}\sum_{k=1}^{+\infty}x_kP(X=x_k,Y=y_l)\\&=\sum_{k=1}^{+\infty}x_k\sum_{l=1}^{+\infty}P(X=x_k,Y=y_l)\\&=\sum_{k=1}^{+\infty}x_kP(X=x_k)\\&=E(X)\end{aligned}$$

所以式(2-23)成立．

设离散型随机变量 X 和 Y 相互独立，下面证明式(2-22)．令

$$A_l=\{Y=y_l\}=\{\omega：Y(\omega)=y_l\}，\quad l=1，2，\cdots$$

显然$\{A_l\}$是 Ω 的一个划分，即

$$A_k\cap A_l=\varnothing,\text{对于任意 }k\neq l；\quad \text{且 }\bigcup_{l=1}^{+\infty}A_l=\Omega \tag{2-24}$$

为方便起见，设对于所有的 l，有 $P(A_l)>0$．设随机变量 X，具有 $E(|X|)<+\infty$，则定义 X 关于 Y 的条件期望(与前面的定义是一致的)为

$$E(X|Y)(\omega)=E(X|A_l)=E(X|Y=y_l)，\quad \omega\in A_l，\ l=1，2，\cdots \tag{2-25}$$

如果已知 A_l 发生，则 ω 只局限在 A_l 中取值，这时条件期望 $E(X|Y)(\omega)$与 $E(X|A_l)$是一致的．由式(2-19)，条件期望又可以表达为

$$E(X|A_l)=\sum_{k=1}^{+\infty}x_k\frac{P(\{X=x_k\}\cap A_l)}{P(A_l)}=\frac{E(XI_{A_l})}{P(A_l)} \tag{2-26}$$

其中

$$I_{A_l}(\omega)=\begin{cases}1, & \omega\in A_l\\0, & \omega\notin A_l\end{cases}$$

是事件 A_l 的示性函数．对于示性函数，有

$$\{\omega: I_{A_l}(\omega)=1\}=A_l=\{\omega: Y(\omega)=y_l\}$$

由于随机变量 X 和 Y 是独立的，则对于 $B\subset\mathbf{R}$，有

$$P(X\in B, Y=y_l)=P(X\in B)P(Y=y_l)=P(X\in B)P(A_l) \tag{2-27}$$

因此式(2-27)可写成

$$P(X\in B, I_{A_l}=1)=P(X\in B)P(I_{A_l}=1)$$

同理，如果用$\{I_{A_l}=0\}$取代$\{I_{A_l}=1\}$，上式依然成立．因此，随机变量 X 和 I_{A_l} 是相互独立的，且当 $\omega\in A_l$ 时，

$$E(X|Y)(\omega)=E(X|A_l)=\frac{E(XI_{A_l})}{P(A_l)}=\frac{E(X)E(I_{A_l})}{P(A_l)}=E(X)$$

式中，$E(I_{A_l})=0P(A_l^c)+1P(A_l)=P(A_l)$．从而式(2-22)得证．

推论 2-1 由上面的内容可以看出，在集合 $A_l=\{\omega: Y(\omega)=y_l\}$上，条件期望 $E(X|Y=y_l)$和 $E(X|Y)$相一致．当 Y 为常量时，

$$E(X|Y)=E(X)$$

条件期望 $E(X|Y)$不是 X 的函数，而是 Y 的函数，随机变量 X 只是决定函数的类型，即存在实值函数 $g(y)$，

$$E(X|Y)=g(Y)$$

其中，$g(y)=\sum\limits_{l=1}^{+\infty}E(X|Y=y_l)I_{\{y_l\}}(y)$．

2.5 矩母函数和特征函数

定义 2-6 设 X 是$(\Omega, \mathscr{F}, P)$上实随机变量．X 的**矩母函数(概率母函数)**$\psi_X(t)$定义为：对于任意 $t\in\mathbf{R}$，

$$\psi_X(t)=E(\mathrm{e}^{tX})=\int_{-\infty}^{+\infty}\mathrm{e}^{tx}\,\mathrm{d}F_X(x) \tag{2-28}$$

对矩母函数逐次求导可得

$$\psi_X'(t)=E(X\mathrm{e}^{tX})$$

$$\psi_X''(t)=E(X^2\mathrm{e}^{tX})$$

$$\vdots$$

$$\psi_X^{(n)}(t)=E(X^n\mathrm{e}^{tX})$$

且当 $t=0$ 时，有

$$\psi_X^{(n)}(0)=E(X^n),\quad n\geqslant 1$$

定义 2-7 设 X 是$(\Omega, \mathscr{F}, P)$上实随机变量. X 的**特征函数** $\varphi_X(u)$定义为：对于任意 $u\in\mathbf{R}$,

$$\varphi_X(u)=E(\mathrm{e}^{\mathrm{i}uX})=\int_{-\infty}^{+\infty}\mathrm{e}^{\mathrm{i}ux}\,\mathrm{d}F_X(x) \tag{2-29}$$

式中，i 是虚数单位.

概率母函数 $\psi_X(t)$是实值函数，而特征函数 $\varphi_X(u)$是 $\mathbf{R}$ 上的复值函数. 由定义可知，每一概率分布对应唯一的概率母函数(或特征函数)；反之，当概率母函数(或特征函数)存在时，它确定唯一的概率分布. 同时，概率母函数与 Laplace 变换、特征函数与 Fourier 变换有着密切的联系.

性质 2-1 特征函数 φ 具有如下性质：

(1) $|\varphi_X(u)|\leqslant\varphi_X(0)=1$，对任意 $u\in\mathbf{R}$;

(2) φ 在 $\mathbf{R}$ 上一致连续，即当 $h\to 0$ 时，有

$$|\varphi_X(u+h)-\varphi_X(u)|\leqslant\int_{-\infty}^{+\infty}|\mathrm{e}^{\mathrm{i}xh}-1|\,\mathrm{d}F_X(x)\to 0,\quad u\in\mathbf{R}$$

(3) $\overline{\varphi_X(u)}=\varphi_X(-u)=\varphi_{-X}(u)$，对任意 $u\in\mathbf{R}$;

(4) $\varphi_{aX+b}(u)=\varphi_X(au)\mathrm{e}^{\mathrm{i}bu}$，对任意 $u\in\mathbf{R}$，a，$b\in\mathbf{R}$;

(5) 若 X，Y 相互独立，则 $\varphi_{X+Y}(u)=\varphi_X(u)\varphi_Y(u)$，对任意 $u\in\mathbf{R}$.

【例 2-8】 (常见分布的特征函数)

(1) **两点分布((0—1)分布)** 设 $X\sim(0-1)$分布，则其概率分布为

$$P(X=k)=p^k(1-p)^{(1-k)},\quad (k=0,1,\quad 0<p<1)$$

其特征函数为

$$\varphi_X(u)=E(\mathrm{e}^{\mathrm{i}uX})=\mathrm{e}^{\mathrm{i}u\cdot 0}(1-p)+\mathrm{e}^{\mathrm{i}u\cdot 1}p=1-p+p\mathrm{e}^{\mathrm{i}u}\quad(u\in\mathbf{R})$$

(2) **二项分布** 设 $X\sim\mathrm{B}(n,p)$，即 $n\in\mathbf{N}=\{0,1,2,\cdots\}$，$p\in(0,1)$，$X$ 的分布为

$$P(X=k)=\mathrm{C}_n^k p^k(1-p)^{n-k}\quad(k=0,1,\cdots,n)$$

其特征函数为，对于 $u\in\mathbf{R}$

$$\begin{aligned}\varphi_X(u)=E(\mathrm{e}^{\mathrm{i}uX})&=\sum_{k=0}^{n}\mathrm{e}^{\mathrm{i}uk}\mathrm{C}_n^k p^k(1-p)^{n-k}\\&=\sum_{k=0}^{n}\mathrm{C}_n^k(p\mathrm{e}^{\mathrm{i}u})^k(1-p)^{n-k}=(1-p+p\mathrm{e}^{\mathrm{i}u})^n\end{aligned}$$

(3) **泊松分布** 设随机变量 X 服从泊松分布 $X\sim\mathrm{P}(\lambda)$，则其概率分布为

$$P(X=k)=\mathrm{e}^{-\lambda}\frac{\lambda^k}{k!},\quad k=0,1,2,\cdots$$

所以，对任意 $u\in\mathbf{R}$，其特征函数为

$$\varphi_X(u)=\sum_{k=0}^{\infty}\mathrm{e}^{-\lambda}\frac{\lambda^k}{k!}\mathrm{e}^{\mathrm{i}uk}=\sum_{k=0}^{\infty}\mathrm{e}^{-\lambda}\frac{(\lambda\mathrm{e}^{\mathrm{i}u})^k}{k!}$$
$$=\mathrm{e}^{\lambda(\mathrm{e}^{\mathrm{i}u}-1)}$$

同理，泊松分布 X 的矩母函数

$$\psi_X(t)=E(\mathrm{e}^{tX})=\mathrm{e}^{\lambda(\mathrm{e}^t-1)},\quad t\in\mathbf{R}$$

(4) **均匀分布** 设连续型随机变量 $X\sim\mathrm{U}(a,b)$ 的分布密度为

$$f(x)=\begin{cases}\dfrac{1}{b-a}, & x\in(a,b)\\ 0, & \text{其他}\end{cases}$$

则其特征函数为

$$\varphi_X(u)=E(\mathrm{e}^{\mathrm{i}uX})=\int_{-\infty}^{+\infty}\mathrm{e}^{\mathrm{i}ux}f(x)\mathrm{d}x$$
$$=\int_a^b\mathrm{e}^{\mathrm{i}ux}\frac{1}{b-a}\mathrm{d}x$$
$$=\frac{\mathrm{i}}{(b-a)u}(\mathrm{e}^{\mathrm{i}ua}-\mathrm{e}^{\mathrm{i}ub})$$
$$=\frac{\mathrm{i}}{(b-a)u}(\cos ua-\cos ub)-\frac{\sin ua-\sin ub}{(b-a)\ u}$$

(5) **指数分布** 设 X 服从参数为 $\lambda(\lambda>0)$ 的指数分布，其分布密度为

$$f(x)=\begin{cases}\lambda\mathrm{e}^{-\lambda x}, & x>0\\ 0, & x\leqslant 0\end{cases}$$

则其特征函数为

$$\varphi_X(u)=E(\mathrm{e}^{\mathrm{i}uX})=\int_{-\infty}^{+\infty}\mathrm{e}^{\mathrm{i}ux}f(x)\mathrm{d}x$$
$$=\int_0^{+\infty}\mathrm{e}^{\mathrm{i}ux}\lambda\mathrm{e}^{-\lambda x}\mathrm{d}x$$
$$=\frac{\lambda}{\lambda-\mathrm{i}u}$$
$$=\frac{\lambda^2}{\lambda^2+u^2}+\mathrm{i}\frac{\lambda u}{\lambda^2+u^2}$$

(6) **正态分布** 设随机变量 $X\sim\mathrm{N}(0,1)$，其分布密度为

$$f(x)=\frac{1}{\sqrt{2\pi}}e^{-\frac{x^2}{2}}, \quad x\in \mathbf{R}$$

则其特征函数为

$$\begin{aligned}\varphi_X(u)=E(e^{iuX})&=\int_{-\infty}^{+\infty}e^{iux}f(x)dx\\&=\int_{-\infty}^{+\infty}e^{iux}\frac{1}{\sqrt{2\pi}}e^{-\frac{x^2}{2}}dx\\&=\frac{1}{\sqrt{2\pi}}\int_{-\infty}^{+\infty}e^{iux-\frac{x^2}{2}}dx\end{aligned}$$

因为

$$\frac{d}{du}(e^{iux-\frac{x^2}{2}})=ixe^{iux-\frac{x^2}{2}}$$

且

$$|ixe^{iux-\frac{x^2}{2}}|\leqslant|x|e^{-\frac{x^2}{2}}$$

而

$$\int_{-\infty}^{+\infty}|x|e^{-\frac{x^2}{2}}dx=2\int_{0}^{+\infty}xe^{-\frac{x^2}{2}}dx=2<+\infty$$

所以$\varphi_X(u)$的导数存在，计算可得

$$\varphi_X'(u)=\frac{1}{\sqrt{2\pi}}\int_{-\infty}^{+\infty}ixe^{iux-\frac{x^2}{2}}dx$$

又因为

$$\begin{aligned}iu\varphi_X(u)+i\varphi_X'(u)&=\frac{1}{\sqrt{2\pi}}\int_{-\infty}^{+\infty}(iu-x)e^{iux-\frac{x^2}{2}}dx\\&=\frac{1}{\sqrt{2\pi}}e^{iux-\frac{x^2}{2}}\Big|_{-\infty}^{+\infty}=0\end{aligned}$$

解上述微分方程可得

$$\varphi_X(u)=Ce^{-\frac{u^2}{2}}$$

代入初始条件$\varphi_X(0)=1$，得

$$\varphi_X(u)=e^{-\frac{u^2}{2}}$$

即为标准正态分布的特征函数.

若$X\sim N(\mu, \sigma^2)$，设$Y=\frac{X-\mu}{\sigma}$，则$Y\sim N(0, 1)$，所以有

$$\varphi_Y(u)=\mathrm{e}^{-\frac{u^2}{2}}$$

由 $X=\sigma Y+\mu$ 及特征函数的性质，X 的特征函数计算可得

$$\varphi_X(u)=\mathrm{e}^{\mathrm{i}\mu u}\varphi_Y(\sigma u)=\mathrm{e}^{\mathrm{i}\mu u}\mathrm{e}^{-\frac{\sigma^2u^2}{2}}=\mathrm{e}^{\mathrm{i}\mu u-\frac{\sigma^2u^2}{2}}$$

定理 2-5 X_1，…，X_n 是 n 个相互独立的实值随机变量，其特征函数分别为 $\varphi_{X_1}(u)$，…，$\varphi_{X_n}(u)$. 设 $\varphi(u)$ 为 $X_1+\cdots+X_n$ 的特征函数，则有

$$\varphi(u)=\varphi_{X_1}(u)\cdots\varphi_{X_n}(u)$$

证 由定理 2-3，有

$$\begin{aligned}\varphi(u)&=E(\mathrm{e}^{\mathrm{i}u(X_1+\cdots+X_n)})=E(\mathrm{e}^{\mathrm{i}uX_1}\cdots\mathrm{e}^{\mathrm{i}uX_n})\\&=E(\mathrm{e}^{\mathrm{i}uX_1})\cdots E(\mathrm{e}^{\mathrm{i}uX_n})=\varphi_{X_1}(u)\cdots\varphi_{X_n}(u)\end{aligned}$$

特别地，若 X_1，…，X_n 独立同分布(i. i. d.)，具有同一特征函数 $\varphi_X(u)$，则有

$$\varphi(u)=(\varphi_X(u))^n$$

现在讨论 n 维随机向量 $\boldsymbol{X}=(X_1，\cdots，X_n)$在 $\mathbf{R}^n$ 上的特征函数问题. 对任意$\boldsymbol{u}=(u_1，\cdots，u_n)\in\mathbf{R}^n$，$\boldsymbol{X}$ 的特征函数 $\varphi_{\boldsymbol{X}}(u_1，\cdots，u_n)$定义为

$$\varphi_{\boldsymbol{X}}(\boldsymbol{u})=E\mathrm{e}^{\mathrm{i}(u_1X_1+\cdots+u_nX_n)}=E\mathrm{e}^{\mathrm{i}\langle\boldsymbol{u},\boldsymbol{X}\rangle}\tag{2-30}$$

定理 2-6(Kac 定理) 概率空间$(\Omega，\mathscr{F}，P)$上 n 个实值随机变量 X_1，…，X_n 相互独立的充分必要条件是：$\boldsymbol{X}=(X_1，\cdots，X_n)$的特征函数 $\varphi_{\boldsymbol{X}}(u_1，\cdots，u_n)$与 $X_k(1\leqslant k\leqslant n)$的特征函数 $\varphi_{X_k}(u_k)$满足

$$\varphi_{\boldsymbol{X}}(\boldsymbol{u})=E\left[\exp\left(\mathrm{i}\sum_{k=1}^n u_kX_k\right)\right]=\prod_{k=1}^n E(\mathrm{e}^{\mathrm{i}u_kX_k})=\prod_{k=1}^n\varphi_{X_k}(u_k)\tag{2-31}$$

证 与定理 2-5 证明类似，当 X_1，…，X_n 独立时，有式(2-31)成立，所以仅对充分性加以证明. 设 X_k 的分布函数为 $F_{X_k}(x_k)$，定义 $\mathbf{R}^n$ 上的概率分布函数 $F(\boldsymbol{x})$为

$$F(\boldsymbol{x})=\prod_{k=1}^n F_{X_k}(x_k)\tag{2-32}$$

函数 F 所对应的特征函数定义为

$$\begin{aligned}\varphi_F(\boldsymbol{u})&=\int_{\mathbb{R}^n}\mathrm{e}^{\mathrm{i}\langle\boldsymbol{u},\boldsymbol{x}\rangle}\mathrm{d}F(\boldsymbol{x})=\prod_{k=1}^n\int_{\mathbf{R}}\mathrm{e}^{\mathrm{i}u_kx_k}\mathrm{d}F_{X_k}(x_k)\\&=\prod_{k=1}^n\varphi_{X_k}(u_k)\end{aligned}$$

式中，$\langle\boldsymbol{u}，\boldsymbol{x}\rangle=u_1x_1+\cdots+u_nx_n$. 由式(2-31)，有

$$\varphi_{\boldsymbol{X}}(\boldsymbol{u})=\varphi_F(\boldsymbol{u})$$

因为特征函数确定唯一的概率分布，所以 $\boldsymbol{X}$ 的分布函数与函数 $F(\boldsymbol{x})$ 一致. 因此，根据式(2-17)和式(2-32)，推出 X_1，…，X_n 是相互独立的.

*2.6 σ 域与一般条件数学期望

在 2.1 节中，介绍了 σ 域的基本定义；在 2.4 节中，介绍了随机变量 X 关于随机变量 Y 的条件期望 $E(X|Y)$（主要是离散型随机变量的条件期望）的概念. 从式(2-25)可以看出，真正影响 $E(X|Y)$ 的并不是随机变量 Y 的取值 y_l，而是由 y_l 所确定的关于 ω 的集合 A_l，因此条件期望 $E(X|Y)$ 可以被看作是定义在由 Ω 中的一些子集所形成的集类 $\sigma(Y)$ 上的随机变量，记作

$$E(X|Y)=E[X|\sigma(Y)] \tag{2-33}$$

其中，Y 是 $\omega\in\Omega$ 的函数(随机变量)，集类 $\sigma(Y)$ 是由随机变量 Y 决定的，是由 Y 所生成的.

如式(2-24)中所定义的，设离散型随机变量 Y 的取值为 y_l，$A_l=\{\omega: Y(\omega)=y_l\}$ 两两互不相容. 令

$$C=\{A_1, A_2, \cdots\}$$

由于 $\sigma(C)$ 是一个 σ 域，因此它一定包含了所有以下形式的集合

$$A=\bigcup_{l\in I}A_l \tag{2-34}$$

其中，I 是 $\mathbf{N}_+=\{1, 2, \cdots\}$ 的任意子集，包括 $I=\varnothing(A=\varnothing$ 时)和 $I=\mathbf{N}_+(A=\Omega$ 时). 式(2-34)的集类形成一个 σ 域 $\sigma(Y)$，又因为式(2-34)中的那些集合属于 $\sigma(C)$，而 $\sigma(C)$ 又是包含 C 的最小 σ 域，所以有 $\sigma(Y)=\sigma(C)$. 以后称 $\sigma(Y)$ 是由随机变量 Y 生成的 σ 域.

注意到 $\sigma(Y)$ 包括所有以下形式的集合

$$A_{a,b}=\{Y\in(a, b)\}=\{\omega: a<Y(\omega)\leqslant b\}, \quad -\infty<a<b<\infty$$

而集合 $I=\{l: a<y_l\leqslant b\}$ 是 $\mathbf{N}$ 的一个子集，因此

$$A_{a,b}=\bigcup_{l\in I}\{\omega: Y(\omega)=y_l\}\in\sigma(Y)$$

前面介绍了由随机变量 Y 生成的 σ 域 $\sigma(Y)$，此时是把 Y 作为离散型随机变量来讨论的. 如果 Y 的取值是连续的，则再由 $\{\omega: Y(\omega)=y\}(y\in\mathbf{R})$ 生成 σ 域显然是不够的. 因此，希望对不同类型的随机变量，给出统一 σ 域的构造.

设 $\boldsymbol{Y}=(Y_1, \cdots, Y_n)$ 是一个 n 维随机向量，即 Y_1，…，Y_n 为随机变量，则 σ 域 $\sigma(\boldsymbol{Y})$ 是包含如下形式集合的最小 σ 域，

$$\{\boldsymbol{Y}\in(\boldsymbol{a},\ \boldsymbol{b}]\}=\{\omega:\ a_k<Y_k(\omega)\leqslant b_k,\ k=1,\ \cdots,\ n\}$$

$$-\infty<a_k<b_k<\infty,\quad k=1,\ \cdots,\ n$$

称 $\sigma(\boldsymbol{Y})$是由随机向量$\boldsymbol{Y}$生成的σ域.

前面已经介绍了条件期望$E(X|Y)$(或$E(X|\sigma(Y))$)的直观概念，下面讨论一般条件期望的问题. 设$\mathcal{G}$是Ω上的一个σ域，定义 2-8 将给出条件期望$E(X|\mathcal{G})$及$E(X|\sigma(Y))$的定义.

定义 2-8 (Ω, $\mathcal{F}$, P)是概率空间，且随机变量X的数学期望存在. 设$\mathcal{G}$是$\mathcal{F}$的一个子σ域(即$\mathcal{G}\subset\mathcal{F}$)，$Z$是一个随机变量，如果$Z$满足：

(1) $\sigma(Z)\subset\mathcal{G}$，即$\mathcal{G}$中包含了$Z$的信息；

(2) 对于所有的$B\in\mathcal{G}$，$E(XI_B)=E(ZI_B)$，

则随机变量Z称为X关于$\mathcal{G}$的条件期望，记为$Z=E(X|\mathcal{G})$.

从定义 2-8 可以看出，随机变量X和$E(X|\mathcal{G})$是非常接近的，但这并不意味着对于任何ω，它们是一致的，它只说明在适当的集合B上，X的期望等于$E(X|\mathcal{G})$的期望，从而可以把条件期望$E(X|\mathcal{G})$看作是随机变量X的一种粗略变形. 特别地，设Y是定义在Ω上的随机变量(或随机向量)，$\sigma(Y)$是由Y生成的σ域，取$\mathcal{G}=\sigma(Y)$，则随机变量X关于Y的条件期望可以定义为

$$E(X|Y)=E[X|\sigma(Y)]$$

这就给出了式(2-33)的定义. 当Y为离散型随机变量时，结合 2.4 节和本节的内容，可以证明对离散型随机变量，上述定义是合理的.

下面考虑一种特殊的情况. 设$P(B)>0$，$P(B^c)>0$，$\mathcal{G}_B=\sigma(\{B\})$，则$\mathcal{G}_B=\{\varnothing,\ \Omega,\ B,\ B^c\}$，再根据上述定义，有

$$E(X|\mathcal{G}_B)(\omega)=E(X|B),\quad \omega\in B$$

特别地，如果令$X=I_A$，则对于$\omega\in B$，有

$$E(I_A|\mathcal{G}_B)(\omega)=E[I_A|B]=\frac{P(A\cap B)}{P(B)}$$

上述等式的右边即为A关于B的条件概率.

虽然已经给出了条件期望$E(X|\mathcal{G})$的定义，但要计算出它的值并不是一件容易的事情. 因此要找到一些规则和性质，以便于计算非特殊情况下的条件期望值. 下面仅对以下部分内容进行简略的证明. 设$E(|X|)<+\infty$，则条件期望$E(X|\mathcal{G})$存在. 概率空间(Ω, $\mathcal{F}$, P)，如果对某一性质(如等式、不等式等)不成立的样本集合的概率为零，则称此性质**对几乎一切$\omega\in\Omega$成立**，简称为**几乎处处**，记为“a. s.”. 例如，设ξ，η是Ω上的实值随机变量，若有$P(\omega\in\Omega:\ \xi(\omega)\neq\eta(\omega))=0$，则称$\xi$与$\eta$几乎处处相等，记为$\xi=\eta$，a. s..

在谈到$E(X|\mathcal{G})$的 a. s. 的性质时，零概率集均指$\mathcal{G}$-可测集，即存在$\mathcal{G}$-可测集N，$P(N)=0$，使得当$\omega\in N^c$时，该性质成立. 若将P在$\mathcal{G}$上限制记成$P_{\mathcal{G}}$(即$P_{\mathcal{G}}(B)=$

$P(B)$，对于任意 $B\in\mathcal{G}$)，则可记成 $P_{\mathcal{G}}$ a. s. 成立. 常用到的条件期望的性质如下.

(1) 设 X_1，X_2 是随机变量，c_1，c_2 是常数，则

$$E[(c_1X_1+c_2X_2)|\mathcal{G}]=c_1E(X_1|\mathcal{G})+c_2E(X_2|\mathcal{G}),\quad \text{a. s.} \tag{2-35}$$

即条件期望是线性的.

式(2-35)可从定义 2-8 直接得证.

(2) X 和 $E(X|\mathcal{G})$的期望相同，即

$$E(X)=E[E(X|\mathcal{G})] \tag{2-36}$$

令定义 2-8(2)中 $B=\Omega$，即可得证式(2-36).

(3) 如果 X 和 σ 域$\mathcal{G}$是相互独立的，则

$$E(X|\mathcal{G})=E(X),\quad \text{a. s.} \tag{2-37}$$

特别地，如果 X 和 Y 相互独立，则 $E(X|Y)=E(X)$.

X 和$\mathcal{G}$相互独立表明：通过$\mathcal{G}$，不能得到有关 X 的任何信息，反之亦然. 具体而言，对于所有的 $B\in\mathcal{G}$，随机变量 X 和 I_B 相互独立，则

$$E(XI_B)=E(X)E(I_B)=E(X)P(B)=E[E(X)I_B],\quad B\in\mathcal{G}$$

与定义 2-8(2)相对比，可以得到

$$Z=E(X)=E(X|\mathcal{G})$$

从而式(2-37)得证.

(4) 设 $\sigma(X)$是由随机变量 X 生成的 σ 域，如果 $\sigma(X)$包含于$\mathcal{G}$中(即 X 是$\mathcal{G}$-可测函数)，则

$$E(X|\mathcal{G})=X,\quad \text{a. s.} \tag{2-38}$$

特别地，如果 X 是 Y 的函数，且 $\sigma(X)\subset\sigma(Y)$，则 $E(X|Y)=X$.

式(2-38)表明，如果$\mathcal{G}$包含了有关随机变量 X 的全部信息，则可以近似地把 X 作为常量来处理. 式(2-38)可从定义 2-8(2)直接得证.

(5) 式(2-38)可以扩展到更一般的形式. 设 $\sigma(X)$是由随机变量 X 生成的 σ 域，如果 $\sigma(X)$包含于$\mathcal{G}$中(即 X 是$\mathcal{G}$-可测函数)，则对于任何随机变量 V，有

$$E(XV|\mathcal{G})=XE(V|\mathcal{G})\quad \text{a. s.} \tag{2-39}$$

特别地，如果 X 是 Y 的函数，$\sigma(X)\subset\sigma(Y)$，则 $E(XV|Y)=XE(V|Y)$.

实际上，如果已知$\mathcal{G}$，就可以把 X 当作常量来处理，因此可以提出$X(\omega)$，把它写在 $E(V|\mathcal{G})$的前面. (证明略)

(6) 设$\mathcal{G}$和$\mathcal{G}'$是两个 σ 域，且$\mathcal{G}\subset\mathcal{G}'$，则

$$E(X|\mathcal{G})=E(E(X|\mathcal{G}')|\mathcal{G}),\quad \text{a. s.} \tag{2-40}$$

$$E(X|\mathcal{G})=E(E(X|\mathcal{G})|\mathcal{G}'),\quad \text{a. s.} \tag{2-41}$$

因为$E(X|\mathcal{G})$是$\mathcal{G}$可测函数，且$\mathcal{G}\subset\mathcal{G}'$，所以$E(X|\mathcal{G})$也是$\mathcal{G}'$可测函数，则由式(2-39)

$$E(E(X|\mathcal{G})|\mathcal{G}')=E(X|\mathcal{G})E(1|\mathcal{G}')=E(X|\mathcal{G})$$

从而式(2-41)得证.

从定义2-8可以得到，对于$B\in\mathcal{G}$，$Z=E(X|\mathcal{G})$，

$$E(XI_B)=E(ZI_B) \tag{2-42}$$

因为$B\in\mathcal{G}\subset\mathcal{G}'$，所以$I_B$是$\mathcal{G}$，$\mathcal{G}'$可测函数，再由式(2-39)得

$$I_BE(E(X|\mathcal{G}')|\mathcal{G})=E(I_BE(X|\mathcal{G}')|\mathcal{G})=E(E(I_BX|\mathcal{G}')|\mathcal{G})$$

对上式取期望，并由式(2-36)得

$$E(I_BE(E(X|\mathcal{G}')|\mathcal{G}))=E(I_BX)$$

因此，$Z'=E(E(X|\mathcal{G}')|\mathcal{G})$也满足式(2-42)，又因为$E(X|\mathcal{G})$的唯一性，所以$Z=Z'$，式(2-40)得证.

(7) 设X和$\mathcal{G}$是相互独立的，V是一个随机变量(或随机向量)，且V是$\mathcal{G}$可测函数，则对于任意可积函数$h(x, y)$，有

$$E(h(X, V)|\mathcal{G})=E(E_X((h(X, V))|\mathcal{G}), \quad \text{a. s.} \tag{2-43}$$

式中，$E_X(h(X, V))$表示在V固定时关于X的数学期望.（证明略）

【例2-9】 设X和Y是两个相互独立的随机变量，则由式(2-39)和式(2-43)可以得到

$$E(X^2Y|Y)=E(E_X(X^2Y)|Y)=E(YE(X^2)|Y)=YE(X^2)$$

$$E(g(X)+Y|Y)=E(E_X(g(X)+Y)|Y)=E(E(g(X))+Y|Y)=E(g(X))+Y$$

其中，$g(x)$为实可积函数.

引理2-1(Jensen不等式) 设f是$\mathbf{R}$上的凸函数，若$E(|X|)$，$E(|f(X)|)$是有限的，则

$$f(E(X))\leqslant E(f(X)) \tag{2-44}$$

证 由于$f(x)$是凸函数，则由凸函数的性质可以证明(略)

$$f(y)-f(x)\geqslant f_r'(x)(y-x), \quad y\in\mathbf{R}$$

其中，$f_r'(x)$是$f(x)$关于x的右导数，$x\in\mathbf{R}$.

令$y=X$，$x=E(X)$，则有

$$f(X)-f(E(X))\geqslant f_r'(E(X))(X-E(X))$$

两边取积分，即得 Jensen 不等式.

习 题 2

1. 设 X 为取非负整数值的随机变量，证明

$$E(X)=\sum_{k=1}^{\infty}P(X\geqslant k)$$

2. 设随机变量 X 的概率密度为

$$f(x)=\begin{cases}e^{-x}, & x>0\\ 0, & x\leqslant 0\end{cases}$$

求 $Y=e^{aX}(a<0)$ 的数学期望.

3. 设二维随机变量 (X, Y) 的联合密度函数为

$$f(x, y)=\begin{cases}6xy^2, & 0<x<1, 0<y<1\\ 0, & \text{其他}\end{cases}$$

求 (X, Y) 的协方差矩阵.

4. 已知二维随机变量 (X, Y) 服从联合正态分布，且 $E(X)=E(Y)=0$，$V(X)=1$，$V(Y)=4$，$r_{XY}=\frac{1}{2}$.

(1) 写出 (X, Y) 的联合密度函数.

(2) 已知 $Z=aX+Y$ 与 Y 独立，求 a.

5. 设 X 服从正态分布 $N(\mu, \sigma^2)$，$Y=e^X$，求 Y 的概率密度函数.

6. 设 X 和 Y 是相互独立的 Poisson 随机变量，其参数分别是 λ_1 和 λ_2. 试求当给定 $X+Y=n$ 时，$X=k(k\leqslant n)$ 的条件概率.

7. 已知二维随机变量 (X, Y) 的联合分布密度函数为

$$f(x, y)=\begin{cases}e^{-y}, & 0<x<y\\ 0, & \text{其他}\end{cases}$$

求条件密度函数 $f(x|y)$ 及 $f(y|x)$.

8. 随机变量 X 服从参数为 $\lambda(\lambda>0)$ 的指数分布，求 X 的矩母函数，并根据其矩母函数计算 X 的数学期望和方差.

9. 如果 X_1，X_2，…，X_n 是独立同分布的指数变量，参数为 λ，证明 $\sum_{i=1}^{n}X_i$ 具有参

数为(n, λ)的Γ分布，亦即证明$\sum_{i=1}^{n} X_i$的密度函数为

$$f(t)=\frac{\lambda e^{-\lambda t}(\lambda t)^{n-1}}{(n-1)!}, \quad t \geqslant 0$$

10. 试证明连续型随机变量X的特征函数$\varphi_X(u)$为实函数的充要条件是：它的密度函数$f(x)$是对称的，即$f(x)=f(-x)$.

11. 考虑离散时间股票价格过程$S(n)(n=1, 2, \cdots)$，$S(0)$是初始价格，$S(n)$是股票n周后的价格，假设价格过程$S(n)/S(n-1)(n \geqslant 1)$是独立同分布的对数正态随机变量，设参数$\mu=0.016\,5$，$\sigma=0.073\,0$，求以下事件的概率：

(1) 此后两周股票价格连续上升；

(2) 两周后的股票价格高于今天的价格.

12. 考虑股价波动二项式模型. 若现在某股票的股价为S，则过一个单位时间，它会以概率p变为uS或以概率$1-p$变为dS，设每个时间段的价格变化是独立的，试估计1 000个单位时间后股价至少上升30%的概率，其中$u=1.012$，$d=0.990$，$p=0.52$.

13. 设随机变量X的特征函数为

$$\varphi_X(u)=\frac{1}{1-\mathrm{i}u}$$

试求X的数学期望$E(X)$与方差$V(X)$.

14. 设随机变量X_k，$k=1, \cdots, n$相互独立，且均服从相同的两点分布，其概率分布为

$$P(X_k=0)=(1-p), \quad P(X_k=1)=p, \quad k=1, \cdots, n, \quad 0<p<1$$

试利用其特征函数与分布函数的唯一性，证明$Y=\sum_{k=1}^{n} X_k$服从二项分布$\mathrm{B}(n, p)$.

15. 设n个随机变量$X_1, \cdots, X_n$相互独立，且$X_k(k=1, \cdots, n)$是具有参数λ_k的指数分布. (1)求X_k的特征函数；(2)设$Z=X_1+\cdots+X_n$，试求Z的特征函数.

16. 若$(X_1, \cdots, X_n)$的特征函数为$\varphi(u_1, \cdots, u_n)$，则$Y=\sum_{k=1}^{n} a_k X_k+b$的特征函数为

$$\varphi_Y(u)=e^{\mathrm{i}ub}\varphi(a_1 u, \cdots, a_n u)$$

其中，$a_1, \cdots, a_n$，b为常数.

第 3 章

随机过程

在这一章中，将介绍随机过程的基本概念和一些基本内容. 在 3.1 节中，叙述了随机过程的基本定义；3.2 节是随机过程的数字特征；在 3.3～3.6 节中，分别简单介绍了离散时间随机过程、正态随机过程、泊松过程和平稳随机过程.

3.1 随机过程的基本概念

在第 2 章中，介绍了随机变量的概念. 随机变量表述的是在每次试验的结果中，以一定的概率取某个事先未知，但为确定的数值. 但在实际中，有些随机现象要涉及随时间 t 而改变的随机变量. 例如，汇率就是随时间 t 随机变化的. 把这种随着时间 t 变化的随机变量称为随机过程. 进一步而言，在研究一段时间汇率的变化情况时，在某一时刻 t，汇率值可能是 $x_1(t)$，也可能取值 $x_2(t)$ 或 $x_3(t)$ 等. 每一时刻汇率的取值，虽然事先不能确知，但是必为所有可能取值中的某一个. 因此，在 t 时刻的取值是随机的. 另外，这些取值 $x_1(t)$，$x_2(t)$，…又是时间的函数，常把它们称作随机过程的样本函数(简称样本)或实现. 综上所述，可以给出随机过程的定义.

定义 3-1 设$(\Omega, \mathscr{F}, P)$是给定的概率空间，T 为一指标集，对于任意 $t\in T$，都存在定义在$(\Omega, \mathscr{F}, P)$上，取值于 E 的随机变量 $X(\omega, t)(\omega\in\Omega)$与它相对应，则称依赖于 t 的一族随机变量$\{X(\omega, t): t\in T\}$为**随机过程**，简记为$\{X_t(\omega)\}$，$\{X_t\}$或$\{X(t)\}$.

指标集 T 通常表示时间集合，如 $T=N^+=\{0, 1, 2, \cdots\}$，$T=[0, \infty)$等. E 称为随机过程的相空间，它也可取为 $N^+=\{0, 1, 2, \cdots\}$，$[0, +\infty)$，$(-\infty, +\infty)$等.

随机过程$\{X(\omega, t): \omega\in\Omega, t\in T\}$是时间参数 t 和样本点 ω 的二元函数，对于给定的时间 $t_0\in T$，$X(\omega, t_0)$是概率空间$(\Omega, \mathscr{F}, P)$上的随机变量；对于给定样本点$\omega_0\in\Omega$，$X(\omega_0, t)$是定义在 T 上的实函数，此时称它为随机过程对应于 ω_0的一个**样本函数**，也称为**样本轨道或实现**. 相空间 E 又称为状态空间，通常用“$X_t=x$”表示 X_t 处于状态 x.

随机过程的种类很多，不同的标准，便得到不同的分类方法，下面介绍几种分类方法. 按照随机过程 X_t 的时间和状态是连续还是离散可分成四类.

(1) **连续型随机过程** $\{X_t(\omega)\}$对于任意的 $t\in T$，X_t 是连续型随机变量，且时间集也是连续的. 也就是时间和状态皆为连续的情况.

(2) **离散型随机过程** $\{X_t(\omega)\}$对于任意的$t\in T$，X_t是离散型随机变量，且时间集是连续的.

(3) **连续随机序列** 随机过程$\{X_t(\omega)\}$是离散时间上的连续型随机变量，即时间离散、状态连续的情况.

(4) **离散随机序列** 随机过程$\{X_t(\omega)\}$中的时间和状态都是离散的.

按照随机过程的分布函数或概率密度的不同特性来分类，包括：平稳随机过程、正态随机过程、马尔可夫过程等. 下面给出描述随机过程统计特性的概率分布.

随机过程$\{X_t\}$，对每一时刻$t_1\in T$，X_{t_1}是一维随机变量，其分布函数

$$F_{t_1}(x_1)=P(X_{t_1}\leqslant x_1) \tag{3-1}$$

称为随机过程$\{X_t\}$的一维分布函数. 一维分布函数仅描述随机过程在任一时刻取值的统计特性，而不能反映随机过程各个时刻的状态之间的联系.

随机过程$\{X_t\}$在任意两个时刻t_1，$t_2\in T$的取值X_{t_1}，X_{t_2}，构成二维随机向量(X_{t_1}, X_{t_2})，其联合分布函数

$$F_{t_1,t_2}(x_1, x_2)=P(X_{t_1}\leqslant x_1, X_{t_2}\leqslant x_2) \tag{3-2}$$

称为随机过程$\{X_t\}$的二维分布函数. 由于二维概率分布描述了随机过程在任意两个时刻的状态之间的联系，所以不能完整地反映出随机过程的全部统计特性.

随机过程$\{X_t\}$在任意n个时刻t_1，…，t_n的取值X_{t_1}，…，X_{t_n}，构成n维随机向量$(X_{t_1}, \cdots, X_{t_n})$，其$n$维联合分布函数为

$$F_{t_1,\cdots,t_n}(x_1, \cdots, x_n)=P(X_{t_1}\leqslant x_1, \cdots, X_{t_n}\leqslant x_n) \tag{3-3}$$

其n维联合密度函数记为$f_{t_1,\cdots,t_n}(x_1, \cdots, x_n)$. 通常地，$n$维联合分布函数和联合密度函数也分别记为$F(x_1, \cdots, x_n; t_1, \cdots, t_n)$，$f(x_1, \cdots, x_n; t_1, \cdots, t_n)$.

定义 3-2 形如式(3-3)的分布函数全体，即

$$\{F_{t_1,\cdots,t_n}(x_1, \cdots, x_n): n\geqslant 1, t_1, \cdots, t_n\in T\} \tag{3-4}$$

称为随机过程$\{X_t\}$的**有穷维分布函数**.

3.2 随机过程的数字特征

虽然随机过程的概率分布能完整地描述随机过程的统计特性，但在实际应用中，要确定随机过程的概率分布并加以分析，常常比较困难. 因此，可以把随机变量的数字特征概念推广到随机过程中去，用以研究和刻画随机过程的主要特性，同时又便于实际计算和运算. 类似于随机变量的数字特征，随机过程常用到的数字特征也有数学期望、方差、相关函数等. 但是，它们通常不再是确定的数值，而是时间的函数.

(1) **数学期望** 对于任一时间$t\in T$，随机过程$\{X_t\}$的数学期望定义为

$$\mu_{X_t}=E(X_t)=\int_{-\infty}^{+\infty}x\mathrm{d}F_t(x)$$

$E(X_t)$是时间 t 的函数.

(2) **方差与矩** 随机过程$\{X_t\}$的二阶中心矩

$$\sigma_{X_t}^2=V(X_t)=E[(X_t-E(X_t))^2], \quad t\in T$$

称为随机过程$\{X_t\}$的方差. $\sigma_{X_t}^2$是时间 t 的函数，它描述了随机过程$\{X_t\}$的诸样本对于其数学期望 μ_{X_t} 的偏移程度. 随机过程$\{X_t\}$的二阶中心矩定义为

$$E(X_t^2)=\int_{-\infty}^{+\infty}x^2\mathrm{d}F_t(x)$$

(3) **协方差函数和自相关函数** 数学期望和方差仅描述了随机过程在每个时刻的统计平均特性和偏移程度，并不能反映出随机过程的内在联系，因此引入协方差函数和相关函数的概念，用来描述随机过程任意两个时刻的状态之间的内在联系.

随机过程$\{X_t\}$对于任意 t_1，$t_2\in T$，其**协方差函数**定义为

$$c_X(t_1, t_2)=\sigma_{X_{t_1}X_{t_2}}=E((X_{t_1}-E(X_{t_1}))(X_{t_2}-E(X_{t_2})))$$

当 $t_1=t_2=t$ 时，协方差函数就是方差. 随机过程$\{X_t\}$的**自相关函数(相关函数)**定义为

$$R(t_1, t_2)=E(X_{t_1}X_{t_2}), \quad t_1, t_2\in T$$

当 $t_1=t_2=t$ 时，自相关函数就是二阶原点矩.

定义 3-3 设$\{X_t, t\in T\}$为实随机过程，若对于任意的 $t\in T$，其均方值函数 $E(X_t^2)<+\infty$，则称$\{X_t, t\in T\}$为**实二阶矩过程**.

由 Cauchy-Schwarz 不等式

$$[E(X_{t_1}X_{t_2})]^2\leqslant E(X_{t_1}^2)E(X_{t_2}^2)$$

可知，二阶矩过程自相关函数 $R(t_1, t_2)=E(X_{t_1}X_{t_2})$一定存在.

【例 3-1】 判断随机过程$\{X_t=X\cos\omega t, t\in T\}$在下列两种情况下是否为二阶矩过程.

(1) $X\sim \mathrm{N}(\mu, \sigma^2)$，$\omega$ 为常数；

(2) X 具有概率密度 $f(x)=\dfrac{1}{\pi(1+x^2)}$.

解 (1) 因为

$$E(X_t^2)=E(X^2\cos^2\omega t)=E(X^2)\cos^2\omega t=(\sigma^2+\mu^2)\cos^2\omega t<+\infty$$

所以$\{X_t, t\in T\}$是二阶矩过程.

(2) 因为

$$E(X_t^2)=\int_{-\infty}^{+\infty}\frac{x^2\cos^2\omega t}{\pi(1+x^2)}\mathrm{d}x=+\infty$$

所以$\{X_t, t\in T\}$不是二阶矩过程.

3.3 离散时间随机过程

在本节中简单介绍离散时间随机过程的概念．离散时间随机过程，包含连续随机序列和离散随机序列．当时间参数 $t\in T$ 取离散值 t_1，…，t_n 时，这种随机过程称为**离散时间随机过程**．这时，X_t 是一串随机变量 X_{t_1}，…，X_{t_n} 所构成的序列，即随机序列．由于随机序列的指标表示时间，所以常称随机序列为时间序列．在经济学、生物学、气象学等许多领域中，都涉及时间序列，如汇率的变化、森林中某种动物的头数、某地的日降水量、商品的日销售量等都构成时间序列．

【例 3-2】 设一维随机游动过程 Y_n，其中 $Y_0=0$, $Y_n=\sum_{i=1}^{n}X_i$, X_1, X_2,… 是独立同分布随机序列，且 $P(X_i=1)=p$，$P(X_i=-1)=1-p$．求 $E(Y_n)$，$V(Y_n)$．

解 根据期望、方差的定义和性质，有

$$E(Y_n)=E\left(\sum_{i=1}^{n}X_i\right)=\sum_{i=1}^{n}E(X_i)$$

$$V(Y_n)=V\left(\sum_{i=1}^{n}X_i\right)=\sum_{i=1}^{n}V(X_i)$$

而且

$$E(X_i)=1\cdot p+(-1)(1-p)=2p-1$$

$$E(X_i^2)=1\cdot p+1\cdot(1-p)=1$$

$$V(X_i)=E(X_i^2)-(E(X_i))^2=1-(2p-1)^2$$

则

$$E(Y_n)=n(2p-1),\quad V(Y_n)=n[1-(2p-1)^2]$$

【例 3-3】 考虑随机点在时间区间 $(0,\ t]$ 内发生的次数，记为 $\{Y_t,\ t\geqslant 0\}$，$Y_0=0$．又设在 $(t_0,\ t_0+t]$ 内有 k 个随机点发生的概率与 t_0 无关，且 $Y_{t_0+t}-Y_{t_0}=Y_t\sim \mathrm{P}(\lambda t)$，即

$$p_k(t)=P(Y_t=k)=\frac{(\lambda t)^k}{k!}\mathrm{e}^{-\lambda t},\ \lambda>0,\ k=0,\ 1,\ 2,\ \cdots$$

另定义过程

$$X_t=\begin{cases}1, & \text{若随机点在 }(0,\ t]\text{ 内发生偶数次}\\ -1, & \text{若随机点在 }(0,\ t]\text{ 内发生奇数次}\end{cases}$$

求 $\{X_t\}$ 的数学期望函数和自相关函数．

解 P(在$(0, t]$内有偶数次随机点发生)$=p_0(t)+p_2(t)+p_4(t)+\cdots$

$$=e^{-\lambda t}\left[1+\frac{(\lambda t)^2}{2!}+\frac{(\lambda t)^4}{4!}+\cdots\right]$$

$$=e^{-\lambda t}\frac{e^{\lambda t}+e^{-\lambda t}}{2}$$

P(在$(0, t]$内有奇数次随机点发生)$=p_1(t)+p_3(t)+p_5(t)+\cdots$

$$=e^{-\lambda t}\left[\lambda t+\frac{(\lambda t)^3}{3!}+\frac{(\lambda t)^5}{5!}+\cdots\right]$$

$$=e^{-\lambda t}\frac{e^{\lambda t}-e^{-\lambda t}}{2}$$

于是有

$$P(X_t=1)=e^{-\lambda t}\frac{e^{\lambda t}+e^{-\lambda t}}{2},\quad P(X_t=-1)=e^{-\lambda t}\frac{e^{\lambda t}-e^{-\lambda t}}{2}$$

故得

$$\mu_{X_t}=E(X_t)=e^{-2\lambda t}$$

通过类似计算，可以得到对于 $0<t_1<t_2$

$$P(X_{t_1}X_{t_2}=1)=\frac{1+e^{-2\lambda(t_2-t_1)}}{2}$$

$$P(X_{t_1}X_{t_2}=-1)=\frac{1-e^{-2\lambda(t_2-t_1)}}{2}$$

所以相关函数为

$$R(t_1,\ t_2)=E(X_{t_1}X_{t_2})=e^{-2\lambda(t_2-t_1)}$$

同理可以计算当 $0<t_2\leqslant t_1$ 时的情况.

综合上面的结论有

$$R(t_1,\ t_2)=e^{-2\lambda|t_2-t_1|},\quad t_1>0,\ t_2>0$$

因此$\{X_t,\ t\geqslant 0\}$的方差为

$$\sigma_{X_t}^2=V(X_t)=R(t,\ t)-\mu_{X_t}^2=1-e^{-4\lambda t}$$

3.4 正态随机过程

第 2 章中，例 2-4 介绍了正态分布 $X\sim N(\mu,\ \sigma^2)$，例 2-7 介绍了正态随机向量，知道了正态分布在实际问题中和在理论方面的重要性，此外，对后面有关 Brown 运动问题的研究，正态分布也将起到非常重要的作用. 本节所介绍的正态随机过程在实际中

是经常可以见到的，并且它具有一些特性，便于进行数学分析．如果随机过程$\{X_t\}$的任意n维概率分布(见定义3－2)都是正态分布，则称它为**正态随机过程或高斯随机过程**，简称正态过程或高斯过程．

由多维正态随机向量的概率密度，可以方便地得到正态随机过程$\{X_t\}$的n维概率密度．根据例2－7有

$$f_{t_1,\cdots,t_n}(x_1, \cdots, x_n)=\frac{1}{(2\pi)^{n/2}(\det\boldsymbol{\Sigma})^{1/2}}\exp\left\{-\frac{1}{2}(\boldsymbol{x}-\boldsymbol{\mu})\boldsymbol{\Sigma}^{-1}(\boldsymbol{x}-\boldsymbol{\mu})^{\mathrm{T}}\right\} \quad (3-5)$$

其中，$\boldsymbol{\mu}$是n维向量，$\boldsymbol{\Sigma}$是$n\times n$阶的矩阵，$\boldsymbol{\Sigma}^{-1}$是$\boldsymbol{\Sigma}$的逆矩阵，它的第i行j列的元素为

$$c_{ij}=c_X(t_i, t_j)=E((X_{t_i}-E(X_{t_i}))(X_{t_j}-E(X_{t_j})))=r_{X_{t_i}X_{t_j}}\sigma_{X_{t_i}}\sigma_{X_{t_j}}$$

其中，$r_{X_{t_i}X_{t_j}}$为相关系数(见2.3节)．由上式可见，正态随机过程的n维概率分布仅取决于它的一、二阶矩函数，即只取决于它的数学期望、方差和相关系数．

下面给出正态过程的一个重要性质．如果对正态过程$\{X_t\}$在n个不同时刻t_1，…，t_n采样，所得到的一组随机变量X_{t_1}，…，X_{t_n}两两互不相关，即

$$c_{ij}=c_X(t_i, t_j)=E((X_{t_i}-E(X_{t_i}))(X_{t_j}-E(X_{t_j})))=0, \quad i\neq j$$

则这些随机变量也是相互独立的．实际上由式(3－5)

$$\begin{aligned}f_{t_1,\cdots,t_n}(x_1,\cdots,x_n)&=\frac{1}{(2\pi)^{n/2}\sigma_{X_1}\cdots\sigma_{X_n}}\exp\left\{-\frac{1}{2}\sum_{i=1}^{n}\frac{(x_i-\mu_{X_i})^2}{\sigma_{X_i}^2}\right\}\\&=\prod_{i=1}^{n}\frac{1}{\sqrt{2\pi}\sigma_{X_i}}\exp\left\{-\frac{(x_i-\mu_{X_i})^2}{2\sigma_{X_i}^2}\right\}\\&=f(x_1; t_1)\cdots f(x_n; t_n)\end{aligned}$$

由上式可见，在$c_{ij}=0(i\neq j)$的条件下，n维正态概率密度等于n个一维正态概率密度的连乘积．所以对一个正态过程来说，不相关与独立是等价的．

3.5 Poisson过程

Poisson过程在实际问题中具有极其广泛的应用，许多现象都可以用Poisson过程来描述，特别是研究一定时间间隔$(0, t]$内某随机事件出现次数的统计规律．例如，某段时间内通过某路口的汽车流量；某超市一段时间的顾客数；寻呼台的寻呼次数；保险公司在一段时间内理赔的保单数；到某公园去的游客数；某城市交通事故的发生数，等等．在本节中，主要介绍独立增量过程、平稳增量过程、计数过程和齐次Poisson过程的基本概念．在第4章中将进一步讨论Poisson过程的性质和结论．

定义 3-4 设$\{X_t\}$是一随机过程，若对任意正整数 n 及 t_1，…，$t_n \in T$，$t_1<t_2<\cdots<t_{n-1}<t_n$，随机变量的增量

$$X_{t_2}-X_{t_1}，X_{t_3}-X_{t_2}，\cdots，X_{t_n}-X_{t_{n-1}}$$

是相互独立的，则称$\{X_t\}$是**独立增量过程**.

设$\{X_t\}$是独立增量过程，若对任意的 t，$t+\tau\in T$，增量 $X_{t+\tau}-X_t$ 的概率分布只依赖于τ 而与 t 无关，则称随机过程$\{X_t\}$为**齐次**的或称**时齐**的. 即若$\{X_t\}$是齐次的，其增量所服从的分布与时间起点无关. 若只要时间间隔 τ 相同，那么增量服从的分布也相同，则称此过程具有**平稳性**. 具有独立增量和平稳增量的过程$\{X_t\}$称为独立平稳增量过程. 常见的独立平稳增量过程有 Poisson 过程和 Wiener(维纳)过程.

定义 3-5 如果用$\{N_t\}$表示$(0，t]$内随机事件发生的总数，则随机过程$\{N_t\}$称为一个**计数过程**. 因此，计数过程满足

(1) $N_t\geqslant 0$；

(2) N_t 是非负整数值；

(3) 对于任意两个时刻 $0\leqslant t_1<t_2$，有 $N_{t_1}\leqslant N_{t_2}$；

(4) 对于任意两个时刻 $0\leqslant t_1<t_2$，$N_{t_1,t_2}=N_{t_2}-N_{t_1}$ 等于时间区间$(t_1，t_2]$中发生的事件个数.

如果计数过程$\{N_t\}$在不相交时间区间中发生的事件个数是独立的，则称计数过程有独立增量. 若在任一时间区间中发生的事件数的分布只依赖于时间区间的长度，而与它的位置无关，即对任意 $0\leqslant t_1<t_2$ 和 $\tau>0$，增量 N_{t_1,t_2}，$N_{t_1+\tau,t_2+\tau}$有相同的概率分布，则称计数过程有平稳增量.

定义 3-6 设随机过程$\{N_t\}$是一个计数过程，如果满足

(1) $N_0=0$；

(2) $\{N_t\}$是独立增量过程；

(3) 对任意 $0\leqslant s<t$，增量 $N_{s,t}=N_t-N_s$ 具有参数$\lambda(t-s)(\lambda>0)$的 Poisson 分布，即

$$P\{N_t-N_s=k\}=\frac{[\lambda(t-s)]^k}{k!}e^{-\lambda(t-s)}，\quad k=0，1，2，\cdots$$

则称$\{N_t\}$为具有参数λ的**齐次 Poisson 过程**. 通常也用$\{N(t)，t\geqslant 0\}$来表示齐次Poisson过程.

从定义中的条件(3)可知，Poisson 过程有平稳增量且 $E(N_t)=\lambda t$，并称λ为此过程的**速率或强度**，即单位时间内发生的事件的平均个数.

由于 Poisson 过程是独立平稳增量过程，所以 Poisson 过程的数字特征如下.

(1) Poisson 过程的均值、方差和矩

$$E(N_t)=V(N_t)=\lambda t，\quad E(N_t^2)=\lambda t+(\lambda t)^2$$

(2) Poisson 过程的自相关函数

$$R(t_1，t_2)=E(N_{t_1}N_{t_2})=\lambda\min\{t_1，t_2\}+\lambda^2 t_1 t_2$$

(3) Poisson 过程的自协方差函数

$$c_X(t_1, t_2)=\sigma_{N_{t_1}N_{t_2}}=\lambda\min\{t_1, t_2\}$$

Poisson 过程的特征函数为：对任意 u，$t\in\mathbf{R}$，

$$\begin{aligned}\varphi_{N_t}(u)&=E(\mathrm{e}^{\mathrm{i}uN_t})=\sum_{k=0}^{+\infty}\mathrm{e}^{-\lambda t}\frac{(\lambda t)^k}{k!}\mathrm{e}^{\mathrm{i}uk}\\&=\sum_{k=0}^{+\infty}\mathrm{e}^{-\lambda t}\frac{(\lambda t\mathrm{e}^{\mathrm{i}u})^k}{k!}=\mathrm{e}^{\lambda t(\mathrm{e}^{\mathrm{i}u}-1)}\end{aligned}$$

为确定一个计数过程是一个 Poisson 过程，只需证明它满足条件(1)(2)(3)．条件(1)说明事件的计数是从时刻 $t=0$ 开始的，条件(2)通常可从对过程的了解情况去直接验证，但验证条件(3)并不是一件容易的事情，为此给出与 Poisson 过程等价的定义．

定义 3-7 设随机过程$\{N_t\}$是一个计数过程，参数为 $\lambda(\lambda>0)$，若满足

(1) $N_0=0$；

(2) 过程有平稳的独立增量；

(3) $P\{N_h=1\}=\lambda h+o(h)$，$h>0$；

(4) $P\{N_h\geqslant 2\}=o(h)$，$h>0$；

则称$\{N_t\}$为具有参数 λ 的 Poisson 过程．其中 $o(h)$表示当 $h\to 0$ 时，对 h 的高阶无穷小．

定理 3-1 上述定义 3-6 与定义 3-7 是等价的．

证 只证定义 3-7⇒定义 3-6，相反的方向读者自行完成．设

$$P_n(t)\triangleq P(N_t=n)$$

则对于 $h>0$，根据定义 3-7 有

$$\begin{aligned}P_0(t+h)&=P(N_{t+h}=0)\\&=P(N_t=0, N_{t+h}-N_t=0)\\&\xlongequal{\text{(由独立增量)}}P(N_t=0)P(N_{t+h}-N_t=0)\\&\xlongequal{\text{(由平稳增量)}}P(N_t=0)P(N_h=0)\\&=P_0(t)(1-\lambda h+o(h))\end{aligned}$$

其中最后等式由定义 3-7 而得到．因此

$$\frac{P_0(t+h)-P_0(t)}{h}=-\lambda P_0(t)+\frac{o(h)}{h}$$

令 $h\to 0$ 得

$$P_0'(t)=-\lambda P_0(t)$$

经积分得

$$\ln P_0(t)=-\lambda t+C$$

或

$$P_0(t)=K\mathrm{e}^{-\lambda t}$$

其中 C，K 为常数．由初始条件 $P_0(0)=P(N_0=0)=1$，得

$$P_0(t)=\mathrm{e}^{-\lambda t} \tag{3-6}$$

类似地，当 $n\geqslant 1$ 时

$$\begin{aligned}P_n(t+h)&=P(N_{t+h}=n)\\&=P(N_t=n,\ N_{t+h}-N_t=0)+P(N_t=n-1,\ N_{t+h}-N_t=1)+\\&\quad P(N_{t+h}=n,\ N_{t+h}-N_t\geqslant 2)\\&=P_n(t)P_0(h)+P_{n-1}(t)P_1(h)+o(h)\\&=(1-\lambda h)P_n(t)+\lambda hP_{n-1}(t)+o(h)\end{aligned}$$

于是

$$\frac{P_n(t+h)-P_n(t)}{h}=-\lambda P_n(t)+\lambda P_{n-1}(t)+\frac{o(h)}{h}$$

令 $h\to 0$，得微分方程

$$P_n'(t)=-\lambda P_n(t)+\lambda P_{n-1}(t)$$

或等价的(两边乘以 $\mathrm{e}^{\lambda t}$)

$$\mathrm{e}^{\lambda t}[P_n'(t)+\lambda P_n(t)]=\lambda\mathrm{e}^{\lambda t}P_{n-1}(t)$$

因此

$$\frac{\mathrm{d}}{\mathrm{d}t}[\mathrm{e}^{\lambda t}P_n(t)]=\lambda\mathrm{e}^{\lambda t}P_{n-1}(t)$$

由式(3-6)，当 $n=1$ 时有

$$\frac{\mathrm{d}}{\mathrm{d}t}[\mathrm{e}^{\lambda t}P_1(t)]=\lambda$$

即

$$P_1(t)=(\lambda t+C)\mathrm{e}^{-\lambda t}$$

又因为 $P_1(0)=0$，得

$$P_1(t)=\lambda t\mathrm{e}^{-\lambda t}$$

因为 $P_n(0)=P(N_0=n)=0$，得 $C=0$．用数学归纳法有

$$P_n(t)=\mathrm{e}^{-\lambda t}\frac{(\lambda t)^n}{n!}$$

再由平稳增量性就证明了定义 3-6.

【例 3-4】 顾客依 Poisson 过程$\{N_t, t\geqslant 0\}$到达某汽车站，其速率$\lambda=4$人/分钟. 试求：(1)N_t的均值、方差、自相关函数和协方差函数；(2)在第三分钟到第五分钟之间到达汽车站顾客人数的概率分布.

解 (1) 根据题意，强度$\lambda=4$，故N_t的均值、方差、自相关函数和协方差函数分别为

$$E(N_t)=V(N_t)=4t$$

$$R(t_1, t_2)=E(N_{t_1}N_{t_2})=4\min\{t_1, t_2\}+16t_1t_2$$

$$c_N(t_1, t_2)=\sigma_{N_{t_1}N_{t_2}}=4\min\{t_1, t_2\}$$

(2) 第三分钟到第五分钟之间到达的人数为$N_{3,5}=N_5-N_3$，所以其分布概率为

$$P(N_{3,5}=k)=P(N_2=k)=\frac{(4\times 2)^k}{k!}\mathrm{e}^{-4\times 2}=\frac{8^k}{k!}\mathrm{e}^{-8},\quad k=1, 2, \cdots$$

【例 3-5】 顾客依 Poisson 过程到达某商店，速率$\lambda=4$人/h，已知商店上午 9:00 开门，求到 9:30 时仅到一位顾客，而到 11:30 时总计已达到 5 位顾客的概率.

解
$$\begin{aligned}P(N_{0.5}=1, N_{2.5}=5)&=P(N_{0.5}=1, N_{2.5}-N_{0.5}=4)\\&=P(N_{0.5}=1)\cdot P(N_2=4)\\&=\frac{4\times(0.5)^1}{1!}\mathrm{e}^{-4\times 0.5}\cdot\frac{(4\times 2)^4}{4!}\mathrm{e}^{-4\times 2}\\&\approx 0.0155\end{aligned}$$

3.6 平稳随机过程

平稳随机过程是一类应用广泛的随机过程，在物理、统计物理、通信、电子、自动控制、信息论及经济学等领域中有着重要的应用. 平稳随机过程的特点是过程的统计特性不随时间的推移而变化，也就是说，产生随机现象的一切主要条件不随时间的平移而改变. 在本节中，将介绍严平稳过程和宽平稳过程的基本概念和基本性质.

定义 3-8 实随机过程$\{X_t, t\in T\}$，若对任意正整数n及任意$t_1, \cdots, t_n\in T$与任意τ，有

$$F(x_1, \cdots, x_n; t_1, \cdots, t_n)=F(x_1, \cdots, x_n; t_1+\tau, \cdots, t_n+\tau)\tag{3-7}$$

或

$$f(x_1, \cdots, x_n; t_1, \cdots, t_n)=f(x_1, \cdots, x_n; t_1+\tau, \cdots, t_n+\tau)\tag{3-8}$$

即随机过程$\{X_t\}$的有限分布在时间的平移下保持不变，则称$\{X_t\}$为**严(格)平稳随机过程**(或严平稳过程、强平稳过程、狭义平稳过程).

上述定义表明，$(X_{t_1}, \cdots, X_{t_n})$与$(X_{t_1+\tau}, \cdots, X_{t_n+\tau})$同分布，严平稳过程的统计特性与所选取的时间起点无关，或者说，整个过程的统计特性不随时间的推移而变化. 一般而言，严格用上述定义来判定某个随机过程的平稳性是很难的，但如果产生随机过程的主要物体条件在实际进程中不改变，则此过程就可以认为是平稳的.

严平稳随机过程的 n 维概率密度不随时间推移而变化的特性，反映在它的一、二维概率密度及数字特征上具有下列性质.

(1) 如果$\{X_t, t\in T\}$是严平稳随机过程，则它的一维概率密度与时间无关. 将式(3-8)用于一维时，令 $\tau=-t_1$，则有

$$f(x_1; t_1)=f(x_1; t_1+\tau)=f(x_1; 0)=f(x_1)$$

由此可求得随机过程$\{X_t\}$的均值、矩和方差皆为与时间无关的常数，

$$E(X_t)=\int_{-\infty}^{+\infty} x_1 f(x_1)\mathrm{d}x_1=\mu$$

$$E(X_t^2)=\int_{-\infty}^{+\infty} x_1^2 f(x_1)\mathrm{d}x_1=\psi^2$$

$$E[(X_t-E(X_t))^2]=\int_{-\infty}^{+\infty} (x_1-\mu)^2 f(x_1)\mathrm{d}x_1=\sigma^2$$

(2) 严平稳随机过程$\{X_t, t\in T\}$的二维概率密度只与 t_1, t_2 的时间间隔 t_2-t_1 有关，而与时间起点无关. 将式(3-8)用于二维时，令 $\tau=-t_1$，则有

$$f(x_1, x_2; t_1, t_2)=f(x_1, x_2; t_1+\tau, t_2+\tau)=f(x_1, x_2; 0, t_2-t_1)$$

这表明二维概率密度仅依赖于时间差 t_2-t_1，而与时刻 t_1, t_2 无关. 由此可得，随机过程$\{X_t\}$的自相关函数只是单变量 τ 的函数，即

$$R(t, t+\tau)=\int_{-\infty}^{+\infty}\int_{-\infty}^{+\infty} x_1 x_2 f(x_1, x_2; t, t+\tau)\mathrm{d}x_1\mathrm{d}x_2 \triangleq r(\tau)$$

同理可得协方差函数也是 τ 的一元函数

$$\begin{aligned} c_X(t, t+\tau) &= E((X_t-E(X_t))(X_{t+\tau}-E(X_{t+\tau}))) \\ &= r(\tau)-\mu^2 \triangleq C(\tau) \end{aligned}$$

当 $t_1=t_2=t$，即 $\tau=0$ 时，

$$C(0)=r(0)-\mu^2=\sigma^2$$

定义 3-9 若实随机过程$\{X_t, t\in T\}$满足：对于任意 $t\in T$ 有

(1) $E(X_t)=\mu$;

(2) $R(t, t+\tau)=E(X_t X_{t+\tau})=r(\tau)$;

(3) $E(X_t^2)<+\infty$,

则称$\{X_t\}$为**宽平稳随机过程**(或称**宽平稳过程**、**弱平稳过程**、**广义平稳过程**).

由定义可知，宽平稳过程$\{X_t\}$的数学期望为一常数，其相关函数只与时间间隔$\tau=t_2-t_1$有关，且它的二阶矩有限.

由于宽平稳随机过程的定义只涉及与一、二维概率密度有关的数字特征，所以一个严平稳过程只要二阶原点矩有界，则它必定是宽平稳的. 但是，反之不一定成立，不过有一个重要的例外情形，这就是正态随机过程. 因为正态随机过程的概率密度是由均值和自相关函数完全确定的，所以如果均值和自相关函数不随时间平移而变化，则概率密度也不随时间的平移而变化，于是一个宽平稳的正态过程必定也是严平稳的. 通常所说的“平稳随机过程”，除特别指明外，都是指宽平稳随机过程.

【例 3-6】 (平稳正态随机过程) 如果正态随机过程$\{X_t\}$的数学期望是与时间t无关的常数，相关函数只取决于时间差值τ，即

$$\mu_{X_{t_i}}=\mu, \quad \sigma^2_{X_{t_i}}=\sigma^2$$

$$c_{i,j}=c_X(t_i, t_j)=C(\tau_{j-i}), \quad \tau_{j-i}=t_j-t_i, \quad i, j=1, 2, \cdots, n$$

则根据宽平稳的定义可知，此正态过程是宽平稳的，称之为**宽平稳正态过程**.

在3.4节已经介绍了正态过程的重要性质，即正态过程$\{X_t\}$的n维概率密度完全由它的均值集合(或矩阵)、协方差函数集合(或矩阵)所确定. 因此，若正态过程是宽平稳的，则它也是严平稳的.

通过前面的介绍可以知道，一般随机过程的基本特征是数学期望和自相关函数. 对于平稳随机过程来说，因为它的数学期望是个常数，经中心化后变为零，所以实际上它的基本特征是相关函数. 下面讨论平稳随机过程相关函数的性质.

性质 3-1(平稳随机过程自相关函数的性质) 设$r(\tau)$为平稳过程$\{X_t\}$的自相关函数，则

(1) 平稳过程的自相关函数在$\tau=0$上是非负值，即$r(0)\geqslant 0$;

(2) 自相关函数是变量τ的偶函数，$r(\tau)=r(-\tau)$;

(3) 自相关函数在$\tau=0$时取到最大值，$r(0)\geqslant|r(\tau)|$;

(4) 如果平稳过程$\{X_t\}$满足条件$X_t=X_{t+T}$，则称它为周期平稳过程，其中T为过程的周期；周期平稳过程的自相关函数必为周期函数，并且它的周期与过程的周期相同;

(5) 如果平稳过程$\{X_t\}$含有一个周期分量，则$r(\tau)$也含有一个同周期的周期分量;

(6) (非负定性)对于任意有限个$t_1, \cdots, t_n\in T$和任意的实数$a_1, \cdots, a_n$，有

$$\sum_{i=1}^{n}\sum_{j=1}^{n}R(t_i,t_j)a_ia_j\geqslant 0$$

(7) $r(\tau)$在$\mathbf{R}$上连续的充分必要条件为其自相关函数$r(\tau)$于$\tau=0$处连续.

证 由自相关函数的定义，有

(1) $r(0)=E(X_t^2)\geqslant 0$

(2) $r(\tau)=E(X_tX_{t+\tau})=E(X_{t+\tau}X_t)=r(-\tau)$

(3) 因为任何非负函数的数学期望恒为非负值，所以

$$E[(X_t\pm X_{t+\tau})^2]\geqslant 0$$

则

$$E(X_t^2\pm 2X_tX_{t+\tau}+X_{t+\tau}^2)\geqslant 0$$

对于平稳过程而言，有

$$E(X_t^2)=E(X_{t+\tau}^2)=r(0)$$

则有

$$2r(0)\pm 2r(\tau)\geqslant 0$$

所以

$$r(0)\geqslant|r(\tau)|$$

同理，协方差函数也在 $\tau=0$ 处取到最大值.（证明略）

(4) 由自相关函数的定义和周期性条件，容易得到

$$r(\tau+T)=E(X_tX_{t+\tau+T})=E(X_tX_{t+\tau})=r(\tau)$$

(5)（证明略）.

(6) $$\sum_{i=1}^{n}\sum_{j=1}^{n}R(t_i,t_j)a_ia_j=\sum_{i=1}^{n}\sum_{j=1}^{n}E(X_{t_i}X_{t_j})a_ia_j$$

$$=E\Big(\sum_{i=1}^{n}\sum_{j=1}^{n}a_iX_{t_i}a_jX_{t_j}\Big)$$

$$=E\Big(\sum_{i=1}^{n}a_iX_{t_i}\sum_{j=1}^{n}a_jX_{t_j}\Big)$$

$$=E\Big[\Big(\sum_{i=1}^{n}a_iX_{t_i}\Big)^2\Big]\geqslant 0$$

(7) 根据柯西-许瓦兹不等式，有

$$\begin{aligned}[r(\tau+\Delta\tau)-r(\tau)]^2&=[E(X_{\tau+\Delta\tau+t}X_t)-E(X_{\tau+\Delta\tau+t}X_{\Delta\tau+t})]^2\\&=\{E[X_{\tau+\Delta\tau+t}(X_t-X_{\Delta\tau+t})]\}^2\\&\leqslant E[(X_{\tau+\Delta\tau+t})^2]E[(X_t-X_{\Delta\tau+t})^2]\\&=2r(0)[r(0)-r(\Delta\tau)]\rightarrow 0(\text{当 }\Delta\tau\rightarrow 0)\end{aligned}$$

上面最后用到了相关函数 $r(\tau)$ 在 $\tau=0$ 处的连续性.

平稳随机过程的相关系数 对于平稳随机过程 $\{X_t\}$，两个不同时刻的随机变量 $(X_t-\mu_{X_t})$ 和 $(X_{t+\tau}-\mu_{X_{t+\tau}})$ 之间的关联程度可用协方差函数 $C(\tau)=E[(X_t-\mu_{X_t})(X_{t+\tau}-\mu_{X_{t+\tau}})]$ 来表示. 但是 $C(\tau)$ 还与两个随机变量的大小有关，如果 $(X_t-\mu_{X_t})$ 和

$(X_{t+\tau}-\mu_{X_{t+\tau}})$很小时，即使相关程度较强(当时间差 τ 较小时)，此时 $C(\tau)$也不会大，可见协方差函数并不能确切表示关联程度的大小．为了确切表现关联程度的大小，应该除去两个随机变量变化强度的影响，需对协方差函数作归一化处理，故引入

$$\rho(\tau)=\frac{C(\tau)}{C(0)}=\frac{r(\tau)-\mu^2}{\sigma^2} \tag{3-9}$$

$\rho(\tau)$称为随机过程$\{X_t\}$的**自相关系数**，简称**相关系数**．相关系数表现了随机过程在两个不同时刻随机变量之间的线性相关程度，它满足 $\rho(0)=1$ 及$|\rho(\tau)|\leqslant 1$.

习题 3

1. 设 A，B 是相互独立且同服从 $N(0,\sigma^2)$的随机变量，求随机过程$\{X_t=At+B, t\in \mathbf{R}\}$的均值函数、自相关函数、协方差函数.

2. 设随机过程$\{X_t, t\in T\}$的均值函数为 μ_{X_t}，协方差函数为 $c_X(t_1, t_2)$. 记随机过程

$$Y_t=X_t+\varphi(t), \quad t\in T$$

其中，$\varphi(t)$是普通函数.

(1) 求 Y_t 的均值函数和协方差函数；

(2) 如果 $\varphi(t)=-\mu_{X_t}$，证明

$$R_Y(t_1, t_2)=c_Y(t_1, t_2)=c_X(t_1, t_2)$$

3. 已知随机过程$\{X_t, t\in T\}$，对任意实数 x 定义随机过程

$$Y_t=\begin{cases}1, & X_t\leqslant x\\ 0, & X_t>x\end{cases}$$

证明：Y_t 的均值函数和自相关函数分别为 X_t 的一维分布函数和二维分布函数.

4. 设$\{X_t, t\geqslant a\}$是齐次独立增量过程，且 $X_a=0$，方差函数为 $\sigma^2_{X_t}$，记随机过程 $Y_t=kX_t+c$，k，c 是常数，$k\neq 0$.

(1) 证明 Y_t 是齐次独立增量随机过程；

(2) 求 Y_t 的方差函数与协方差函数.

5. (1) 设通过某路口的车辆数符合强度为 λ 的泊松过程，已知 1 分钟内无车辆通过的概率为 0.2，试求 2 分钟内有多于 1 辆车通过的概率.

(2) 设乘客到达某汽车站的乘客数为一泊松过程，平均每 10 分钟到达 5 位乘客，试求在 20 分钟内到达汽车站至少有 10 位乘客的概率.

6. 设 U 是随机变量，随机过程 $X_t=U$，$-\infty<t<\infty$.

(1) X_t 是严平稳随机过程吗？为什么？

(2) 如果 $E(U)=\mu$，$V(U)=\sigma^2$，证明：X_t 的自相关函数是常数.

7. 设随机过程 $X_t=U\cos t+V\sin t$，$-\infty<t<\infty$，其中，U 与 V 相互独立，且都服从 N(0，1).

(1) X_t 是平稳过程吗？为什么？

(2) X_t 是严平稳过程吗？为什么？

8. 设随机过程 $Y_n=\sum_{j=1}^{n}X_j$，$Y_0=0$，其中 $X_j(j=1,\cdots,n)$ 是相互独立的随机变量，且

$$P(X_j=1)=p,\quad P(X_j=0)=1-p$$

求 $\{Y_n,\ n=1,\ 2,\ \cdots\}$ 的均值函数和协方差函数.

9. 设随机过程 X_t 的协方差函数 $c_X(t_1,\ t_2)$，方差函数 $\sigma_{X_t}^2$. 试证

$$|c_X(t_1,\ t_2)|\leqslant\sigma_{X_{t_1}}\sigma_{X_{t_2}},\ |c_X(t_1,\ t_2)|\leqslant\frac{1}{2}(\sigma_{X_{t_1}}^2+\sigma_{X_{t_2}}^2)$$

10. 设随机过程 X_t 和 Y_t 的协方差函数 $c_{XY}(t_1,\ t_2)$，试证

$$|c_{XY}(t_1,\ t_2)|\leqslant\sigma_{X_{t_1}}\sigma_{Y_{t_2}}$$

11. 设随机过程 $X_t=X+Yt+Zt^2$，其中 X，Y，Z 是相互独立的随机变量，且具有均值为 0，方差为 1，求随机过程 X_t 的协方差函数.

12. 设随机过程 $X_t=A\sin(\omega t+\Theta)$，其中 A，ω 为常数，Θ 是在$(-\pi,\ \pi)$上的均匀分布的随机变量，令 $Y_t=X_t^2$，求 $R_Y(t,\ t+\tau)$和 $R_{XY}(t,\ t+\tau)$.

13. 设随机变量 Y 具有概率密度函数 $f(y)$，令

$$X_t=\mathrm{e}^{-Yt},\quad t>0,\ Y>0$$

求随机过程 X_t 的一维概率密度函数及 $E(X_t)$，$R_X(t_1,\ t_2)$.

14. 设 $f(t)$是一个周期为 T 的周期函数，随机变量 Y 在$(0,\ T)$上均匀分布，令 $X_t=f(t-Y)$，证明随机过程 X_t 满足下等式

$$E(X_tX_{t+\tau})=\frac{1}{T}\int_0^T f(t)f(t+\tau)\mathrm{d}t$$

15. 设$\{N_t,\ t\geqslant 0\}$为具有参数 λ 的齐次 Poisson 过程，求 Poisson 过程的特征函数.

第 4 章

Poisson 过程

在第 3 章中已经介绍了 Poisson 过程的基本概念. 本章将继续介绍 Poisson 过程的性质、Poisson 过程的推广和应用，以及年龄与剩余寿命问题和更新过程. 我们知道，Poisson 过程在实际问题中有着极其广泛的应用，许多现象都可以用 Poisson 过程来描述. Poisson 过程在金融和保险领域中也有着广泛和深入的应用，除本章介绍一些 Poisson 过程在这方面的应用外，还将在第 7 章(7.8 节中)继续介绍其应用.

4.1 齐次 Poisson 过程到达时间间隔与等待时间的分布

设一个齐次 Poisson 过程$\{N_t, t\geqslant 0\}$，表示$[0, t]$时间间隔内事件发生的次数. 以X_1记第一个事件来到的时刻，对$n\geqslant 1$，以X_n记第$n-1$个事件到第n个事件之间的时间间隔. 随机序列$\{X_n, n\geqslant 1\}$称为到达时间间隔序列. 下面讨论X_n的概率分布.

定理 4-1 强度为λ的齐次 Poisson 过程$\{N_t, t\geqslant 0\}$的到达时间间隔序列$\{X_n, n=1, 2, \cdots\}$是独立同分布的随机变量序列，且是具有相同均值$\frac{1}{\lambda}$的指数分布.

事实上，事件$\{X_1>t\}$发生当且仅当 Poisson 过程在区间$[0, t]$内没有事件发生，即事件$\{X_1>t\}$等价于$\{N_t=0\}$，所以有

$$P(X_1>t)=P(N_t=0)=\mathrm{e}^{-\lambda t}$$

因此，X_1具有均值为$\frac{1}{\lambda}$的指数分布. 再求已知X_1的条件下，X_2的分布.

$$\begin{aligned}P(X_2>t|X_1=s)&=P(\text{在}(s, s+t]\text{内没有事件发生}|X_1=s)\\&\xlongequal{\text{(由独立增量性)}}P(\text{在}(s, s+t]\text{内没有事件发生})\\&\xlongequal{\text{(由平稳增量性)}}P(\text{在}(0, t]\text{内没有事件发生})\\&=\mathrm{e}^{-\lambda t}\end{aligned}$$

上式表明X_2与X_1相互独立，而且X_2也是一个具有均值为$\frac{1}{\lambda}$的指数分布的随机变量，重复同样的推导可证明定理 4-1 的结论.

定理 4-1 的结论是合理的. 事实上，由于 Poisson 过程具有平稳独立增量，即过程在任何时刻都重新开始，所以从任何时刻起，过程独立于先前发生的一切情况，且有与原过程完全一样的分布，即过程是无记忆的. 在第 2 章里已经指出指数分布具有无记忆性，因此从直观上讲，到达时间间隔序列服从指数分布是合理的.

另外，第 n 个事件到来的时刻 S_n，也称第 n 个事件的等待时间，显然有

$$S_n=\sum_{i=1}^{n}X_i,\quad n\geqslant 1 \tag{4-1}$$

或若令 $S_0=0$，则

$$S_n=\inf\{t:\ t>S_{n-1},\ N_t=n\},\quad n\geqslant 1$$

用矩母函数和定理 2-5 容易证明 $S_n\sim\Gamma(n,\ \lambda)$，即 S_n 是服从参数为 n，λ 的 Γ 分布随机变量. 事实上，到达时间间隔序列 $\{X_n\}$ 的矩母函数为

$$\psi_X(t)=E(\mathrm{e}^{tX})=\frac{\lambda}{\lambda-t}$$

所以由式(4-1)和定理 2-5，S_n 的矩母函数为

$$\psi_{S_n}(t)=\left(\frac{\lambda}{\lambda-t}\right)^n$$

而上述等式右边正是参数为 n，λ 的 Γ 分布的矩母函数，由矩母函数唯一定理，就证明了 S_n 服从 Γ 分布，从而得到下面的定理.

定理 4-2 等待时间 S_n 服从参数为 n，λ 的 Γ 分布，即分布密度函数为

$$f(t)=\lambda\mathrm{e}^{-\lambda t}\frac{(\lambda t)^{n-1}}{(n-1)!},\quad t\geqslant 0$$

对定理 4-2，可以给出另外一种证明方法. 因为第 n 个事件在时刻 t 或之前发生当且仅当到时间 t 已发生的事件数目至少是 n，即事件

$$\{N_t\geqslant n\}\Leftrightarrow\{S_n\leqslant t\}$$

是等价的，因此

$$P(S_n\leqslant t)=P(N_t\geqslant n)=\sum_{j=n}^{\infty}\mathrm{e}^{-\lambda t}\frac{(\lambda t)^j}{j!}$$

上式两边对 t 求导得 S_n 的分布密度函数为

$$\begin{aligned}f(t)&=-\sum_{j=n}^{\infty}\lambda\mathrm{e}^{-\lambda t}\frac{(\lambda t)^j}{j!}+\sum_{j=n}^{\infty}\lambda\mathrm{e}^{-\lambda t}\frac{(\lambda t)^{j-1}}{(j-1)!}\\&=\lambda\mathrm{e}^{-\lambda t}\frac{(\lambda t)^{n-1}}{(n-1)!},\quad t\geqslant 0\end{aligned}$$

定理 4-2 又给出了定义 Poisson 过程的另一种方法. 从一列均值为 $\frac{1}{\lambda}$ 的独立同分

布的指数随机变量序列$\{X_n, n\geqslant 1\}$出发，定义第 n 个事件发生的时刻为 S_n，则

$$S_n = X_1 + X_2 + \cdots + X_n$$

这样就定义了一个计数过程，且所得计数过程$\{N_t, t\geqslant 0\}$就是参数为 λ 的 Poisson 过程.

下面讨论 Poisson 过程$\{N_t, t\geqslant 0\}$与均匀分布的关系. 已知在时刻 t 前，Poisson过程恰发生了一个事件，要确定这一事件发生时刻 X_1 的条件分布，即条件随机变量$(X_1 | N_t=1)$的分布. 因为 Poisson 过程有独立平稳增量，则有理由认为时刻 X_1 在$(0, t]$上具有均匀分布.

定理 4-3 条件随机变量$(X_1 | N_t=1)\sim U(0, t)$，即在区间$[0, t]$内均匀分布.

证 对 $s\leqslant t$，$(X_1 | N_t=1)$的分布函数为

$$\begin{aligned}
P(X_1\leqslant s | N_t=1) &= \frac{P(X_1\leqslant s, N_t=1)}{P(N_t=1)} \\
&= \frac{P(\text{在}[0, s]\text{内有一个事件发生，在}(s, t]\text{内没有事件发生})}{P(N_t=1)} \\
&= \frac{P(\text{在}[0, s]\text{内有一个事件发生})P(\text{在}(s, t]\text{内没有事件发生})}{P(N_t=1)} \\
&= \frac{P(N_s=1)P(N_{t-s}=0)}{P(N_t=1)} \\
&= \frac{\lambda s \mathrm{e}^{-\lambda s}\mathrm{e}^{-\lambda(t-s)}}{\lambda t \mathrm{e}^{-\lambda t}} \\
&= \frac{s}{t}
\end{aligned}$$

这说明$(X_1 | N_t=1)$在$[0, t]$上服从均匀分布.

下面讨论在 $N_t=n$ 的条件下，到达时间 $S_1, \cdots, S_n$ 的联合分布问题. 为此先介绍顺序统计量分布的概念. 设 $Y_1, \cdots, Y_n$ 是 n 个随机变量，如果 $Y_{(k)}$ 是 $Y_1, \cdots, Y_n$ 中第 k 个最小值，$k=1, \cdots, n$，则称 $Y_{(1)}, \cdots, Y_{(n)}$ 是对应于 $Y_1, \cdots, Y_n$ 的顺序统计量. 进一步取 Y_i，$i=1, \cdots, n$ 是独立同分布的连续型随机变量序列，具有概率密度函数 $f(y)$. 由于 $Y_{(1)}\leqslant\cdots\leqslant Y_{(n)}$，对于每一排好的顺序 $y_1<\cdots<y_n$，都对应着$(Y_1, \cdots, Y_n)$取不同的 $n!$ 个排列的值，则根据独立性，顺序统计量$(Y_{(1)}, \cdots, Y_{(n)})$的联合密度函数为

$$f(y_1, \cdots, y_n) = n!\prod_{i=1}^{n} f(y_i), \quad y_1<\cdots<y_n$$

特别地，上述 Y_i 具有$[0, t]$上均匀分布时，则由上面的讨论可知，顺序统计量的密度函数是

$$f(y_1, \cdots, y_n) = \frac{n!}{t^n}, \quad 0<y_1<\cdots<y_n<t$$

有关顺序统计量的内容，参见文献 [44].

定理 4-4 已知在 $N_t=n$ 的条件下，n 个事件来到的时刻 S_1，…，S_n 的联合密度函数与 n 个独立的 $[0, t]$ 上均匀分布随机变量的顺序统计量的联合密度相同，即条件随机向量 $(S_1, \cdots, S_n | N_t=n)$ 具有联合密度函数

$$f(t_1, \cdots, t_n)=\frac{n!}{t^n}, \quad 0<t_1<\cdots<t_n<t$$

证 设 $0=t_0<t_1<t_2<\cdots<t_n<t_{n+1}=t$，则把 $[0, t]$ 分成 $n+1$ 个小部分，于是有

$$\begin{aligned}
&P(t_i-\Delta t_i<S_i\leqslant t_i, 1\leqslant i\leqslant n | N_t=n)\\
&=P(N_{t_i-\Delta t_i, t_i}=1, N_{t_{i-1}, t_i-\Delta t_i}=0, 1\leqslant i\leqslant n; N_{t_n, t}=0)/P(N_t=n)\\
&=\left(\prod_{i=1}^{n}\lambda\Delta t_i e^{-\lambda\Delta t_i}\right)e^{-\lambda(t_1-\Delta t_1)}e^{-\lambda(t_2-\Delta t_2-t_1)}\cdots e^{-\lambda(t-t_n)}/(e^{-\lambda t}(\lambda t)^n/n!)\\
&=\lambda^n\left(\prod_{i=1}^{n}\Delta t_i e^{-\lambda\Delta t_i}\right)\left(e^{-\lambda t}e^{\lambda\sum_{i=1}^{n}\Delta t_i}\right)/(e^{-\lambda t}(\lambda t)^n/n!)\\
&=n!\left(\prod_{i=1}^{n}\Delta t_i\right)/t^n
\end{aligned}$$

所以对给定 $N_t=n$，$(S_1, \cdots, S_n)$ 的 n 维条件密度函数是

$$\begin{aligned}
&f_{S_1,\cdots,S_n}(t_1, \cdots, t_n | N_t=n)\\
&=\lim_{\max\Delta t_i\to 0}P(t_i-\Delta t_i<S_i\leqslant t_i, 1\leqslant i\leqslant n | N_t=n)\Big/\prod_{i=1}^{n}\Delta t_i\\
&=\frac{n!}{t^n}
\end{aligned}$$

于是定理 4-4 得证.

注 4-1 定理 4-4 表明，对 Poisson 过程而言，在已知 $[0, t]$ 内发生 n 个事件的条件下，各事件发生的时刻 S_1，…，S_n 可看作不排序的随机变量，这些随机变量相互独立且具有相同的分布 $U(0, t)$.

【例 4-1】 设乘客按参数 λ 的 Poisson 过程来到火车站，若火车在 t_0 时刻启程，计算在时间 $(0, t_0)$ 内到达的乘客的等待时间总和的期望.

解 设按照 Poisson 过程到达的第一位乘客的到达时间为 S_1，因此其等待时间为 (t_0-S_1)，而第 i 位乘客的等待时间为 (t_0-S_i)，在时间 $(0, t_0)$ 内共来了 N_{t_0} 位乘客，所以这些乘客总的等待时间为

$$\sum_{i=1}^{N_{t_0}}(t_0-S_i)$$

要求的就是上式的数学期望. 为此先求条件期望

$$E\left[\sum_{i=1}^{N_{t_0}}(t_0-S_i)\mid N_{t_0}=n\right]=E\left[\sum_{i=1}^{n}(t_0-S_i)\mid N_{t_0}=n\right]$$

$$=nt_0-E\left[\sum_{i=1}^{n}S_i\mid N_{t_0}=n\right]$$

令U_1，…，U_n为相互独立的$(0, t_0)$上的均匀分布随机变量，由定理4-4有

$$E\left(\sum_{i=1}^{n}S_i\mid N_{t_0}=n\right)=E\left(\sum_{i=1}^{n}U_{(i)}\right)$$

$$=E\left(\sum_{i=1}^{n}U_i\right)=\frac{nt_0}{2}$$

因此

$$E\left[\sum_{i=1}^{N_{t_0}}(t_0-S_i)\mid N_{t_0}=n\right]=nt_0-\frac{nt_0}{2}=\frac{nt_0}{2}$$

从而

$$E\left[\sum_{i=1}^{N_{t_0}}(t_0-S_i)\right]=E\left[E\left[\sum_{i=1}^{N_{t_0}}(t_0-S_i)\mid N_{t_0}\right]\right]$$

$$=\sum_{n=0}^{\infty}E\left[\sum_{i=1}^{N_{t_0}}(t_0-S_i)\mid N_{t_0}=n\right]P(N_{t_0}=n)$$

$$=\sum_{n=0}^{\infty}\frac{nt_0}{2}P(N_{t_0}=n)=\frac{t_0}{2}\sum_{n=0}^{\infty}n\cdot P(N_{t_0}=n)$$

$$=\frac{t_0}{2}E(N_{t_0})=\frac{1}{2}\lambda t_0^2$$

容易看出，乘客平均总等待时间和t_0^2成正比，比例因子的大小决定于Poisson过程的强度λ.

下面讨论Poisson过程的分解问题. 在实际问题中，经常需要把Poisson过程的各个事件分成不同类型，这里假设分成两种类型. 假定在时刻s事件以概率$P(s)$被归为1型，而以概率$1-P(s)$被归为2型，而且与其他事件归为什么类型相互独立. 用$N_i(t)(i=1, 2)$表示到时刻t时i型事件发生的个数.

定理4-5 $N_1(t)$和$N_2(t)$是相互独立的随机变量，分别服从均值为λtp和$\lambda t(1-p)$的Poisson分布，其中

$$p=\frac{1}{t}\int_0^t P(s)\mathrm{d}s$$

证 考虑$[0, t]$中发生的任一事件，如果它在s时刻发生，则它是1型的，概率为$P(s)$. 由定理4-4，时刻s服从$[0, t]$上的均匀分布，所以

$$p=P(\text{一个事件发生且是 1 型})=\frac{1}{t}\int_0^t P(s)\mathrm{d}s$$

而且与其他事件归为什么类型相互独立. 因此

$$P(N_1(t)=n,\ N_2(t)=m|N(t)=n+m)$$

正好是 $n+m$ 次 Bernoulli 试验中，1 型事件出现 n 次、2 型事件出现 m 次的概率. 故有

$$P(N_1(t)=n,\ N_2(t)=m|N(t)=n+m)=\binom{n+m}{n}p^n(1-p)^m$$

所以有

$$\begin{aligned}
&P(N_1(t)=n,N_2(t)=m)\\
&=\sum_{k=0}^{\infty}P(N_1(t)=n,N_2(t)=m\mid N(t)=k)P(N(t)=k)\\
&=P(N_1(t)=n,N_2(t)=m\mid N(t)=n+m)P(N(t)=n+m)\\
&=\binom{n+m}{n}p^n(1-p)^m\mathrm{e}^{-\lambda t}\ \frac{(\lambda t)^{n+m}}{(n+m)!}\\
&=\mathrm{e}^{-\lambda tp}\ \frac{(\lambda tp)^n}{n!}\cdot\mathrm{e}^{-\lambda t(1-p)}\ \frac{[\lambda t(1-p)]^m}{m!}
\end{aligned}$$

从而

$$\begin{aligned}
P(N_1(t)=n)&=\sum_{m=0}^{\infty}P(N_1(t)=n,N_2(t)=m)\\
&=\sum_{m=0}^{\infty}\mathrm{e}^{-\lambda tp}\ \frac{(\lambda tp)^n}{n!}\ \mathrm{e}^{-\lambda t(1-p)}\ \frac{[\lambda t(1-p)]^m}{m!}=\mathrm{e}^{-\lambda tp}\ \frac{(\lambda tp)^n}{n!}
\end{aligned}$$

同理

$$P(N_2(t)=m)=\mathrm{e}^{-\lambda t(1-p)}\frac{[\lambda t(1-p)]^m}{m!}$$

因此可得

$$P(N_1(t)=n,N_2(t)=m)=P(N_1(t)=n)\cdot P(N_2(t)=m)$$

由此证明了定理 4-5 的结论成立.

【例 4-2】 (无穷个服务员 Poisson 排队服务系统)设顾客到达服务台的过程是强度为 λ 的 Poisson 过程，每个顾客到达后的服务时间 Y 是独立同分布的随机变量，其分布函数为 $G(t)$. 服务员的人数是无穷多，即表示顾客到达服务台后立即接受服务而无须等待. 为了研究这一服务系统的运转效率，需要管理者知道到时刻 t 已经服务完的顾客数与未服务完的顾客数的联合分布. 设 $N_1(t)$表示到时刻 t 已经服务完的顾客数，$N_2(t)$表示到时刻 t 未服务完的顾客数. 假设顾客于时刻 s 时到达，$s\leqslant t$，那么他到 t 时刻已经服务完毕就意味着他的服务时间 $Y\leqslant t-s$，故其相应的概率为 $G(t-s)$. 由上面的定义有

$$P(s)=G(t-s),\quad s\leqslant t$$

根据定理 4 - 5，可得到 $N_1(t)$ 和 $N_2(t)$ 的联合分布及独立性，而且 $N_1(t)$（已经服务完毕的顾客数）的分布是均值为

$$E(N_1(t))=\lambda tp=\lambda\int_0^t G(t-s)\mathrm{d}s=\lambda\int_0^t G(y)\mathrm{d}y$$

的 Poisson 分布．$N_2(t)$（在时刻 t 未服务完毕的顾客数）的分布是均值为

$$E(N_2(t))=\lambda t(1-p)=\lambda\int_0^t(1-G(y))\mathrm{d}y$$

的 Poisson 分布．

【例 4 - 3】 设在 $[0,\ t]$ 内事件 A 已经发生 n 次，求第 $k(k<n)$ 次事件 A 发生的时间 S_k 的条件概率密度函数．

解 先求条件分布 $P(S_k\leqslant s|N_t=n)$，再对 s 求导．

$$\begin{aligned}&P(s<S_k\leqslant s+h|N_t=n)\\=&\frac{P(s<S_k\leqslant s+h,\ N_t=n)}{P(N_t=n)}\\=&P(s<S_k\leqslant s+h,\ N_t-N_{s+h}=n-k)\frac{\mathrm{e}^{\lambda t}n!}{(\lambda t)^n}\\=&P(s<S_k\leqslant s+h)P(N_t-N_{s+h}=n-k)\frac{\mathrm{e}^{\lambda t}n!}{(\lambda t)^n}\end{aligned}$$

将上式两边除以 h，令 $h\to 0$，以及由定理 4 - 2 得

$$\begin{aligned}f_{S_k|N_t}(s|n)&=\lim_{h\to 0}\frac{P(s<S_k\leqslant s+h|N_t=n)}{h}\\&=f_{S_k}(s)P(N_t-N_s=n-k)\frac{\mathrm{e}^{\lambda t}n!}{(\lambda t)^n}\\&=\frac{n!}{(k-1)!\ (n-k)!}\frac{s^{k-1}}{t^k}\left(1-\frac{s}{t}\right)^{n-k}\end{aligned}$$

由上式可知，条件概率密度函数 $f_{S_k|N_t}(s|n)$ 是一个 B 分布．

【例 4 - 4】 设某汽车站有 A，B 两辆公交车停靠，设到达该站的乘客数是一Poisson 过程，平均每 10 分钟到达 15 位乘客，而每位乘客进入 A 车或 B 车的概率分别为 $\frac{2}{3}$ 与 $\frac{1}{3}$．试求进入 A 车与进入 B 车的乘客数的概率分布．

解 到达乘客的强度为 $\lambda=\frac{15}{10}$．由定理 4 - 5 可知，在 $[0,\ t]$ 时间内进入 A 车的乘客数 $N_{\mathrm{A}}(t)$ 也是一个 Poisson 过程，其强度为

$$\lambda p=\frac{15}{10}\times\frac{2}{3}=1$$

同理，在$[0, t]$时间内进入 B 车的乘客数 $N_B(t)$也是一个 Poisson 过程，其强度为

$$\lambda(1-p)=\frac{15}{10}\times\frac{1}{3}=0.5$$

4.2 非齐次 Poisson 过程和复合 Poisson 过程

在本节中，将齐次 Poisson 过程推广到非齐次 Poisson 过程，并介绍复合Poisson过程的概念.

定义 4-1 计数过程$\{N_t, t\geqslant 0\}$称为具有强度 $\lambda(t)(t\geqslant 0)$的非平稳或非齐次 Poisson过程，如果

(1) $N_0=0$(即仍从时刻 0 开始计数)；

(2) $\{N_t, t\geqslant 0\}$具有独立增量；

(3) $P(N_{t+h}-N_t\geqslant 2)=o(h)$；

(4) $P(N_{t+h}-N_t=1)=\lambda(t)h+o(h)$.

其中，$o(h)$表示当 $h\to 0$ 时，对 h 的高阶无穷小. 非齐次 Poisson 过程也经常用$\{N(t), t\geqslant 0\}$来表示.

定理 4-6 若$\{N_t, t\geqslant 0\}$是强度为 $\lambda(t)$的非齐次 Poisson 过程，令

$$m(t)=\int_0^t \lambda(s)\,\mathrm{d}s$$

则可以证明

$$P(N_{t+s}-N_t=k)=\frac{[m(t+s)-m(t)]^k}{k!}\mathrm{e}^{-[m(t+s)-m(t)]}$$

其中，$k=1, 2, \cdots$. 即 $N_{t+s}-N_t$ 是具有均值为 $m(t+s)-m(t)$的 Poisson 分布.

由于事件在 t 时刻来到的速率(或强度)$\lambda(t)$是 t 的函数，所以非齐次 Poisson 过程不再有平稳增量，即 $N_{t+s}-N_t$ 不但依赖于 s，也与 t 有关. 非齐次 Poisson 过程的重要性也在于不再要求平稳增量性，从而允许事件在某些时刻发生的可能性与时间有关.

当强度 $\lambda(t)$有界时，可以将非齐次 Poisson 过程看作一个强度为 λ 的齐次 Poisson 过程$\{N(t)\}$的一个随机取样. 具体而言，设 λ 满足

$$\lambda(t)\leqslant\lambda,\quad t\geqslant 0$$

现在考虑一个强度为 λ 的 Poisson 过程，假定过程在时刻 t 事件以概率

$$P(t)=\frac{\lambda(t)}{\lambda}$$

被归为1型，而且与其他事件的情况相互独立．那么1型事件在$[0,t]$发生的个数$N_1(t)$显然满足定义4-1中的(1)、(2)、(3)，而且当h充分小时

$$\begin{aligned}&P(N_1(t+h)-N_1(t)=1)\\=&P(N(t+h)-N(t)=1)P(\text{是 1 型事件}\mid N(t+h)-N(t)=1)\\=&\lambda h\frac{\lambda(t)}{\lambda}+o(h)\end{aligned}$$

所以$N_1(t)$也满足定义4-1中的(4)．因此$N_1(t)$作为Poisson过程的一个随机取样，是非齐次Poisson过程．

前面在研究Poisson计数过程时，没有涉及发生事件的大小．若把这些事件视为一个随机变量，确定这些事件的积累效果的随机过程及其概率结构是很有意义的．例如，通过市内立交桥的公共汽车数N_t是一个Poisson过程，每辆车内所载乘客数ξ_n是一个随机变量，若要考虑通过立交桥的总人数Y_t，则有

$$Y_t=\sum_{n=1}^{N_t}\xi_n$$

这样，就需要研究随机过程$\{Y_t,t\geqslant 0\}$，这个过程称为复合Poisson过程．

定义4-2 设$\{\xi_n,n\geqslant 1\}$是独立同分布的随机变量序列，$\{N_t,t\geqslant 0\}$是强度为λ的Poisson过程，且与$\{\xi_n,n\geqslant 1\}$相互独立．令

$$Y_t=\sum_{n=1}^{N_t}\xi_n$$

则称随机过程$\{Y_t,t\geqslant 0\}$为复合Poisson过程(compound poisson process)．

定理4-7 设$Y_t=\sum_{n=1}^{N_t}\xi_n$是一个复合Poisson过程，则对于任意$t\geqslant 0$，

(1) $\{Y_t\}$是一个独立增量过程；

(2) Y_t的特征函数为

$$\varphi_{Y_t}(u)=\exp\{\lambda t(\varphi_\xi(u)-1)\}$$

其中，$\varphi_\xi(u)(\triangleq E(e^{iu\xi}),\ i=\sqrt{-1})$是随机变量$\xi_n$的特征函数；

(3) 若$E(\xi^2)<\infty$，则有$E(Y_t)=\lambda tE(\xi)$，$V(Y_t)=\lambda tE(\xi^2)$．

证 (1) 令$0\leqslant t_0<t_1<\cdots<t_m$，则

$$Y_{t_0}=\sum_{n=1}^{N_{t_0}}\xi_n,\quad Y_{t_k}-Y_{t_{k-1}}=\sum_{n=N_{t_{k-1}}+1}^{N_{t_k}}\xi_n,\quad k=1,\cdots,m$$

由于$\{N_t,t\geqslant 0\}$与$\{\xi_n,n\geqslant 1\}$相互独立，以及Poisson过程$\{N_t,t\geqslant 0\}$的独立增量性和$\{\xi_n,n\geqslant 1\}$是独立同分布的随机变量序列，容易证明Y_t是具有独立增量的随机过程．

(2) 由特征函数的定义，

$$\varphi_{Y_t}(u)=E(e^{iuY_t})$$

$$
\begin{aligned}
&=\sum_{n=0}^{\infty}E[e^{iuY_t}\mid N_t=n]P(N_t=n)\\
&=\sum_{n=0}^{\infty}E\left[\exp\left(iu\sum_{k=1}^{n}\xi_k\right)\mid N_t=n\right]e^{-\lambda t}\frac{(\lambda t)^n}{n!}\\
&=\sum_{n=0}^{\infty}E\left[\exp\left(iu\sum_{k=1}^{n}\xi_k\right)\right]e^{-\lambda t}\frac{(\lambda t)^n}{n!}\\
&=\sum_{n=0}^{\infty}[E(e^{iu\xi})]^n e^{-\lambda t}\frac{(\lambda t)^n}{n!}\\
&=\sum_{n=0}^{\infty}[\varphi_\xi(u)]^n e^{-\lambda t}\frac{(\lambda t)^n}{n!}\\
&=\exp\{\lambda t[\varphi_\xi(u)-1]\}
\end{aligned}
$$

(3) 首先考虑在 $N_t=n$ 条件下，Y_t 的条件期望.

$$
\begin{aligned}
E(Y_t\mid N_t=n)&=E\left(\sum_{k=1}^{N_t}\xi_k\mid N_t=n\right)\\
&=E\left(\sum_{k=1}^{n}\xi_k\mid N_t=n\right)\\
&=E\left(\sum_{k=1}^{n}\xi_k\right)=nE(\xi)
\end{aligned}
$$

于是

$$E(Y_t\mid N_t)=N_tE(\xi) \tag{4-2}$$

所以有

$$
\begin{aligned}
E(Y_t)&=E(E(Y_t\mid N_t))=E(N_tE(\xi))\\
&=\lambda tE(\xi)
\end{aligned}
$$

在这里不加证明地给出一个结论(读者可自行证明)，即

$$V(Y_t)=E(V(Y_t\mid N_t))+V(E(Y_t\mid N_t))$$

而且

$$
\begin{aligned}
V(Y_t\mid N_t=n)&=V\left(\sum_{k=1}^{N_t}\xi_k\mid N_t=n\right)\\
&=V\left(\sum_{k=1}^{n}\xi_k\right)=nV(\xi)
\end{aligned}
$$

于是

$$V(Y_t\mid N_t)=N_tV(\xi) \tag{4-3}$$

所以由式(4-2)和式(4-3)及 $V(N_t)=\lambda t$，有

$$V(Y_t)=E[N_tV(\xi)]+V[N_tE(\xi)]$$

$$=\lambda tV(\xi)+\lambda t[E(\xi)]^2$$
$$=\lambda t\{V(\xi)+[E(\xi)]^2\}$$
$$=\lambda tE(\xi^2)$$

这样就完成了定理 4-7 的证明.

【例 4-5】 (保险公司保险金储备问题)设某保险公司人寿保险者在时刻 t_1, t_2, … 时死亡，其中 $t_1<t_2<\cdots$ 是随机变量(因为投保者何时死亡是一随机现象)，在 t_n 时刻死亡者的家属持保险单可领取保险金 ξ_n. 设 $\{\xi_n, n=1, 2, \cdots\}$ 是一独立同分布的随机变量序列，令 N_t 表示在 $(0, t]$ 内死亡的人数，$\{N_t, t\geqslant 0\}$ 是一强度为 λ 的 Poisson 过程，则保险公司在 $(0, t]$ 时间内应准备支付的保险总金额为

$$Y_t=\sum_{n=1}^{N_t}\xi_n, \quad t\geqslant 1$$

显然 $\{Y_t, t\geqslant 0\}$ 为一复合 Poisson 过程. 若 ξ_n 服从指数分布

$$f_\xi(x)=\begin{cases}\alpha e^{-\alpha x}, & x>0\\ 0, & x\leqslant 0\end{cases}$$

则由前面的定理 4-7 知，在 $(0, t]$ 时间内保险公司平均支付的赔偿费为

$$E(Y_t)=\lambda tE(\xi)=\frac{\lambda t}{\alpha}$$

又因为 $E(\xi^2)=2/\alpha^2$，所以方差(或支付赔偿费的偏差)为

$$V(Y_t)=\lambda tE(\xi^2)=\frac{2\lambda t}{\alpha^2}$$

因为指数分布随机变量的特征函数为

$$\varphi_\xi(u)=\frac{\alpha}{\alpha-\mathrm{i}u}$$

所以由定理 4-7 可得 Y_t 的特征函数为

$$\varphi_{Y_t}(u)=E(e^{\mathrm{i}uY_t})=\exp\{\lambda t[\varphi_\xi(u)-1]\}$$
$$=\exp\left\{\lambda t\left(\frac{\alpha}{\alpha-\mathrm{i}u}-1\right)\right\}$$

【例 4-6】 (商店的营业额问题)设每天进入某商店的顾客数为一 Poisson 过程 $\{N_t, t\geqslant 0\}$，进入该商店的第 n 位顾客所花钱为 ξ_n 元. 设 $\{\xi_n, n=1, 2, \cdots\}$ 是一独立同分布的随机变量序列，且与 $\{N_t, t\geqslant 0\}$ 相互独立，则在 $(0, t]$ 内该商店的营业额可表示为

$$Y_t=\sum_{n=1}^{N_t}\xi_n,\quad t\geqslant 0$$

显然$\{Y_t,\ t\geqslant 0\}$为一复合 Poisson 过程.

4.3 年龄与剩余寿命

在本节中，将讨论年龄与剩余寿命及其相关问题，从而进一步刻画Poisson过程的性质特征. 设$N(t)$表示在$[0,\ t]$上事件发生的个数，S_n表示第n个事件发生的时刻，则$S_{N(t)}$表示的是在时刻t之前或在时刻t最后一个事件发生的时刻，$S_{N(t)+1}$表示时刻t之后首次事件发生的时刻. 这里$S_{N(t)}$与$S_{N(t)+1}$的下标$N(t)$，$N(t)+1$是随机变量. 令

$$A(t)=t-S_{N(t)},\quad Y(t)=S_{N(t)+1}-t \tag{4-4}$$

称$Y(t)$为**剩余寿命**，称$A(t)$为**年龄**，称$B(t)=A(t)+Y(t)$为**总寿命**. $A(t)$与$Y(t)$可由图 4-1 表示.

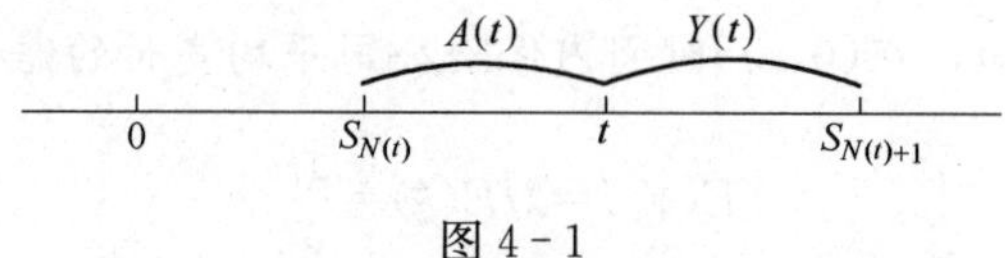

图 4-1

例如设一零件在$t=0$时刻开始工作，若它损坏，则立即更换(假设更换所需时间为零)，那么一个新的零件重新开始工作，如此重复下去. 记S_n表示第n次更换的时刻，则$X_n=S_n-S_{n-1}$表示第n个零件的寿命. 因此，$Y(t)$表示观察者在时刻t所观察的正在工作的零件的剩余寿命；$A(t)$表示正在工作的零件的工作时间，称为年龄. 又例如，S_n表示第n辆汽车到站的时刻，设某一乘客到达该站的时刻为t，则$Y(t)$表示该乘客等待上车的等待时间，等等. 下面介绍与$A(t)$，$Y(t)$相关的一些性质和结果. 由定义可知，对于任意$t\geqslant 0$，显然有$0\leqslant A(t)\leqslant t$，$Y(t)\geqslant 0$，而且有如下定理.

定理 4-8 若$\{N(t),\ t\geqslant 0\}$是强度为λ的齐次 Poisson 过程，则

(1) $Y(t)$与$\{X_n,\ n\geqslant 1\}$同分布，即

$$P(Y(t)\leqslant x)=1-e^{-\lambda x},\quad x\geqslant 0 \tag{4-5}$$

(2) $A(t)$是“截尾”的指数分布，即

$$P(A(t)\leqslant x)=\begin{cases}1-e^{-\lambda x}, & 当\ 0\leqslant x<t\\ 1, & 当\ x\geqslant t\end{cases} \tag{4-6}$$

证 因为有

$$\{Y(t)>x\}=\{N(t+x)-N(t)=0\}$$

且

$$\{A(t)>x\}=\begin{cases}\{N(t)-N(t-x)=0\}, & t>x\\ \varnothing, & t\leqslant x\end{cases}$$

所以可以证明定理 4－8 的结论.

定理 4－9 若$\{X_n,\ n\geqslant 1\}$是独立同分布的非负随机变量序列，分布函数为 $F(x)$，则对任意 $x\geqslant 0$，$t\geqslant 0$，有

$$P(Y(t)>x)=1-F(x+t)+\int_0^t P(Y(t-s)>x)\mathrm{d}F(s) \tag{4-7}$$

证 由条件数学期望，有

$$P(Y(t)>x)=\int_0^\infty P(Y(t)>x \mid X_1=s)\mathrm{d}F(s) \tag{4-8}$$

为了计算上式，只需要讨论 $P(Y(t)>x|X_1=s)$. 下面对 s 的范围分三种情形来讨论.

(1) 当 $s>t+x$ 时，由 $Y(t)$的定义得

$$P(Y(t)>x|X_1=s)=1$$

(2) 当 $t<s<t+x$ 时，由 $Y(t)$的定义得

$$P(Y(t)>x|X_1=s)=0$$

(3) 当 $s<t$ 时，由于$\{X_n,\ n\geqslant 1\}$是独立同分布，所以有

$$\begin{aligned}
&P(Y(t)>x|X_1=s)\\
&=P(S_{N(t)+1}-t>x|X_1=s)\\
&=P\Big(\sum_{j=2}^{N(t)+1}X_j-(t-s)>x \mid X_1=s\Big)\\
&=\sum_{m=1}^{\infty}P\Big(\sum_{j=2}^{m+1}X_j-(t-s)>x,\ N(t)=m \mid X_1=s\Big)\\
&=\sum_{m=1}^{\infty}P\Big(\sum_{j=2}^{m+1}X_j-(t-s)>x,\ S_m\leqslant t<S_{m+1} \mid X_1=s\Big)\\
&=\sum_{m=1}^{\infty}P\Big(\sum_{j=2}^{m+1}X_j-(t-s)>x,\ \sum_{j=2}^{m}X_j\leqslant t-s<\sum_{j=2}^{m+1}X_j \mid X_1=s\Big)\\
&=\sum_{m=1}^{\infty}P\Big(\sum_{j=2}^{m+1}X_j-(t-s)>x,\ \sum_{j=2}^{m}X_j\leqslant t-s<\sum_{j=2}^{m+1}X_j\Big)\\
&=\sum_{m=1}^{\infty}P(S_m-(t-s)>x,\ S_{m-1}\leqslant t-s<S_m)
\end{aligned}$$

$\Big($因为$\sum_{j=2}^{m+1}X_j$ 与 S_m，$\sum_{j=2}^{m}X_j$ 与 S_{m-1} 同分布$\Big)$

$$= \sum_{m=1}^{\infty} P(S_m - (t-s) > x,\ N(t-s) = m-1)$$
$$= P(S_{N(t-s)+1} - (t-s) > x)$$
$$= P(Y(t-s) > x)$$

综合上面(1)、(2)、(3)并代入式(4-8)，则式(4-7)成立，证毕.

定理 4-10 若$\{X_n,\ n\geqslant 1\}$独立同分布，又$Y(t)$与$X_n(n\geqslant 1)$同分布，分布函数为$F(x)$，且$F(0)=0$，则所决定的计数过程$\{N(t),\ t\geqslant 0\}$为 Poisson 过程.

证 令$G(x)=1-F(x)=P(Y(t)>x)$，由定理 4-9 及$F(0)=0$，对于任意$x\geqslant 0$，$t\geqslant 0$，有

$$G(x)=P(Y(t)>x)=1-F(x+t)+\int_0^t P(Y(t-s)>x)\mathrm{d}F(s)$$
$$=G(x+t)-\int_0^t P(Y(t-s)>x)\mathrm{d}G(s)$$
$$=G(x+t)-\int_t^0 P(Y(u)>x)\mathrm{d}G(t-u)$$
$$=G(x+t)+\int_0^t G(x)\mathrm{d}G(t-u)$$
$$=G(x+t)+G(x)\int_0^t \mathrm{d}G(t-u)$$
$$=G(x+t)+G(x)[G(0)-G(t)]$$
$$=G(x+t)+G(x)[1-G(t)]$$

所以得

$$G(x+t)=G(x)G(t) \tag{4-9}$$

因为$F(x)$是单调不减且右连续的函数，所以$G(x)$是单调不增、右连续的函数. 对式(4-9)两端求导，得

$$G'_x(x+t)=G'_x(x)G(t)$$

又$G'_x(x+t)=G'_t(x+t)$，所以

$$G'_t(x+t)=G'_x(x)G(t)$$

令$x=0$，则

$$G'_t(t)=G'_x(0)G(t)$$

令$\lambda=-G'_x(0)$，由于$G(x)$是单调不增，所以$\lambda\geqslant 0$；又因为$F(x)$为分布函数，故不可能为常数，从而$\lambda\neq 0$；再由$G(0)=1-F(0)=1$，解微分方程得

$$G(t)=\mathrm{e}^{-\lambda t}$$

所以有

$$F(x)=P(X_n\leqslant x)=1-e^{-\lambda x}, \quad x\geqslant 0$$

即 $X_n(n\geqslant 1)$服从指数分布，再由本章 4.1 节的内容知，$\{N(t), t\geqslant 0\}$为 Poisson 过程.

定理 4 - 10 说明可以用 $Y(t)$与 $X_n(n\geqslant 1)$来刻画 Poisson 过程.

4.4 更新过程

在前面 4.1 节和 4.2 节中，介绍了有关 Poisson 过程和复合 Poisson 过程的内容，已经知道齐次 Poisson 过程$\{N_t, t\geqslant 0\}$的事件发生的时间间隔 X_1，X_2，…为独立同分布的随机变量序列且服从同一指数分布. 在本节，将对时间间隔随机变量序列作进一步推广. 假设随机序列 X_1，X_2，…仍具有独立性和同分布性，但允许分布可以任意，而不必局限为指数分布，这样得到的计数过程称为更新过程，它是齐次 Poisson 过程的推广.

4.4.1 更新过程的定义和概念

定义 4 - 3 设$\{X_n, n=1, 2, \cdots\}$是一列相互独立同分布的非负随机变量，它们的共同分布函数是 $F(x)$. 如果视 X_n 为一个计数过程的第$(n-1)$个事件和第 n 个事件之间的间距，则第 n 个事件的发生时间是

$$S_n=\sum_{i=1}^{n}X_i, \quad n=1, 2, \cdots$$

这里假设 $S_0=0$. 把由

$$N_t=\sup\{n: S_n\leqslant t\}, \quad N_0=0, t\geqslant 0 \tag{4-10}$$

定义的计数过程$\{N_t, t\geqslant 0\}$(等价地，与该计数过程相联系的事件发生序列$\{S_n, n=1, 2, \cdots\}$或事件间距序列$\{X_n, n=1, 2, \cdots\}$)称作更新过程. 显然，这种过程的统计特性可由 X_n 的共同分布函数 $F(x)$完全刻画. 为了避免显而易见的平凡情形，以下总设 $F(0)=P(X_n=0)<1$(通常约定 $F(0)=0$).

更新过程在实际问题中具有广泛的应用，例如考虑机器零件的更换问题. 在 0 时刻，安装上一个新零件并开始运行. 假设此零件在 X_1 时刻损坏，马上用一个同类新零件来替换(假定替换不需要时间)，则第二个零件在 X_1 时刻开始运行，设它在 X_2 时刻损坏，同样马上换第三个，……可以认为这些零件的工作是独立同分布的. 若用 $X_n(n=1, 2, \cdots)$表示第 n 个零件的使用寿命，则$\{X_n, n\geqslant 1\}$是一个更新过程. 对应的计数 N_t 给出在时间区间$(0, t]$中损坏的零件数目.

在更新过程的研究中，原点的选取很重要，如果原点选在一次"更新"的发生时间(即在原点处相当于一个新零件投入使用)，则 X_1，X_2，…具有相同的分布，这样的更

新过程称为**普通更新过程**. 在本节中，通用“事件”与“更新”这两个词，因而称第 n 次更新在时刻 S_n 发生. 由于诸间隔 X_n 是独立同分布，所以在各个更新时刻，此过程在概率意义上重新开始.

我们已经知道齐次 Poisson 过程$\{N_t, t\geqslant 0\}$在有限时间内以概率 1 事件发生的次数有限. 同样希望知道对于更新过程而言，在有限时间内更新发生(或事件发生)次数的情况. 由强大数定律可知，在有限时间间隔内只能有有穷次更新出现，即有

$$\frac{S_n}{n}\xrightarrow{\text{a. s.}}\mu, \quad n\to\infty$$

其中

$$\mu=E(X_n)=\int_0^{\infty} x\mathrm{d}F(x)$$

即相继发生的两事件的间隔之均值. 根据定义 4-3 中的假设 $X_n\geqslant 0$ 与 $F(0)<1$，可得 $0<\mu\leqslant\infty$，从而

$$\frac{S_n}{n}\xrightarrow{\text{a. s.}}\mu>0 \tag{4-11}$$

这表明当 $n\to\infty$时，必有 $S_n\to\infty$，即

$$P(\lim_{n\to\infty} S_n=\infty)=1 \tag{4-12}$$

于是至多只有有限多个 n 能使 S_n 小于或等于 t，因此由式(4-10)知 N_t 必是有限的，所以又可写成

$$N_t=\max\{n: S_n\leqslant t\}$$

此时，称 $Y(t)=S_{N_t+1}-t$ 为剩余寿命，称 $A(t)=t-S_{N_t}$ 为年龄，称 $B(t)=A(t)+Y(t)$ 为总寿命.

4.4.2 更新过程的均值函数

下面讨论普通更新过程的分布和均值函数的性质. 设$\{N_t, t\geqslant 0\}$为更新过程(见式(4-10))，X_1，X_2，…为更新间距且有同分布 F，为避免出现平凡情形，设$F(0)<1$，于是有

$$\mu=E(X_n)=\int_0^{\infty} x\mathrm{d}F(x)>0$$

根据 4.4.1 节的内容，对任意 $t>0$，N_t 以概率 1 取有限值，即更新过程在任意有限时间区间$(0, t]$内以概率 1 只有有限次更新发生. 设更新过程的均值函数为

$$m(t)=E(N_t), \quad t\geqslant 0$$

称 $m(t)$为**更新函数**，它是更新过程中事件发生的平均次数. 更新理论的主体是研究更

新函数的性质，下面给出更新函数的一个基本定理.

定理 4-11 $\{N_t, t\geqslant 0\}$为如上所定义的更新过程，则 N_t 具有概率分布

$$P(N_t=n)=F_n(t)-F_{n+1}(t)$$

而且更新函数

$$m(t)=\sum_{n=1}^{\infty}F_n(t)$$

其中 $F_n(t)$为 $F(t)$的 n 重卷积，即

$$F_n(t)=F*F*\cdots*F$$

F 为诸 X_i 的分布函数.

证 由于独立随机变量和的分布函数是各随机变量分布函数的卷积，因此 S_n 作为 X_1，X_2，…，X_n 的和，其分布函数为

$$P(S_n\leqslant t)=F_n(t),\quad n\geqslant 1$$

其中 $F_1(t)=F(t)$. 对 $n\geqslant 2$，有

$$F_n(t)=\int_0^{\infty}F_{n-1}(t-x)\mathrm{d}F(x)=\int_0^{t}F_{n-1}(t-x)\mathrm{d}F(x)$$

即 $F_n(t)$为 $F(t)$的 n 重卷积，记为 $F_n=F_{n-1}*F$. 同时易知，到时刻 t 的更新总数 N_t 大于或等于 n 是与第 n 次更新发生在时刻 t 前是等价的，即

$$\{N_t\geqslant n\}\Leftrightarrow\{S_n\leqslant t\}$$

于是

$$\begin{aligned}P(N_t=n)&=P(N_t\geqslant n)-P(N_t\geqslant n+1)\\&=P(S_n\leqslant t)-P(S_{n+1}\leqslant t)\\&=F_n(t)-F_{n+1}(t)\end{aligned}$$

为求出更新函数 $m(t)$，引入示性函数

$$I_n=\begin{cases}1, & \text{若第 } n \text{ 次更新发生在}[0,\ t]\text{中}\\0, & \text{否则}\end{cases}$$

则显然有 $N_t=\sum\limits_{n=1}^{\infty}I_n$，于是

$$\begin{aligned}m(t)&=E(N_t)=E\Big(\sum_{n=1}^{\infty}I_n\Big)=\sum_{n=1}^{\infty}E(I_n)\\&=\sum_{n=1}^{\infty}P(I_n=1)=\sum_{n=1}^{\infty}P(S_n\leqslant t)\end{aligned}$$

$$=\sum_{n=1}^{\infty}F_n(t)$$

定理 4－11 得证.

定理 4－12 更新函数 $m(t)$ 是 t 的不减函数，且对 $t\geqslant 0$，$m(t)<\infty$.

证 由于 N_t 是关于 t 的不减函数，故 $m(t)$ 也是不减的，下证 $m(t)$ 的有限性. 由 X_n 的独立同分布性知，$X_{m+1}+\cdots+X_n$ 与 S_{n-m} 为同分布函数，因此 S_n 的分布函数等于 S_m 的分布函数与 S_{n-m} 的分布函数的卷积，故由分布函数的单调性知

$$F_n(t)=\int_0^t F_{n-m}(t-x)\mathrm{d}F_m(x)\leqslant F_{n-m}(t)F_m(t),\quad m=1,2,\cdots,n-1$$

特别地，对任意的正整数 n，r，k，有

$$F_{nr+k}(t)\leqslant F_{(n-1)r+k}(t)F_r(t)$$

由此递推可得

$$F_{nr+k}(t)\leqslant[F_r(t)]^nF_k(t),\quad k=1,2,\cdots,r-1,\ n\geqslant 0$$

由式(4－12)可知，当 $n\to\infty$ 时，S_n 以概率 1 趋于 ∞，所以对于任意 $t>0$，存在充分大的 r，使得 $P(S_r>t)>0$，即

$$F_r(t)=P(S_r\leqslant t)<1$$

因此对此正整数 r 有

$$\begin{aligned}m(t)&=\sum_{n=1}^{\infty}F_n(t)=\sum_{k=1}^{r}\sum_{n=0}^{\infty}F_{nr+k}(t)\\&\leqslant\sum_{k=1}^{r}\left[\sum_{n=0}^{\infty}(F_r(t))^n\right]F_k(t)\\&\leqslant r\sum_{n=0}^{\infty}(F_r(t))^nF(t)\\&=\frac{rF(t)}{1-F_r(t)}<\infty\end{aligned}$$

即上述级数是几何收敛的，定理 4－12 得证.

4.4.3 更新方程

设函数 $g(t)$ 和 $h(t)$ 都定义在 $[0,\infty)$ 上，$F(t)$ 是非负分布函数，其中 $h(t)$ 和 $F(t)$ 为已知函数，若未知函数 $g(t)$ 满足积分方程

$$g(t)=h(t)+\int_0^t g(t-x)\mathrm{d}F(x)\tag{4-13}$$

则式(4－13)为**更新方程**.

式(4－13)是一特殊的积分方程，可以将 $g(t)$ 看作是以上积分方程的解. 在更新理

论中，有许多量都满足更新方程，如更新函数 $m(t)$满足更新方程(4-13).

定理 4-13 对于任意 $t\geqslant 0$，更新函数 $m(t)=E(N_t)$满足下列更新方程

$$m(t)=F(t)+\int_0^t m(t-x)\mathrm{d}F(x) \tag{4-14}$$

证 实际上，由条件期望公式可得

$$m(t)=E(N_t)=E[E(N_t|X_1)]=\int_0^{\infty} E(N_t|X_1=x)\mathrm{d}F(x)$$

当第一次更新发生时间 $X_1=x\leqslant t$ 时，从 x 开始系统与新的一样(即过程重新开始)，于是$[0, t]$中的期望更新数等于发生在时刻 x 上的更新数 1 加上在$(x, t]$上的期望更新数；而当 $x>t$ 时，$[0, t]$中没有更新. 因此将

$$E(N_t|X_1=x)=\begin{cases}0, & x>t\\ 1+m(t-x), & x\leqslant t\end{cases}$$

代入上式得

$$\begin{aligned}m(t)&=\int_0^{\infty} E(N_t|X_1=x)\mathrm{d}F(x)\\&=\int_0^t [1+m(t-x)]\mathrm{d}F(x)\\&=F(t)+\int_0^t m(t-x)\mathrm{d}F(x)\end{aligned}$$

定理 4-13 得证.

这是较为特殊的更新方程，已知分布函数 F，求更新函数 $m(t)$. 下面给出更为一般的更新方程及其解.

定理 4-14 设更新方程(4-13)中 $h(t)$为有界函数，则方程(4-13)存在唯一的、在有限区间内有界的解，其解 $g(t)$可表示为

$$g(t)=h(t)+\int_0^t h(t-x)\mathrm{d}m(x) \tag{4-15}$$

其中，$m(t)=\sum\limits_{n=1}^{\infty} F_n(t)$ 为更新函数，$F_1(t)=F(t)$，$F_n(t)=\int_0^t F_{n-1}(t-x)\mathrm{d}F(x)$.

在证明定理之前先列出卷积的一些性质. 假设 $b(t)$是单增右连续函数，$b(0)=0$，而且 $c(t)$，$c_1(t)$，$c_2(t)$为光滑有界函数(这些条件可以保证卷积能够有定义)，则有

(1) $\max\limits_{0\leqslant t\leqslant T}|(b*c)(t)|\leqslant \max\limits_{0\leqslant t\leqslant T}|c(t)|\cdot b(t)$；

(2) $b*c_1(t)+b*c_2(t)=b*(c_1+c_2)(t)$；

(3) $b_1*(b_2*c)=(b_1*b_2)*c$.

证 先证式(4-15)确实是式(4-13)的解，并且满足有界性条件. 因为 $h(t)$有界，$m(t)$是更新函数，则 $m(t)$有界不减(见定理 4-12)，所以对任何的$T>0$，由式(4-15)可得

$$\sup_{0\leqslant t\leqslant T}|g(t)|\leqslant\sup_{0\leqslant x\leqslant T}|h(t)|+\int_0^T\sup_{0\leqslant x\leqslant T}h(T-x)\mathrm{d}m(x)$$

$$\leqslant\sup_{0\leqslant t\leqslant T}|h(t)|(1+m(T))<\infty$$

所以在有界区间上 $g(t)$是有界的．再证明 $g(t)$满足方程(4－13)．由式(4－15)得

$$\begin{aligned}
g(t)&=h(t)+m*h(t)\\
&=h(t)+\Big(\sum_{n=1}^{\infty}F_n\Big)*h(t)\\
&=h(t)+F*h(t)+\Big(\sum_{n=2}^{\infty}F_n\Big)*h(t)\\
&=h(t)+F*h(t)+\Big[\sum_{n=2}^{\infty}(F_{n-1}*F)\Big]*h(t)\\
&=h(t)+F*\Big[h(t)+\Big(\sum_{n=1}^{\infty}F_n\Big)*h(t)\Big]\\
&=h(t)+F*g(t)\\
&=h(t)+\int_0^t g(t-x)\mathrm{d}F(x)
\end{aligned}$$

由此说明式(4－15)所定义的 $g(t)$满足方程(4－13)．最后来证明唯一性，只需证明任何式(4－13)的解都有式(4－15)的形式．设 $\tilde{g}$ 是式(4－13)的解，并且满足有界性条件，则有

$$\tilde{g}=h+F*\tilde{g}$$

连续代换 $\tilde{g}$，有

$$\begin{aligned}
\tilde{g}&=h+F*(h+F*\tilde{g})\\
&=h+F*h+F*(F*\tilde{g})\\
&=h+F*h+F_2*\tilde{g}\\
&=h+F*h+F_2*(h+F*\tilde{g})\\
&=h+F*h+F_2*h+F_3*\tilde{g}\\
&\quad\vdots\\
&=h+\Big(\sum_{k=1}^{n-1}F_k\Big)*h+F_n*\tilde{g}
\end{aligned}$$

又因为对任何 $t\geqslant 0$

$$|F_n*\tilde{g}(t)|=\left|\int_0^t\tilde{g}(t-x)\mathrm{d}F_n(x)\right|$$

$$\leqslant\Big\{\sup_{0\leqslant x\leqslant t}|\tilde{g}(t-x)|\Big\}\cdot F_n(t)$$

由有界性条件知 $\sup\limits_{0\leqslant x\leqslant t}|\tilde{g}(t-x)|<\infty$，由定理 4－12 知 $m(t)=\sum\limits_{n=1}^{\infty}F_n(t)<\infty$ ，所以对任

何 $t\geqslant 0$，有

$$\lim_{n\to\infty} F_n(t)=0$$

从而

$$\lim_{n\to\infty}|F_n * \tilde{g}(t)|=0$$

又因为

$$\lim_{n\to\infty}\Big(\sum_{k=1}^{n-1} F_k\Big) * h(t)=\Big(\sum_{k=1}^{\infty} F_k\Big) * h(t)=m * h(t)$$

于是有

$$\begin{aligned}\tilde{g}(t)&=h(t)+\lim_{n\to\infty}\Big[\sum_{k=1}^{n-1} F_k * h(t)+F_n * \tilde{g}(t)\Big]\\&=h(t)+m * h(t)\end{aligned}$$

与式(4-15)一致，即唯一性得证.

4.4.4 极限定理与基本更新定理

在本节中，将讨论更新过程 $N\triangleq\{N_t,\ t\geqslant 0\}$(或用$\{N(t),\ t\geqslant 0\}$)的极限状态，并介绍基本更新定理. 因为 $N(t)$是 t 的不减函数，故极限 $N(\infty)=\lim\limits_{t\to\infty} N(t)$一定存在(可能为$\infty$)，它给出过程 $N(t)$在$[0,\ \infty)$内更新次数的总数.

定理 4-15 设 $N=\{N(t),\ t\geqslant 0\}$为更新过程，则有

$$P(N(\infty)=\infty)=1 \tag{4-16}$$

证 因为

$$\{N(\infty)<\infty\}=\bigcup_{n=1}^{\infty}\{S_n=\infty\}=\bigcup_{n=1}^{\infty}\{X_n=\infty\}$$

所以有

$$P(N(\infty)<\infty)=P\Big(\bigcup_{n=1}^{\infty}(X_n=\infty)\Big)\leqslant\sum_{n=1}^{\infty}P(X_n=\infty)=0$$

亦即

$$P(N(\infty)=\infty)=1$$

定理得证.

基于上面的定理和 $N(t)$的单调性易知，$N(\infty)$的更新函数为

$$m(\infty)\triangleq\lim_{t\to\infty} m(t)=\lim_{t\to\infty} E(N(t))=E\big(\lim_{t\to\infty} N(t)\big)=\infty$$

于是，当 $t\to\infty$ 时，总有 $N(t)\xrightarrow{\text{a. s.}}\infty$ 且 $m(t)\to\infty$.

下面讨论 $N(t)$ 趋于 ∞ 的速度或渐近性态，特别是研究 $\lim\limits_{t\to\infty}\dfrac{N(t)}{t}$ 的收敛情况.

在前面已经引入过随机变量 $S_{N(t)}$ 的定义. 假设在 t 时刻 $N(t)=3$，则 $S_{N(t)}=S_3$，表示第 3 个事件发生的时刻. 由于到时刻 t 为止已发生的事件只有 3 个，所以 S_3 也表示在 t 之前(或在时刻 t)最后一个事件发生的时刻. 类似地，$S_{N(t)}$ 表示的是在时刻 t 之前或在时刻 t 最后一次更新的时刻. 进一步推理可知，$S_{N(t)+1}$ 表示时刻 t 之后第一次更新的时刻.

定理 4-16 设 $\mu=E(X_1)$，则有

$$P\left(\lim_{t\to\infty}\frac{N(t)}{t}=\frac{1}{\mu}\right)=1$$

证 由上面的定义知 $S_{N(t)}\leqslant t<S_{N(t)+1}$，于是

$$\frac{S_{N(t)}}{N(t)}\leqslant\frac{t}{N(t)}<\frac{S_{N(t)+1}}{N(t)}$$

而且 $S_{N(t)}=X_1+\cdots+X_{N(t)}$. 又因为 $\dfrac{S_{N(t)}}{N(t)}$ 是前 $N(t)$ 个来到间隔的平均值，由强大数定律得，当 $N(t)\to\infty$ 时，$\dfrac{S_{N(t)}}{N(t)}\xrightarrow{\text{a. s.}}\mu$. 根据定理 4-15，当 $t\to\infty$ 时，$N(t)\xrightarrow{\text{a. s.}}\infty$，所以 $t\to\infty$ 时

$$\frac{S_{N(t)}}{N(t)}\xrightarrow{\text{a. s.}}\mu$$

另外，又因为

$$\frac{S_{N(t)+1}}{N(t)}=\frac{S_{N(t)+1}}{N(t)+1}\cdot\frac{N(t)+1}{N(t)}$$

推理得，当 $t\to\infty$ 时

$$\frac{S_{N(t)+1}}{N(t)}\xrightarrow{\text{a. s.}}\mu$$

综合上面的推导可知，定理 4-16 的结论成立，证毕.

上述定理表明，以概率 1、长时间后更新发生的速率将等于 $\dfrac{1}{\mu}$，由此称 $\dfrac{1}{\mu}$ 为更新过程的速率. 后面的讨论中会发现，更新的平均速度的期望 $\dfrac{m(t)}{t}$ 也收敛于 $\dfrac{1}{\mu}$. 为了研究更新函数 $m(t)$ 的渐近性态，需要引入停时的概念.

定义 4-4 设 X_1，X_2，…为一随机变量序列，N 是取非负整数值的随机变量，若对一切 $n=1, 2, \cdots$，事件 $\{N=n\}$ 与 X_{n+1}，X_{n+2}，…独立，则称 N 为序列 X_1，X_2，…的停时(stopping time)或称马尔可夫时间(Markov 时间).

从停时的定义可知，事件 $\{N=n\}$ 仅依赖于 X_1，X_2，…，X_n，而与 X_{n+1}，X_{n+2}，

…独立．它的直观意义是：依次观察 X_1，X_2，…，以 N 表示在停止观察之前所观察的次数．若 $N=n$，表示只观察了 X_1，…，X_n 而 X_{n+1}，X_{n+2}，…尚未观察到，即在已经观察 X_1，…，X_n 之后与观察 X_{n+1}，X_{n+2}，…之前停止观察．

【例 4-7】 (1) 设序列 $X_n(n=1, 2, \cdots)$相互独立且具有相同的分布

$$P\{X_n=0\}=P\{X_n=1\}=\frac{1}{2}, \quad n=1, 2, \cdots$$

如果令

$$N=\min\{n: X_1+\cdots+X_n=10\}$$

则 N 是一个停时．可以将 N 看作连续抛掷一枚均匀硬币的试验的停时，试验在正面出现次数达到 10 次时停止．

(2) 设序列 $X_n(n=1, 2, \cdots)$相互独立且具有相同的分布

$$P\{X_n=-1\}=P\{X_n=1\}=\frac{1}{2}, \quad n=1, 2, \cdots$$

令

$$N=\min\{n: X_1+\cdots+X_n=1\}$$

则 N 是一个停时．它可以看作为一个赌徒的停时，他在每局赌博中等可能地赢得或输掉 1 元，$X_1+\cdots+X_n$ 表示他赢得的钱数，N 表示赌徒的策略，即他一旦领先就停止赌博．

定理 4-17(Wald 等式)　若 X_1，X_2，…是独立同分布的随机变量，且期望有限，即 $\mu=E(X_n)<\infty$．N 是 X_1，X_2，…的停时，且 $E(N)<\infty$，则

$$E\left(\sum_{n=1}^{N}X_n\right)=E(N)E(X)$$

其中 X 与 X_n 同分布．

证　令

$$I_n=\begin{cases}1, & N\geqslant n\\0, & N<n\end{cases}$$

则

$$\sum_{n=1}^{N}X_n=\sum_{n=1}^{\infty}X_nI_n$$

由 $E(X_n)<\infty$及 Lebesgue 控制收敛定理有

$$E\left(\sum_{n=1}^{N}X_n\right)=E\left(\sum_{n=1}^{\infty}X_nI_n\right)=\sum_{n=1}^{\infty}E(X_nI_n) \tag{4-17}$$

由于$\{I_n=1\}$等价于$\{N\geqslant n\}$，即连续观察X_1，X_2，…，X_{n-1}之后还未停止，所以I_n由X_1，…，X_{n-1}所决定而与X_n，X_{n+1}，…独立. 实际上，因为

$$\{I_n=0\}=\{N<n\}=\bigcup_{k=1}^{n-1}\{N=k\}$$

仅依赖于X_1，X_2，…，X_{n-1}，而与X_n，X_{n+1}，…独立，而且

$$\{I_n=1\}=\{I_n=0\}^c=\left(\bigcup_{k=1}^{n-1}\{N=k\}\right)^c$$

也与X_n，X_{n+1}，…独立. 于是从式(4-17)可以得到

$$E\left(\sum_{n=1}^{N}X_n\right)=\sum_{n=1}^{\infty}E(X_n)E(I_n)=E(X)\sum_{n=1}^{\infty}E(I_n)$$

$$=E(X)\sum_{n=1}^{\infty}P(N\geqslant n)=E(X)E(N)$$

对于例4-7中的(1)来说，从Wald等式可以推出

$$E(X_1+\cdots+X_N)=\frac{1}{2}E(N)$$

又由N的定义$X_1+\cdots+X_N=10$，从而$E(N)=20$. 若将Wald等式的结论应用到例4-7中的(2)，则会有等式$E(X_1+\cdots+X_N)=E(N)E(X)$成立，然而由$X_1+\cdots+X_N=1$及$E(X)=0$，从而得出矛盾，所以Wald等式不可以应用，这样就得出结论$E(N)=\infty$. 这也就说明了条件$E(N)<\infty$对于Wald等式是必要的.

定理4-18 设X_1，X_2，…为一更新过程$N(t)$的来到间隔，则$N(t)+1$为序列$\{X_n\}$的停时(即在t之后的第一个更新在$N(t)+1$时刻停止).

证 由下面的等价关系

$$N(t)+1=n\Leftrightarrow N(t)=n-1$$

$$\Leftrightarrow X_1+\cdots+X_{n-1}\leqslant t,\ X_1+\cdots+X_n>t$$

可知，事件$\{N(t)+1=n\}$只依赖于X_1，…，X_n，而与X_{n+1}，…独立，因此$N(t)+1$是一个停时.

推论4-1 若$E(X)=\mu<\infty$，则有

$$E(S_{N(t)+1})=\mu(m(t)+1) \tag{4-18}$$

证 由Wald等式知

$$E(X_1+\cdots+X_{N(t)+1})=E(X)E(N(t)+1)$$

所以推论4-1成立.

定理4-19(基本更新定理) 设$N(t)$为更新过程，$\mu=E(X_n)$，则有

$$\lim_{t\to\infty}\frac{m(t)}{t}=\frac{1}{\mu}$$

其中规定$\frac{1}{\infty}=0$.

证 首先假设$\mu<\infty$，由前面的定义有

$$S_{N(t)+1}>t$$

对上式取期望，并利用上面推论 4-1 得

$$\mu[m(t)+1]>t$$

于是可得

$$\liminf_{t\to\infty}\frac{m(t)}{t}\geqslant\frac{1}{\mu} \tag{4-19}$$

另外，固定一个常数M，定义一个新的更新过程$\{\overline{X}_n, n=1, 2, \cdots\}$如下.

$$\overline{X}_n=\begin{cases}X_n, & 当\ X_n\leqslant M\\ M, & 当\ X_n>M\end{cases}\quad (n=1, 2, \cdots)$$

再令

$$\overline{S}_n=\sum_{i=1}^{n}\overline{X}_i,\quad \overline{N}(t)=\sup\{n, \overline{S}_n\leqslant t\}$$

由于这个截尾更新过程的来到间隔时间以M为界，即$\overline{X}_n\leqslant M(n=1, 2, \cdots)$，于是得到

$$\overline{S}_{\overline{N}(t)+1}\leqslant t+M$$

设$\overline{m}(t)=E(\overline{N}(t))$，$\mu_M=E(\overline{X}_n)$，因此由式(4-18)有

$$[\overline{m}(t)+1]\mu_M\leqslant t+M$$

于是

$$\limsup_{t\to\infty}\frac{\overline{m}(t)}{t}\leqslant\frac{1}{\mu_M}$$

因为$\overline{S}_n\leqslant S_n$，所以得$\overline{N}(t)\geqslant N(t)$，$\overline{m}(t)\geqslant m(t)$，于是

$$\limsup_{t\to\infty}\frac{m(t)}{t}\leqslant\limsup_{t\to\infty}\frac{\overline{m}(t)}{t}\leqslant\frac{1}{\mu_M}$$

令$M\to\infty$，得

$$\limsup_{t\to\infty}\frac{m(t)}{t}\leqslant\frac{1}{\mu} \tag{4-20}$$

由式(4-19)及式(4-20)得

$$\lim_{t\to\infty}\frac{m(t)}{t}=\frac{1}{\mu}$$

结论成立.

当$\mu=\infty$时，再次考虑截尾过程. 由于当$M\to\infty$时$\mu_M\to\infty$，由式(4-20)知

$$0\leqslant\liminf_{t\to\infty}\frac{m(t)}{t}\leqslant\limsup_{t\to\infty}\frac{m(t)}{t}=0$$

定理得证.

4.4.5 Blackwell 定理与关键更新定理

非负随机变量X称为**格子点随机变量**，如果存在$\delta>0$，使得X以概率1只取δ的非负整数倍值$\{0, \delta, 2\delta, \cdots\}$，从而有

$$\sum_{k=0}^{\infty}P(X=k\delta)=1$$

把具有这种性质的δ中最大者称为随机变量X和更新过程$\{N(t), t\geqslant0\}$(当X与X_n同分布时)的**周期**. 当随机变量X是格子点随机变量时，它的分布函数F也称为**格子点分布**. 反之，若不存在具有上述性质的$\delta>0$，更新过程$\{N(t), t\geqslant0\}$就称为**非周期的**. 下面略去证明给出 Blackwell 定理.

定理 4-20(Blackwell 定理)　设$\{N(t), t\geqslant0\}$为普通更新过程，其更新间距X_1，X_2，…的共同分布函数是F，其相应的均值$E(X_n)=\mu$，$n=1, 2, \cdots$.

(1) 若F不是格子点分布的，则对一切$a\geqslant0$，有

$$\lim_{t\to\infty}[m(t+a)-m(t)]=\frac{a}{\mu}$$

(2) 若F是格子点分布的，周期为d，则有

$$\lim_{n\to\infty}[m((n+1)d)-m(nd)]=\frac{d}{\mu}$$

此定理表明，若F不是格子点的，则在一远离原点的长为a的区间中更新次数的期望近似于$\frac{a}{\mu}$. 这是十分直观的，因为随着时间远离原点，原先的影响逐渐消失. 当F是格子点的，具有周期d，因为此时更新只能发生在d的整数倍的时刻，于是在一远离原点的区间中更新次数的期望显然就不依赖于区间之长，而是依赖于它包含多少个形式为$nd(n\geqslant0)$的点. 于是与格子点的情形有关的极限是在时刻nd更新次数的期望的极限，由基本更新原理知它应该等于$\frac{d}{\mu}$. 因此，若来到间隔总是正的，则 Blackwell 定理的(2)表明，在格子点的情形有

$$\lim_{n\to\infty}[m((n+1)d)-m(nd)]=\frac{d}{\mu}$$

设h是定义在$[0, \infty)$上的一个函数. 对任意$a>0$，以$\underline{m}_n(a)$与$\overline{m}_n(a)$分别记$h(t)$

在区间$(n-1)a\leqslant t\leqslant na$上的上确界与下确界，即

$$\underline{m}_n(a)=\inf\{h(t),\ (n-1)a\leqslant t\leqslant na\}$$

$$\overline{m}_n(a)=\sup\{h(t),\ (n-1)a\leqslant t\leqslant na\}$$

若对一切$a>0$，$\sum\limits_{n=1}^{\infty}\overline{m}_n(a)$与$\sum\limits_{n=1}^{\infty}\underline{m}_n(a)$有限(即收敛)，且

$$\lim_{a\to 0}a\sum_{n=1}^{\infty}\overline{m}_n(a)=\lim_{a\to 0}a\sum_{n=1}^{\infty}\underline{m}_n(a)$$

则称h为**直接黎曼可积**.

$h(t)$为直接黎曼可积的一个充分条件是：

(1) 对一切$t\geqslant 0$，$h(t)\geqslant 0$；

(2) $h(t)$非增；

(3) $\int_0^{\infty}h(t)\mathrm{d}t<\infty$.

定理4-21(关键更新定理的)　若F不是格子点的，且若$h(t)$是直接黎曼可积，则

$$\lim_{t\to\infty}\int_0^t h(t-x)\mathrm{d}m(x)=\int_0^{\infty}\frac{h(t)}{\mu}\mathrm{d}t$$

其中

$$m(x)=\sum_{n=1}^{\infty}F_n(x),\quad \mu=\int_0^{\infty}\overline{F}(t)\mathrm{d}t$$

在上式中，$\overline{F}(t)=1-F(t)$，并参见例2-5(证明略).

可以证明，Blackwell定理与关键更新定理是等价的. 从直观上给出关键更新定理的一个说明：由Blackwell定理，有

$$\lim_{t\to\infty}\frac{m(t+a)-m(t)}{a}=\frac{1}{\mu}$$

因此

$$\lim_{a\to 0}\lim_{t\to\infty}\frac{m(t+a)-m(t)}{a}=\frac{1}{\mu}$$

若极限次序可交换，则

$$\lim_{t\to\infty}\frac{\mathrm{d}m(t)}{\mathrm{d}t}=\frac{1}{\mu}$$

而关键更新定理正是上述结果的一般化形式.

关键更新定理是更新理论的一个很重要和有用的结果，当要计算在时刻t联系于更新过程的某事件的概率或某随机变量的数学期望$g(t)$的极限值($t\to\infty$)时，常常使用如下的计算方法，即先是通过对在时刻t前最后一次更新发生时间的条件化推出一个有如下形式的方程

$$g(t)=h(t)+\int_0^t h(t-x)\mathrm{d}m(x)$$

然后再利用关键更新定理求出极限值$\lim\limits_{t\to\infty} g(t)$.

为了应用上述技巧，要利用更新过程在时刻 t 前最后一次更新时间 $S_{N(t)}$ 的分布. 下面的引理给出我们需要的结果.

引理 4-1 设更新过程$\{N(t),\ t\geqslant 0\}$的更新间距有分布函数 $F(x)$，$m(t)=E(N(t))$是更新函数，若记 $\overline{F}(x)=1-F(x)$，则 $S_{N(t)}$ 的分布是

$$P(S_{N(t)}\leqslant s)=\overline{F}(t)+\int_0^s \overline{F}(t-y)\mathrm{d}m(y),\quad 0\leqslant s\leqslant t$$

证

$$\begin{aligned}P(S_{N(t)}\leqslant s)&=\sum_{n=0}^{\infty}P(S_n\leqslant s,\ S_{n+1}>t)\\&=\overline{F}(t)+\sum_{n=1}^{\infty}P(S_n\leqslant s,\ S_{n+1}>t)\\&=\overline{F}(t)+\sum_{n=1}^{\infty}\int_0^{\infty}P(S_n\leqslant s,\ S_{n+1}>t\mid S_n=y)\mathrm{d}F_n(y)\\&=\overline{F}(t)+\sum_{n=1}^{\infty}\int_0^{s}\overline{F}(t-y)\mathrm{d}F_n(y)\\&=\overline{F}(t)+\int_0^{s}\overline{F}(t-y)\mathrm{d}\Big(\sum_{n=1}^{\infty}F_n(y)\Big)\\&=\overline{F}(t)+\int_0^{s}\overline{F}(t-y)\mathrm{d}m(y)\end{aligned}$$

以上的积分与求和交换次序是因为所有的项非负，证毕.

从引理 4-1 可以得到

$$P(S_{N(t)}=0)=\overline{F}(t)$$

$$\mathrm{d}F_{S_{N(t)}}(y)=\overline{F}(t-y)\mathrm{d}m(y),\quad 0<y<\infty$$

进一步地，若假设 F 连续，具有密度函数 f，则由

$$m(y)=\sum_{n=1}^{\infty}F_n(y)$$

就有对任意 $y>0$，

$$\begin{aligned}\mathrm{d}m(y)&=\sum_{n=1}^{\infty}f_n(y)\mathrm{d}y\\&=\sum_{n=1}^{\infty}P(\text{在}(y,y+\mathrm{d}y)\text{ 中发生第 } n \text{ 次更新})\\&=P(\text{在}(y,\ y+\mathrm{d}y)\text{中发生更新})\end{aligned}$$

所以有

$$f_{S_{N(t)}}(y)\mathrm{d}y = P(\text{在}(y, y+\mathrm{d}y)\text{中发生更新，且下一个来到间隔}>t-y)$$
$$=\mathrm{d}m(y)\overline{F}(t-y)$$

下面考虑交错更新过程. 设一个过程有“开”“关”两个状态，最初它是开的且持续开的时间是 Z_1，之后关闭且持续闭的时间是 Y_1；之后又打开，持续开的时间是 Z_2，又关闭，持续闭的时间是 Y_2，这样反复交替进行下去. 假设随机向量$(Z_n, Y_n)(n=1, 2, \cdots)$是独立同分布的，因此$\{Z_n\}$，$\{Y_n\}$都是独立同分布的随机序列，但允许 Z_n 与 Y_n 不是相互独立的. 也就是每当过程打开时，一切就重新开始，但当它关闭时允许关闭的时间依赖于前一段打开的时间.

设上述交错更新过程中 Z_n 的分布函数为 H，Y_n 的分布函数为 G，Z_n+Y_n 的分布函数为 F，并设

$$P(t)=P(\text{过程在 } t \text{ 时刻为“开”})$$

于是有如下定理.

定理 4-22 若 $E(Z_n+Y_n)<\infty$，F 非格子点分布，则有

$$\lim_{t\to\infty}P(t)=\frac{E(Z_n)}{E(Z_n)+E(Y_n)}$$

证 每当过程打开时就认为发生一次更新，对 t 时刻或 t 之前最后一次更新发生的时刻取条件得

$$P(t)=P(\text{过程在 } t \text{ 时刻为“开”}\mid S_{N(t)}=0)P(S_{N(t)}=0)+$$
$$\int_0^\infty P(\text{过程在 } t \text{ 时刻为“开”}\mid S_{N(t)}=y)\mathrm{d}F_{S_{N(t)}}(y)$$
$$=P(\text{过程在 } t \text{ 时刻为“开”}\mid Z_1+Y_1>t)P(Z_1+Y_1>t)+$$
$$\int_0^\infty P(Z>t-y\mid Z+Y>t-y)\overline{F}(t-y)\mathrm{d}m(y)$$
$$=\overline{H}(t)+\int_0^t\overline{H}(t-y)\mathrm{d}m(y)$$

在上面的推导过程中，用到了引理 4-1 的结论.

$\overline{H}(t)$显然是非负不增函数，且有

$$\int_0^\infty\overline{H}(t)\mathrm{d}t=E(Z)<\infty$$

因此当 $t\to\infty$时，$\overline{H}(t)\to 0$，所以根据关键更新定理有

$$\lim_{t\to\infty}P(t)=\frac{\int_0^\infty\overline{H}(t)\mathrm{d}t}{\mu_F}=\frac{E(Z_n)}{E(Z_n)+E(Y_n)}$$

若令 $Q(t)=P(\text{过程在 } t \text{ 时刻为“关”})=1-P(t)$，类似推导可得

$$\lim_{t\to\infty} Q(t)=\frac{E(Y_n)}{E(Z_n)+E(Y_n)}$$

定理 4 - 22 得证.

由上面的推导过程可知，当 t 充分大时，过程在 t 时刻处于开或闭与初始状态无关.

定理 4 - 22 的结论有着广泛的应用，如前面所讨论的年龄与剩余寿命问题. 考虑一更新过程$\{N(t), t\geqslant 0\}$，称 $Y(t)=S_{N(t+1)}-t$ 为剩余寿命，称 $A(t)=t-S_{N(t)}$ 为年龄，称 $B(t)=A(t)+Y(t)$ 为总寿命.

【例 4 - 8】 求年龄过程 $A(t)=t-S_{N(t)}$ 的渐近分布，即求 $\lim\limits_{t\to\infty} P(A(t)\leqslant x)$.

解 定义交错更新过程如下：如果 $A(t)=t-S_{N(t)}\leqslant x$，则过程在 t 时为开，即一个更新区间的前 x 个时间单位为开，剩余时间为关. 将一个“开-关”循环对应一个更新区间. 若 F 为非格子点分布，则由定理 4 - 22 可得

$$\begin{aligned}\lim_{t\to\infty} P(A(t)\leqslant x)&=\frac{E[\min\{X, x\}]}{E(X)}\\&=\int_0^{\infty}\frac{P(\min\{X, x\}>y)}{E(X)}\mathrm{d}y\\&=\int_0^{x}\frac{\overline{F}(y)}{\mu}\mathrm{d}y\end{aligned}$$

类似地，定义更新过程在 t 时为关，如果 $Y(t)\leqslant x$，即在一个更新区间 t 以后的 x 个时间单位为剩余寿命，于是在一个更新区间中关的持续时间为 $\min\{X, x\}$，则由定理 4 - 22 可得

$$\begin{aligned}\lim_{t\to\infty} P(Y(t)\leqslant x)&=\frac{E[\min\{X, x\}]}{E(X)}\\&=\int_0^{x}\frac{\overline{F}(y)}{\mu}\mathrm{d}y\end{aligned}$$

所得到的结论说明，年龄和剩余寿命的极限分布是一样的.

【例 4 - 9】 (商店存货问题)设顾客按照一更新过程到达商店，到达时间间隔为非格子点分布 F，每个顾客购买的商品数为独立同分布的随机变量，分布函数为 G. 商店采取如下进货策略：当顾客买完后存货少于 s 就立即进货使存货达到 S；反之就不进货，即如果一顾客购买后存货为 x，那么进货总数应为

$$\text{进货总数}=\begin{cases}S-x, & \text{当 } x<s\\ 0, & \text{当 } x\geqslant s\end{cases}$$

假设进货是立即完成的，不占任何时间.

设 $X(t)$ 为商品在时刻 t 时的存货量，要求 $\lim\limits_{t\to\infty} P(X(t)\geqslant x)$. 如果 $X(0)=S$，就说过程初始时为开，只要存货不少于 x 就一直是"开"，当存货少于 x 时，就变成"关". 这样就构造一交错更新过程，由定理 4-22 得

$$\lim_{t\to\infty} P(X(t)\geqslant x)=\frac{E(\text{一次循环中存货大于 } x \text{ 的总时间})}{E(\text{一次循环的总时间})}$$

设按先后顺序第 i 个顾客购买商品数为 Y_i，令

$$N_x=\min\{n,\ Y_1+\cdots+Y_n>S-x\} \tag{4-21}$$

于是 N_x 表示在一次循环中首次使存货数小于 x 的那位顾客的序数，N_s 表示在一次循环停止的那位顾客的序数，X_i 表示到达时间间隔. 假设到达时间与顾客购买商品的数是相互独立的. 由 Wald 等式有

$$\lim_{t\to\infty} P(X(t)\geqslant x)=\frac{E\left[\sum\limits_{i=1}^{N_x} X_i\right]}{E\left[\sum\limits_{i=1}^{N_s} X_i\right]}=\frac{E(N_x)}{E(N_s)} \tag{4-22}$$

由式(4-21)，可以把 N_x-1 看作具有到达时间间隔 $Y_i(i\geqslant 1)$ 的另一个更新过程在 $[0,\ S-x]$ 中的更新次数. 所以

$$E(N_x)=m_G(S-x)+1,\quad E(N_s)=m_G(S-s)+1$$

其中 $m_G(t)=\sum\limits_{n=1}^{\infty} G_n(t)$，$G_i$ 为 Y_i 的共同分布 $G(i=1,\ 2,\ \cdots)$. 这里 $m_G(t)$ 为更新过程的更新函数. 再由式(4-22)可得

$$\lim_{t\to\infty} P(X(t)\geqslant x)=\frac{m_G(S-x)+1}{m_G(S-s)+1},\quad x\leqslant S$$

于是就得到了商品存货量 $X(t)$ 的极限分布情况.

习题 4

1. 对泊松过程 $\{N_t,\ t\geqslant 0\}$

(1) 证明：当 $s<t$ 时

$$P\{N_s=k\,|\,N_t=n\}=\binom{n}{k}\left(\frac{s}{t}\right)^k\left(1-\frac{s}{t}\right)^{n-k},\ k=0,\ 1,\ \cdots,\ n$$

(2) 当 $\lambda=2$ 时，试求：$P(N_1\leqslant 2)$；$P(N_1=1,\ N_2=3)$；$P(N_2\geqslant 2\,|\,N_1\geqslant 1)$.

(3) 设顾客到达某商店是泊松事件，平均每小时以 30 人的速度到达．求下列事件的概率：相继到达的两顾客的时间间隔为大于 2 分钟、小于 2 分钟、在 1 分钟到 3 分钟之间．

2. $\{N_t, t\geqslant 0\}$是强度为 λ 的泊松过程．

(1) 对 $s>0$，计算 $E(N_tN_{t+s})$；

(2) 对任意 $0\leqslant s\leqslant t$，有 $P(N_s\leqslant N_t)=1$；

(3) 对任意 $0\leqslant s\leqslant t$，$\varepsilon>0$，有$\lim\limits_{t\to s}P(N_t-N_s>\varepsilon)=0$；

(4) 令

$$M(T)=\frac{1}{T}\int_0^T N_t\mathrm{d}t$$

试求 $E(M(T))$及 $V(M(T))$．

3. 设$\{N_1(t), t\geqslant 0\}$与$\{N_2(t), t\geqslant 0\}$是两个相互独立的泊松过程，且强度分别为 λ_1 和 λ_2．证明

(1) $\{N_1(t)+N_2(t), t\geqslant 0\}$是强度为 $\lambda_1+\lambda_2$ 的泊松过程；

(2) $\{N_1(t)-N_2(t), t\geqslant 0\}$不是泊松过程．

4. 计算前三个事件到来的时刻 S_1，S_2，S_3 的联合密度函数．

5. 一部 500 页的书总计有 150 个印刷错误，试用泊松过程近似求出连续 4 页无错误的概率．

6. 令$\{N_i(t), t\geqslant 0\}(i=1, \cdots, n)$为独立同强度 λ 的泊松过程，记 T 为在全部 n 个过程中至少发生了一件事的时刻，求 T 的概率分布．

7. 假设汽车按强度为 λ 的泊松过程进入一条单向行驶的无限长的高速公路，进入的第 i 辆车以速度 V_i 行驶．假定诸 V_i 是独立的正随机变量，有共同分布函数 F．试计算在时刻 t 位于区间(a, b)内的汽车数的均值，假定一辆车超过另一辆车时，不占用任何时间．

8. 一书亭用邮寄订阅销售杂志，订阅的顾客是强度为 6 的一个泊松过程，每位顾客订阅 1 年、2 年、3 年的概率分别为$\frac{1}{2}$、$\frac{1}{3}$、$\frac{1}{6}$，彼此如何订阅是相互独立的，每订阅一年，店主即获利 5 元．设 Y_t 是$[0, t]$内店主从订阅中所获得的总收入，计算

(1) $E(Y_t)$(即$[0, t]$内的总的平均收入)；

(2) $V(Y_t)$．

9. 试说明更新过程的一切概率性质均由其更新间距的分布函数所决定．

10. 设$\{N_t, t\geqslant 0\}$是一个更新过程，X_n 是其更新间距，$S_n=\sum\limits_{i=1}^n X_i(n\geqslant 1)$．再设 $E(N_t)=m(t)=\lambda t$，$t\geqslant 0$，λ 为正实数．试求 $\Phi(x)=E(\mathrm{e}^{-xX_n})(x\geqslant 0)$．

11. 设$\{X_n, n\geqslant 1\}$独立同分布，X_n 的概率密度函数为

$$f(x)=\begin{cases}\rho\mathrm{e}^{-\rho(x-\delta)}, & 当\ x>\delta\\ 0, & 当\ x\leqslant\delta\end{cases}$$

其中 $\delta>0$ 给定. 求更新过程中的概率 $P(N_t \geqslant k)$.

12. 求 Poisson 过程中，总寿命 $B(t)=A(t)+Y(t)$ 的分布.

13. 设 $\{N_t^{(1)}, t \geqslant 0\}$ 和 $\{N_t^{(2)}, t \geqslant 0\}$ 为两个独立普通更新过程，它们的更新间距分别有密度 f 和 g. 若 $\{N_t, t \geqslant 0\}$ 是由这两个过程叠加而得的过程，证明 N_t 为更新过程的充要条件为 $\{N_t^{(i)}, t \geqslant 0\}(i=1, 2)$ 皆为齐次 Poisson 过程.

14. 考虑一更新过程，如果 $P(X_n=1)=\frac{1}{3}$，$P(X_n=2)=\frac{2}{3}$，计算 $P(N_1=k)$，$P(N_2=k)$，$P(N_3=k)$.

15. 设 $\{N_t, t \geqslant 0\}$ 是强度为 λ 的齐次 Poisson 过程，$S_0=0$，S_n 表示第 n 个事件发生的时刻. 求：

(1) (S_2, S_5) 的联合概率密度函数；

(2) $E(S_1 \mid N_t \geqslant 1)$；

(3) $E(S_k \mid N_t=n)$，$k \leqslant n$；

(4) $S_k(k<n)$ 在 $N_t=n$ 下的条件概率密度函数；

(5) (S_1, S_2) 在 $N_t=1$ 下的条件概率密度函数；

(6) $P(S_1 \leqslant x, N_t=n)$，$P(S_2 \leqslant x, N_t=n)$，其中 $x \in \mathbf{R}$，$t>0$.

16. 设 X_n 的概率密度 $f(x)=\lambda^2 x \mathrm{e}^{-\lambda x}(x \geqslant 0)$，求相应的更新函数 $m(t)$.

17. 设 $\{N(t), t \geqslant 0\}$ 为一更新过程，更新间距 $\{X_n, n=1, 2, \cdots\}$ 相互独立，且均服从同一正态分布 $\mathrm{N}(0, \sigma^2)$，试求 $N(t)$ 的概率分布与均值函数.

第 5 章

离散参数 Markov 链

本章将讨论离散参数 $T=\{0, 1, 2, \cdots\}$，状态空间 $E=\{0, 1, 2, \cdots\}$ 的 Markov 过程，它是一种时间和状态都是离散的随机过程，通常称为 Markov 链（马尔可夫链），简称马氏链．Markov 链最初由俄国数学家 Markov 于 1906 年的研究而得名，之后 Kolmogorov，Feller 和 Doob 等数学家继续发展了这一理论．Markov 链的理论是随机过程的重要组成部分，同时它在自然科学、工程技术、金融及经济管理各领域中都有着广泛的应用．在本章的最后两节，我们将介绍马氏链在金融领域中的应用，讨论的主要内容是从随机游动到 Black - Scholes 公式等．

5.1 Markov 链的基本概念

设 $\{X_n, n=0, 1, 2, \cdots\}$ 为一随机过程，如果已知在 $t=u$ 时 X_u 的状态，未来 $X_v(v>u)$ 的状态不受过去 $X_w(w<u)$ 状态的影响，就称过程 $\{X_n\}$ 具有马氏性．马氏性所表达的是在已知“现在”的条件下，“将来”与“过去”是独立的，这种性质也称为“无后效性”．

定义 5 - 1 考虑只取有限个或可数个值的随机过程 $\{X_n, n=0, 1, 2, \cdots\}$．把过程所取可能值的全体称为它的状态空间，记之为 E，通常假设 $E=\{0, 1, 2, \cdots\}$．若 $X_n=i$，就说“过程在时刻 n 处于状态 i”，假设每当过程处于状态 i，则在下一个时刻将处于状态 j 的概率是固定的 p_{ij}，即对任意时刻 n

$$P(X_{n+1}=j \mid X_n=i)=p_{ij}$$

若对任意状态 $i_0, i_1, \cdots, i_{n-1}$（$i$，$j$ 及任意的 $n\geqslant 0$）有

$$P(X_{n+1}=j \mid X_n=i, X_{n-1}=i_{n-1}, \cdots, X_1=i_1, X_0=i_0)=P(X_{n+1}=j \mid X_n=i) \tag{5-1}$$

这样的随机过程称为 **Markov 链**.

易见，上述 Markov 链具有 Markov 性．p_{ij} 代表处于状态 i 的过程于下一步转移到状态 j 的概率．由于概率是非负的，且过程必须转移到某个状态，所以有

$$p_{ij}\geqslant 0, \quad i, j=0, 1, 2, \cdots \tag{5-2}$$

且

$$\sum_{j=0}^{\infty} p_{ij}=1,\ i=0,\ 1,\ 2,\cdots \tag{5-3}$$

以 $\boldsymbol{P}$ 记一步转移概率 p_{ij} 的矩阵，从而

$$\boldsymbol{P}=\begin{bmatrix} p_{00} & p_{01} & p_{02} & \cdots & p_{0j} & \cdots \\ p_{10} & p_{11} & p_{12} & \cdots & p_{1j} & \cdots \\ \vdots & \vdots & \vdots & & \vdots & \\ p_{i0} & p_{i1} & p_{i2} & \cdots & p_{ij} & \cdots \\ \vdots & \vdots & \vdots & & \vdots & \end{bmatrix}$$

$\boldsymbol{P}$ 称为一步**转移概率矩阵**，简称为转移矩阵. 由 p_{ij} 的定义可知，这是一种带有平稳转移概率的 Markov 链，也称作时间齐次 Markov 链或简称时齐 Markov 链. 矩阵 $\boldsymbol{P}$ 的第 $i+1$ 行就是给定 $X_n=i$ 时 X_{n+1} 的条件概率分布. 当 Markov 链的状态总数有限时，则 $\boldsymbol{P}$ 就是有限阶的方阵，其阶数正好是状态空间中状态的总数. 本章仅限于讨论时间齐次 Markov 链.

【例 5-1】 (直线上的随机游动)考虑在直线整数点上运动的粒子，当它处于位置 j 时，向右移动到 $j+1$ 的概率为 p，而向左移动到 $j-1$ 的概率为 $q=1-p$. 又设时刻 0 时粒子处在原点，即 $X_0=0$. 于是粒子在时刻 n 所处的位置 $\{X_n\}$ 就是一个 Markov 链，且具有转移概率

$$p_{jk}=\begin{cases} p, & k=j+1 \\ q, & k=j-1 \\ 0, & \text{其他} \end{cases}$$

当 $p=q=\dfrac{1}{2}$ 时，称为简单对称随机游动.

【例 5-2】 (直线上无限制的随机游动)在例 5-1 中，若粒子处于位置 j 时，向右移动到 $j+1$ 的概率为 p，而向左移动到 $j-1$ 的概率为 q，原地不动的概率为 $r(p+q+r=1)$，且 $X_0=0$. 于是粒子在时刻 n 所处的位置 $\{X_n\}$ 就是一个 Markov 链，且具有转移概率

$$p_{jk}=\begin{cases} p, & k=j+1 \\ q, & k=j-1 \\ r, & k=j \end{cases}$$

称为无限制的随机游动.

【例 5-3】 (直线上带吸收壁的随机游动)在例 5-2 中，若随机游动限制在 $E=\{0, 1, 2, \cdots, m\}$ 内，当粒子移动到状态 0 或 m 后就被吸收住了而不再转移，即 $p_{00}=1$，$p_{mm}=1$，这时 $\{X_n\}$ 称为带有两个吸收壁 0 和 m 的随机游动，它是一个有限状态的 Markov 链.

【例 5-4】 (直线上带反射壁的随机游动)在例 5-2 中，若随机游动限制在 $E=\{0, 1, 2, \cdots, m\}$ 内，当粒子移动到状态 0 或 m 后，下一次移动必返回到 1 或 $m-1$，即 $p_{01}=1$，$p_{m,m-1}=1$，这时 $\{X_n\}$ 称为带有两个反射壁 0 和 m 的随机游动，它也是一个有限状态的 Markov 链.

由例 5-3 和例 5-4 可以看出，吸收壁是粒子随机游动不可越过的壁，粒子一旦到达这种状态后就被吸收住了而不再转移；反射壁也是粒子随机游动不可越过的壁，粒子一旦到达这种状态后，必然被反射回去.

【例 5-5】 设质点在线段[1, 4]上作随机游动，假定它只能在时刻 $n\in T$ 发生移动，且只能停留在 1, 2, 3, 4 点上. 当质点转移到 2, 3 点时，它以 $\frac{1}{3}$ 的概率向左或向右移动一格或停留在原处，当质点移动到 1 点时，它以概率 1 停留在原处. 当质点移动到 4 点时，它以概率 1 移动到 3 点. 若以 X_n 表示质点在时刻 n 所处的位置，则 $\{X_n, n\in T\}$ 是一个齐次 Markov 链，其转移概率矩阵为

$$\boldsymbol{P}=\begin{bmatrix} 1 & 0 & 0 & 0 \\ \frac{1}{3} & \frac{1}{3} & \frac{1}{3} & 0 \\ 0 & \frac{1}{3} & \frac{1}{3} & \frac{1}{3} \\ 0 & 0 & 1 & 0 \end{bmatrix}$$

转移概率图如图 5-1 所示。

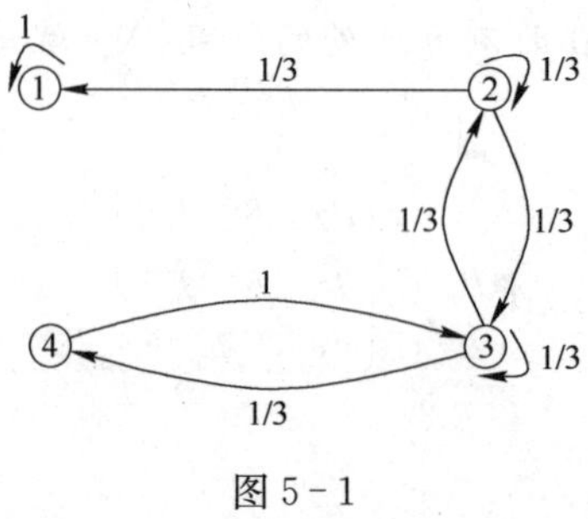

图 5-1

这里，质点的随机游动状态空间为 $E=\{1, 2, 3, 4\}$，转移概率矩阵 $\boldsymbol{P}$ 的元素 p_{ij} 的含义是从状态 i 经一步转移到状态 j 的概率，如

$p_{12}=0$，表示质点到达状态 1 后，就不能到达状态 2 了；

$p_{23}=\frac{1}{3}$，表示质点到达状态 2 后，下一步以$\frac{1}{3}$的概率转移到状态 3；

$p_{43}=1$，表示质点到达状态 4 后，下一步必然转移到状态 3.

其余以此类推. 本例中的状态 1 和 4 是质点随机游动不可越过的壁. 状态 1 为吸收壁，即质点一旦到达这种状态后就被吸收住了而不再转移；状态 4 为反射壁，即质点一旦到达这种状态后，必然被反射回去.

【例 5－6】 (排队模型)考虑顾客到服务台排队等候服务，在每个服务周期中只要服务台前有顾客在等待，就要对排在队前的一位顾客提供服务，若服务台前无顾客时就不实施服务. 设在第 n 个服务周期中到达的顾客数为一随机变量 Y_n，且序列 $\{Y_n\}$是独立同分布随机序列，即

$$P(Y_n=k)=p_k,\quad k=0,1,2,\cdots,\quad 且\sum_{k=0}^{\infty}p_k=1$$

设 X_n 为服务周期 n 开始时服务台前顾客数，则有

$$X_{n+1}=\begin{cases}X_n-1+Y_n, & 若\ X_n\geqslant 1\\ Y_n, & 若\ X_n=0\end{cases}$$

此时$\{X_n,\ n\geqslant 1\}$为一 Markov 链，其转移概率矩阵为

$$\boldsymbol{P}=\begin{bmatrix}p_0 & p_1 & p_2 & p_3 & p_4 & \cdots\\ p_0 & p_1 & p_2 & p_3 & p_4 & \cdots\\ 0 & p_0 & p_1 & p_2 & p_3 & \cdots\\ 0 & 0 & p_0 & p_1 & p_2 & \cdots\\ \vdots & \vdots & \vdots & \vdots & \vdots & \end{bmatrix}$$

转移概率根据如下的计算可得

$$p_{00}=P(X_{n+1}=0\mid X_n=0)=P(Y_n=0)=p_0$$

$$p_{01}=P(X_{n+1}=1\mid X_n=0)=P(Y_n=1)=p_1$$

$$p_{10}=P(X_{n+1}=0\mid X_n=1)=P(X_n-1+Y_n=0\mid X_n=1)=P(Y_n=0)=p_0$$

$$p_{11}=P(X_{n+1}=1\mid X_n=1)=P(X_n-1+Y_n=1\mid X_n=1)=P(Y_n=1)=p_1$$

以此类推可得转移概率矩阵.

【例 5－7】 (离散分支过程)考虑某一群体，用 X_n 表示群体第 $n(n\geqslant 0)$代的个体数(是一随机变量)，于是 X_0 即为群体的“祖宗”. 一般地，第 $n+1$ 代由第 n 代个体的直接后代组成. 设群体中各个体的繁衍是相互独立的，且每一个体的直接后代数都具有相同的概率分布$\{p_k\}$且与上代相互独立. 如此定义的随机序列$\{X_n\}$就称为带有后代分布$\{p_k\}$的分支过程. 显然随机过程$\{X_n\}$具有马氏性，状态空间为 $E=\{0,1,2,\cdots\}$. 若以 ξ_i 表示每一代中第 i 个个体繁衍的直接后代数，则有

$$X_{n+1}=\sum_{i=1}^{X_n}\xi_i$$

其中对于任意 $i\in E$，

$$P(\xi_i=k)=p_k,\quad k=0,1,2,\cdots$$

对于任意 i，$j\in E$，转移概率为

$$p_{ij}=P(X_{n+1}=j|X_n=i)=P(\sum_{m=1}^{i}\xi_m=j)$$

$$=\frac{1}{j!}\left.\frac{\mathrm{d}^j\left[\left(\sum_{k=0}^{\infty}p_k s^k\right)^i\right]}{\mathrm{d}s^j}\right|_{s=0}$$

最后一个等式可利用概率母函数来证明，参见柳金甫等(2005)．特别地，有 $p_{1j}=p_j(j=0,1,2,\cdots)$.

【例 5-8】 (生灭链)观察某种生物群体，以 X_n 表示在时刻 n 群体的数目，设为 i 个数量单位，如在时刻 $n+1$ 增生到 $i+1$ 个数量单位的概率为 b_i，减灭到 $i-1$ 个数量单位的概率为 a_i，保持不变的概率为 $r_i=1-(a_i+b_i)$，则 $\{X_n,n\geqslant 0\}$ 为齐次马尔可夫链，$E=\{0,1,2,\cdots\}$，其转移概率为

$$p_{ij}=\begin{cases}b_i, & j=i+1\\ r_i, & i=j\\ a_i, & j=i-1\end{cases}$$

$(a_0=0)$，称此马尔可夫链为生灭链.

定理 5-1 设随机过程 $\{X_n\}$ 满足：

(1) $X_n=f(X_{n-1},\xi_n)(n\geqslant 1)$，其中 f：$E\times E\to E$，且 ξ_n 取值在 E 上；

(2) $\{\xi_n,n\geqslant 1\}$ 为独立同分布随机变量，且 X_0 与 $\{\xi_n,n\geqslant 1\}$ 也相互独立，

则 $\{X_n\}$ 是 Markov 链，而且其一步转移概率为

$$p_{ij}=P(f(i,\xi_1)=j),\text{对于任意 } i,j\in E$$

证 设 $n\geqslant 1$，由上面(1)、(2)可知，ξ_{n+1} 与 X_0，X_1，…，X_n 相互独立．所以有

$$\begin{aligned}&P(X_{n+1}=j|X_n=i,X_{n-1}=i_{n-1},\cdots,X_0=i_0)\\&=P(f(X_n,\xi_{n+1})=j|X_n=i,X_{n-1}=i_{n-1},\cdots,X_0=i_0)\\&=P(f(i,\xi_{n+1})=j|X_n=i,X_{n-1}=i_{n-1},\cdots,X_0=i_0)\\&=P(f(i,\xi_{n+1})=j)\end{aligned}$$

同理

$$P(X_{n+1}=j\mid X_n=i)=P(f(i,\ \xi_{n+1})=j)$$

因此，有

$$P(X_{n+1}=j\mid X_n=i,\ X_{n-1}=i_{n-1},\ \cdots,\ X_0=i_0)=P(X_{n+1}=j\mid X_n=i)$$

即$\{X_n\}$是 Markov 链，由时间齐次性，其一步转移概率为

$$p_{ij}=P(f(i,\ \xi_1)=j)$$

于是定理 5－1 得证.

定理 5－1 提供了一个非常有用的获得 Markov 链的方法，且可用于检验一随机过程是否为 Markov 链.

定理 5－2 时齐 Markov 链$\{X_n\}$完全由其初始状态的概率分布

$$p_i=P(X_0=i),\ i=1,\ 2,\ \cdots$$

和其转移概率矩阵$\boldsymbol{P}=(p_{ij})$所确定.

证 对于任意 i_0，i_1，…，$i_n\in E$，计算有限维联合分布，由概率的乘法公式及马氏性可知

$$\begin{aligned}
&P(X_0=i_0,\ X_1=i_1,\ \cdots,\ X_n=i_n)\\
&=P(X_0=i_0,\ X_1=i_1,\ \cdots,\ X_{n-1}=i_{n-1})P(X_n=i_n\mid X_0=i_0,\ \cdots,\ X_{n-1}=i_{n-1})\\
&=P(X_0=i_0,\ \cdots,\ X_{n-1}=i_{n-1})P(X_n=i_n\mid X_{n-1}=i_{n-1})\\
&=P(X_0=i_0,\ \cdots,\ X_{n-1}=i_{n-1})p_{i_{n-1}i_n}\\
&=p_{i_0}p_{i_0i_1}p_{i_1i_2}\cdots p_{i_{n-1}i_n}
\end{aligned}$$

定理 5－2 得证.

从定理 5－2 可以看出，一个 Markov 链的特征完全由它的一步转移概率矩阵和其初始分布所决定.

【例 5－9】 (二项过程)设在每次试验中，事件 A 发生的概率为 $p(0<p<1)$，独立地重复进行这项试验，以 X_n 表示到第 n 次为止事件 A 发生的次数，则$\{X_n,\ n=1,\ 2,\ \cdots\}$是一个独立平稳增量过程.

实际上，由二项分布知识可知，X_n 服从二项分布 $\mathrm{B}(n,\ p)$，故称此$\{X_n,\ n\geqslant 1\}$为二项过程. 若令增量

$$Y_n=X_n-X_{n-1},\quad n=1,\ 2,\cdots$$

易见 Y_n 是第 n 次试验中事件 A 发生的次数，其概率为

$$P(Y_n=0)=1-p,\ P(Y_n=1)=p,\quad n=1,\ 2,\ \cdots$$

且

$$X_{n+m}-X_n\sim \mathrm{B}(m,\ p),\quad n=1,\ 2,\ \cdots$$

即$\{X_n, n\geqslant 1\}$为一个独立平稳增量过程，当然是一齐次 Markov 过程.

由例 5-9 可以看出，若 $\{Y_n, n=1, 2, \cdots\}$ 是一个独立随机变量序列，则 $\{Y_n, n=1, 2, \cdots\}$ 是一个 Markov 过程，其在时刻 n 的一步转移概率为

$$p_{ij}(n)=P(Y_{n+1}=j|Y_n=i)=P(Y_{n+1}=j)$$

若对于某 $i_0\in E$，有 $P(Y_0=i_0)=1$，令

$$X_n=\sum_{k=0}^{n}Y_k, n=0,1,2,\cdots$$

则 $\{X_n, n\geqslant 0\}$ 为一个独立增量过程，当然是一 Markov 过程. 再若 Y_n 的状态空间 E 为可列集 $\{0, 1, 2, \cdots\}$ 或有限集 $\{0, 1, 2, \cdots, n\}$，则 $\{X_n, n\geqslant 0\}$ 为一个 Markov链. 需要注意的是，这里没有强调 Markov 过程的齐次性.

5.2 Chapman - Kolmogorov 方程

在 5.1 节中，定义了 Markov 链和其一步转移概率，同样也可以定义其 m 步转移概率 $p_{ij}^{(m)}$

$$p_{ij}^{(m)}=P(X_{n+m}=j|X_n=i)$$

$p_{ij}^{(m)}$表示给定时刻n 时，过程处于状态 i，间隔 m 步之后过程在时刻 $n+m$ 转移到了状态j 的条件概率. 还约定 $p_{ii}^{(0)}=1$，$p_{ij}^{(0)}=0$，$i\neq j$. 以 $p_{ij}^{(n)}$ 表示第 i 行、第 j 列的元素的矩阵 $\boldsymbol{P}^{(n)}=(p_{ij}^{(n)})$，称为 Markov 链的 n 步转移概率矩阵. 下面定理表明 $\boldsymbol{P}^{(n)}$ 可以通过过程的一步转移矩阵求出.

定理 5-3(Chapman-Kolmogorov(切普曼-柯尔莫哥洛夫)方程，C-K 方程) 对任何整数 m，$n\geqslant 0$，有

$$p_{ij}^{(m+n)}=\sum_{k\in E}p_{ik}^{(m)}p_{kj}^{(n)}$$

或

$$\boldsymbol{P}^{(m+n)}=\boldsymbol{P}^{(m)}\times\boldsymbol{P}^{(n)}$$

证 这里只需证明

$$\boldsymbol{P}^{(n)}=\boldsymbol{P}\boldsymbol{P}^{(n-1)}$$

成立，再依次递推即可证明定理 5-3. 因为

$$\begin{aligned}p_{ij}^{(n)}&=P(X_n=j|X_0=i)\\&=\sum_{k=0}^{\infty}P(X_n=j,X_1=k\mid X_0=i)\\&=\sum_{k=0}^{\infty}P(X_1=k\mid X_0=i)P(X_n=j\mid X_0=i,X_1=k)\end{aligned}$$

$$=\sum_{k=0}^{\infty}P(X_1=k \mid X_0=i)P(X_n=j \mid X_1=k) \quad \text{(由马氏性)}$$

$$=\sum_{k=0}^{\infty}p_{ik}p_{kj}^{(n-1)}$$

根据矩阵的乘法规则，定理得证.

由定理 5-3 可得 $\boldsymbol{P}^{(n)}$ 可写成 n 个一步转移概率矩阵的乘积，即 $\boldsymbol{P}^{(n)}=\boldsymbol{PP}\cdots\boldsymbol{P}$. 这就说明 n 步转移概率可由一步转移概率求出. 然而转移概率 p_{ij} 不包含初始分布，亦即$X_0=i$的概率不能由转移概率 p_{ij} 表达，因此过程还需有(或还依赖于)初始分布. 令

$$p_i=P(X_0=i), \quad i\in E$$

其中 E 为过程的状态空间，称$\{p_i, i\in E\}$为过程的初始分布，其显然满足

$$p_i\geqslant 0, \quad \sum_{i\in E}p_i=1$$

这样，一个 Markov 链的联合概率分布就可以由初始分布$\{p_i, i\in E\}$和其一步转移概率矩阵 $\boldsymbol{P}$ 完全决定.

【例 5-10】 (两状态 Markov 链)在重复独立贝努里(Bernoulli)试验中，每次试验有两种状态 $E=\{0, 1\}$，设$\{X_n\}$表示第 n 次试验中出现的结果，且有

$$P(X_n=1)=p, \quad P(X_n=0)=q=1-p, \quad n=1, 2, \cdots$$

其中 $0<p<1$，则$\{X_n, n\geqslant 1\}$显然是独立同分布随机序列，从而它是 Markov 链. 于是经过计算有

$$p_{00}=p_{10}=q, \quad p_{01}=p_{11}=p$$

所以，一步转移概率矩阵为

$$\boldsymbol{P}=\begin{bmatrix} q & p \\ q & p \end{bmatrix}$$

而且有

$$\boldsymbol{P}^{(n)}=\begin{bmatrix} q & p \\ q & p \end{bmatrix}=\boldsymbol{P}$$

5.3 Markov 链的状态分类

在本节里，将讨论离散参数齐次马尔可夫链$\{X_n, n\geqslant 0\}$的状态分类问题. Markov 链

$\{X_n, n\geqslant 0\}$的状态分类有助于了解 Markov 链的性质，有助于研究 n 步转移概率 $p_{ij}^{(n)}$ 的渐近性.

定义 5-2 称自状态 i 可达状态 j，并记为 $i\to j$，如果存在 $n>0$，使 $p_{ij}^{(n)}>0$，称状态 i 与 j **互通**(相通，互达)，并记为 $i\leftrightarrow j$，如 $i\to j$ 且 $j\to i$.

定理 5-4 可达关系与互通关系都具有传递性，即如果 $i\to j$ 且 $j\to k$，则 $i\to k$.

证 因为 $i\to j$，$j\to k$，所以存在 $l\geqslant 1$，$m\geqslant 1$，使

$$p_{ij}^{(l)}>0, \quad p_{jk}^{(m)}>0$$

由 C-K 方程

$$p_{ik}^{(l+m)}=\sum_s p_{is}^{(l)}p_{sk}^{(m)}\geqslant p_{ij}^{(l)}p_{jk}^{(m)}>0$$

这里 $l+m\geqslant 1$，所以 $i\to k$ 成立.

若将可达关系的证明正向进行，再反向进行，就可得出互通关系的传递性，证毕.

等价关系 状态互通关系“$\leftrightarrow$”是一等价关系，即互通关系满足：

(1) 自反性 $i\leftrightarrow i$；

(2) 对称性 若 $i\leftrightarrow j$，则 $j\leftrightarrow i$；

(3) 传递性 若 $i\leftrightarrow j$，且 $j\leftrightarrow k$，则 $i\leftrightarrow k$.

实际上，自反性可由下面的定义得到

$$p_{ij}^{(0)}=\delta_{ij}=\begin{cases}1, & j=i\\ 0, & j\neq i\end{cases}$$

对称性显然成立，传递性可由定理 5-4 得到.

根据定义 5-2 所定义的 Markov 链的互通关系和相应的概率性质，可以对该链的状态空间 $E=\{0, 1, 2, \cdots\}$进行分解. 具体而言，就是根据某种原则把 E 中的元素进行分类，任意两个类或不相交或相同，并借助这样的分类来研究各种类型的 Markov 链. 在这里按等价关系“$\leftrightarrow$”把状态空间 E 划分成若干个不相交的集合(或者称为等价类)，可见互通的状态属于同一类. 首先，引入 Markov 链状态的周期概念.

定义 5-3 设$\{X_n, n\geqslant 0\}$为齐次 Markov 链，其状态空间为 E. 对于任意 $i\in E$，如果集合$\{n: p_{ii}^{(n)}>0, n\geqslant 1\}$非空，则称该集合的最大公约数 $d=d(i)$为状态 i 的周期. 若 $d>1$ 就称状态 i 为**有周期的**，且周期为 d；若 $d=1$ 就称状态 i 为**非周期的**.

由定义可知，如果状态 i 有周期 d，则对一切非零的 $n\neq 0(\bmod(d))$都有 $p_{ii}^{(n)}=0$. 但这并不是说对任意的 n，都有 $p_{ii}^{(nd)}>0$. 例如，设 Markov 链的状态空间为 $E=\{1, 2, \cdots, 9\}$，状态之间转移概率如图 5-2 所示.

由图 5-2 可见，从状态 1 出发，再返回状态 1 的可能步数(时刻)为 $T=\{4, 6, 8, \cdots\}$，显然 T 的最大公约数为 2，即 $d=2$. 但是此时，当 $n=1$ 时有 $p_{11}^{(2n)}=0$. 然而对于充分大的 n，下面的定理证明了如果状态 i 有周期 d，则有 $p_{ii}^{(nd)}>0$ 成立.

定理 5-5 如果 Markov 链状态 i 的周期为 d，则存在正整数 M，对一切 $n\geqslant M$，

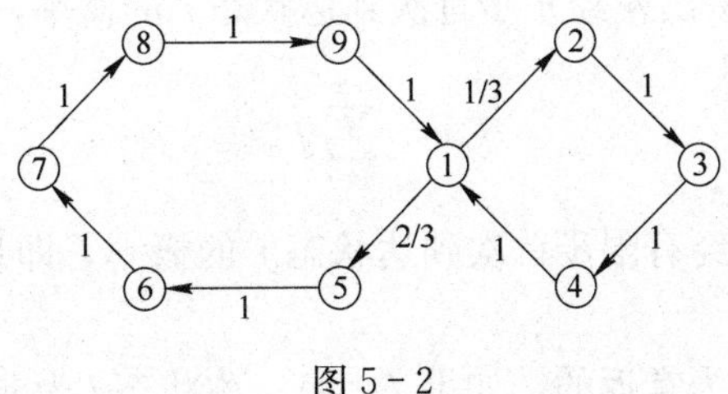

图 5-2

有 $p_{ii}^{(nd)}>0$.

证 设$\{n: p_{ii}^{(n)}>0, n\geqslant 1\}=\{n_1, n_2, \cdots\}$，令

$$d_k=\text{集合}\{n_1, n_2, \cdots, n_k\}\text{的最大公约数}$$

则

$$d_1\geqslant d_2\geqslant\cdots\geqslant d\geqslant 1$$

故存在正整数 N，使得 $d_N=d_{N+1}=\cdots=d$，因此

$$d=\text{集合}\{n_1, n_2, \cdots, n_N\}\text{的最大公约数}$$

由初等数论知识，存在正整数 M，对一切 $n\geqslant M$，都有

$$nd=\sum_{k=1}^{N}\alpha_k n_k \quad (\alpha_k\text{ 为正整数})$$

由于 $p_{ii}^{(n_k)}>0(k=1, \cdots, N)$，因而当 $n\geqslant M$ 时

$$p_{ii}^{(nd)}=p_{ii}^{(\sum_{k=1}^{N}\alpha_k n_k)}\geqslant p_{ii}^{(\alpha_1 n_1)}p_{ii}^{(\alpha_2 n_2)}\cdots p_{ii}^{(\alpha_N n_N)}$$

$$\geqslant\prod_{k=1}^{N}(p_{ii}^{(n_k)})^{\alpha_k}>0$$

定理 5-5 得证.

定义 5-4(首达时间) 设状态 i，$j\in E$，**首达时间**定义为

$$T_{ij}=\begin{cases}\min\{n: X_0=i, X_n=j, n\geqslant 1\}\\ \infty\text{，如上面集合为空集}\end{cases}$$

T_{ij} 表示 Markov 链从状态 i 出发，首次到达状态 j 的时间，称为自 i 到 j 的**首达时间**. T_{ii} 表示从 i 出发，首次回到 i 的时间.

定义 5-5(首达概率) 设状态 i，$j\in E$，**首达概率**定义为

$$\begin{aligned}f_{ij}^{(n)}&=P(T_{ij}=n|X_0=i)\\&=P(X_n=j, X_k\neq j, 1\leqslant k\leqslant n-1|X_0=i)\end{aligned}$$

而且令

$$f_{ij}^{(0)}=0, \quad i\neq j$$

$f_{ij}^{(n)}$表示过程从状态i出发经n步首次到达状态j的概率，称为首达概率. 再令

$$f_{ij}=\sum_{n=1}^{\infty}f_{ij}^{(n)}$$

它表示过程从状态i出发经有限步首次到达状态j的概率，即从状态i出发经有限步终于到达状态j的概率.

定义5-6 称状态i为**常返**的，如果$f_{ii}=1$；称状态i为**非常返**的(或称为**瞬时**的)，如果$f_{ii}<1$.

因此，若i是非常返态，则由i出发将以正概率$1-f_{ii}$永远不再返回到i；若i是常返时，上述现象不会出现. 对于常返态i，由定义知

$$f_{ii}=\sum_{n=1}^{\infty}f_{ii}^{(n)}=1$$

即$\{f_{ii}^{(n)},\ n\geqslant 1\}$构成一概率分布，此分布的数学期望为

$$\mu_i=\sum_{n=1}^{\infty}nf_{ii}^{(n)}$$

表示由i出发再返回到i的平均返回时间.

定义5-7 设状态i为常返状态(即$f_{ii}=1$)，如果$\mu_i<\infty$，则称常返态i为**正常返**的；如果$\mu_i=\infty$，则称常返态i为**零常返**的. 非周期的正常返态称为**遍历状态**.

定理5-6 对任意状态i，$j\in E$及$1\leqslant n<\infty$，有

$$p_{ij}^{(n)}=\sum_{k=1}^{n}f_{ij}^{(k)}p_{jj}^{(n-k)}=\sum_{k=0}^{n}f_{ij}^{(n-k)}p_{jj}^{(k)} \tag{5-4}$$

证 由转移概率的定义得

$$\begin{aligned}
p_{ij}^{(n)}&=P(X_n=j\mid X_0=i)\\
&=\sum_{k=1}^{n}P(X_v\neq j,\ 1\leqslant v\leqslant k-1,\ X_k=j,\ X_n=j\mid X_0=i)\\
&=\sum_{k=1}^{n}P(X_n=j\mid X_0=i,\ X_v\neq j,\ 1\leqslant v\leqslant k-1,\ X_k=j)\cdot\\
&\quad\ P(X_v\neq j,\ 1\leqslant v\leqslant k-1,\ X_k=j\mid X_0=i)\\
&=\sum_{k=1}^{n}p_{jj}^{(n-k)}f_{ij}^{(k)}
\end{aligned}$$

定理5-6讨论了首达概率$f_{ij}^{(n)}$与转移概率$p_{ij}^{(n)}$之间的关系. C-K方程及式(5-4)是马氏链的关键性公式，它们可以把$p_{ii}^{(n)}$分解成较低步转移概率之和的形式.

定理5-7 对任意状态i，$j\in E$，$f_{ij}>0$的充要条件是$i\rightarrow j$.

证 充分性. 如果$i\rightarrow j$，则存在$n\geqslant 1$，使得$p_{ij}^{(n)}>0$，由式(5-4)有

$$p_{ij}^{(n)}=\sum_{k=1}^{n}f_{ij}^{(k)}p_{jj}^{(n-k)}>0$$

从而 $f_{ij}^{(1)}$，$f_{ij}^{(2)}$，…，$f_{ij}^{(n)}$ 中至少有一个为正，所以

$$f_{ij}=\sum_{n=1}^{\infty}f_{ij}^{(n)}>0$$

必要性. 如果 $f_{ij}>0$，由 $f_{ij}=\sum_{n=1}^{\infty}f_{ij}^{(n)}$，至少有一个 $n\geqslant1$，使得 $f_{ij}^{(n)}>0$. 由式(5-4)有

$$p_{ij}^{(n)}=\sum_{k=1}^{n}f_{ij}^{(k)}p_{jj}^{(n-k)}\geqslant f_{ij}^{(n)}p_{jj}^{(0)}=f_{ij}^{(n)}>0$$

即说明 $i\rightarrow j$ 成立，证毕.

下面讨论状态常返性的判别及其性质，着重论述如何用 $p_{ij}^{(n)}$ 判别常返状态及其性质. 设 $\{a_n, n\geqslant0\}$ 为实数列，考虑其母函数

$$A(s)=\sum_{n=0}^{\infty}a_ns^n$$

显然，如果 a_n 有界，则 $A(s)$ 对一切 $|s|<1$ 收敛. 进一步，若 $\{a_n\}$ 与 $\{b_n\}$ 的母函数分别为 $A(s)$ 与 $B(s)$，且对一切 $|s|<1$ 收敛，则 $\{a_n\}$ 与 $\{b_n\}$ 卷积

$$c_n=\sum_{k=0}^{n}a_kb_{n-k},\quad n=0,1,\cdots \tag{5-5}$$

的母函数为 $C(s)=A(s)B(s)$.

定理 5-8 状态 i 常返的充要条件为

$$\sum_{n=0}^{\infty}p_{ii}^{(n)}=\infty \tag{5-6}$$

如果状态 i 为非常返，当且仅当

$$\sum_{n=0}^{\infty}p_{ii}^{(n)}=\frac{1}{1-f_{ii}}<\infty \tag{5-7}$$

证 约定 $p_{ii}^{(0)}=1$，$f_{ii}^{(0)}=0$. 由定理 5-6 知

$$p_{ii}^{(n)}=\sum_{k=1}^{n}f_{ii}^{(k)}p_{ii}^{(n-k)},\quad n\geqslant1$$

两边乘以 s^n，并对 $n\geqslant1$ 求和. 若记 $\{p_{ii}^{(n)}\}$ 与 $\{f_{ii}^{(n)}\}$ 的母函数分别为 $P(s)$ 与 $F(s)$，与式(5-5)比较即得

$$\begin{aligned}\sum_{n=1}^{\infty}p_{ii}^{(n)}s^n&=\sum_{n=1}^{\infty}\sum_{k=1}^{n}f_{ii}^{(k)}p_{ii}^{(n-k)}s^n=\Big(\sum_{k=1}^{\infty}f_{ii}^{(k)}s^k\Big)\Big(\sum_{n=k}^{\infty}p_{ii}^{(n-k)}s^{n-k}\Big)\\&=(F(s)-f_{ii}^{(0)})\sum_{n=0}^{\infty}p_{ii}^{(n)}s^n=F(s)P(s)\end{aligned}$$

又因为

$$\sum_{n=1}^{\infty} p_{ii}^{(n)} s^n = \sum_{n=0}^{\infty} p_{ii}^{(n)} s^n - p_{ii}^{(0)} s^0 = P(s) - 1$$

所以有

$$P(s) - 1 = P(s)F(s)$$

由定义可知，当 $0 \leqslant s < 1$ 时，$F(s) < f_{ii} \leqslant 1$，因此由上式可得

$$P(s) = \frac{1}{1 - F(s)}, \quad 0 \leqslant s < 1 \tag{5-8}$$

显然对任意正整数 N，由母函数的定义都有

$$\sum_{n=0}^{N} p_{ii}^{(n)} s^n \leqslant P(s) \leqslant \sum_{n=0}^{\infty} p_{ii}^{(n)}, \quad 0 \leqslant s < 1 \tag{5-9}$$

且当 $s \uparrow 1$ 时 $P(s)$ 不减，故在式(5-9)中如先令 $s \uparrow 1$，再令 $N \to \infty$，有

$$\lim_{s \uparrow 1} P(s) = \sum_{n=0}^{\infty} p_{ii}^{(n)} \tag{5-10}$$

同理可得

$$\lim_{s \uparrow 1} F(s) = \sum_{n=0}^{\infty} f_{ii}^{(n)} = f_{ii} \tag{5-11}$$

令式(5-8)两边中的 $s \uparrow 1$，由式(5-10)、式(5-11)证得定理.

推论 5-1 若状态 j 为非常返的，则对于任意 $i \in E$，有

$$\sum_{n=1}^{\infty} p_{ij}^{(n)} < \infty \tag{5-12}$$

$$\lim_{n \to \infty} p_{ij}^{(n)} = 0 \tag{5-13}$$

证 当 j 为非常返状态时，由定理 5-8 有

$$\sum_{n=0}^{\infty} p_{jj}^{(n)} < \infty$$

又由定理 5-6 知

$$p_{ij}^{(n)} = \sum_{k=1}^{n} f_{ij}^{(k)} p_{jj}^{(n-k)}$$

所以两边对 n 求和得

$$\begin{aligned}\sum_{n=1}^{N} p_{ij}^{(n)} &= \sum_{n=1}^{N} \sum_{k=1}^{n} f_{ij}^{(k)} p_{jj}^{(n-k)} = \sum_{k=1}^{N} f_{ij}^{(k)} \sum_{n=k}^{N} p_{jj}^{(n-k)} \\ &= \sum_{k=1}^{N} f_{ij}^{(k)} \sum_{n=0}^{N-k} p_{jj}^{(n)} \leqslant \sum_{k=1}^{N} f_{ij}^{(k)} \sum_{n=0}^{N} p_{jj}^{(n)}\end{aligned}$$

令 $N\to\infty$，由于约定 $p_{ii}^{(0)}=1$，则

$$\sum_{n=1}^{\infty} p_{ij}^{(n)} \leqslant \sum_{k=1}^{\infty} f_{ij}^{(k)}\left(1+\sum_{n=1}^{\infty} p_{jj}^{(n)}\right) \leqslant 1+\sum_{n=1}^{\infty} p_{jj}^{(n)} < \infty$$

又因为 $p_{ij}^{(n)}\geqslant 0$，所以当 j 为非常返状态时，有

$$\lim_{n\to\infty} p_{ij}^{(n)}=0 \quad \text{且} \quad \sum_{n=1}^{\infty} p_{ij}^{(n)} < \infty$$

即推论 5-1 成立.

推论 5-2 若状态 j 为常返态，则

(1) 当 $i\to j$ 时，有

$$\sum_{n=1}^{\infty} p_{ij}^{(n)}=\infty \tag{5-14}$$

(2) 当 $i\not\to j$ 时(即不可达时)，有

$$\sum_{n=1}^{\infty} p_{ij}^{(n)}=0 \tag{5-15}$$

证 式(5-15)显然成立，只需证明式(5-14). 因为 $i\to j$，所以存在 $m\geqslant 1$，使得 $p_{ij}^{(m)}>0$，从而有

$$p_{ij}^{(m+n)} = \sum_{k\in E} p_{ik}^{(m)} p_{kj}^{(n)} \geqslant p_{ij}^{(m)} p_{jj}^{(n)}$$

因此根据定理 5-8

$$\sum_{n=1}^{\infty} p_{ij}^{(m+n)} \geqslant p_{ij}^{(m)} \sum_{n=1}^{\infty} p_{jj}^{(n)}=\infty$$

推论 5-2 得证.

定理 5-8 表示，当 i 常返时，返回 i 的次数是无限多次；当 i 非常返时，返回 i 的次数只能是有限多次. 为了进一步理解这一特性，引入如下概率的定义.

$$\begin{aligned} g_{ij} &= P(\text{有无限多个 } n \text{ 使 } X_n = j \mid X_0 = i) \\ &\triangleq P_i(\text{有无限多个 } n \text{ 使 } X_n = j) \\ &= P_i\left(\bigcap_{m=1}^{\infty}\bigcup_{n=m}^{\infty}(X_n = j)\right) \end{aligned}$$

于是得到如下定理.

定理 5-9 对任意状态 $i\in E$，有

$$g_{ij}=\begin{cases} f_{ij}, & j \text{ 是常返态} \\ 0, & j \text{ 是非常返态} \end{cases} \tag{5-16}$$

证 令

$$A_k=\{\omega:\text{至少有 } k \text{ 个 } n \text{ 使 } X_n(\omega)=j\}$$

可见 $A_{k+1}\subset A_k$，且由概率测度的连续性可知

$$\lim_{k\to\infty} P_i(A_k)=g_{ij} \tag{5-17}$$

另外，由 Markov 性

$$\begin{aligned}
&P_i(A_{k+1})\\
&=P_i\left\{\bigcup_{m=1}^{\infty}(X_v\neq j, 0<v<m, X_m=j, \text{且至少有 } k \text{ 个 } n \text{ 使 } X_{m+n}=j)\right\}\\
&=\sum_{m=1}^{\infty}P_i(X_v\neq j, 0<v<m, X_m=j)\cdot P_j(\text{至少有 } k \text{ 个 } n \text{ 使 } X_n=j)\\
&=\sum_{m=1}^{\infty}f_{ij}^{(m)}P_j(A_k)\\
&=f_{ij}P_j(A_k)
\end{aligned}$$

由 i 的任意性，反复迭代上式并注意 $p_j(A_1)=f_{jj}$，有

$$P_i(A_{k+1})=f_{ij}f_{jj}P_j(A_{k-1})=\cdots=f_{ij}(f_{jj})^k$$

令 $k\to\infty$，由上式和式(5-17)有

$$g_{ij}=\begin{cases}f_{ij}, & f_{jj}=1\\ 0, & f_{jj}<1\end{cases}$$

从而定理 5-9 得证．由上述定理，可得如下结论．

定理 5-10　状态 i 常返当且仅当 $g_{ii}=1$；如果 i 非常返，则 $g_{ii}=0$.

定理 5-10 说明，当 i 常返时，Markov 链从状态 i 出发以概率 1 无穷多次返回状态 i；当 i 为非常返状态时，则以概率 1 只有有限多次返回状态 i，即 Markov 链无穷多次返回状态 i 的概率为 0．对于常返态 i，为了判别它是遍历或零常返，不加证明地给出下面定理．

定理 5-11　设 i 常返且有周期 d，则

$$\lim_{n\to\infty} p_{ii}^{(nd)}=\frac{d}{\mu_i} \tag{5-18}$$

其中 μ_i 为 i 的平均返回时间．当 $\mu_i=\infty$ 时，$\dfrac{d}{\mu_i}=0$．（证明略）

推论 5-3　设 i 是常返状态，则

(1) i 是零常返状态 $\Leftrightarrow \lim\limits_{n\to\infty} p_{ii}^{(n)}=0$；

(2) i 是遍历状态 $\Leftrightarrow \lim\limits_{n\to\infty} p_{ii}^{(n)}=\dfrac{1}{\mu_i}>0$.

证　(1) 如果 i 零常返，由式(5-18)知 $\lim\limits_{n\to\infty} p_{ii}^{(nd)}=0$；而且当 $n\neq 0(\mathrm{mod}(d))$ 时，$p_{ii}^{(n)}=0$．综合这两种情况，有

$$\lim_{n\to\infty} p_{ii}^{(n)}=0$$

反之，若$\lim\limits_{n\to\infty} p_{ii}^{(nd)}=0$，假设$i$是正常返，则由式(5-18)得

$$\lim_{n\to\infty} p_{ii}^{(nd)}>0$$

于是矛盾.

(2) 设$\lim\limits_{n\to\infty} p_{ii}^{(n)}=\dfrac{1}{\mu_i}>0$，这说明$i$为正常返且$\lim\limits_{n\to\infty} p_{ii}^{(nd)}=\dfrac{1}{\mu_i}$，与式(5-18)比较得$d=1$，故$i$遍历. 反之由定理5-11显然成立.

下面给出本节中最重要的定理，此定理指出具有互通关系的状态属于同一类型，这将有助于对状态空间进行分解.

定理5-12 如果$i\leftrightarrow j$(即互通)，则

(1) i与j同为常返或非常返，如果为常返，则它们同为正常返或零常返；

(2) i与j有相同的周期.

证 (1) 由于$i\leftrightarrow j$，由可达定义知存在$l\geqslant 1$和$n\geqslant 1$，使得

$$p_{ij}^{(l)}=\alpha>0, \quad p_{ji}^{(n)}=\beta>0$$

由C-K方程，有

$$p_{ii}^{(l+m+n)}\geqslant p_{ij}^{(l)}p_{jj}^{(m)}p_{ji}^{(n)}=\alpha\beta p_{jj}^{(m)} \tag{5-19}$$

$$p_{jj}^{(n+m+l)}\geqslant p_{ji}^{(n)}p_{ii}^{(m)}p_{ij}^{(l)}=\alpha\beta p_{ii}^{(m)} \tag{5-20}$$

将上两式的两边对m求和，得

$$\sum_{m=1}^{\infty} p_{ii}^{(l+m+n)}\geqslant\alpha\beta\sum_{m=1}^{\infty} p_{jj}^{(m)}$$

$$\sum_{m=1}^{\infty} p_{jj}^{(n+m+l)}\geqslant\alpha\beta\sum_{m=1}^{\infty} p_{ii}^{(m)}$$

可见，$\sum\limits_{k=1}^{\infty} p_{ii}^{(k)}$与$\sum\limits_{k=1}^{\infty} p_{jj}^{(k)}$相互控制，所以它们同为无穷或同为有限，即状态$i$与状态$j$同为常返或同为非常返. 再对式(5-19)、式(5-20)两边对m取极限，则有

$$\lim_{m\to\infty} p_{ii}^{(l+m+n)}\geqslant\alpha\beta\lim_{m\to\infty} p_{jj}^{(m)}$$

$$\lim_{m\to\infty} p_{jj}^{(n+m+l)}\geqslant\alpha\beta\lim_{m\to\infty} p_{ii}^{(m)}$$

因此$\lim\limits_{m\to\infty} p_{ii}^{(m)}$与$\lim\limits_{m\to\infty} p_{jj}^{(m)}$同为零或同为正，即状态$i$与状态$j$同为零常返或同为正常返.

(2) 仍令

$$p_{ij}^{(l)}=\alpha>0, \quad p_{ji}^{(n)}=\beta>0$$

设 i 的周期为 d，j 的周期为 t，由式(5-19)知，对任一使 $p_{jj}^{(m)}>0$ 的 m(因为 j 的周期为 t，所以此时 m 是 t 的倍数)，必有 $p_{ii}^{(l+m+n)}>0$，从而 d 可除尽 $l+m+n$. 又因为

$$p_{ii}^{(l+n)}\geqslant p_{ij}^{(l)}p_{ji}^{(n)}=\alpha\beta>0$$

所以 d 也能除尽 $l+n$. 可见 d 可除尽 m，这说明 $d\leqslant t$，利用式(5-20)类似可证 $d\geqslant t$. 因而证明 $d=t$ 成立.

【例 5-11】 设 Markov 链$\{X_n\}$的状态空间 $E=\{0, 1, 2, \cdots\}$，转移概率为

$$p_{00}=\frac{1}{2},\ p_{i,i+1}=\frac{1}{2},\ p_{i0}=\frac{1}{2},\quad i\in E$$

讨论该 Markov 链状态的常返性与周期性.

解 可作出 Markov 链的转移概率图如图 5-3 所示.

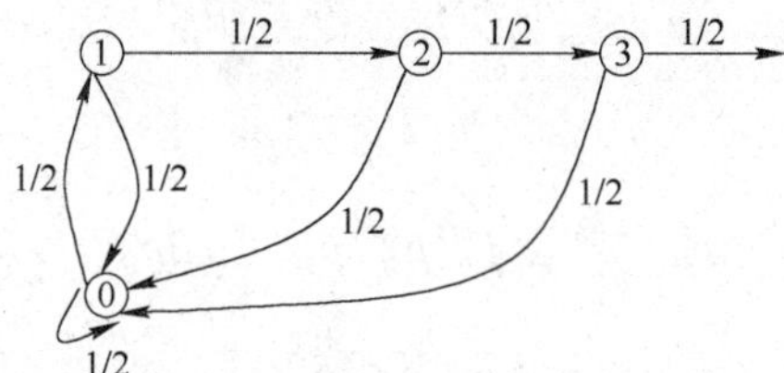

图 5-3

从转移概率可知，此链的所有状态都是互达的，因此考察状态 0 的常返性与周期性. 由图 5-3 可以看出

$$f_{00}^{(1)}=\frac{1}{2},\ f_{00}^{(2)}=\frac{1}{2}\cdot\frac{1}{2}=\frac{1}{4},\ f_{00}^{(3)}=\frac{1}{2}\cdot\frac{1}{2}\cdot\frac{1}{2}=\frac{1}{8},\ \cdots$$

以此类推可得

$$f_{00}^{(n)}=\frac{1}{2^n}$$

故有

$$f_{00}=\sum_{n=1}^{\infty}\frac{1}{2^n}=1$$

$$\mu_0=\sum_{n=1}^{\infty}n\frac{1}{2^n}<\infty$$

因此状态 0 是正常返状态，又因为 $p_{00}^{(1)}=\frac{1}{2}$，所以状态 0 是非周期的，因而是遍历状

态. 由于此链的所有状态都是互达的，所以根据定理 5－12，其他状态也都是遍历状态.

例 5－11 说明，在判断某一 Markov 链状态的性质时，对于互达的状态，只需对最简单的状态进行判断即可.

5.4 闭集与状态空间的分解

在 5.3 节中，说明了 Markov 链的状态空间可以分为若干不同的等价类，本节将继续讨论状态空间的分解问题. 首先给出闭集的定义.

定义 5－8 状态空间 E 的子集 C 称为(随机)**闭集**，如果对任意 $i\in C$ 及 $j\notin C$ 都有 $p_{ij}=0$. 若 C 的状态是互通的，闭集 C 称为**不可约**的. Markov 链$\{X_n\}$称为**不可约**的，如果其状态空间不可约.

由定义可以看出，如果一 Markov 链的所有状态属于一个等价类，则此 Markov 链是不可约的.

引理 5－1 C 是闭集的充要条件是对任意的 $i\in C$，$j\notin C$，都有

$$p_{ij}^{(n)}=0,\quad n\geqslant 1$$

证 只需证必要性，用归纳法证之. 设 C 为闭集，则由定义 5－8 知，当 $n=1$ 时结论成立. 今设 $n=m$ 时，对任意的 $i\in C$，$j\notin C$ 有 $p_{ij}^{(m)}=0$，则

$$\begin{aligned} p_{ij}^{(m+1)}&=\sum_{k\in C}p_{ik}^{(m)}p_{kj}+\sum_{k\notin C}p_{ik}^{(m)}p_{kj}\\ &=\sum_{k\in C}p_{ik}^{(m)}0+\sum_{k\notin C}0p_{kj}=0 \end{aligned}$$

引理得证.

闭集 C 的直观意思是自 C 的内部不能到达 C 的外部. 这意味着一旦质点进入闭集 C 中，它将永远留在 C 中运动. 前面已经给出了吸收态的定义，即状态 i 为吸收态，如 $p_{ii}=1$. 显然，状态 i 为吸收态等价于单点集$\{i\}$为闭集.

引理 5－2 设 Markov 链$\{X_n\}$的状态空间为 E，已知状态 i 常返，若 $i\to j$，则状态 j 必常返，且 $f_{ji}=1$，$i\leftrightarrow j$.

证 设

$${}_jp_{ik}^{(n)}=P(X_m\neq j,\ 1\leqslant m\leqslant n-1,\ X_n=k\mid X_0=i)$$

$${}_jf_{ik}^{(n)}=P(X_m\notin\{j,\ k\},\ 1\leqslant m\leqslant n-1,\ X_n=k\mid X_0=i)$$

因为 $i\to j$，所以由定理 5－7 知，$f_{ij}>0$. 因此由

$$f_{ij}=\sum_{n=1}^{\infty}f_{ij}^{(n)}=\sum_{n=1}^{\infty}({}_if_{ij}^{(n)}+\sum_{r=1}^{n-1}{}_jp_{ii}^{(r)}\cdot{}_if_{ij}^{(n-r)})>0$$

可知必存在 N，使${}_if_{ij}^{(N)}>0$，再由于 $1-f_{ii}$ 表示过程从状态 i 不转移到状态 i 的概率，所以

$$0=1-f_{ii}=\sum_{k\neq i}{}_if_{ik}^{(N)}(1-f_{ki})\geqslant{}_if_{ij}^{(N)}(1-f_{ji})$$

则有

$$1-f_{ji}=0,\quad 即\quad f_{ji}=1$$

于是再由定理 5－7 有 $j\rightarrow i$，故 $i\leftrightarrow j$. 由定理 5－12 可知，状态 j 是常返的，引理得证.

由引理 5－2 可知，从常返状态只能到达常返状态，因此 E 中全体常返状态组成一闭集 C，在 C 中互通关系具有自反性. 对称性和传递性，因而它决定一分类关系.

引理 5－3 Markov 链具有如下性质：

(1) Markov 链所有常返态构成一闭集；

(2) 不可约 Markov 链或者全是常返态，或者全是非常返态.

按互通关系(等价关系)，可得到下面状态空间的分解定理.

定理 5－13 任一 Markov 链的状态空间 E，可唯一的分解成有限个或可列个互不相交的子集 D，C_1，C_2，…之和，使得

(1) 每一 C_n 是常返态组成的不可约闭集；

(2) C_n 中的状态同类，或全是正常返，或全是零常返，它们有相同的周期且 $f_{jk}=1$，j，$k\in C_n$；

(3) D 由全体非常返状态组成，自 C_n 中的状态不能到达 D 中的状态.

证 记 C 为全体常返态所成的集合，$D=E\backslash C$ 为非常返状态全体. 将 C 按互通关系进行分解，则

$$E=D\cup C_1\cup C_2\cup\cdots$$

其中每一个 C_n 是由常返状态组成的不可约闭集，且由定理 5－12 知 C_n 中的状态同类型. 显然，自 C_n 中的状态不能到达 D 中的状态.

称 C_n 为**基本常返闭集**.

分解定理中的集 D 不一定是闭集，但如果 E 为有限集，D 一定是非闭集. 因此，如果最初质点是自某一非常返状态出发，则它可能就一直在 D 中运动，也可能在某一时刻离开 D 转移到某一常返闭集 C_n 中. 一旦质点进入 C_n 后，它将永远在此 C_n 中运动. 在后面的定理中将进一步揭开质点在闭集 C_n 中的运动规律，下面看一些例子.

【例 5－12】 设 Markov 链$\{X_n\}$的状态空间 $E=\{1,2,3,4,5\}$，转移矩阵为

$$P=\begin{bmatrix} \frac{1}{2} & 0 & 0 & \frac{1}{2} & 0 \\ \frac{1}{2} & 0 & \frac{1}{2} & 0 & 0 \\ 0 & 0 & 1 & 0 & 0 \\ 1 & 0 & 0 & 0 & 0 \\ 0 & 1 & 0 & 0 & 0 \end{bmatrix}$$

转移概率图如图 5－4 所示.

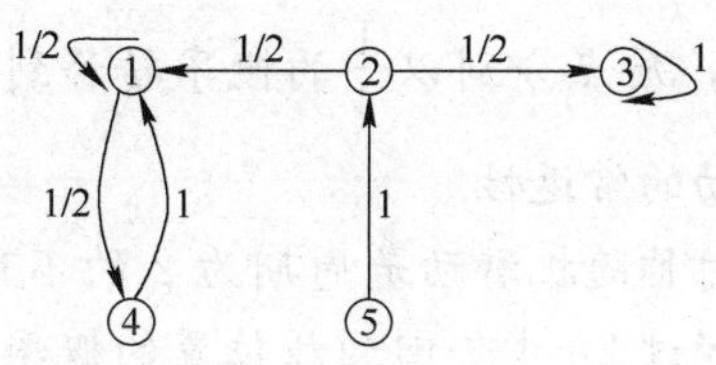

图 5－4

由本例知 3 是吸收态，故{3}是闭集. {1，4}，{1，4，3}，{1，2，3，4}都是闭集，其中{3}及{1，4}是不可约的. 又 E 含有闭子集，故$\{X_n\}$不是不可约链.

【例 5－13】 例 5－1 中直线上的对称随机游动为不可约 Markov 链，各状态的周期为 2 且是常返的.

证 由于质点以概率 p 向右移动一个单位，以概率 $q=1-p$ 向左移动一个单位，因此一维随机游动的各个状态是互达的，即所有状态或是常返的或是非常返的，所以只需要判断状态 0 的常返性. 对于任意 $n\geqslant 0$，有

$$p_{00}^{(2n+1)}=0$$

$$p_{00}^{(2n)}=C_{2n}^{n}p^{n}q^{n}=\frac{(2n)!}{n!\,n!}p^{n}q^{n}$$

根据斯特灵公式

$$n!\approx n^{n+\frac{1}{2}}\mathrm{e}^{-n}\sqrt{2\pi}$$

有

$$p_{00}^{(2n)}\approx\frac{(pq)^{n}2^{2n}}{\sqrt{\pi n}}=\frac{(4pq)^{n}}{\sqrt{\pi n}}$$

已知 $p(1-p)=pq\leqslant\frac{1}{4}$，当 $p=q=\frac{1}{2}$ 时，有

$$\sum_{n=0}^{\infty}p_{00}^{(n)}=\infty$$

因此状态 0 是常返态. 当 $p>q$(或 $p<q$)时, $4pq<1$, 所以有

$$\sum_{n=0}^{\infty} p_{00}^{(n)}<\infty$$

因此状态 0 是非常返态. 这说明当且仅当 $p=q=\frac{1}{2}$时, 一维简单对称随机游动的所有状态是常返的, 而且各状态的周期为 2.

【例 5-14】 (平面上(或二维)的对称随机游动)设质点的位置是平面上的整数格点, 每个位置有 4 个相邻的位置, 质点分别以$\frac{1}{4}$的概率转移到这 4 个相邻位置中的每一个上. 讨论平面上对称随机游动的常返性.

解 可以看出, 平面上对称随机游动是周期为 2 的不可约 Markov 链. 与例 5-13 的计算思想相同, 计算质点经过 $2n$ 步仍回到原位置的概率 $p_{00}^{(2n)}$. 这时质点必须与横坐标平行地向右移动 k 步, 向左也移动 k 步; 与纵坐标平行地向上移动 l 步, 向下也移动 l 步, 而且 $k+l=n$, 所以

$$\begin{aligned} p_{00}^{(2n)} &= \sum_{k=0}^{n} \mathrm{C}_{2n}^{k}\mathrm{C}_{2n-k}^{k}\mathrm{C}_{2n-2k}^{n-k}\mathrm{C}_{n-k}^{n-k}\cdot\frac{1}{4^{2n}} = \frac{1}{4^{2n}}\sum_{k=0}^{n}\frac{(2n)!}{[k!(n-k)!]^2} \\ &= \frac{1}{4^{2n}}\mathrm{C}_{2n}^{n}\sum_{k=0}^{n}(\mathrm{C}_{n}^{k})^2 = \frac{1}{4^{2n}}(\mathrm{C}_{2n}^{n})^2 \\ &\approx \frac{1}{\pi n} \end{aligned}$$

因此有

$$\sum_{n=0}^{\infty} p_{00}^{(n)}=\sum_{n=0}^{\infty}\frac{1}{\pi n}=\infty$$

于是, 平面上的对称随机游动也是常返的.

进一步地, 讨论三维空间上的对称随机游动. 这时质点的位置是空间上的整数格点, 每个位置有 6 个相邻的位置, 质点分别以$\frac{1}{6}$的概率转移到这 6 个相邻位置中的每一个上. 同样地, 三维空间上的对称随机游动也是周期为 2 的不可约马氏链. 质点经过 $2n$ 步仍回到原位置的概率 $p^{(2n)}$ 可类似地计算, 即

$$\begin{aligned} p_{00}^{(2n)} &= \frac{1}{6^{2n}}\sum_{j,k\geqslant 0,j+k\leqslant n}\frac{(2n)!}{[j!k!(n-j-k)!]^2} \\ &= \frac{1}{2^{2n}}\mathrm{C}_{2n}^{n}\sum_{j,k\geqslant 0,j+k\leqslant n}\left[\frac{1}{3^n}\frac{n!}{j!k!(n-j-k)!}\right]^2 \\ &\leqslant \frac{1}{2^{2n}}\mathrm{C}_{2n}^{n}\max_{j,k\geqslant 0,j+k\leqslant n}\left[\frac{1}{3^n}\frac{n!}{j!k!(n-j-k)!}\right] \end{aligned}$$

上面不等式利用了三项式定理

$$\sum_{j,k\geqslant 0,j+k\leqslant n}\frac{1}{3^n}\frac{n!}{j!k!(n-j-k)!}=1$$

三项分布的最大项在 j 与 k 最接近$\frac{n}{3}$时达到，由斯特灵公式可知，这个最大项与$\frac{1}{n}$同阶，从而质点经过 $2n$ 步仍回到原位置的概率 $p_{00}^{(2n)}$ 的阶数不超过$\frac{1}{n^{3/2}}$，即

$$\sum_{n=0}^{\infty}p_{00}^{(n)}\leqslant K\sum_{n=0}^{\infty}\frac{1}{n^{3/2}}<\infty$$

其中 K 为某一正常数.

因此与直线和平面上的对称随机游动不同，三维空间上的对称随机游动是非常返的.

更一般地，$d(d\geqslant 3)$ 维空间上的对称随机游动也是周期为 2 的不可约 Markov 链. 此时质点经过 $2n$ 步仍回到原位置的概率 $p^{(2n)}$ 的阶数不超过$\frac{1}{n^{d/2}}$，又

$$\sum_{n=0}^{\infty}\frac{1}{n^{d/2}}<\infty$$

因此 $d(d\geqslant 3)$ 维空间上的对称随机游动是非常返的. 这一结论告诉我们，对称随机游动在一、二维空间上的常返性与在 $d(d\geqslant 3)$ 维空间上的常返性截然不同.

【例 5-15】 设状态空间 $E=\{1, 2, \cdots, 6\}$，转移矩阵为

$$\boldsymbol{P}=\begin{bmatrix}0&0&1&0&0&0\\0&0&0&0&0&1\\0&0&0&0&1&0\\\frac{1}{3}&\frac{1}{3}&0&\frac{1}{3}&0&0\\1&0&0&0&0&0\\0&\frac{1}{2}&0&0&0&\frac{1}{2}\end{bmatrix}$$

试分解此链，并指出各状态的常返性及周期性.

解 由转移概率图（图 5-5）

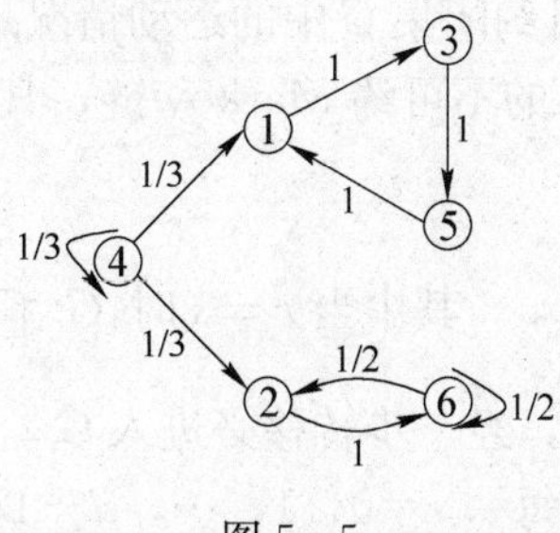

图 5-5

可知 $f_{11}^{(3)}=1$，$f_{11}^{(n)}=0$，$n\neq3$，所以

$$\mu_1=\sum_{n=1}^{\infty}nf_{11}^{(n)}=3$$

可见 1 为正常返状态且周期等于 3. 含 1 的基本常返闭集为

$$C_1=\{k:1\to k\}=\{1,3,5\}$$

从而状态 3 及 5 也为正常返且周期为 3. 同理可知 6 为正常返状态，$\mu_6=\dfrac{3}{2}$，其周期为 1，含 6 的基本常返闭集为

$$C_2=\{k:6\to k\}=\{2,6\}$$

可见 2 是遍历状态. 由于 $f_{44}^{(1)}=\dfrac{1}{3}$，$f_{44}^{(n)}=0$，$n\neq1$，故 4 非常返，周期为 1，于是 E 可分解为

$$E=D\cup C_1\cup C_2=\{4\}\cup\{1,3,5\}\cup\{2,6\}$$

定义 5-9 称矩阵 $\boldsymbol{A}=(a_{ij})_{E\times E}$ 为随机矩阵，如果元素非负且对每个 $i\in E$ 有

$$\sum_{j\in E}a_{ij}=1$$

显然 Markov 链的 1 步转移矩阵 $\boldsymbol{P}=(p_{ij})$ 和 n 步转移矩阵 $\boldsymbol{P}^{(n)}=(p_{ij}^{(n)})$ 都为随机矩阵.

引理 5-4 设 $C\subset E$ 为闭集，又 $\boldsymbol{G}=(p_{ij}^{(m)})(i,\ j\in C)$ 是 C 上所得的(即与 C 相应的) m 步转移子矩阵，则 $\boldsymbol{G}$ 是随机矩阵.

证 对于任意 $i\in C$，由引理 5-1 有

$$1=\sum_{j\in E}p_{ij}^{(m)}=\sum_{j\in C}p_{ij}^{(m)}+\sum_{j\notin C}p_{ij}^{(m)}=\sum_{j\in C}p_{ij}^{(m)}$$

显然 $p_{ij}^{(m)}\geqslant0$，故 $\boldsymbol{G}$ 为随机矩阵.

由此可见，对 E 的一个闭子集 C，可考虑 C 上的原 Markov 链的子 Markov 链. 其状态空间为 C，转移矩阵 $\boldsymbol{G}=(p_{ij})(i,\ j\in C)$ 是原 Markov 链转移矩阵 $\boldsymbol{P}=(p_{ij})(i,\ j\in E)$ 的子矩阵. 下面研究质点在不可约闭集 C 中的运动情况.

定理 5-14 考虑周期为 d 的不可约 Markov 链，其状态空间 C 可唯一地分解为 d 个互不相交的子集之和，即

$$C=\bigcup_{r=0}^{d-1}G_r,\quad \text{其中当 } r\neq s \text{ 时}, G_r\cap G_s=\varnothing$$

而且使得自 G_r 中任一状态出发，经一步转移必进入 G_{r+1} 中(其中 $G_d=G_0$).

证 任意取定一状态 i，对每一 $r=0,\ 1,\ \cdots,\ d-1$，定义集

$$G_r=\{j:\text{对某个 } n\geqslant0，\text{有 } p_{ij}^{(nd+r)}>0\}$$

因为C不可约，故$\bigcup_{r=0}^{d-1} G_r = C$. 这是因为由$C$不可约性可知，$C$中所有状态都是互达的，因此对任意$j\in C$，必存在$k$，使得$p_{ij}^{(k)}>0$，而$k$可写成$k=md+l$(存在正整数$m$，$l$)，此时$j\in G_l$，由此证明$\bigcup_{r=0}^{d-1} G_r = C$成立.

首先证明$G_r(r=0，1，\cdots，d-1)$是非空集合. 若G_r是空集，则对于任意$j\in G_r$和任意n，有$p_{ij}^{(nd+r)}=0$. 根据K-C方程

$$p_{ij}^{(nd+r+1)} = \sum_{k\in C} p_{ik}^{(nd+r)} p_{kj} = 0, \quad \text{对于任意 } n$$

即G_{r+1}是空集，于是推得

$$G_0=G_1=\cdots=G_{d-1}=\varnothing$$

这与C非空矛盾.

其次，如果存在$j\in G_r\cap G_s$，由G_r和G_s的定义，必存在n及m使$p_{ij}^{(nd+r)}>0$，$p_{ij}^{(md+s)}>0$. 又因为$j\leftrightarrow i$，故必存在h，使$p_{ji}^{(h)}>0$，于是

$$p_{ii}^{(nd+r+h)}\geqslant p_{ij}^{(nd+r)} p_{ji}^{(h)}>0$$
$$p_{ii}^{(md+r+h)}\geqslant p_{ij}^{(md+r)} p_{ji}^{(h)}>0$$

由此可见$r+h$及$s+h$都能被d除尽，从而其差$(r+h)-(s+h)=r-s$也可被d除尽. 但$0\leqslant r，s\leqslant d-1$，故只能$r-s=0$，因而$G_r=G_s$，这说明当$r\neq s$时$G_r\cap G_s=\varnothing$.

下证对任一$j\in G_r$，一定有$\sum_{k\in G_{r+1}} p_{jk} = 1$成立. 因为

$$1=\sum_{k\in C} p_{jk} = \sum_{k\notin G_{r+1}} p_{jk} + \sum_{k\in G_{r+1}} p_{jk}$$

又因为$j\in G_r$，存在n使得$p_{ij}^{(nd+r)}>0$，故当$k\notin G_{r+1}$时，由

$$0=p_{ik}^{(nd+r+1)}\geqslant p_{ij}^{(nd+r)} p_{jk}$$

知$p_{jk}=0$，即

$$\sum_{k\in G_{r+1}} p_{jk}=1$$

最后证明分解的唯一性，只需证$\{G_r\}$与最初i的选择无关，亦即如果对某个固定的i，状态j与k同属于某G_r，则对另外选定的i'，状态j与k仍属于同一$G_{r'}$(r与r'可以不同). 实际上，设对i分得$G_0，G_1，\cdots，G_{d-1}$，对i'分得$G'_0，G'_1，\cdots，G'_{d-1}$，又假定$j，k\in G_r$，$i'\in G_s$，则根据上面的结论有：当$r\geqslant s$时，自$i'$出发，只能在$r-s$，$r-s+d$，$r-s+2d$，…等步上到达$j$或$k$，故$j$与$k$都属于$G'_{r-s}$；当$r<s$时，自$i'$出发，只能在$d-(s-r)=r-s+d$，$r-s+2d$，…等步上到达$j$或$k$，故$j$与$k$都属于$G'_{r-s+d}$，证毕.

【例 5-16】 设不可约 Markov 链的状态空间 $E=\{1, 2, \cdots, 6\}$，其转移概率矩阵为

$$
\boldsymbol{P}=\begin{bmatrix} 0 & 0 & \frac{1}{2} & 0 & \frac{1}{2} & 0 \\ \frac{1}{3} & 0 & 0 & \frac{1}{3} & 0 & \frac{1}{3} \\ 0 & 1 & 0 & 0 & 0 & 0 \\ 0 & 0 & 1 & 0 & 0 & 0 \\ 0 & 1 & 0 & 0 & 0 & 0 \\ 0 & 0 & \frac{1}{4} & 0 & \frac{3}{4} & 0 \end{bmatrix}
$$

试分解此链.

解 由于第四行第四列都只有一个非零元素，所以考虑状态 4，易知其周期$d=3$，因此根据定理 5-14，有

$$G_0=\{j：对某个 n\geqslant 0，有 p_{4j}^{(3n)}>0\}=\{1, 4, 6\}$$

$$G_1=\{j：对某个 n\geqslant 0，有 p_{4j}^{(3n+1)}>0\}=\{3, 5\}$$

$$G_2=\{j：对某个 n\geqslant 0，有 p_{4j}^{(3n+2)}>0\}=\{2\}$$

于是有

$$E=G_0\cup G_1\cup G_2=\{1, 4, 6\}\cup\{3, 5\}\cup\{2\}$$

5.5 转移概率的极限状态与平稳分布

在物理学中常有这样一种情形，不管一个系统的初始状态如何，当影响系统的条件变化不太大时，经历一段时间之后，系统将处于某种平衡状态. 或者说，系统处于某种状态的概率与很远的过去处于什么状态无关. 描述这种系统的概率特性，需要用 $p_{ij}^{(n)}$ 的渐近性质和平稳分布的概念.

首先讨论转移概率 $p_{ij}^{(n)}$ 的渐近性质. 在 5.4 节中已经涉及转移概率的渐近性质，在这里进一步讨论.

定理 5-15 若 j 为非常返状态或零常返状态，则对任意 $i\in E$，有

$$\lim_{n\to\infty} p_{ij}^{(n)}=0 \tag{5-21}$$

证 当 j 为非常返状态时，由推论 5-1 有

$$\lim_{n\to\infty} p_{ij}^{(n)}=0 \quad 且 \quad \sum_{n=1}^{\infty} p_{ij}^{(n)}<\infty \tag{5-22}$$

当 j 为零常返状态时，取 $m<n$，有

$$p_{ij}^{(n)} = \sum_{l=1}^{n} f_{ij}^{(l)} p_{jj}^{(n-l)} \leqslant \sum_{l=1}^{m} f_{ij}^{(l)} p_{jj}^{(n-l)} + \sum_{l=m+1}^{n} f_{ij}^{(l)}$$

固定 m，令 $n\to\infty$，由推论 5 - 3 的结论知 $p_{jj}^{(n-l)}\to 0$，故上式右方第一项趋于 0；再令 $m\to\infty$，第二项因为收敛 $\sum\limits_{l=m+1}^{n} f_{ij}^{(l)}\leqslant 1$ 而趋于 0，于是有

$$\lim_{n\to\infty} p_{ij}^{(n)}=0$$

即证明定理 5 - 15 成立.

推论 5 - 4　有限 Markov 链至少有一个常返态，但有限 Markov 链没有零常返状态.

证　读者自行证明有限 Markov 链至少有一个常返态，这里仅对推论的后半部分加以证明. 设状态 i 为零常返状态，且设 $C_i=\{j: i\leftrightarrow j\}$，由分解定理 5 - 13 知 C_i 是相通(互达)的常返闭集，且 C_i 为有限集，于是有

$$\sum_{j\in C_i} p_{ij}^{(n)}=1$$

又根据定理 5 - 15 知 $\lim\limits_{n\to\infty}\sum\limits_{j\in C_i} p_{ij}^{(n)} = 0$，两式矛盾. 所以当状态空间 E 有限时，无零常返状态.

推论 5 - 5　不可约有限 Markov 链只有正常返状态.

证　因为状态空间 E 是有限的，所以至少存在一个常返状态. 再由不可约性知 E 中的所有状态皆是互达的，故皆是常返状态. 由推论 5 - 4 知，不可约有限 Markov 链只有正常返状态.

推论 5 - 6　若 Markov 链有一零常返状态，则必有无限多个零常返状态.

本节到目前为止讨论了非常返状态和零常返状态的极限状态，下面继续讨论 j 为正常返状态时，转移概率 $p_{ij}^{(n)}$ 的渐近性质. 此时情况比较复杂，$\lim\limits_{n\to\infty} p_{ij}^{(n)}$ 不一定存在，即使存在也可能与 i 有关. 这里不加证明地给出如下定理.

定理 5 - 16　若 j 为正常返状态，周期为 d，则对任意 $i\in E$ 及 $0\leqslant r\leqslant d-1$，有

$$\lim_{n\to\infty} p_{ij}^{(nd+r)}=f_{ij}(r)\frac{d}{\mu_j} \tag{5-23}$$

式中 $f_{ij}(r)=\sum\limits_{m=0}^{\infty} f_{ij}^{(md+r)}$，$\mu_j=\sum\limits_{n=1}^{\infty} nf_{jj}^{(n)}$ 为状态 j 的平均返回时间.

前面已定义非周期、正常返状态为遍历状态，下面给出 Markov 链的遍历性定义.

定义 5 - 10　若对于一切 i，$j\in E$，极限

$$\lim_{n\to\infty} p_{ij}^{(n)}=p_j>0$$

存在，则称该 Markov 链具有遍历性. 此链又称**遍历链**. Markov 链的遍历性说明，不

论从哪个状态出发，经过充分大的转移步数后，到达状态 j 的概率接近于正常数 p_j.

定理 5－17 若 j 是非周期，正常返状态(即遍历态)，则

$$\lim_{n\to\infty} p_{ij}^{(n)}=\frac{f_{ij}}{\mu_j} \tag{5－24}$$

其中 $\mu_j=\sum_{n=1}^{\infty} nf_{jj}^{(n)}$ 为状态 j 的平均返回时间.

证 实际上，定理 5－17 是定理 5－16 的一种特殊情况，由于 j 是非周期，所以 $d=1$. 设 $p_{jj}^{(n)}$，$f_{jj}^{(n)}(n\geqslant 0)$形式上的矩母函数分别为 $P_j(t)$和 $F_j(t)$，即

$$P_j(t)=\sum_{n=0}^{\infty} \mathrm{e}^{tn} p_{jj}^{(n)},\quad t<0$$

$$F_j(t)=\sum_{n=0}^{\infty} \mathrm{e}^{tn} f_{jj}^{(n)},\quad t<0$$

由定理 5－6 知

$$p_{jj}^{(n)}=\sum_{k=1}^{n} f_{jj}^{(k)} p_{jj}^{(n-k)}$$

于是

$$\begin{aligned}
P_j(t)&=p_{jj}^{(0)}+\sum_{n=1}^{\infty} \mathrm{e}^{tn} p_{jj}^{(n)}\\
&=1+\sum_{n=1}^{\infty} \mathrm{e}^{tn}\sum_{k=1}^{n} f_{jj}^{(k)} p_{jj}^{(n-k)}\\
&=1+\sum_{k=1}^{\infty} f_{jj}^{(k)}\sum_{n=k}^{\infty} \mathrm{e}^{tn} p_{jj}^{(n-k)}\\
&=1+\sum_{k=1}^{\infty} \mathrm{e}^{tk} f_{jj}^{(k)}\sum_{n=k}^{\infty} \mathrm{e}^{t(n-k)} p_{jj}^{(n-k)}\\
&=1+P_j(t)\sum_{k=0}^{\infty} \mathrm{e}^{tk} f_{jj}^{(k)}\\
&=1+P_j(t)F_j(t)
\end{aligned}$$

所以有

$$P_j(t)=\frac{1}{1-F_j(t)},\qquad t<0$$

在上面的推导过程中，正常返性保证了级数的绝对收敛及和号交换的“合法”. 若上式两边同乘以 $1-\mathrm{e}^t$，于是有

$$(1-\mathrm{e}^t)P_j(t)=\frac{1-\mathrm{e}^t}{1-F_j(t)} \tag{5－25}$$

式(5－25)左边计算为

$$\lim_{t\uparrow 0^-}(1-\mathrm{e}^t)P_j(t)=\lim_{t\uparrow 0^-}\frac{\sum_{n=0}^{\infty}\mathrm{e}^{tn}p_{jj}^{(n)}}{\sum_{n=0}^{\infty}\mathrm{e}^{tn}}$$

$$=\lim_{t\uparrow 0^-}\lim_{k\to\infty}\frac{\sum_{n=0}^{k}\mathrm{e}^{tn}p_{jj}^{(n)}}{\sum_{n=0}^{k}\mathrm{e}^{tn}}$$

$$=\lim_{k\to\infty}\frac{\sum_{n=0}^{k}p_{jj}^{(n)}}{k}$$

$$=\lim_{k\to\infty}p_{jj}^{(k)}$$

最后一个等式利用了微积分中的 Stolz 定理，即非负收敛序列的极限等于它们的算术平均的极限. 由洛必达法则，式(5-25)右边计算为

$$\lim_{t\to 0^-}\frac{1-\mathrm{e}^t}{1-F_j(t)}=\lim_{t\to 0^-}\frac{-\mathrm{e}^t}{-\sum_{n=0}^{\infty}n\mathrm{e}^{tn}f_{jj}^{(n)}}=\frac{1}{\sum_{n=0}^{\infty}nf_{jj}^{(n)}}=\frac{1}{\mu_j}$$

所以比较上面两式

$$\lim_{n\to\infty}p_{jj}^{(n)}=\frac{1}{\mu_j}$$

当 $i\neq j$ 时，由定理 5-6 有

$$p_{ij}^{(n)}=\sum_{k=1}^{n}f_{ij}^{(k)}p_{jj}^{(n-k)}$$

故对于 $m<n$

$$0\leqslant p_{ij}^{(n)}-\sum_{k=1}^{m}f_{ij}^{(k)}p_{jj}^{(m-k)}=\sum_{k=m+1}^{n}f_{ij}^{(k)}p_{jj}^{(n-k)}\leqslant\sum_{k=m+1}^{n}f_{ij}^{(k)}\tag{5-26}$$

因为 $\sum_{k=1}^{\infty}f_{ij}^{(k)}=f_{ij}\leqslant 1$ 是正项收敛级数，故

$$\lim_{m\to\infty}\sum_{k=m+1}^{\infty}f_{ij}^{(k)}=0$$

于是对式(5-26)，先令 $n\to\infty$，再令 $m\to\infty$，则有

$$\lim_{n\to\infty}p_{ij}^{(n)}=\sum_{k=0}^{\infty}f_{ij}^{(k)}\frac{1}{\mu_j}=\frac{f_{ij}}{\mu_j}$$

定理 5-17 得证.

根据定理 5-17 易得如下结论.

推论 5-7 (1) 对于不可约 Markov 链，若它的状态是非周期、正常返的，则它是

遍历链，而且有

$$\lim_{n\to\infty} p_{ij}^{(n)}=\frac{1}{\mu_j} \tag{5-27}$$

(2) 对于不可约 Markov 链，若它的状态有限且非周期的，则它是遍历链，而且也有式(5-27)成立.

证 (1) 因为由不可约性知 E 中的所有状态皆是互达的，所有状态皆是遍历态. 再由引理 5-2 可知

$$f_{ij}=1, \text{对于任意 } i, j\in E$$

再根据定理 5-17，式(5-27)成立.

(2) 由推论 5-4 知不可约有限 Markov 链只有正常返状态，于是链的所有状态皆是遍历态，再由(1)即可得证.

值得注意的是，对于任一个 Markov 链，并不是一定都存在 $\lim\limits_{n\to\infty} P^{(n)}$. 例如，设 Markov 链的转移概率矩阵

$$\boldsymbol{P}=\begin{bmatrix}0 & 1\\1 & 0\end{bmatrix}$$

可以看出，$E=\{1, 2\}$，此链不可约，周期 $d=2$，正常返状态. 易知 $\boldsymbol{P}^{(2n)}=\boldsymbol{I}$(单位矩阵)，$\boldsymbol{P}^{(2n+1)}=\boldsymbol{P}$，所以 $\lim\limits_{n\to\infty} P^{(n)}$ 不存在.

直接求 $\lim\limits_{n\to\infty} P^{(n)}$ 并不是一件容易的事，因而人们寻求更简捷的方法来处理极限分布. 下面介绍 Markov 链的平稳分布，平稳分布也称为 Markov 链的不变概率测度.

定义 5-11 设 Markov 链 $\{X_n\}$ 有转移概率矩阵 $\boldsymbol{P}=(p_{ij})$，若存在一个概率分布 $\{\pi_j, j\geqslant 0\}$，其满足

$$\pi_j=\sum_{i=0}^{\infty}\pi_i p_{ij}, \quad j=0,1,2,\cdots$$

则称 $\{\pi_j, j\geqslant 0\}$ 为该 Markov 链的**平稳分布**.

由定义，若 $\pi=\{\pi_0, \pi_1, \cdots\}$ 为平稳分布，则

$$\pi=\pi\boldsymbol{P}$$

由定义可以看出，因为平稳分布 $\{\pi_j, j\geqslant 0\}$ 是一概率分布，所以

$$\sum_{j=0}^{\infty}\pi_j=1$$

而且

$$\pi_j=\sum_{i=0}^{\infty}\pi_i p_{ij}=\sum_{i=0}^{\infty}\Big(\sum_{k=0}^{\infty}\pi_k p_{ki}\Big)p_{ij}=\sum_{k=0}^{\infty}\pi_k\Big(\sum_{i=0}^{\infty}p_{ki}p_{ij}\Big)=\sum_{k=0}^{\infty}\pi_k p_{kj}^{(2)}$$

一般地

$$\pi_j = \sum_{k=0}^{\infty} \pi_k p_{kj}^{(n)}, \quad n = 1,2,\cdots, \quad j = 0,1,2,\cdots$$

或

$$\pi = \pi \boldsymbol{P} = \pi \boldsymbol{P}^{(2)} = \cdots = \pi \boldsymbol{P}^{(n)} \tag{5-28}$$

如果 Markov 链具有平稳分布且过程的初始状态 X_0 有概率分布 $\pi=\{\pi_j, j\geqslant 0\}$，即

$$P(X_0=j)=\pi_j, \quad j=0,1,2,\cdots$$

则有

$$P(X_1=j)=\sum_{i=0}^{\infty} P(X_1=j \mid X_0=i) P(X_0=i)$$

$$=\sum_{i=0}^{\infty} \pi_i p_{ij}=\pi_j$$

并由归纳法可得

$$P(X_n=j)=\sum_{i=0}^{\infty} P(X_n=j \mid X_{n-1}=i) P(X_{n-1}=i)$$

$$=\sum_{i=0}^{\infty} \pi_i p_{ij}=\pi_j$$

于是对所有的 n，X_n 有相同的分布，再加上 Markov 性立即可知对任何 $k\geqslant 0$，X_n，X_{n+1}，…，X_{n+k}的联合分布不依赖于n，即过程$\{X_n, n\geqslant 0\}$是平稳的. 平稳分布π由此得名. 有了这一概念，可以讨论以下重要的定理.

定理 5-18 不可约非周期 Markov 链是正常返的充要条件是它存在平稳分布，且此时平稳分布就是极限分布$\left\{\frac{1}{\mu_j}, j\in E\right\}$.

证 先证充分性. 设$\{\pi_j, j\in E\}$是平稳分布，$E=\{0,1,2,\cdots\}$，根据式(5-28)，有

$$\pi_j=\sum_{i\in E} \pi_i p_{ij}^{(n)}$$

由于 $\sum_{j\in E}\pi_j=1$ 和 $\pi_j\geqslant 0$，故可交换极限与求和顺序，得

$$\pi_j=\lim_{n\to\infty} \sum_{i\in E} \pi_i p_{ij}^{(n)}=\sum_{i\in E} \pi_i (\lim_{n\to\infty} p_{ij}^{(n)})$$

$$=\sum_{i\in E} \pi_i \left(\frac{1}{\mu_j}\right)=\frac{1}{\mu_j}$$

因为 $\sum_{j\in E}\pi_j=1$，故至少有一个 $\pi_k>0$，即$\frac{1}{\mu_k}>0$，于是

$$\lim_{n\to\infty} p_{ik}^{(n)}=\frac{1}{\mu_k}>0$$

即 $\mu_k<\infty$，故 k 为正常返态. 由不可约性知，整个链是正常返的，且有

$$\pi_j=\frac{1}{\mu_j}>0$$

再证必要性. 设链是不可约的、遍历的(即链为非周期、正常返)，于是遍历态 j 有

$$\lim_{n\to\infty} p_{ij}^{(n)}=\frac{1}{\mu_j}>0$$

且 $\mu_j<\infty$. 由 C-K 方程有

$$p_{ij}^{(n+m)}=\sum_{k\in E} p_{ik}^{(m)} p_{kj}^{(n)} \geqslant \sum_{k=0}^{N} p_{ik}^{(m)} p_{kj}^{(n)}$$

令 $m\to\infty$，得

$$\frac{1}{\mu_j} \geqslant \sum_{k=0}^{N}\left(\frac{1}{\mu_k}\right) p_{kj}^{(n)}$$

再令 $N\to\infty$，得

$$\frac{1}{\mu_j} \geqslant \sum_{k=0}^{\infty}\left(\frac{1}{\mu_k}\right) p_{kj}^{(n)}=\sum_{k\in E} \frac{1}{\mu_k} p_{kj}^{(n)} \tag{5-29}$$

下面证明式(5-29)中等号成立. 由

$$1=\sum_{k\in E} p_{ik}^{(n)} \geqslant \sum_{k=0}^{N} p_{ik}^{(n)}$$

先令 $n\to\infty$，再令 $N\to\infty$，得

$$1\geqslant \sum_{k\in E} \frac{1}{\mu_k}$$

假设对某个 j，式(5-29)严格不等式成立(采用反证法). 将式(5-29)对 j 求和得

$$1\geqslant \sum_{j\in E} \frac{1}{\mu_j}>\sum_{j\in E}\left(\sum_{k\in E} \frac{1}{\mu_k} p_{kj}^{(n)}\right)=\sum_{k\in E}\left(\frac{1}{\mu_k} \sum_{j\in E} p_{kj}^{(n)}\right)=\sum_{k\in E} \frac{1}{\mu_k}$$

于是得到自相矛盾的结果

$$\sum_{j\in E} \frac{1}{\mu_j}>\sum_{k\in E} \frac{1}{\mu_k}$$

故有

$$\frac{1}{\mu_j}=\sum_{k\in E} \frac{1}{\mu_k} p_{kj}^{(n)} \tag{5-30}$$

令 $n\to\infty$，得

$$\frac{1}{\mu_j}=\frac{1}{\mu_j} \sum_{k\in E} \frac{1}{\mu_k}$$

所以有

$$\sum_{k\in E}\frac{1}{\mu_k}=1$$

再由式(5-30)，从而证得$\left\{\frac{1}{\mu_j},\ j\in E\right\}$为平稳分布.（证毕）

推论 5-8 (1) 对于不可约非周期 Markov 链，若所有状态是正常返(即链是遍历的)，则该链存在平稳分布，且平稳分布$\{\pi_j,\ j\in E\}$就是极限分布$\left\{\frac{1}{\mu_j},\ j\in E\right\}$；若所有状态是非常返或所有状态是零常返，则不存在平稳分布.

(2) 不可约非周期的有限(状态)马氏链必存在平稳分布.

(3) 若$\{\pi_j,\ j\in E\}$是 Markov 链的平稳分布，则

$$\lim_{n\to\infty}p_{ij}^{(n)}=\frac{1}{\mu_j}=\pi_j$$

证 只对(1)进行证明. (1)的前半部分由定理 5-18 可得证. 对于后半部分，若 E 皆非常返或皆零常返，则对任意 i，$j\in E$，皆有$\lim\limits_{n\to\infty}p_{ij}^{(n)}=0$，此时不可能存在平稳分布. 不然，若$\{\pi_j',\ j\in E\}$为链的平稳分布，则应满足

$$\pi_j'=\sum_{i\in E}\pi_i' p_{ij}^{(n)}$$

但当 $n\to\infty$时，上式右边为零，从而诸 π_j'皆为零，这是不可能的，(1)后半部分得证. (2)、(3)的证明很容易得到(略).

【例 5-17】 设 Markov 链的状态空间 $E=\{1,\ 2\}$，其转移概率矩阵

$$\boldsymbol{P}=\begin{bmatrix}\frac{3}{4} & \frac{1}{4}\\ \frac{5}{8} & \frac{3}{8}\end{bmatrix}$$

求平稳分布及$\lim\limits_{n\to\infty}\boldsymbol{P}^{(n)}$.

解 由$\pi=\pi\boldsymbol{P}$ 可得

$$\begin{cases}\pi_1=\frac{3}{4}\pi_1+\frac{5}{8}\pi_2\\ \pi_2=\frac{1}{4}\pi_1+\frac{3}{8}\pi_2\\ \pi_1+\pi_2=1\end{cases}$$

解得 $\pi_1=\frac{5}{7}$，$\pi_2=\frac{2}{7}$. 其平稳分布为

$$(\pi_1,\ \pi_2)=\left(\frac{5}{7},\ \frac{2}{7}\right)$$

由$\lim\limits_{n\to\infty} p_{ij}^{(n)}=\frac{1}{\mu_j}=\pi_j$知

$$\mu_1=\frac{7}{5},\ \mu_2=\frac{7}{2}$$

而且

$$\lim_{n\to\infty}\boldsymbol{P}^{(n)}=\lim_{n\to\infty}\begin{bmatrix}\frac{3}{4} & \frac{1}{4}\\ \frac{5}{8} & \frac{3}{8}\end{bmatrix}^n=\begin{bmatrix}\frac{5}{7} & \frac{2}{7}\\ \frac{5}{7} & \frac{2}{7}\end{bmatrix}$$

【例 5-18】 设 Markov 链的转移概率矩阵

$$\boldsymbol{P}=\begin{bmatrix}0.7 & 0.1 & 0.2\\ 0.1 & 0.8 & 0.1\\ 0.05 & 0.05 & 0.9\end{bmatrix}$$

求 Markov 链的平稳分布及各状态的平均返回时间.

解 从转移概率矩阵可以看出，该链是不可约、非周期的有限(状态)Markov 链，故必存在平稳分布，且

$$\begin{cases}\pi_1=0.7\pi_1+0.1\pi_2+0.05\pi_3\\ \pi_2=0.1\pi_1+0.8\pi_2+0.05\pi_3\\ \pi_3=0.2\pi_1+0.1\pi_2+0.9\pi_3\\ \pi_1+\pi_2+\pi_3=1\end{cases}$$

解得其平稳分布为

$$(\pi_1,\ \pi_2,\ \pi_3)=(0.1765,\ 0.2353,\ 0.5882)$$

各状态i的平均返回时间$\mu_i=\frac{1}{\pi_i}(i=1,\ 2,\ 3)$即

$$(\mu_1,\ \mu_2,\ \mu_3)=(5.67,\ 4.25,\ 1.70)$$

【例 5-19】 设 Markov 链的状态空间$E=\{0,\ 1,\ 2,\ \cdots\}$，转移概率矩阵$\boldsymbol{P}=(p_{ij})$的元素p_{ij}满足

$$p_{ij}=\begin{cases}p_i & j=i+1,\\ r_i & j=i,\\ q_i & j=i-1,\\ 0 & \text{其他},\end{cases}\quad i,\ j\in E,\ p_i+r_i+q_i=1$$

这种链称为生灭链，它是不可约的. 若记

$$a_0=1,\quad a_j=\frac{p_0p_1\cdots p_{j-1}}{q_1q_2\cdots q_j}\quad (j\geqslant 1)$$

试证此链存在平稳分布的充要条件为 $\sum\limits_{j=0}^{\infty}a_j<\infty$.

证 若 $\boldsymbol{P}$ 存在平稳分布，则应满足

$$\begin{cases}\pi_0=\pi_0r_0+\pi_1q_1\\ \pi_j=\pi_{j-1}p_{j-1}+\pi_jr_j+\pi_{j+1}q_{j+1}\quad (j\geqslant 1)\\ p_j+r_j+q_j=1\end{cases}$$

解得递推关系如下

$$\begin{cases}q_1\pi_1-p_0\pi_0=0\\ q_{j+1}\pi_{j+1}-p_j\pi_j=q_j\pi_j-p_{j-1}\pi_{j-1}\end{cases}\quad (j\geqslant 1)$$

即

$$\pi_j=\frac{p_{j-1}\pi_{j-1}}{q_j}\quad (j\geqslant 0)$$

所以

$$\pi_j=\frac{p_{j-1}\pi_{j-1}}{q_j}=\cdots=\frac{p_0\cdots p_{j-1}}{q_1\cdots q_j}\pi_0=a_j\pi_0$$

因为 $\{\pi_j,\ j\geqslant 0\}$ 为平稳分布，所以两边对 j 求和得

$$1=\sum_{j=0}^{\infty}\pi_j=\pi_0\sum_{j=0}^{\infty}a_j$$

即

$$\pi_0=\frac{1}{\sum\limits_{j=0}^{\infty}a_j}$$

于是平稳分布为

$$\pi_j=\frac{a_j}{\sum\limits_{j=0}^{\infty}a_j}\quad (j\geqslant 0)$$

由此式知，该生灭链存在平稳分布的充要条件为 $\sum\limits_{j=0}^{\infty}a_j<\infty$.（证毕）

【例 5-20】 (市场占有率及期望利润的 Markov 链) Markov 链在经济预测领域里也有其广泛的应用，本例涉及市场预测及平均利润预测问题.

(1) 市场占有率 设某地有 1 600 户居民，某产品只有甲、乙、丙三个厂家在该地销售. 经统计，8 月份买甲、乙、丙三厂的户数分别为 480、320、800. 9 月份，原买甲的有 48 户转买乙产品，有 96 户转买丙产品；原买乙的有 32 户转买甲产品，有 64 户转买丙产品；原买丙的有 64 户转买甲产品，有 32 户转买乙产品. 于是得到状态空间 $E=\{1、2、3\}$(状态 1、2、3 分别代表甲、乙、丙)，其频数转移矩阵为

$$\boldsymbol{N}=\begin{bmatrix}336 & 48 & 96\\ 32 & 224 & 64\\ 64 & 32 & 704\end{bmatrix}$$

用频率估计概率，以上矩阵 $\boldsymbol{N}$ 中各行元素之和除 $\boldsymbol{N}$ 中相应行的元素，得转移概率矩阵为

$$\boldsymbol{P}=\begin{bmatrix}0.7 & 0.1 & 0.2\\ 0.1 & 0.7 & 0.2\\ 0.08 & 0.04 & 0.88\end{bmatrix}$$

此模型的初始概率分布(即初始市场占有率)为

$$(p_1,\ p_2,\ p_3)=\left(\frac{480}{1\,600},\ \frac{320}{1\,600},\ \frac{800}{1\,600}\right)=(0.3,\ 0.2,\ 0.5)$$

由初始概率分布和转移概率矩阵 $\boldsymbol{P}$，可以计算出 9 月份市场占有率为

$$(0.3,\ 0.2,\ 0.5)\begin{bmatrix}0.7 & 0.1 & 0.2\\ 0.1 & 0.7 & 0.2\\ 0.08 & 0.04 & 0.88\end{bmatrix}=(0.27,\ 0.19,\ 0.54)$$

类似地，可以计算出 12 月份市场占有率为

$$(0.3,\ 0.2,\ 0.5)\boldsymbol{P}^{(4)}=(0.231\,9,\ 0.169\,8,\ 0.598\,3)$$

从转移概率矩阵可以看出，该链是不可约、非周期的有限(状态)Markov 链，故必存在平稳分布，且

$$\begin{cases}\pi_1=0.7\pi_1+0.1\pi_2+0.08\pi_3\\ \pi_2=0.1\pi_1+0.7\pi_2+0.04\pi_3\\ \pi_3=0.2\pi_1+0.2\pi_2+0.88\pi_3\\ \pi_1+\pi_2+\pi_3=1\end{cases}$$

解得当顾客流如此长期稳定下去时，市场的占有率(即其平稳分布)为

$$(\pi_1,\ \pi_2,\ \pi_3)=(0.219,\ 0.156,\ 0.625)$$

(2) 商品销售情况预测 设某商品在市场上销售情况共有 24 个季度的数据(“1” 表

示畅销、“2”表示滞销)

$$112122211121211221121211 1$$

并假设该商品的销售状态满足齐次 Markov 性. ① 试确定销售状态的转移概率矩阵; ② 如果现在是畅销,试预测这以后第四个季度的销售状况; ③ 如果影响销售的所有因素不变,试预测长期的销售状况.

① 在上面的 24 个销售数据中,1(畅销)出现 15 次,2(滞销)出现 9 次,而且 1→1 有 7 次,1→2 有 7 次. 又因为最后季节是状态 1,所以

$$p_{11}=\frac{7}{15-1}=\frac{1}{2},\ p_{12}=\frac{7}{15-1}=\frac{1}{2}$$

而 2→1 有 7 次,2→2 有 2 次,所以

$$p_{21}=\frac{7}{9},\ p_{22}=\frac{2}{9}$$

于是得转移概率矩阵

$$\boldsymbol{P}=\begin{bmatrix}\frac{1}{2} & \frac{1}{2}\\ \frac{7}{9} & \frac{2}{9}\end{bmatrix}$$

② 如果现在是畅销,预测这以后第四个季度的销售状况实际上就是求 4 步转移概率. 因为

$$\boldsymbol{P}^{(4)}=\begin{bmatrix}\frac{1}{2} & \frac{1}{2}\\ \frac{7}{9} & \frac{2}{9}\end{bmatrix}^4=\begin{bmatrix}0.611 & 0.389\\ 0.605 & 0.395\end{bmatrix}$$

所以由 4 步转移概率矩阵有 $p_{11}^{(4)}=0.611>p_{12}^{(4)}=0.389$,即如果现在为畅销,这以后第四个季度(以概率 0.611)仍为畅销.

③ 从转移概率矩阵可以看出,该链是不可约、非周期的有限(状态)Markov 链,故必存在平稳分布. 由平稳方程 $\pi=\pi\boldsymbol{P}$ 可得

$$\begin{cases}\pi_1=\frac{1}{2}\pi_1+\frac{7}{9}\pi_2\\ \pi_2=\frac{1}{2}\pi_1+\frac{2}{9}\pi_2\\ \pi_1+\pi_2=1\end{cases}$$

解得 $\pi_1=\frac{14}{23}$,$\pi_2=\frac{9}{23}$. 其平稳分布

$$(\pi_1,\ \pi_2)=\left(\frac{14}{23},\ \frac{9}{23}\right)$$

因为 $\pi_1>\pi_2$，故长此下去，该产品将畅销.

(3) 利润预测　设某公司每月至多接受 2 份订单，X_n 表示第 n 个月接受的订单数，并设 X_n 是齐次 Markov 链. 根据过去经营的资料分析，接受订单的转移概率矩阵 $\boldsymbol{P}$ 为

$$\boldsymbol{P}=\begin{bmatrix} p_{00} & p_{01} & p_{02} \\ p_{10} & p_{11} & p_{12} \\ p_{20} & p_{21} & p_{22} \end{bmatrix}=\begin{bmatrix} 0.1 & 0.3 & 0.6 \\ 0.3 & 0.3 & 0.4 \\ 0.3 & 0.1 & 0.6 \end{bmatrix}$$

其中状态空间 $E=\{0, 1, 2\}$表示接受的订单数. 相应于 $\boldsymbol{P}$，报酬矩阵为

$$\boldsymbol{R}=\begin{bmatrix} r_{00} & r_{01} & r_{02} \\ r_{10} & r_{11} & r_{12} \\ r_{20} & r_{21} & r_{22} \end{bmatrix}=\begin{bmatrix} -20 & 10 & 20 \\ -10 & 20 & 40 \\ 10 & 40 & 60 \end{bmatrix}$$

这里 $r_{00}=-20$ 表示第一个月无订单的条件下第二个月仍无订单，则公司的利润为－20(单位：万元). 可预测该公司 n 个月后的期望利润. 设 $V_i(n)$表示开始接到 $i(i\in E)$份订单，经 n 个月后公司的期望利润，则有递推公式

$$V_i(n)=\sum_{j\in E}p_{ij}\left[r_{ij}+V_j(n-1)\right],\quad n=1,2,\cdots \tag{5-31}$$

假定初始利润为零，即 $V_i(0)=0(i\in E)$. 由上式得知

$$V_0(1)=0.1\times(-20)+0.3\times 10+0.6\times 20=13$$

$$V_1(1)=0.3\times(-10)+0.3\times 20+0.4\times 40=19$$

$$V_2(1)=0.3\times 10+0.1\times 40+0.6\times 60=43$$

这表示 1 个月后公司的期望利润. 同理，由式(5-31)可以计算公司数个月后经营的期望利润.

公司的决策者可以根据利润预测模型，对生产进行适当的调整，为获取最大利润而采取若干行动方案，使总期望报酬达到最大，有关这一部分内容这里就不再展开了.

5.6　从随机游动到 Black-Scholes 公式

Black 和 Scholes 所建立的金融模型(1973)在金融数学中占有显著的地位，从此关于欧式期权和美式期权的研究有了很大的发展. 目前关于 Black-Scholes 模型的研究仍

是金融数学研究的一个重要课题，它的方法和结论得到了广泛的推广和应用. 在本节中，将利用离散时间的 Markov 链(随机游动模型)导出欧式期权的定价公式. 首先从随机游动模型出发构造股票价格过程，并在此基础上讨论其买入期权和其相应的期权的定价公式，进而研究此模型的极限状态，导出著名的 Black-Scholes 公式. 关于 Black-Scholes 公式和其相关问题，还会在后续的章节中加以介绍和讨论.

Black-Scholes 模型是通过一个连续时间的模型来刻画和描述金融学中的价格(如股票)过程. 模型包含了一个具有风险的资产(在 t 时刻某股票的价格为 S_t)和一个无风险资产(在 t 时刻的价格为 S_t^0)，假设 S_t^0 的举动满足下列常微分方程式

$$dS_t^0 = rS_t^0 dt \tag{5-32}$$

式中，r 是一个非负常数. 通常 r 是无风险投资市场的利率，如国债的利率等. 因此，r 称为**无风险收益率**，$R=1+r$ 称为**无风险效益**. 如果假定 $S_0^0=1$，则

$$S_t^0 = e^{rt}, \quad 对于任意\ t\geqslant 0$$

另外，假设股价 S_t(或 $S(t)$)的举动(或波动)满足如下的随机微分方程

$$dS_t = S_t(\mu dt + \sigma dB_t) \tag{5-33}$$

式中，$\sigma>0$，$\mu\in\mathbb{R}$ 都为常数，$\{B_t,\ t\geqslant 0\}$是标准 Brown 运动. 式(5-33)又可写成其等价形式

$$\frac{dS_t}{S_t} = \mu dt + \sigma dB_t \tag{5-34}$$

在式(5-33)中，dt 的系数 μS_t 称为漂移(drift)系数，dB_t 的系数 σS_t 称为扩散(diffusion)系数. 关系式(5-34)表明了在时刻 t，股票的瞬时收益率$\frac{dS_t}{S_t}$可由漂移常数 μ 和 Brown 运动的波动(volatility)系数 σ 所表示.

设 Black-Scholes 模型定义在时间区间 $[0,\ T]$ 上，其中 T 为所考虑期权的满期，关于欧式期权和美式期权的概念前面已作简单的介绍. 式(5-33)的解为

$$S_t = S_0 \exp\left\{\mu t - \frac{\sigma^2}{2}t + \sigma B_t\right\} \tag{5-35}$$

式中，S_0 表示在 0 时刻的股票价格. 由式(5-35)可以看出，股价 S_t 的概率分布为对数正态分布.

5.6.1 随机游动和股价过程

在本节里，将利用随机游动(random walk)的理论构造随机股价过程. 考虑离散时间的随机模型，设时间集合为 $T=\{0,\ 1,\ 2,\ \cdots\}$，对时间 $t(t=0,\ 1,\ 2,\ \cdots)$，设$S(t)$表示某证券市场中某一股票在 t 时刻的股价，且在 $t+1$ 时刻股价以概率 q 变为$S(t+1)=uS(t)$，以概率$(1-q)$变为 $S(t+1)=dS(t)$，表示为

$$S(t+1)=\begin{cases}uS(t), & 以概率\ q,\\ dS(t), & 以概率(1-q),\end{cases} \tag{5-36}$$

式中，u，d 为正常数．即股价上升时的收益率为 $u-1$(以概率 q)，股价下降时的收益率为 $d-1$(以概率 $1-q$)，而且每一时刻的股价上升与下降与下一时刻的股价上升与下降是相互独立的．其中式(5-36)中的参数 u，d，q 也可以依赖时刻 t，由此将构成更为复杂的模型．

以上的定义给出了单周期股价模型，下面讨论 n 周期模型的状态情况，对于二周期的情形可由下图表示．设当 $t=0$ 时，$S(0)=S$，则当 $t=2$ 时

$$\begin{array}{lll} & & u^2S,\quad 以概率\ q^2 \\ & uS,\quad 以概率\ q & \\ S & & udS,\quad 以概率\ 2q(1-q) \\ & dS,\quad 以概率(1-q) & \\ & & d^2S,\quad 以概率(1-q)^2 \end{array} \tag{5-37}$$

此时有 3 种状态．同样地，当 $t=3$ 时有 4 种状态$\{u^3S,\ u^2dS,\ ud^2S,\ d^3S\}$，所对应的概率分别为$\{q^3,\ 3q^2(1-q),\ 3q(1-q)^2,\ (1-q)^3\}$．同理继续下去，当 $t=n$ 时有 $(n+1)$种状态，各状态所对应的概率服从二项分布 $\mathrm{B}(n+1,\ q)$．如果参数 u，d，q 依赖时刻 t，则当 $t=2$ 时可能的状态为

$$\{u_1u_2S,\ u_1d_2S,\ d_1u_2S,\ d_1d_2S\}$$

其中 u_1，d_1 是 $t=1$ 时的参数，u_2，d_2 是 $t=2$ 时的参数．所以，当 $t=n$ 时有 2^n 种状态．因此可以看出，如果参数依赖时刻 t，则模型变得更加复杂．

根据式(5-36)，可以构造随机游动来表示股票的股价过程．令 $X_t(t=1,\ 2,\ \cdots)$为

$$X_t=\begin{cases}u, & 以概率\ q\\ d, & 以概率(1-q)\end{cases} \tag{5-38}$$

且$\{X_t\}$是相互独立的随机序列．设 $S(0)=S$，则由式(5-36)、式(5-37)递推可得

$$S(t)=S\prod_{i=1}^{t}X_i \tag{5-39}$$

在式(5-39)中的 t 个随机变量 X_i 中，如果有 $k(k\leqslant t)$个随机变量取 u，则其余 $(t-k)$个随机变量取 d，则有

$$P(S(t)=Su^kd^{t-k})=\mathrm{C}_t^kq^k(1-q)^{t-k},\quad k=0,\ 1,\ \cdots,\ t \tag{5-40}$$

由于式(5-40)服从二项分布，所以此股价过程$\{S(t),\ t\in T\}$又称为**二项式股价过程**或**二项式模型**．根据式(5-38)，定义随机变量 Y_t 为

$$Y_t=\ln X_t=\begin{cases}\ln u, & 以概率\ q\\ \ln d, & 以概率(1-q)\end{cases}$$

再由式(5-39)有

$$\ln\left(\frac{S(t)}{S(0)}\right)=\sum_{i=1}^{t}Y_t \tag{5-41}$$

因此 Markov 链$\left\{\ln\left(\frac{S(t)}{S(0)}\right),\ t\in T\right\}$为一随机游动.

5.6.2 欧式期权和美式期权的定价公式

在本节里，应用随机游动的理论介绍欧式买入期权和美式买入期权定价公式的推导过程. 关于期权的概念在本书第1章已经进行了简单介绍，在这里就不予以介绍了，读者还可参见文献［12］. 首先考虑单周期($T=1$)模型(参见式(5-36). 设 C 是 $t=0$ 时刻欧式买入期权的价值，C_u 表示 $t=1$ 时刻，股价变成 uS 时，从买入期权所获得的利益(即在 $t=1$ 时刻的价值)；C_d 表示 $t=1$ 时刻，股价变成 dS 所获得的利益. 因为 $T=1$，所以如果在 $t=1$ 时刻实施期权，则有

$$C_u=(uS-K)^+,\quad C_d=(dS-K)^+ \tag{5-42}$$

式中$(x)^+=\max\{0,\ x\}$，K 为满期时期权的执行价格，通常称为期权行使价格(或敲定价格). 此时，买入期权的价值变为

$$C\begin{cases}C_u, & \text{以概率 } q\\ C_d, & \text{以概率}(1-q)\end{cases} \tag{5-43}$$

假设某一投资者持有 ω 股这种股票而且持有 B 元债券，且债券的收益率为 r. 令 $R=r+1$，则此投资者的投资组合为

$$\omega S+B\begin{cases}\omega uS+RB, & \text{以概率 } q\\ \omega dS+RB, & \text{以概率}(1-q)\end{cases} \tag{5-44}$$

这里要求在时刻 $t=1$ 时，投资组合的价值和买入期权的价值保持一致，即由式(5-43)和式(5-44)得

$$C_u=\omega uS+RB,\quad C_d=\omega dS+RB \tag{5-45}$$

此时无论股价如何变动，投资组合与买入期权的收益相同. 式(5-45)的解为

$$\omega=\frac{C_u-C_d}{(u-d)S},\quad B=\frac{uC_d-dC_u}{(u-d)R} \tag{5-46}$$

即如果采用式(5-46)的投资组合方式，投资组合与买入期权的收益相同，因此得到两种投资(投资组合与买入期权)在 $t=1$ 时刻的收益相同. 为了避免套利，两种投资在现时刻 $t=0$ 的价值必须相等. 比较式(5-43)和式(5-44)，单周期模型买入期权的价格

为 $C=\omega S+B$，由式(5-46)得

$$C=\frac{C_u-C_d}{u-d}+\frac{uC_d-dC_u}{(u-d)R} \tag{5-47}$$

这里，式(5-47)中不含有概率 q，这也说明当参数 u，d，R 已知时，虽然投资者持有其主观的概率 q，但他们也同意买入期权的价格为式(5-47)．如果令

$$p=\frac{R-d}{u-d},\quad 1-p=\frac{u-R}{u-d} \tag{5-48}$$

且假设 $u>R>d$(避免套利)，则有 $0<p<1$ 成立，因此式(5-47)可写成

$$C=R^{-1}\left[pC_u+(1-p)C_d\right] \tag{5-49}$$

设随机变量 $Z_t(t=1,2,\cdots)$为

$$Z_t=\begin{cases}u, & \text{以概率 } p\\ d, & \text{以概率}(1-p)\end{cases}$$

则根据式(5-42)和式(5-49)有

$$C=R^{-1}E_p\left[(SZ_1-K)^+\right] \tag{5-50}$$

成立．而且有

$$E_p(Z_t)=pu+(1-p)d=R$$

这就说明，股票收益 Z_t 的数学期望等于 R.

式(5-48)所定义的概率 p 称为**风险中立概率**(risk neutral measure)，它是完全由股票和无风险资产所决定的.

对二周期模型($T=2$)，可采用同样方法加以讨论．设 C_{uu} 表示股价变成 u^2S 时买入期权的价值，同样可以定义 C_{ud}，C_{dd}，采用上面的讨论方法有

$$C_u=R^{-1}\left[pC_{uu}+(1-p)C_{ud}\right],\quad C_d=R^{-1}\left[pC_{ud}+(1-p)C_{dd}\right] \tag{5-51}$$

与式(5-50)同理可得

$$C_u=R^{-1}E_p\left[(uSZ_2-K)^+\right],\quad C_d=R^{-1}E_p\left[(dSZ_2-K)^+\right] \tag{5-52}$$

整理得

$$C=R^{-2}E_p\left[(SZ_1Z_2-K)^+\right] \tag{5-53}$$

归纳可得，对于具有周期 T 的模型而言，如果当前(初始)股价为 S，期权实施价格为 K，则欧式或美式买入期权价格为

$$C(S,T,K)=R^{-T}E_p\left[f\left(S\prod_{i=1}^{T}Z_i\right)\right] \tag{5-54}$$

式中，$f(x)=(x-K)^+$.

5.6.3 Black-Scholes 公式

前面讨论的是离散时间状态模型，如把每天作为一个时刻来看待．而在实际问题中，讨论连续时间状态模型的买入(卖出)期权问题更具有实际意义，因为股价在数秒内是逐渐变化的．在本节中，将用 n 周期二项式模型来逼近连续时间模型．设$[0, T]$为一时间区间，将其 n 等分，并在其上定义 n 周期的二项式模型．设 X_t 由式(5-38)给出，根据式(5-41)有 $Y_t=\ln X_t$，再令 $x=\ln u$，$y=\ln d$．由于$\{Y_t\}$是相互独立的随机序列，所以 $D_n=\sum_{t=1}^{n} Y_t$ 的数学期望和方差分别为

$$E(D_n)=n\{qx+(1-q)y\}, \quad V(D_n)=nq(1-q)(x-y)^2 \tag{5-55}$$

一般而言，在证券市场中，人们对于连续时间 $[0, T]$ 上股票收益对数过程的期望和方差分别定义为 μT 和 $\sigma^2 T$(参见第 7 章的内容)．由于希望用二项式模型逼近连续模型，所以对于式(5-55)，令在时间区间 $[0, T]$ 股价对数函数的数学期望和方差分别为 μT 和 $\sigma^2 T$，即令

$$E(D_n)=\mu T, \quad V(D_n)=\sigma^2 T$$

由式(5-55)解得

$$x=\frac{\mu T}{n}+\sigma\sqrt{\frac{1-q}{q}}\sqrt{\frac{T}{n}}, \quad y=\frac{\mu T}{n}-\sigma\sqrt{\frac{q}{1-q}}\sqrt{\frac{T}{n}} \tag{5-56}$$

从二项式模型构造可以看出，$\{Y_t\}$是独立同分布的随机序列，且满足

$$nE(Y_1)=\mu T, \quad nV(Y_1)=\sigma^2 T$$

根据中心极限定理得

$$\begin{aligned}\lim_{n\to\infty} P\left[\frac{Y_1+Y_2+\cdots+Y_n-\mu T}{\sqrt{nV[Y_1]}}\leqslant z\right]&=P\left[\frac{\ln(S(T)/S)-\mu T}{\sigma\sqrt{T}}\leqslant z\right]\\&=\int_{-\infty}^{z}\frac{1}{\sqrt{2\pi}}\mathrm{e}^{-z^2/2}\mathrm{d}z\end{aligned} \tag{5-57}$$

式中，$S(0)=S$.

由上式可知，$\ln\left(\frac{S(T)}{S}\right)$ 是服从期望为 μT、方差为 $\sigma^2 T$ 的正态分布，即 $\ln\left(\frac{S(t)}{S}\right)\sim \mathrm{N}(\mu t, \sigma^2 t)$.

下面根据欧式期权和美式期权定价公式的方法，计算 n 周期二项式模型买入期权的价格 C_n．设连续模型所对应的债券单位时间的收益率为 r 且 $R=1+r$，对时间区域 $[0, T]$ 进行 n 等分，则单周期离散模型的债券利率为

$$R^{\frac{T}{n}}-1=\exp\left\{\frac{T}{n}\ln R\right\}-1$$

由式(5-48)和式(5-56)及 $x=\ln u$，$y=\ln d$ 可知，风险中立概率为

$$p_n=\frac{\exp\left\{\frac{T}{n}\ln R\right\}-\exp\left\{\mu\frac{T}{n}-\sigma\sqrt{\frac{q}{1-q}\frac{T}{n}}\right\}}{\exp\left\{\mu\frac{T}{n}+\sigma\sqrt{\frac{1-q}{q}\frac{T}{n}}\right\}-\exp\left\{\mu\frac{T}{n}-\sigma\sqrt{\frac{q}{1-q}\frac{T}{n}}\right\}}$$

$$=\frac{\exp\left\{(\ln R-\mu)\frac{T}{n}\right\}-\exp\left\{-\sigma\sqrt{\frac{q}{1-q}\frac{T}{n}}\right\}}{\exp\left\{\sigma\sqrt{\frac{1-q}{q}\frac{T}{n}}\right\}-\exp\left\{-\sigma\sqrt{\frac{q}{1-q}\frac{T}{n}}\right\}}$$

由洛必达法则可得

$$\lim_{n\to\infty}p_n=q \tag{5-58}$$

在 5.5 节中，买入期权的价格 C_n 依赖于股价上升概率 p_n 及随机变量 $X_t(n)$(见式(5-54))，对于 n 周期模型此时相应地有

$$Y_t(n)=\ln X_t(n)\quad (t=1,\ 2,\ \cdots,\ n),\ 且$$

$$Y_t(n)=\ln X_t(n)=\begin{cases}x, & 以概率\ p_n\\ y, & 以概率\ 1-p_n\end{cases} \tag{5-59}$$

而且有 $D_n=Y_1(n)+\cdots+Y_n(n)$. 设 $Y_t(n)$的期望和方差分别为 μ_n，σ_n^2，由上式可得

$$\mu_n=p_nx+(1-p_n)y,\qquad \sigma_n^2=p_n(1-p_n)(x-y)^2 \tag{5-60}$$

再由$\{Y_t(n)\}$的相互独立性及式(5-56)和式(5-60)有

$$\lim_{n\to\infty}V(D_n)=\lim_{n\to\infty}n\sigma_n^2=\sigma^2T$$

由洛必达法则有

$$\lim_{n\to\infty}E(D_n)=\lim_{n\to\infty}n\mu_n=\left(\ln R-\frac{\sigma^2}{2}\right)T \tag{5-61}$$

成立(证明略). 根据中心极限定理得

$$\lim_{n\to\infty}P\left[\frac{D_n-n\mu_n}{\sigma_n\sqrt{n}}\leqslant z\right]=P\left[\frac{\ln(S_T/S)-\left(\ln R-\frac{\sigma^2}{2}\right)T}{\sigma\sqrt{T}}\leqslant z\right]=\Phi(z) \tag{5-62}$$

式中，$\Phi(x)$是标准正态分布函数.

根据 $Y_t(n)$的定义和式(5-54)，连续时间买入期权的价格 $C(S,\ T,\ K)$为

$$C(S,\ T,\ K)=R^{-T}E_p\left[(S\exp\{\ln(S_T/S)\}-K)^+\right] \tag{5-63}$$

而且有

$$\ln(S_T/S) \sim \mathrm{N}\left(\left(\ln R - \frac{\sigma^2}{2}\right)T,\ \sigma^2 T\right) \tag{5-64}$$

通过计算式(5－63)，可以得到著名的 Black-Scholes 公式

$$C(S,\ T,\ K) = S\Phi(\xi) - KR^{-T}\Phi(\xi - \sigma\sqrt{T}),\qquad \xi = \frac{\ln(SR^T/K)}{\sigma\sqrt{T}} + \frac{\sigma\sqrt{T}}{2} \tag{5-65}$$

下面证明由式(5－63)可推导出式(5－65)．由式(5－64)可知，$\ln(S_T/S)$服从正态分布，所以有

$$\begin{aligned}
C(S,T,K) &= R^{-T}\int_{-\infty}^{+\infty}(Se^x - K)^+ \frac{1}{\sqrt{2\pi T}\sigma}\exp\left\{-\frac{(x-(\ln R - \sigma^2/2)T)^2}{2\sigma^2 T}\right\}\mathrm{d}x \\
&= R^{-T}\int_{\ln(K/S)}^{+\infty}(Se^x - K)\frac{1}{\sqrt{2\pi T}\sigma}\exp\left\{-\frac{(x-(\ln R - \sigma^2/2)T)^2}{2\sigma^2 T}\right\}\mathrm{d}x \\
&= SR^{-T}\int_{-\ln(S/K)}^{+\infty} e^x \frac{1}{\sqrt{2\pi T}\sigma}\exp\left\{-\frac{(x-(\ln R - \sigma^2/2)T)^2}{2\sigma^2 T}\right\}\mathrm{d}x - \\
&\quad KR^{-T}\int_{-\ln(S/K)}^{+\infty}\frac{1}{\sqrt{2\pi T}\sigma}\exp\left\{-\frac{(x-(\ln R - \sigma^2/2)T)^2}{2\sigma^2 T}\right\}\mathrm{d}x
\end{aligned} \tag{5-66}$$

(1) 如果对上边最后等式的第二项积分进行变量替换

$$y = \frac{x - (\ln R - \sigma^2/2)T}{\sigma\sqrt{T}}$$

则有

$$\int_{-\xi+\sigma\sqrt{T}}^{+\infty}\frac{1}{\sqrt{2\pi}}e^{-y^2/2}\mathrm{d}y = \int_{-\infty}^{\xi-\sigma\sqrt{T}}\frac{1}{\sqrt{2\pi}}e^{-y^2/2}\mathrm{d}y = \Phi(\xi - \sigma\sqrt{T})$$

其中

$$\begin{aligned}
\xi &= \frac{\ln(S/K) + (\ln R + \sigma^2/2)T}{\sigma\sqrt{T}} \\
&= \frac{\ln(S/K) + \ln R^T + \sigma^2 T/2}{\sigma\sqrt{T}} \\
&= \frac{\ln(SR^T/K)}{\sigma\sqrt{T}} + \frac{\sigma\sqrt{T}}{2}
\end{aligned}$$

(2) 式(5－66)第一项的积分可考虑为

$$\begin{aligned}
\exp\left\{x - \frac{(x-(\ln R - \sigma^2/2)T)^2}{2\sigma^2 T}\right\} &= \exp\left\{-\frac{(x-(\ln R + \sigma^2/2)T)^2}{2\sigma^2 T} + T\ln R\right\} \\
&= R^T\exp\left\{-\frac{(x-(\ln R + \sigma^2/2)T)^2}{2\sigma^2 T}\right\}
\end{aligned}$$

如果对此积分进行变量替换

$$y=\frac{x-(\ln R+\sigma^2/2)T}{\sigma\sqrt{T}}$$

则式(5 - 66)第一项的积分为

$$\int_{-\xi}^{+\infty}R^T\frac{1}{\sqrt{2\pi}}\mathrm{e}^{-y^2/2}\mathrm{d}y=R^T\int_{-\infty}^{\xi}\frac{1}{\sqrt{2\pi}}\mathrm{e}^{-y^2/2}\mathrm{d}y=R^T\Phi(\xi)$$

对(1)、(2)进行整理，就可以证明 Black-Scholes 公式，即式(5 - 65)成立.

5.7 Markov 链在金融、经济中的应用举例

在本节中，将分两个部分继续介绍 Markov 链在金融、经济中的应用. 根据 Markov 链理论，对股票价格和公司经营状况进行数学建模，以期达到解决实际问题的目的.

5.7.1 多项式期权定价公式

在 5.6 节中，介绍了二项式期权定价公式；在本节中，将讨论二项式模型推广情形. 令现时刻 t 股票价格为 S，下一时刻 $t+1$ 股票价格有 n 种可能的变化，这种模型称为**多项式模型**. 设 $(u_i-1)(i=1,\cdots,n)$ 为状态 i 的收益率，状态 i 发生的概率为 p_i，即在时刻 $t+1$，股价以概率 p_i 变为 u_iS. 如此构造的股票价格过程可表示为

$$S\to u_iS,\quad 以概率\ p_i,\quad i=1,\cdots,n \tag{5-67}$$

同前面的 5.6 节一样，希望求得风险中立概率，所以要求股票的收益率与债券的利率相等，即概率分布 $\{p_i\}$ 满足

$$\sum_{i=1}^{n}p_iu_i=1+r,\quad \sum_{i=1}^{n}p_i=1,\quad p_i\geqslant 0 \tag{5-68}$$

由满足上式的 $\{p_i\}$ 及 5.6 节的推导方法(见式(5 - 54))，可以得到欧式买入期权的定价公式. 然而满足式(5 - 68)的概率分布 $\{p_i\}$ 不唯一(当 $n\neq 2$ 时). 一般地，考虑由 m 个股票和 1 个债券组成的市场，如果股票价格的变化在 $m+2$ 种状态之上，则风险中立概率不唯一，这样的市场称为**非完备**(incomplete)市场.

由于多项式模型所决定的欧式买入期权价格 $C(S,T,K)$ 不能被唯一确定，所以希望求出期权价格 $C(S,T,K)$ 的上界和下界. 为简单起见，考虑单周期 T 模型情况，多周期模型可由单周期模型推广而得(参见文献［22］).

类似式(5 - 42)，定义

$$C_i=(u_iS-K)^+ \tag{5-69}$$

根据式(5－49)，对满足式(5－68)的概率分布$\{p_i\}$，其所对应的期权价格为

$$C=(1+r)^{-1}\sum_{i=1}^{n}p_iC_i \tag{5-70}$$

设C_U表示$C(S, T, K)$的上界，即

$$C_U=\max\left\{(1+r)^{-1}\sum_{i=1}^{n}p_iC_i\right\} \tag{5-71}$$

其中

$$\sum_{i=1}^{n}p_iu_i=1+r,\quad \sum_{i=1}^{n}p_i=1,\quad p_i\geqslant 0 \tag{5-72}$$

同样可以定义$C(S, T, K)$的下界C_L. 设无风险利率r满足

$$u_1<\cdots<u_j<r+1<u_{j+1}<\cdots<u_n$$

则从式(5－71)解得$C(S, T, K)$的上界为

$$C_U=(1+r)^{-1}\left[C_nP_U+C_1(1-P_U)\right],\quad P_U=\frac{(1+r)-u_1}{u_n-u_1} \tag{5-73}$$

下界为

$$C_L=(1+r)^{-1}\left[C_{j+1}P_L+C_j(1-P_L)\right],\quad P_L=\frac{(1+r)-u_j}{u_{j+1}-u_j} \tag{5-74}$$

5.7.2 Markov链与公司经营状况

设某公司的经营状态为$\mathscr{S}=\{0, 1, \cdots, N\}$上的离散参数Markov链$\{X_n, n=0, 1, 2, \cdots\}$. 例如，考虑两个状态$\mathscr{S}=\{0, 1\}$时，其中状态0表示公司经营“恶化”，状态1表示公司经营“良好”，而且其转移概率矩阵为

$$\boldsymbol{P}=\begin{bmatrix} a & 1-a \\ 1-b & b \end{bmatrix},\quad 0<a, b<1 \tag{5-75}$$

假设该公司在证券交易所挂牌上市，即发行其股票. 现时的股票价格为S，股票价格的波动依赖于该公司的经营状况，对于状态$m\in\mathscr{S}$，则下一时刻股价的变化定义如下

$$S\begin{cases}\nearrow u_mS, & \text{以概率 } q_m \\ \searrow d_mS, & \text{以概率 } 1-q_m\end{cases} \tag{5-76}$$

这里假设无风险利率r满足$d_m<r+1<u_m$.

对于$n=0, 1, 2, \cdots$，X_n表示n时刻该公司的经营状况，S_n表示n时刻该公司的股票价格，则二维随机向量(X_n, S_n)是Markov链. 下面讨论该公司股票收益率的期望

和方差. 设 Markov 链$\{X_n\}$的初始状态为 i，即 $X_0=i$，定义随机序列 $Y_n(j)$，$j\in\mathscr{S}$为

$$Y_n(j)=\begin{cases}0, & \text{当 } X_n\neq j \text{ 时}\\ 1, & \text{当 } X_n=j \text{ 时}\end{cases} \tag{5-77}$$

这里，$\sum_{k=1}^{n}Y_k(j)$ 表示到时刻 n 为止公司经营状态为 j 的次数. 于是由 $Y_n(j)$的定义可知

$$E(Y_n(j))=P[X_n=j\mid X_0=i]=p_{ij}^{(n)}$$

所以

$$E\left[\frac{1}{n}\sum_{k=1}^{n}Y_k(j)\right]=\frac{1}{n}\sum_{k=1}^{n}p_{ij}^{(k)} \tag{5-78}$$

参考 5.5 节转移概率的渐近性质，可以证明(略)当时间充分大时，状态 j 是遍历态，即有

$$\lim_{n\to\infty}\frac{1}{n}\sum_{k=1}^{n}p_{ij}^{(k)}=\pi_j$$

其中 π_j 是状态 j 的极限概率，表达了公司经营处在平稳状况时经营状态为 j 的概率.

状态为 j 时，由式(5-76)，该公司股票收益率的期望为

$$(u_j-1)q_j+(d_j-1)(1-q_j)=u_jq_j+d_j(1-q_j)-1$$

所以当时间充分大时，该公司股票收益率的期望为

$$\sum_{j=0}^{N}\pi_j[u_jq_j+d_j(1-q_j)]-1 \tag{5-79}$$

状态为 j 时，该公司股票收益率的方差为

$$\begin{aligned}&(u_j-1)^2q_j+(d_j-1)^2(1-q_j)-[(u_j-1)q_j+(d_j-1)(1-q_j)]^2\\&=(u_j-1)^2(q_j-q_j^2)+(d_j-1)^2[(1-q_j)-(1-q_j)^2]-\\&\quad 2(u_j-1)(d_j-1)q_j(1-q_j)\\&=q_j(1-q_j)(u_j-d_j)^2\end{aligned}$$

所以当时间充分大时，该公司股票收益率的方差为

$$\sum_{j=0}^{N}\pi_jq_j(1-q_j)(u_j-d_j)^2 \tag{5-80}$$

习 题 5

1. 对 Markov 链 $X_n(n\geqslant 0)$，试证条件

$$P(X_{n+1}=j|X_0=i_0, \cdots, X_{n-1}=i_{n-1}, X_n=i)=P(X_{n+1}=j|X_n=i)$$

等价于对所有时刻 n，m 及所有状态 i_0，…，i_n，j_1，…，j_m 有

$$P(X_{n+1}=j_1, \cdots, X_{n+m}=j_m|X_0=i_0, \cdots, X_n=i_n)=$$

$$P(X_{n+1}=j_1, \cdots, X_{n+m}=j_m|X_n=i_n)$$

2. 考虑状态 0，1，2 上的一个 Markov 链 $X_n(n\geqslant 0)$，它有转移概率矩阵 $\boldsymbol{P}$，

$$\boldsymbol{P}=\begin{bmatrix} 0.2 & 0.1 & 0.7 \\ 0.8 & 0.2 & 0 \\ 0.1 & 0.8 & 0.1 \end{bmatrix}$$

初始分布为 $p_0=0.4$，$p_1=0.4$，$p_2=0.2$. 试求概率 $P(X_0=0, X_1=1, X_2=2)$.

3. 从 1，2，3，4，5，6 中，等可能地取出 1 个数，取后放回，连续取下去，若在前 n 次所取得的最大数为 j，就说“质点”在第 n 步处于状态 j，该“质点”运动构成一个 Markov 链，试求一步转移概率矩阵.

4. (1) A，B 两罐总共装着 N 个球，在时刻 n 先从 N 个球中等概率地任取一球；然后从 A，B 两罐中任选一个，选中 A 的概率为 p，选中 B 的概率为 $1-p$；之后再将选出的球放入选好的罐中. 设 X_n 为每次试验时 A 罐中的球数，试求此 Markov 链的转移概率矩阵.

(2) 重复掷一枚质地均匀的硬币直到连续出现两次正面为止，试引入以连续出现次数为状态空间的 Markov 链，并求出平均需要掷多少次试验才可以结束.

5. 设 Markov 链 $X_n(n\geqslant 0)$有状态 1，2，3 和一步转移概率矩阵

$$\boldsymbol{P}=\begin{bmatrix} 0.5 & 0.5 & 0 \\ 0 & 0.5 & 0.5 \\ 0.5 & 0 & 0.5 \end{bmatrix}$$

已知 $X_0=3$，即初始分布为 $p_1=p_2=0$，$p_3=1$. 试求

(1) 三步转移概率矩阵；

(2) 经三步转移后处于状态 2 的概率.

6. 记 $Z_i\,(i=1, 2, \cdots)$为一串独立同分布的离散随机变量，$P\{Z_1=k\}=p_k\geqslant 0(k=0, 1, 2, \cdots)$，$\sum\limits_{k=0}^{\infty}p_k=1$.

(1) 令 $X_n=\sum\limits_{i=1}^{n}Z_i\,(n=1, 2, \cdots)$，并约定 $X_0=0$. 试证 X_n 为 Markov 链，并求其一步转移概率矩阵.

(2) 令 $X_n=Z_n(n=1, 2, \cdots)$，试证 X_n 为 Markov 链，并求其一步转移概率矩阵.

(3) 令 $X_n=\max\{Z_1, \cdots, Z_n\}(n=1, 2, \cdots)$，并约定 $X_0=0$，试证 X_n 为 Markov 链，并求其一步转移概率矩阵.

7. 设 Markov 链的转移概率矩阵为

$$P=\begin{bmatrix} p_1 & q_1 & 0 \\ 0 & p_2 & q_2 \\ q_3 & 0 & p_3 \end{bmatrix} \quad (p_i+q_i=1, \quad i=1, 2, 3)$$

试求 $f_{11}^{(n)}$，$f_{12}^{(n)}$（$n=1$，2，3），并说明状态是否具有周期性.

8. 讨论下面给出的转移概率矩阵对应的 Markov 链的状态分类、周期性及平稳分布.

$$P=\begin{bmatrix} 0 & 0 & \frac{1}{2} & \frac{1}{2} \\ 1 & 0 & 0 & 0 \\ 0 & 1 & 0 & 0 \\ 0 & 1 & 0 & 0 \end{bmatrix}$$

9.（1）设 Markov 链$\{X_n\}$的状态空间 $E=\{1, 2, 3, 4\}$，转移矩阵为

$$P=\begin{bmatrix} 1 & 0 & 0 & 0 \\ 0 & 1 & 0 & 0 \\ \frac{1}{3} & \frac{2}{3} & 0 & 0 \\ \frac{1}{4} & \frac{1}{4} & 0 & \frac{1}{2} \end{bmatrix}$$

试分解此链，指出其非常返集和基本常返闭集，并说明常返闭集中的状态是否为正常返态.

（2）设 Markov 链$\{X_n\}$的状态空间 $E=\{0, 1, 2\}$，转移矩阵为

$$P=\begin{bmatrix} \frac{3}{4} & \frac{1}{4} & 0 \\ \frac{1}{4} & \frac{1}{2} & \frac{1}{4} \\ 0 & \frac{3}{4} & \frac{1}{4} \end{bmatrix}$$

初始分布 $p_0=p_1=p_2=\frac{1}{3}$，其中 $p_i=P(X_0=i)(i=0, 1, 2)$. 试求 $P(X_0=0, X_1=1, X_2=2)$和 $P(X_0=1, X_1=1, X_3=1)$.

10. 设三个 Markov 链的转移概率矩阵分别为

$$P=\begin{bmatrix} 0.7 & 0.1 & 0.2 \\ 0.1 & 0.8 & 0.1 \\ 0.05 & 0.05 & 0.9 \end{bmatrix},\ P=\begin{bmatrix} 0.5 & 0.5 & 0 \\ 0.5 & 0 & 0.5 \\ 0 & 0.5 & 0.5 \end{bmatrix},\ P=\begin{bmatrix} 1/2 & 1/2 & 0 \\ 1/3 & 1/3 & 1/3 \\ 1/6 & 1/2 & 1/3 \end{bmatrix}.$$

（1）判断以上三个 Markov 链是否具有平稳分布（写出理由）；

（2）若具有平稳分布，求 Markov 链的平稳分布及各状态的平均返回时间.

11. 设 Markov 链 $X_n(n\geqslant 0)$有状态 1，2 和一步转移概率矩阵

$$P=\begin{bmatrix}\frac{2}{3} & \frac{1}{3}\\ \frac{1}{2} & \frac{1}{2}\end{bmatrix}$$

初始分布为 $p_1=p$，$p_2=1-p(0<p<1)$. 对任意 $n\geqslant 1$，试求：

(1) $P(X_{n+2}=2|X_n=1)$；

(2) $P(X_n=1)$；

(3) 该链是否具有遍历性？为什么？

(4) 极限分布.

12. 某人有 r 把伞用于上下班，如果一天的开始(结束)他是在家(办公室)中而且天下雨，只要有伞可取到，他就拿一把到办公室(家)中. 如果天不下雨，那么他绝不带伞. 假定一天的开始(结束)下雨的概率为 p，且与过去的情况独立.

(1) 定义一个有 $r+1$ 个状态的 Markov 链以研究此人被淋湿的机会；

(2) 求极限分布；

(3) 此人被淋湿的机会.

13. 试证二维对称随机游动是常返链，而三维对称随机游动是非常返链.

14. 设 Markov 链的状态空间为 $E=\{0, 1, 2, \cdots\}$，对于 $k=0, 1, 2, \cdots$，链有转移概率

$$p_{k0}=\frac{k+1}{k+2},\quad p_{k,k+1}=\frac{1}{k+2}$$

求 Markov 链的转移概率矩阵，并讨论其可约性、周期性、常返性. 判断其是否存在平稳分布，若存在，则求之.

第 6 章

连续时间 Markov 链

在第 5 章中，主要讨论了离散参数 Markov 链的有关问题．本章中，主要介绍连续时间可列状态的 Markov 链．过程在一个状态停留一段时间后跳跃到另一状态，如此继续下去．过程的连续时间参数为 $t \in T=[0, \infty)$，而状态空间 E 仍是离散的，即 $E=\{0, 1, 2, \cdots\}$．前面介绍过的许多重要概率模型，如 Poisson 过程、生灭过程都是连续时间 Markov 链．在本章的最后一节，将应用生灭过程来研究股票价格过程．

6.1 连续时间 Markov 链的定义

定义 6-1 设随机过程 $\{X_t, t \geqslant 0\}$ 的状态空间为 E，如果对于任意整数 $n>0$，任意实数 $0 \leqslant t_0<t_1<\cdots<t_n<t_{n+1}$ 和任意 $i_k \in E$，$0 \leqslant k \leqslant n+1$，有

$$P(X_{t_{n+1}}=i_{n+1} \mid X_{t_0}=i_0, X_{t_1}=i_1, \cdots, X_{t_n}=i_n)=P(X_{t_{n+1}}=i_{n+1} \mid X_{t_n}=i_n)$$

则称 $\{X_t, t \geqslant 0\}$ 为**连续时间的 Markov 链**(或连续时间的马尔可夫链)，并称上式为链的转移概率．若对于任意 $s, t \geqslant 0$，$i, j \in E$，有

$$P(X_{t+s}=j \mid X_s=i)=P(X_t=j \mid X_0=i) \triangleq P_{ij}(t)$$

即其转移概率不依赖于 s 时，$\{X_t, t \geqslant 0\}$ 称为**齐次 Markov 链**．也经常用 $\{X(t), t \geqslant 0\}$ 来表示连续时间的齐次 Markov 链．

在本章仅讨论齐次 Markov 链．由齐次 Markov 链的定义易见，若链在初始时刻 $t=0$ 位于状态 i，且知该链在时间区间 $(0, s]$ 内一直逗留在 i，则它在以后的时间区间 $(s, s+t]$ 仍逗留在 i 的条件概率为

$$P(\tau_i>s+t \mid \tau_i>s)=P(\tau_i>t) \tag{6-1}$$

其中，τ_i 表示过程进入状态 i 之后的逗留时间．这表明随机变量 τ_i 是无记忆的，故具有指数分布．若设指数分布参数为 q_i，由此可引出链的构造性定义．

定义 6-2 随机过程 $\{X_t, t \geqslant 0\}$ 称为齐次 Markov 链，如果它具有以下性质：对任意 $i \in E$ 满足

(1) 若过程进入 i 后，在 i 逗留的时间服从参数为 q_i(即均值为 $1/q_i$)的指数分布；

(2) 若过程离开 i，则不管它在 i 的逗留时间有多长和以前去过什么状态，它离开 i 后转移到 E 中任一异于 i 的状态 j 的概率总是 P_{ij}，则此时显然有

$$\sum_{j\neq i} P_{ij}=1$$

由定义可以看出，这种连续时间 Markov 链按一离散 Markov 链作状态转移，而过程在任意状态的逗留时间是(无记忆的)指数随机变量，其分布的参数一般随状态的不同而改变.

定义 6-2 中的参数 q_i 是非负的，也有可能是∞. 当 $q_i=\infty$时，状态 i 称为**滑过的(瞬时状态)**，因此每当 Markov 链进入这种状态就马上离它而去. 以下只考虑非滑过的情形，即 $0\leqslant q_i<\infty$，对任意 $i\in E$，当 $q_i=0$ 时，称 i 为**吸收状态**，因为每当 Markov 链进入 i 后就永不离开；当 $0<q_i<\infty$时，称 i 为**逗留状态**，这时过程停留在状态 i，若干时间后跳到别的状态，停留时间服从指数分布. 可见，q_i 是过程离开状态 i 的速率.

由定义 6-1，对任意 $t\geqslant 0$，称

$$\boldsymbol{P}(t)=(P_{ij}(t)),\quad i,\ j\in E$$

为**转移概率矩阵**. 易证 $P_{ij}(t)$满足：对所有 i，$j\in E$ 和 s，$t\geqslant 0$

(1) $P_{ij}(t)\geqslant 0,\quad i,\ j\in E$；

(2) $\sum\limits_{j\in E} P_{ij}(t)=1,\quad i\in E$；

(3) $P_{ij}(t+s)=\sum\limits_{k\in E} P_{ik}(t)P_{kj}(s)$ 或 $\boldsymbol{P}(s+t)=\boldsymbol{P}(s)\boldsymbol{P}(t),\quad s,t\geqslant 0,i,j\in E$；

(4) $P_{ij}(0)=\delta_{ij}$，$\delta_{ii}=1$，$\delta_{ij}=0(j\neq i)$；如果再假设 $P_{ij}(t)$在 $t=0$ 连续，即对任意 i，$j\in E$ 有

$$\lim_{t\to 0} P_{ij}(t)=\delta_{ij}=\begin{cases}1, & i=j\\ 0, & \text{其他}\end{cases}$$

此时称 $P_{ij}(t)$为**标准转移概率**. 在这一假设下，$P_{ij}(t)$还具有进一步的性质.

(5) 对任意 i，$j\in E$，$P_{ij}(t)$是 t 的一致连续函数；

(6) 对任意 $i\in E$

$$P'_{ii}(0)=\lim_{t\to 0^+}\frac{1}{t}[P_{ii}(t)-1]=q_{ii}$$

存在，这里$-\infty<q_{ii}\leqslant 0$.

(7) 当 $i\neq j$ 时，下面的极限存在

$$P'_{ij}(0)=\lim_{t\to 0^+}\frac{P_{ij}(t)}{t}=q_{ij}$$

且 $0\leqslant q_{ij}<\infty$.

上面(3)中的后者为矩阵形式. (3)常称为 C-K 方程(即连续时间情形的 C-K 方程).

由定义 6-2 的(1)知，Markov 链在时刻 t 位于状态 i，当 $\Delta t>0$ 很小时，它在 $t+\Delta t$ 仍逗留在 i 的概率是

$$\begin{aligned}P_{ii}(\Delta t)&=P(X(t+\Delta t)=i\mid X(t)=i)\\&=P(X(t+\Delta t)=i,\text{在时间间隔 }\Delta t\text{ 内链没转移}\mid X(t)=i)+\\&\quad P(X(t+\Delta t)=i,\text{在时间间隔 }\Delta t\text{ 内链转移 1 次以上}\mid X(t)=i)\\&=P(\tau_i>\Delta t\mid X(t)=i)+o(\Delta t)\\&=e^{-q_i\Delta t}+o(\Delta t)\\&=1-q_i\Delta t+o(\Delta t)\end{aligned}$$

所以由上面的(6)有

$$q_i=\lim_{\Delta t\to 0^+}\frac{1-P_{ii}(\Delta t)}{\Delta t}=-q_{ii} \tag{6-2}$$

于是，链在时刻 $t+\Delta t$ 离开 i 的概率为 $q_i\Delta t+o(\Delta t)$. 又因为链离开 i 后转移到 $j(\neq i)$的概率是 P_{ij}，且 P_{ij} 与 Markov 链逗留的时间及链在以前的状态无关，故对任意 i，$j(i\neq j)$，有

$$\begin{aligned}P_{ij}(\Delta t)&=P(X(t+\Delta t)=j\mid X(t)=i)\\&=(q_i\Delta t+o(\Delta t))P_{ij}\\&=q_iP_{ij}\Delta t+o(\Delta t)\end{aligned}$$

所以由上面的(7)有

$$q_{ij}=\lim_{\Delta t\to 0^+}\frac{P_{ij}(\Delta t)}{\Delta t}=q_iP_{ij} \tag{6-3}$$

由上式可以看出，q_{ij} 表示过程从状态 i 转移到状态 j 的速率，故有时也称 q_{ij} 是从 i 到 j 的**转移速率**.

推论 6-1 对任意状态 $i\in E$，有

$$0\leqslant\sum_{j\neq i}q_{ij}\leqslant q_i \tag{6-4}$$

证 由 $\sum_{j\in E}P_{ij}(\Delta t)=1$，有 $1-P_{ii}(\Delta t)=\sum_{j\neq i}P_{ij}(\Delta t)$，再由式(6-2)和式(6-3)及 Fatou引理得

$$q_i=\lim_{\Delta t\to 0^+}\frac{1-P_{ii}(\Delta t)}{\Delta t}=\lim_{\Delta t\to 0^+}\sum_{j\neq i}\frac{P_{ij}(\Delta t)}{\Delta t}\geqslant\sum_{j\neq i}\lim_{\Delta t\to 0^+}\frac{P_{ij}(\Delta t)}{\Delta t}=\sum_{j\neq i}q_{ij}$$

于是推论 6-1 成立.

当状态空间 E 是有限集时，上述不等式变成等式. 即当 E 是有限状态空间时，对任意状态 $i\in E$，有

$$0\leqslant\sum_{j\neq i}q_{ij}=q_i<\infty \tag{6-5}$$

定义 6-3 称

$$q_{ij}=q_iP_{ij}=\lim_{t\to 0^+}\frac{P_{ij}(t)}{t}$$

为 Markov 链的**转移强度**或**转移率**. 而

$$
\begin{aligned}
q_i &= \lim_{t\to 0^+}\frac{1-P_{ii}(t)}{t} \\
&= -q_{ii} \\
&= \lim_{t\to 0^+} P(X_t\neq i \mid X(0)=i)
\end{aligned}
$$

称为 Markov 链的**通过强度**或**通过率**. 矩阵

$$\boldsymbol{Q}=(q_{ij})$$

称为 Markov 链的**转移强度矩阵**或**密度矩阵**. 它满足

$$q_{ii}\leqslant 0,\ q_{ij}\geqslant 0,\quad i,\ j\in E,\ i\neq j$$

$$q_i\geqslant \sum_{j\neq i} q_{ij}\geqslant 0$$

称 $\boldsymbol{Q}$ 是**保守的**，如果

$$\sum_{j\neq i} q_{ij}=q_i=-q_{ii}<\infty$$

$\boldsymbol{Q}$ 中的元素 q_{ij} 是链的转移概率 $P_{ij}(t)$ 在 $t=0$ 的右导数，它提供了有关转移概率在 $t=0$附近的信息，故 $\boldsymbol{Q}$ 起着离散时间链转移概率矩阵 $\boldsymbol{P}$ 的类似作用.

称一个连续 Markov 链是**规则的**，如果以概率 1 在任意有限时间区间中状态转移次数是有限的. 事实上，非规则的 Markov 链是存在的. 例如，当

$$P_{i,i+1}=1,\quad q_i=i^2,\quad i\in E$$

此时，链在任一状态 i 的逗留时间服从均值为$\frac{1}{i^2}$的指数分布，因为 $\sum_{i=1}^{\infty}\frac{1}{i^2}<\infty$，故链在任意长度不小于该和数的区间中(事实上，可以证明在任意长为 $t>0$ 的区间中)有无穷多次转移的概率是正的.

在实际中遇到的多是规则链. 特别地，当 q_i 有共同上界时，或者由 P_{ij} 构成的 $\boldsymbol{P}$ 不可约常返时，均是规则链. 在本节里，只讨论规则链的情形.

【例 6-1】 齐次 Poisson 计数过程$\{N(t),\ t\geqslant 0\}$是一个连续时间 Markov 链. 事实上，过程的 Markov 性可直接由其是独立增量过程推出. 设过程强度为 λ，则由过程的性质可得

$$P_{ii}(\Delta t)=P(N(t+\Delta t)=i \mid N(t)=i)=1-\lambda\Delta t+o(\Delta t)$$

$$P_{i,i+1}(\Delta t)=P(N(t+\Delta t)=i+1 \mid N(t)=i)=\lambda\Delta t+o(\Delta t)$$

$$P_{ij}(\Delta t)=o(\Delta t),\quad j\neq i\ \text{且}\ j\neq i+1$$

从而知 Poisson 过程的转移强度矩阵

$$\boldsymbol{Q}=\begin{bmatrix}-\lambda & \lambda & 0 & 0 & \cdots \\ 0 & -\lambda & \lambda & 0 & \cdots \\ 0 & 0 & -\lambda & \lambda & \cdots \\ \vdots & \vdots & \vdots & \vdots & \end{bmatrix}$$

对任意 $t>0$，过程在时间区间$[0, t]$中的计数(即转移次数)$N(t)\sim \mathrm{P}(\lambda t)$，故有

$$P(\text{在}[0, t]\text{ 中有有限多次转移发生})=\sum_{k=0}^{\infty}\mathrm{e}^{-\lambda t}\frac{(\lambda t)^k}{k!}=1$$

即 Poisson 过程是规则的.

6.2 极限定理和 Kolmogorov 方程

在本节中，将对转移概率 $P_{ij}(t)$进行进一步的讨论，这里只讨论$\{P_{ij}(t)\}$是标准的情形. 由 6.1 节结论可知，此时 $P_{ij}(t)$在$[0, \infty)$上关于 t 一致连续，且在 $t=0$ 处右导数存在. 此外，还可以证明(证明略)：

(1) $P_{ij}(t)$在$(0, \infty)$上有有穷的连续导数；

(2) $\lim\limits_{t\to\infty}P'_{ij}(t)=0$；

(3) $P_{ij}(t)$在$(0, \infty)$上或恒等于零，或恒大于零；

(4) $\lim\limits_{t\to\infty}P_{ij}(t)=v_{ij}$存在，它一般随 i 和 j 的变化而改变.

类似于离散 Markov 链的讨论，人们也关心 Markov 链在什么时候存在不依赖于出发状态 i 的极限，即$\lim\limits_{t\to\infty}P_{ij}(t)=\pi_j$.

定义 6-4 称状态 i，j 是**连通的(或互达的)**，如果存在 $t_1>0$ 和 $t_2>0$，使得

$$P_{ij}(t_1)>0, P_{ji}(t_2)>0$$

成立. 由上面关于 $P_{ij}(t)$的性质(3)知，若 i，j 连通，则对所有 $t>0$，皆有 $P_{ij}(t)>0$ 和 $P_{ji}(t)>0$. 称链是**不可约的**，如果其所有状态是两两相通的. 这等价于对任意 i，$j\in E$和任意 $t>0$，皆有 $P_{ij}(t)>0$.

定理 6-1 设 $X=\{X(t), t\geqslant 0\}$是不可约连续 Markov 链，则对任意 $h>0$，离散参数 Markov 链

$$X_h\triangleq\{X(nh), n\geqslant 0\}$$

是不可约非周期的.

证 由于 $X=\{X(t), t\geqslant 0\}$不可约，故对于任意 i，$j\in E$ 有

$$P_{ij}(nh)>0,\quad n\geqslant 1$$

从而其相应离散链是不可约的．特别地，由 $P_{ii}(h)>0$ 知链是非周期的．

【例 6-2】 设 Markov 链的所有状态是互达的，且状态空间 E 有限(当 E 无限时结论也成立)．设

$$P_i(t)=P(X(t)=i),\quad P_i(0)=P(X(0)=i),\quad i\in E$$

则 $\lim\limits_{t\to\infty}P_j(t)$ 存在且与初始分布 $\{P_i(0),\ i\in E\}$ 无关的充分必要条件为

$$\lim_{t\to\infty}P_{ij}(t)=\pi_j,\quad j\in E$$

证 先证必要性．设 $\lim\limits_{t\to\infty}P_j(t)=\pi_j$ 且与初始分布无关，因为

$$P_j(t)=\sum_{k\in E}P_k(0)P_{kj}(t),\ \ j\in E$$

所以由与初始分布无关，令

$$P_k(0)=\begin{cases}1, & k=i\\ 0, & \text{其他}\end{cases},\quad k,\ i\in E$$

于是有 $P_j(t)=P_{ij}(t)$，所以

$$\lim_{t\to\infty}P_{ij}(t)=\lim_{t\to\infty}P_j(t)=\pi_j,\quad j\in E$$

必要性得证．

下面证明充分性．设 $\lim\limits_{t\to\infty}P_{ij}(t)=\pi_j$，$i$，$j\in E$ 存在，则

$$\begin{aligned}\lim_{t\to\infty}P_j(t)&=\lim_{t\to\infty}\sum_{i\in E}P_i(0)P_{ij}(t)=\sum_{i\in E}P_i(0)\lim_{t\to\infty}P_{ij}(t)\\&=\sum_{i\in E}P_i(0)\pi_j=\pi_j\end{aligned}$$

所以充分性得证．

定理 6-2 设 $P_{ij}(t)$ 是不可约 Markov 链的转移概率，则对任意 i，$j\in E$，存在与 i 无关的极限 π_j，使得

$$\lim_{t\to\infty}P_{ij}(t)=\pi_j$$

成立．注意 π_j 可恒为 0．

证 因为 $P_{ij}(t)$ 关于 t 一致连续，故对任意 $\varepsilon>0$，存在 $h>0$，使对 τ：$0<\tau<h$ 及任意的 t 有

$$|P_{ij}(t+\tau)-P_{ij}(t)|<\frac{\varepsilon}{3}$$

由定理 6-1，有

$$\lim_{n\to\infty} P_{ij}(nh)=\pi_j(h) \tag{6-6}$$

这里 $\pi_j(h)$ 可取零值，因为当其相应离散链状态 j 是非常返态或零常返态时，$\pi_j(h)=0$. 于是存在正整数 N，当 n，$m\geqslant N$ 时有

$$|P_{ij}(nh)-P_{ij}(mh)|<\frac{\varepsilon}{3}$$

对任意的实数 t，$t'>Nh$，存在正整数 n，m，使得 $nh\leqslant t<(n+1)h$ 和 $mh\leqslant t'<(m+1)h$，此时显然有 n，$m\geqslant N$，故

$$|P_{ij}(t)-P_{ij}(t')|\leqslant|P_{ij}(t)-P_{ij}(nh)|+|P_{ij}(nh)-P_{ij}(mh)|+|P_{ij}(mh)-P_{ij}(t')|<\varepsilon$$

这表明 $\lim\limits_{t\to\infty} P_{ij}(t)$ 存在，定理 6-2 得证. 记 $\lim\limits_{t\to\infty} P_{ij}(t)=\pi_j$.

定理 6-3 设 $P_{ij}(t)$ 是不可约 Markov 链的转移概率，则

(1) 对任意 $s>0$ 有

$$\pi_j=\sum_{k\in E}\pi_k P_{kj}(s),\quad j\in E$$

(2) 对所有 $j\in E$，或者诸 $\pi_j=0$，或者诸 $\pi_j>0$. 在后一种情形，$\{\pi_j,\ j\in E\}$ 是一概率分布，即还满足

$$\sum_{j\in E}\pi_j=1$$

从而 $\{\pi_j,\ j\in E\}$ 构成关于 $\{P_{ij}(t)\}$ 的平稳分布.

证 由 C-K 方程

$$P_{ij}(t+s)=\sum_{k\in E}P_{ik}(t)P_{kj}(s)$$

令 $t\to\infty$，由 Fatou 引理知，上式为

$$\pi_j\geqslant\sum_{k\in E}\pi_k P_{kj}(s)$$

将上式两端对 j 求和得

$$\sum_{j\in E}\pi_j\geqslant\sum_{j\in E}\sum_{k\in E}\pi_k P_{kj}(s)=\sum_{k\in E}\pi_k\sum_{j\in E}P_{kj}(s)=\sum_{k\in E}\pi_k$$

即上式只能是等号成立，这样就证明了(1)。(2)的证明由相应离散 Markov 链 X_h 的有关理论得到(此时把 π_j 理解为 $\pi_j(h)$，见定理 6-1 和式(6-6)).

由以上定理易知，若 Markov 链的极限概率分布 $\{\pi_j,\ j\in E\}$ 存在，则它就是链的平稳分布. 因为通常难以通过定理 6-3 求出平稳分布，为了建立类似于离散时间情形的不依赖于时间 s 的求解诸 π_j 的方程组，可以利用反映瞬间转移可能性的转移强度(或称速率) q_{ij}. 为此，先建立含有 q_{ij} 的两组微分方程.

1. 非齐次情形下的向前微分方程和向后微分方程

设 $\{X(t),\ t\geqslant0\}$ 为非齐次 Markov 链. 对任意 j，$k\in E$ 和 $0\leqslant s<t$，令

$$P_{jk}(s, t)=P(X(t)=k|X(s)=j)$$

而且设

$$\lim_{h\to 0}\frac{1-P_{jj}(t, t+h)}{h}=q_j(t)=-q_{jj}(t)$$

和

$$\lim_{h\to 0}\frac{P_{jk}(t, t+h)}{h}=q_{jk}(t), \quad j\neq k$$

存在且连续. 由C-K方程得

$$\begin{aligned}&\frac{1}{h}(P_{ij}(s, t+h)-P_{ij}(s, t))\\&=\frac{1}{h}\sum_{k\neq j}[P_{ik}(s, t)P_{kj}(t, t+h)-(1-P_{jj}(t, t+h))P_{ij}(s, t)]\end{aligned}$$

令上式两端 $h\to 0$，若极限和求和运算的次序可以交换，则

$$\begin{aligned}\frac{\partial}{\partial t}P_{ij}(s, t)&=\sum_{k\neq j}P_{ik}(s, t)q_{kj}(t)+q_{jj}(t)P_{ij}(s, t)\\&=\sum_{k}P_{ik}(s,t)q_{kj}(t)\end{aligned}\tag{6-7}$$

另外，由C-K方程又得

$$P_{ij}(s-h, t)=\sum_{k\in E}P_{ik}(s-h, s)P_{kj}(s, t)$$

于是有

$$\begin{aligned}&-\frac{1}{h}(P_{ij}(s-h, t)-P_{ij}(s, t))\\&=-\frac{1}{h}\sum_{k\neq i}[P_{ik}(s-h, s)P_{kj}(s, t)-(1-P_{ii}(s-h, s))P_{ij}(s, t)]\end{aligned}$$

令 $h\to 0$，并设极限和求和运算可交换顺序，则有

$$\begin{aligned}\frac{\partial}{\partial s}P_{ij}(s, t)&=\sum_{k\neq i}q_{ik}(s)P_{kj}(s, t)+q_{ii}(s)P_{ij}(s, t)\\&=\sum_{k}q_{ik}(s)P_{kj}(s, t)\end{aligned}\tag{6-8}$$

所以式(6-7)和式(6-8)的矩阵方程形式分别为

$$\frac{\partial}{\partial t}\boldsymbol{P}(s, t)=\boldsymbol{P}(s, t)\boldsymbol{Q}(t)\tag{6-9}$$

$$\frac{\partial}{\partial s}\boldsymbol{P}(s, t)=\boldsymbol{Q}(s)\boldsymbol{P}(s, t)\tag{6-10}$$

因为式(6-7)或式(6-9)是对较晚时刻 t 求导，故称其为**向前微分方程**，类似地，式

(6－8)或式(6－10)称为**向后微分方程**.

2. 齐次链的向前微分方程和向后微分方程

在齐次 Markov 链的假设下，上面的转移概率和转移率分别变成

$$P_{ij}(s,\ t)=P_{ij}(t-s),\quad q_{ij}(s)=q_{ij}$$

所以对齐次 Markov 链$\{X(t),\ t\geqslant 0\}$，式(6－7)～式(6－10)分别转化为

$$P'_{ij}(t)=\sum_k P_{ik}(t)q_{kj}=-P_{ij}(t)q_j+\sum_{k\neq j}P_{ik}(t)q_{kj} \tag{6-11}$$

$$P'_{ij}(t)=\sum_k q_{ik}P_{kj}(t)=-q_iP_{ij}(t)+\sum_{k\neq i}q_{ik}P_{kj}(t) \tag{6-12}$$

$$\boldsymbol{P}'(t)=\boldsymbol{P}(t)\boldsymbol{Q} \tag{6-13}$$

$$\boldsymbol{P}'(t)=\boldsymbol{Q}\boldsymbol{P}(t) \tag{6-14}$$

式(6－13)和式(6－14)分别称为柯尔莫哥洛夫(Kolmogorov)向前微分方程、向后微分方程.

下面的定理说明对于有限齐次 Markov 链，Kolmogorov 向前微分方程、向后微分方程成立.

定理 6－4 设齐次 Markov 链$\{X(t),\ t\geqslant 0\}$的状态空间 E 有限，$\boldsymbol{P}(t)=(P_{ij}(t))$，$\boldsymbol{Q}=(q_{ij})=\boldsymbol{P}'(0)$，则有

$$\boldsymbol{P}'(t)=\boldsymbol{P}(t)\boldsymbol{Q},\quad \boldsymbol{P}'(t)=\boldsymbol{Q}\boldsymbol{P}(t)$$

成立.

证 由 C－K 方程得

$$\boldsymbol{P}(t+h)=\boldsymbol{P}(t)\boldsymbol{P}(h)=\boldsymbol{P}(h)\boldsymbol{P}(t)$$

所以

$$\frac{\boldsymbol{P}(t+h)-\boldsymbol{P}(t)}{h}=\boldsymbol{P}(t)\frac{\boldsymbol{P}(h)-\boldsymbol{I}}{h}=\frac{\boldsymbol{P}(h)-\boldsymbol{I}}{h}\boldsymbol{P}(t)$$

令 $h\to 0$，两边取极限，由于 E 有限，因此有

$$\boldsymbol{P}'(t)=\boldsymbol{P}(t)\boldsymbol{Q}=\boldsymbol{Q}\boldsymbol{P}(t)$$

成立. 证毕.

在推导向前微分方程、向后微分方程时，曾假定交换极限与求和次序的合法性. 下面给出这两个方程成立的充要条件.

定理 6－5 (1) 对给定的 $i\in E$，向后微分方程(6－14)成立的充要条件是

$$q_i<\infty,\quad 且\quad q_i=\sum_{j\neq i}q_{ij} \tag{6-15}$$

(2) 对于向前微分方程(6－13)，其成立的充要条件是上述条件(6－15)成立，并且还需要对给定的 $j\in E$，对 i 一致地有

$$\lim_{h\to 0}\frac{P_{ij}(h)}{h}=q_{ij},\quad i\neq j$$

（证明从略）

在例 6-2 中，考虑了 $X(t)$在 t 时刻的概率分布，其中 $P_i(t)=P(X(t)=i)$，$P_i(0)=P(X(0)=i)$，$i\in E$. 显然有

$$P_j(t)=\sum_{i\in E}P_i(0)P_{ij}(t),\quad j\in E$$

于是可得如下定理.

定理 6-6 设 Markov 链的状态空间 E 有限，则下列 Fokker-Planck 方程

$$P'_j(t)=-P_j(t)q_j+\sum_{k\neq j}P_k(t)q_{kj},\quad j\in E \tag{6-16}$$

成立.

证 式(6-11)两边同乘以 $P_i(0)$并对 i 求和，即可证明此定理.

在定理 6-3 中，已经引入了连续时间 Markov 链平稳分布的概念，即若一概率分布$\{\pi_j,\ j\in E\}$满足 $\pi_j=\sum_{k\in E}\pi_k P_{kj}(t)$（对任意 $j\in E$，$t\geqslant 0$），则称$\{\pi_j,\ j\in E\}$为平稳分布. 与离散时间 Markov 链相似，当 Markov 链 $X=\{X(t),\ t\geqslant 0\}$为不可约遍历链时，必存在唯一的平稳分布$\{\pi_j,\ j\in E\}$. 于是得到如下定理.

定理 6-7 对于不可约连续 Markov 链，在状态 E 为有限时，下面的极限概率 π_j 存在

$$\lim_{t\to\infty}P_{ij}(t)=\pi_j,\qquad j\in E$$

而且$\{\pi_j,\ j\in E\}$必定满足平衡方程

$$q_j\pi_j=\sum_{k\neq j}\pi_k q_{kj} \tag{6-17}$$

且诸 $\pi_j>0$，$\sum_j\pi_j=1$，是满足平衡方程的唯一解.

证 因为 Markov 链不可约且状态 E 为有限，根据例 6-2 或定理 6-2 易得

$$\lim_{t\to\infty}P_{ij}(t)=\pi_j>0$$

由 C-K 方程得

$$\frac{P_{ij}(t+h)-P_{ij}(t)}{h}=\frac{\sum_{k\neq j}P_{ik}(t)P_{kj}(h)-(1-P_{jj}(h))P_{ij}(t)}{h}$$

令上式两端 $h\to 0$，再令 $t\to\infty$，得

$$0=-q_j\pi_j+\sum_{k\neq j}\pi_k q_{kj}$$

于是定理 6-7 得证.

式(6-17)可解释如下：在任意区间$(0,\ t]$中，Markov 链转移到 j 的次数和 j 转移出去的次数之差不超过 1. 因此，当 t 无限大，使 Markov 链最终处于稳定状态时，它

进入 j 的转移概率 $\sum_{k\neq j}\pi_k q_{kj}$ 必须等于离开 j 的转移率 $\pi_j q_j$.

【例 6-3】 (两状态 Markov 链)设连续时间齐次 Markov 链 $\{X(t), t\geqslant 0\}$ 的状态空间为 $E=\{0, 1\}$，且

$$P_{01}(h)=\lambda h+o(h),\quad P_{10}(h)=\mu h+o(h)$$

$$P_{00}(h)=1-\lambda h+o(h),\quad P_{11}(h)=1-\mu h+o(h)$$

即 Markov 链在转移到状态 1 之前，在状态 0 停留的时间是参数为 λ 的指数随机变量，而在回到状态 0 之前，它停留在状态 1 的时间是服从参数为 μ 的指数分布.

下面讨论两状态 Markov 链的 $\boldsymbol{P}(t)$. 由此模型可计算出其密度矩阵

$$\boldsymbol{Q}=\begin{bmatrix}-\lambda & \lambda\\ \mu & -\mu\end{bmatrix}$$

于是 Kolmogorov 向前微分方程、向后微分方程分别为

$$\boldsymbol{P}'(t)=\boldsymbol{P}(t)\boldsymbol{Q},\quad \boldsymbol{P}'(t)=\boldsymbol{Q}\boldsymbol{P}(t)$$

其中向前微分方程相应的矩阵元素可写成方程组

$$P'_{00}(t)=-\lambda P_{00}(t)+\mu P_{01}(t)$$

$$P'_{01}(t)=\lambda P_{00}(t)-\mu P_{01}(t)$$

$$P'_{10}(t)=-\lambda P_{10}(t)+\mu P_{11}(t)$$

$$P'_{11}(t)=\lambda P_{10}(t)-\mu P_{11}(t)$$

同理也可写出向后微分方程相应的矩阵元素(略). 将 $P_{01}(t)=1-P_{00}(t)$ 代入方程组中第一个方程，得

$$P'_{00}(t)=\mu-(\lambda+\mu)P_{00}(t) \tag{6-18}$$

令 $Q_{00}(t)=\mathrm{e}^{(\lambda+\mu)t}P_{00}(t)$，则有

$$Q'_{00}(t)=(\lambda+\mu)\mathrm{e}^{(\lambda+\mu)t}P_{00}(t)+\mathrm{e}^{(\lambda+\mu)t}P'_{00}(t)$$

由式(6-18)可知

$$Q'_{00}(t)=\mu\mathrm{e}^{(\lambda+\mu)t}$$

其通解是

$$Q_{00}(t)=\frac{\mu}{\lambda+\mu}\mathrm{e}^{(\lambda+\mu)t}+C$$

利用初始条件 $P_{00}(0)=1$，得 $C=\dfrac{\lambda}{\lambda+\mu}$，所以转移概率矩阵 $\boldsymbol{P}(t)$ 为

$$P_{00}(t)=\frac{\mu}{\lambda+\mu}+\frac{\mu}{\lambda+\mu}e^{-(\lambda+\mu)t}$$

$$P_{01}(t)=\frac{\lambda}{\lambda+\mu}-\frac{\mu}{\lambda+\mu}e^{-(\lambda+\mu)t}$$

$$P_{10}(t)=\frac{\mu}{\lambda+\mu}-\frac{\mu}{\lambda+\mu}e^{-(\lambda+\mu)t}$$

$$P_{11}(t)=\frac{\lambda}{\lambda+\mu}+\frac{\mu}{\lambda+\mu}e^{-(\lambda+\mu)t}$$

6.3 生灭过程

生灭过程(birth - death process)是一类特殊的连续 Markov 链，对它的研究已经比较深入、系统和成熟. 同时它具有广泛的实际应用，如它可应用在排队理论、生物、医学、经济管理、交通、通信等方面.

设有一群体，它由同类型的个体组成，其中每个个体在长为 Δt 的时间区间内繁殖一个新个体的概率是

$$\lambda\Delta t+o(\Delta t)\quad(\lambda\geqslant 0)$$

繁殖两个以上个体的概率则是

$$o(\Delta t)$$

并设每个个体都会死亡，且寿命服从参数为 $\mu(\mu\geqslant 0)$的指数分布. 假设诸个体的死亡、繁殖及同一个体各次繁殖之间均相互独立. 令 $X(t)$表示群体在 t 时刻的个体数，则随机过程$\{X(t),\ t\geqslant 0\}$是一齐次连续 Markov 链，其转移概率 P_{ij} 满足

$$\begin{aligned}P_{i,i+1}(\Delta t)&=P(X(t+\Delta t)=i+1\,|\,X(t)=i)\\&=i\lambda\Delta t+o(\Delta t)\quad(i\geqslant 0)\end{aligned}$$

$$\begin{aligned}P_{i,i-1}(\Delta t)&=P(X(t+\Delta t)=i-1\,|\,X(t)=i)\\&=i\mu\Delta t+o(\Delta t)\quad(i>0)\end{aligned}$$

$$\begin{aligned}P_{ii}(\Delta t)&=P(X(t+\Delta t)=i\,|\,X(t)=i)\\&=1-i(\lambda+\mu)\Delta t+o(\Delta t)\quad(i\geqslant 0)\end{aligned}$$

$$\begin{aligned}P_{ij}(\Delta t)&=P(X(t+\Delta t)=j\,|\,X(t)=i)\\&=o(\Delta t)\quad(|i-j|\geqslant 2;\ i,\ j\geqslant 0)\end{aligned}$$

由此可推出转移强度为 q_{ij}

$$q_{i,i+1}=\lim_{\Delta t\to 0}\frac{P_{i,i+1}(\Delta t)}{\Delta t}=i\lambda\quad(i\geqslant 0)\tag{6-19}$$

$$q_{i,i-1}=\lim_{\Delta t\to 0}\frac{P_{i,i-1}(\Delta t)}{\Delta t}=i\mu \quad (i>0) \tag{6-20}$$

$$q_{ii}=-q_i=\lim_{\Delta t\to 0}\frac{P_{ii}(\Delta t)-1}{\Delta t}=-i(\mu+\lambda) \quad (i\geqslant 0) \tag{6-21}$$

$$q_{ij}=0 \quad (|i-j|\geqslant 2;\ i,\ j\geqslant 0) \tag{6-22}$$

进一步地，若只假设

$$q_{i,i+1}=\lambda_i, \quad i\geqslant 0 \tag{6-23}$$

$$q_{i,i-1}=\mu_i, \quad i>0 \tag{6-24}$$

这里 λ_i 和 μ_i 是(可依赖于 i 的)任意非负数，式(6-22)仍保留，而式(6-21)化为

$$q_{ii}=-(\lambda_i+\mu_i), \quad i\geqslant 0 \tag{6-25}$$

则有下面齐次生灭过程的定义.

定义 6-5 设连续时齐次 Markov 链的状态空间 $E=\{0，1，2，\cdots\}$且转移强度矩阵 $\boldsymbol{Q}=(q_{ij})$满足式(6-21)~式(6-25)，则此链称为齐次生灭过程. 其中$\{\lambda_i，i\geqslant 0\}$和$\{\mu_i，i\geqslant 0\}$分别称作过程的**生率**和**灭率**(约定 $\mu_0=0$).

易见，此时生灭过程的转移强度矩阵为

$$\boldsymbol{Q}=\begin{bmatrix} -\lambda_0 & \lambda_0 & 0 & 0 & \cdots \\ \mu_1 & -(\lambda_1+\mu_1) & \lambda_1 & 0 & \cdots \\ 0 & \mu_2 & -(\lambda_2+\mu_2) & \lambda_2 & \cdots \\ 0 & 0 & \mu_3 & -(\lambda_3+\mu_3) & \cdots \\ \vdots & \vdots & \vdots & \vdots & \end{bmatrix}$$

相应的向前方程是

$$P'_{i0}(t)=-\lambda_0 P_{i0}(t)+\mu_1 P_{i1}(t)$$

$$P'_{ij}(t)=\lambda_{j-1}P_{i,j-1}(t)-(\lambda_j+\mu_j)P_{ij}(t)+\mu_{j+1}P_{i,j+1}(t), \quad j\geqslant 1$$

向后方程是

$$P'_{0j}(t)=-\lambda_0 P_{0j}(t)+\lambda_0 P_{1j}(t)$$

$$P'_{ij}(t)=\lambda_i P_{i+1,j}(t)-(\lambda_i+\mu_i)P_{ij}(t)+\mu_i P_{i-1,j}(t), \quad i\geqslant 1$$

如果对某 k，有 $\lambda_k=0$，则当 $X(t)$取 k 后，就以概率 1 不再增大，故这时可以认为状态空间 $E=\{0，1，2，\cdots，k\}$为有限. 当 $0<\lambda_i<\infty$和 $0<\mu_{i+1}<\infty$(对所有 $i\in E$)时，过程是不可约的，而且满足保守性条件，故极限概率

$$\lim_{t\to\infty}P_{ij}(t)=\pi_j, \quad 对于任意\ j\in E$$

存在且与 i 无关，可按定理 6-7 中式(6-17)写出平衡方程

$$\pi_i(\lambda_i+\mu_i)=\pi_{i-1}\lambda_{i-1}+\pi_{i+1}\mu_{i+1}, \quad i\in E$$

即

$$\pi_i\lambda_i-\pi_{i+1}\mu_{i+1}=\pi_{i-1}\lambda_{i-1}-\pi_i\mu_i, \quad i\in E$$

当 $i=0$ 时，约定 $\mu_0=\lambda_{-1}=0$，此时上式化为 $\pi_0\lambda_0-\pi_1\lambda_1=0$.

当 $i=1$ 时，可推出 $\pi_1\lambda_1-\pi_2\mu_2(=\pi_0\lambda_0-\pi_1\mu_1)=0$，依次令 $i=1，2，3，\cdots$，即得

$$\pi_i\lambda_i-\pi_{i+1}\mu_{i+1}=0, \quad \text{对于任意 } i\in E$$

因而有

$$\pi_{i+1}=\frac{\lambda_i}{\mu_{i+1}}\pi_i, \quad \text{对于任意 } i\in E$$

从而推出

$$\pi_{i+1}=\frac{\lambda_0\lambda_1\cdots\lambda_i}{\mu_1\mu_2\cdots\mu_{i+1}}\pi_0, \quad \text{对于任意 } i\in E$$

若链的平稳分布存在，此时 $\pi_0>0$，$\sum_{j=0}^{\infty}\pi_j=1$，从而

$$1=\sum_{j=0}^{\infty}\pi_j=\left(1+\sum_{i=0}^{\infty}\frac{\lambda_0\lambda_1\cdots\lambda_i}{\mu_1\mu_2\cdots\mu_{i+1}}\right)\pi_0 \tag{6-26}$$

可知级数

$$\sum_{i=0}^{\infty}\frac{\lambda_0\lambda_1\cdots\lambda_i}{\mu_1\mu_2\cdots\mu_{i+1}}<\infty$$

反之若该级数发散，由 Fatou 引理

$$\sum_{j=0}^{\infty}\pi_j=\sum_{j=0}^{\infty}\lim_{t\to\infty}P_{ij}(t)\leqslant\lim_{t\to\infty}\sum_{j=0}^{\infty}P_{ij}(t)=1$$

所以级数发散时，由式(6-26)知，所有 π_i 都为零，即在极限状态，过程取任意有限值的概率等于零，于是得到如下定理.

定理 6-8 对于生率和灭率分别是$\{\lambda_i，i\geqslant0\}$和$\{\mu_i，i\geqslant0\}$的齐次生灭过程，平稳分布$\{\pi_i，i\in E\}$存在的充要条件是

$$\sum_{i=0}^{\infty}\frac{\lambda_0\lambda_1\cdots\lambda_i}{\mu_1\mu_2\cdots\mu_{i+1}}<\infty$$

而当上面级数发散时，所有极限概率 $\pi_i=0$，$i\in E$.

【例 6-4】 设$\{X(t)，t\geqslant0\}$为齐次生灭过程，且生率、灭率分别是 $\lambda_i=1$，$\mu_i=i$ $(i\in E)$，则

$$1+\sum_{i=0}^{\infty}\frac{\lambda_0\lambda_1\cdots\lambda_i}{\mu_1\mu_2\cdots\mu_{i+1}}=1+\sum_{i=0}^{\infty}\frac{1}{(i+1)!}=\mathrm{e}<\infty$$

故平稳分布$\{\pi_i\}$存在，且

$$\pi_0=\pi_1=\frac{1}{\mathrm{e}},\ \pi_2=\frac{1}{2\mathrm{e}},\ \cdots,\ \pi_i=\frac{1}{i!\mathrm{e}},\ \cdots$$

定理 6-9(纯生过程) 纯生过程同样具有广泛应用，如在原子物理学中，纯生过程就可以描述放射性蜕变现象等. 考虑一串正数$\{\lambda_k,\ k=0,\ 1,\ 2,\ \cdots\}$，记$X(t)$为$(0,t]$时间段中新生个体数，若$X(t)$满足

(1) $X(0)=0$；

(2) $P(X(t+h)-X(t)=1\,|\,X(t)=k)=\lambda_k h+o(h)$；

(3) $P(X(t+h)-X(t)=0\,|\,X(t)=k)=1-\lambda_k h+o(h)$；

(4) $P(X(t+h)-X(t)<0\,|\,X(t)=k)=0$.

则称$X(t)$为一纯生过程. 这是所有灭率$\mu_i=0(i\geqslant 0)$的生灭过程. 它表明个体只会繁殖，不会死亡，因此群体大小只会增加不会减少，其相应$\boldsymbol{Q}$为

$$\boldsymbol{Q}=\begin{bmatrix}-\lambda_0 & \lambda_0 & & & \\ & -\lambda_1 & \lambda_1 & & \\ & & -\lambda_2 & \lambda_2 & \\ & & & \ddots & \ddots\end{bmatrix}$$

即

$$q_{ii}=-\lambda_i,\quad q_{i,i+1}=\lambda_i,\quad i\in E$$

由向前方程$P'_{ij}(t)=\sum_k P_{ik}(t)q_{kj}$，不难得出纯生过程的向前方程为

$$P'_{ii}(t)=-\lambda_i P_{ii}(t)$$

$$P'_{ij}(t)=\lambda_{j-1}P_{i,j-1}(t)-\lambda_j P_{ij}(t),\quad j\geqslant i+1$$

向后方程为

$$P'_{ii}(t)=-\lambda_i P_{ii}(t)$$

$$P'_{ij}(t)=-\lambda_i P_{ij}(t)+\lambda_i P_{i+1,j}(t),\quad j\geqslant 1$$

可以计算，纯生向前方程的解是

$$P_{ii}(t)=\mathrm{e}^{-\lambda_i t}$$

$$P_{ij}(t)=\lambda_{j-1}\mathrm{e}^{-\lambda_j t}\int_0^t \mathrm{e}^{\lambda_j x}P_{i,j-1}(x)\mathrm{d}x,\quad j\geqslant i+1$$

【例 6-5】 在纯生过程模型中，若$\lambda_i=\lambda(i\geqslant 0)$，则纯生过程$\{X(t),\ t\geqslant 0\}$就是强度为$\lambda$的齐次 Poisson 过程.

证 由定理 6-9 的结论有

$$P_{ii}(t)=\mathrm{e}^{-\lambda t}$$

$$P_{i,i+1}(t)=\lambda\mathrm{e}^{-\lambda t}\int_0^t \mathrm{e}^{\lambda x}P_{ii}(x)\mathrm{d}x=\lambda t\mathrm{e}^{-\lambda t}$$

$$P_{i,i+2}(t)=\lambda\mathrm{e}^{-\lambda t}\int_0^t \mathrm{e}^{\lambda x}P_{i,i+1}(x)\mathrm{d}x=\mathrm{e}^{-\lambda t}\frac{(\lambda t)^2}{2!}$$

则由数学归纳法可得

$$P_{ij}(t)=\mathrm{e}^{-\lambda t}\frac{(\lambda t)^{j-i}}{(j-i)!},\quad j\geqslant i$$

$$P_{ij}(t)=0,\quad j<i$$

与例 6-2 中的定义相同，设 $P_i(t)=P(X(t)=i)(i\geqslant 0)$，因为 $P_0(0)=P(X(0)=0)=1$，所以有

$$P_j(t)=P(X(t)=j)=\sum_{k=0}^{\infty}P_k(0)P_{kj}(t)=P_{0j}(t)=\mathrm{e}^{-\lambda t}\frac{(\lambda t)^j}{j!}\tag{6-27}$$

转移概率为

$$\begin{aligned}P_{ij}(t)&=P(X(s+t)=j\mid X(s)=i)\\&=P(X(s+t)-X(s)=j-i\mid X(s)=i)\\&=\mathrm{e}^{-\lambda t}\frac{(\lambda t)^{j-i}}{(j-i)!}\quad(j\geqslant i)\end{aligned}$$

由上式和式(6-27)可得

$$\begin{aligned}&P(X(s+t)-X(s)=j-i,\ X(s)=i)\\=&P(X(s+t)-X(s)=j-i\mid X(s)=i)P(X(s)=i)\\=&\mathrm{e}^{-\lambda t}\frac{(\lambda t)^{j-i}}{(j-i)!}\cdot\mathrm{e}^{-\lambda s}\frac{(\lambda s)^j}{j!}\end{aligned}$$

这表明 $X(s+t)-X(s)$ 与 $X(s)-X(0)$ 相互独立，所以 $\{X(t),\ t\geqslant 0\}$ 是独立增量过程，从而 $\{X(t),\ t\geqslant 0\}$ 为齐次 Poisson 过程.

【例 6-6】 在纯生过程模型中，若 $\lambda_i=i\lambda(i=1,\ 2,\ \cdots)$，则纯生过程 $\{X(t),\ t\geqslant 0\}$ 称为 Furry-Yule(富雷-尤尔)过程.

证 由定理 6-9 的结论有

$$P_{ii}(t)=\mathrm{e}^{-\lambda it}$$

$$\begin{aligned}P_{i,i+1}(t)&=i\lambda\mathrm{e}^{-\lambda(i+1)t}\int_0^t \mathrm{e}^{\lambda(i+1)x}P_{ii}(x)\mathrm{d}x\\&=i\lambda\mathrm{e}^{-\lambda(i+1)t}\int_0^t \mathrm{e}^{\lambda(i+1)x}\mathrm{e}^{-\lambda ix}\mathrm{d}x\\&=i\mathrm{e}^{-i\lambda t}(1-\mathrm{e}^{-\lambda t})\\&=\mathrm{C}_i^1(\mathrm{e}^{-\lambda t})^i(1-\mathrm{e}^{-\lambda t})^{i+1-i}\end{aligned}$$

则由数学归纳法可得

$$P_{ij}(t)=C_{j-1}^{j-i}(e^{-\lambda t})^{i}(1-e^{-\lambda t})^{j-i}, \quad j\geqslant i\geqslant 1$$

此式表明在 $X(0)=i\geqslant 1$ 下，$X(t)$ 服从参数为 $p=e^{-\lambda t}$，$r=i$ 的负二项分布. 从而有

$$\begin{aligned}P_j(t)&=P(X(t)=j)=\sum_k P_k(0)P_{kj}(t)\\&=P_{ij}(t)=C_{j-1}^{j-i}(e^{-\lambda t})^{i}(1-e^{-\lambda t})^{j-i}, \quad j\geqslant i\geqslant 1\end{aligned}$$

所以

$$E(X(t))=\frac{i}{e^{-\lambda t}}=ie^{\lambda t}$$

$$V(X(t))=\frac{i(1-e^{-\lambda t})}{e^{-2\lambda t}}=i(1-e^{-\lambda t})e^{2\lambda t}$$

特别地，当 $X(0)=1$(即 $i=1$)时，得

$$P_j(t)=P_{1j}(t)=e^{-\lambda t}(1-e^{-\lambda t})^{j-1}, \quad j\geqslant 1$$

这时 $X(t)$ 服从参数为 $e^{-\lambda t}$ 的几何分布.

6.4 生灭过程与股票价格过程

在本节中，将应用生灭过程来研究欧式买入期权的定价问题，具体将讨论欧式买入期权价格的上下界及风险中立转移率的集合范围.

设时间参数集合为 $T=[0, \infty)$，设股票价格过程为 $S(t)$，$S(0)=S$ 表示 0 时刻股票价格. 假设证券市场中的情报或信息影响该股票价格的波动，当有一个利好信息时，股票价格上升到 uS(以概率 p)；当有一个利空信息时，股票价格下落到 dS(以概率 $1-p$). 即以概率 p 存在一个利好信息，以概率 $1-p$ 存在一个利空信息，从而导致股票价格波动. 设单位时间内情报发生的平均次数(或强度)为 $v(v\geqslant 0)$，令

$$\alpha=pv, \quad \beta=(1-p)v \tag{6-28}$$

把在 Δt(充分小)时间区间内股票价格变动定义为

$$S\to\begin{cases}uS, & \text{以概率 } \alpha\Delta t+o(\Delta t)\\ S, & \text{以概率 } 1-(\alpha+\beta)\Delta t+o(\Delta t)\\ dS, & \text{以概率 } \beta\Delta t+o(\Delta t)\end{cases} \tag{6-29}$$

式中 $o(\Delta t)$ 满足

$$\lim_{\Delta t\to 0}\frac{o(\Delta t)}{\Delta t}=0 \tag{6-30}$$

而且在很短的时间 Δt 内，有两个或两个以上情报发生的概率为 $o(\Delta t)$.

以上就是根据生灭过程构造了股票价格过程，价格的变化状态具有三种状态. 下面考虑欧式买入期权的定价问题. 设敲定价格为 K，满期为 T，无风险利率为 r. 假设市场中只有一个债券(无风险资产)和一个股票，且股票的价格过程由式(6-29)给出. 对于很小时间区间 Δt，若现时刻债券的价格为 B，Δt 时间后债券的价值(本金和利息)变为 $Be^{r\Delta t}$. 对于 $\Delta t>0$，为了求出风险中立概率，假设在风险中立概率条件下，股票价格的波动如下

$$S \to \begin{cases} uS, & \text{以概率 } \lambda\Delta t + o(\Delta t) \\ S, & \text{以概率 } 1-(\lambda+\mu)\Delta t + o(\Delta t) \\ dS, & \text{以概率 } \mu\Delta t + o(\Delta t) \end{cases} \tag{6-31}$$

式中，$\lambda>0$，$\mu>0$. 此时要求股票收益率的均值(期望)与债券的收益率相等，即有

$$u\lambda\Delta t+1-(\lambda+\mu)\Delta t+d\mu\Delta t+o(\Delta t)=\mathrm{e}^{r\Delta t}$$

所以

$$u\lambda\Delta t+1-(\lambda+\mu)\Delta t+d\mu\Delta t+o(\Delta t)=1+r\Delta t+o(\Delta t)$$

两边同除以 Δt，并令 $\Delta t\to 0$，得

$$(u-1)\lambda-(1-d)\mu=r \tag{6-32}$$

即(λ, μ)要满足等式(6-32). 把满足等式(6-32)的(λ, μ)称为**风险中立转移率**，满足等式(6-32)的所有(λ, μ)构成风险中立转移率集合. 由图 6-1 可以看出，风险中立转移率集合构成一条直线.

给定一个风险中立转移率(λ, μ)，此时股票价格过程表示为 $\{S_\lambda(t), t\geqslant 0\}$，令

$$M_\lambda(t)=\frac{S_\lambda(t)}{S} \tag{6-33}$$

类似 5.6 节的内容及式(5-54)，可以得到欧式买入期权的价格为

$$C_\lambda(S, T, K)=(1+r)^{-T}E_\lambda\left(f(SM_\lambda(T)\,|\,S_\lambda(0)=S)\right) \tag{6-34}$$

式中，$f(x)=(x-K)^+$. 因此事件$\{M_\lambda(t)=u^k d^{n-k}\}$ 表示在时刻 t 为止时有 n 个情报发生，其中有 k 个利好信息，$n-k$ 个利空信息. 若设其相应概率为

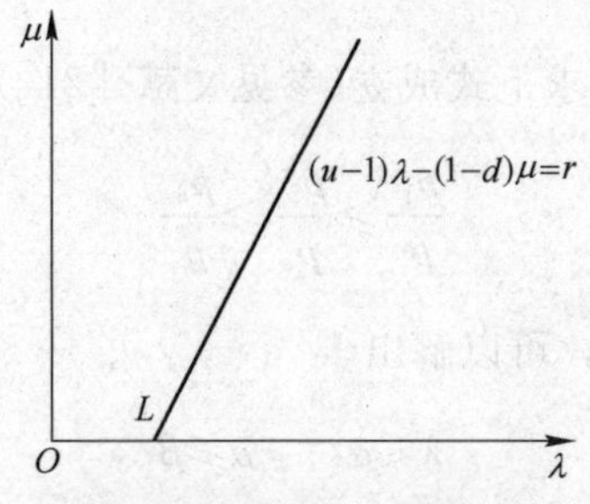

图 6-1　风险中立转移率集合

$$p_\lambda=\frac{\lambda}{\gamma},\quad 其中\ \gamma=\lambda+\mu$$

则有

$$P(M_\lambda(t)=u^k d^{n-k})=\mathrm{e}^{-\gamma t}\frac{(\gamma t)^n}{n!}\mathrm{C}_n^k p_\lambda^k(1-p_\lambda)^{n-k} \tag{6-35}$$

由式(6－34)和式(6－35)，欧式买入期权的价格为

$$C_\lambda(S,T,K)=(1+r)^{-T}\sum_{n=0}^{\infty}\mathrm{e}^{-\gamma t}\frac{(\gamma t)^n}{n!}\sum_{k=0}^{n}\mathrm{C}_n^k p_\lambda^k(1-p_\lambda)^{n-k}f(u^k d^{n-k}S) \tag{6-36}$$

上面的结论说明，对于给定的一个风险中立转移率(λ,μ)，其欧式买入期权价格$C_\lambda(S,T,K)$由式(6－36)给出.

在条件式(6－32)下，希望知道期权$C_\lambda(S,T,K)$的最大值和最小值，它们可以表示成

$$C_\lambda^{\sup}(S,T,K)=\sup\{C_\lambda(S,T,K):(\lambda,\mu)满足式(6-32)\} \tag{6-37}$$

$$C_\lambda^{\inf}(S,T,K)=\inf\{C_\lambda(S,T,K):(\lambda,\mu)满足式(6-32)\} \tag{6-38}$$

可以证明$C_\lambda(S,T,K)$关于λ是单调增函数(证明略).

由图 6－1 和$C_\lambda(S,T,K)$单调增可知，$C_\lambda(S,T,K)$的下界在位置L，$C_\lambda(S,T,K)$的上界当$\lambda\to\infty$时可取到.

所有的证券投资者都会将回避和控制投资风险作为其投资的首要任务，因此下面考虑所谓风险回避的市场. 假定股票收益率的期望大于债券的收益率，即

$$m=(u-1)\alpha-(1-d)\beta>r \tag{6-39}$$

股票价格的波动如下(见式(6－29))

$$p_1=\beta\Delta t+o(\Delta t),\quad p_2=1-(\alpha+\beta)\Delta t+o(\Delta t),\quad p_3=\alpha\Delta t+o(\Delta t)$$

再假设在风险中立概率条件下，股票价格的波动由如下给出(见式(6－31))

$$p_1^*=\mu\Delta t+o(\Delta t),\quad p_2^*=1-\gamma\Delta t+o(\Delta t),\quad p_3^*=\lambda\Delta t+o(\Delta t)$$

而且定义d_i，它满足

$$p_i d_i=(1+r)^{-\Delta t}p_i^*,\quad i=1,2,3$$

对于风险回避的市场而言，要求下式成立(参见文献［21］)

$$\frac{p_1^*}{p_1}\geqslant\frac{p_2^*}{p_2}\geqslant\frac{p_3^*}{p_3} \tag{6-40}$$

对于式(6－40)，当$\Delta t\to 0$时，可以解出

$$\lambda\leqslant\alpha,\quad \mu\geqslant\beta \tag{6-41}$$

因此(λ,μ)不但要满足式(6－32)而且还要满足式(6－41). 假设式(6－39)中$\lambda=\alpha$，则

$$(u-1)\lambda-(1-d)\beta>r$$

再根据式(6 - 32)有 $\mu>\beta$. 于是风险回避市场的风险中立转移率的取值范围为

$$R=\{(\lambda,\ \mu):(u-1)\lambda-(1-d)\mu=r,\ \lambda\leqslant\alpha,\ \mu\geqslant\beta\} \tag{6-42}$$

而且它是非空集合，见图 6 - 2. 而且可以证明 $C_\lambda(S, T, K)$关于 λ 是单调增函数. 由图 6 - 2 可以看出，对于风险回避的市场而言，欧式买入期权价格 $C_\lambda(S, T, K)$的上界和下界分别在线段 R 上端和下端可取到.

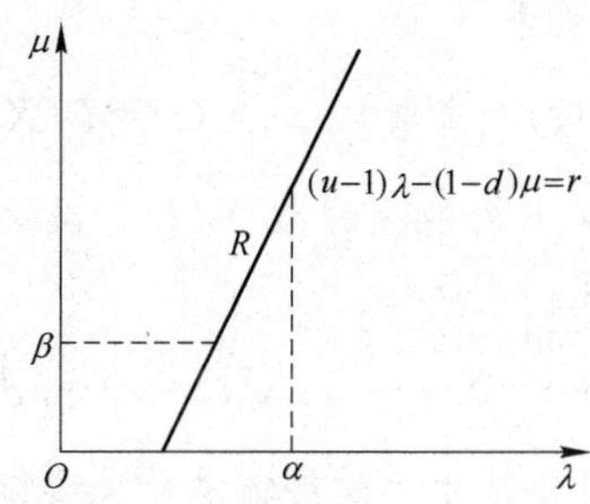

图 6 - 2　风险回避市场的中立转移率集合

习 题 6

1. 在下列矩阵的空白处填上适当的数字，使矩阵 $\boldsymbol{Q}$ 成为一个转移强度矩阵.

$$\boldsymbol{Q}=\begin{bmatrix} -5 & & 3 \\ & 0 & \\ 2 & 2 & \end{bmatrix}$$

2. 一连续时间 Markov 链有 0 和 1 两个状态，在状态 0 和 1 的逗留时间分别服从参数为 $\lambda>0$ 及 $\mu>0$ 的指数分布. 试求在时刻 0 从状态 0 起，t 时刻后过程处于状态 0 的概率 $P_{00}(t)$.

3. 在上题中如果 $\lambda=\mu$，定义 $N(t)$为过程在$[0, t]$中改变状态的次数，试求 $N(t)$的概率分布.

4. 一质点在 1，2，3 点上作随机游动. 若在时刻 t 质点位于这 3 个点中的一个上，则在$[t, t+h)$内，它以概率$\frac{1}{2}h+o(h)$分别转移到其他两点中的一个上. 试求质点随机游动的Kolmogorov方程、转移概率 $P_{ij}(t)$及平稳分布.

5. 设某车间有 M 台车床，由于各种原因车床时而工作、时而停止. 假设时刻 t 一台正在工作的车床在时刻 $t+h$ 停止工作的概率为 $\mu h+o(h)$，而时刻 t 不工作的车床在时刻 $t+h$ 开始工作的概率为 $\lambda h+o(h)$，且各车床工作情况是相互独立的. 若 $N(t)$表示时刻 t 正在工作的车床数，求

(1) 齐次马尔可夫过程 $\{N(t), t\geqslant 0\}$ 的平稳分布；

(2) 若 $M=10$，$\lambda=60$，$\mu=30$，系统处于平稳状态时有一半以上车床在工作的概率.

6. 设 $\{X(t), t\geqslant 0\}$ 是纯生过程，且有

$$P(X(t+h)-X(t)=1\,|\,X(t)\text{为奇数})=\alpha h+o(h)$$
$$P(X(t+h)-X(t)=1\,|\,X(t)\text{为偶数})=\beta h+o(h)$$

取初始条件 $X(0)=0$，求下列概率

$$p_1(t)=P(X(t)=\text{奇数}),\quad p_2(t)=P(X(t)=\text{偶数})$$

7. 考虑状态 0，1，…，N 上的纯生过程 $X(t)$，假定 $X(0)=0$ 及 $\lambda_k=(N-k)\lambda$，$k=0, 1, \cdots, N$. 其中 λ_k 满足

$$P(X(t+h)-X(t)=1\,|\,X(t)=k)=\lambda_k h+o(h)$$

试求 $P_n(t)=P(X(t)=n)$.（这是新生率受群体总数反馈作用的例子）

8. 证明：Furry-Yule 过程（即 $\lambda_i=i\lambda$，$i=1, 2, \cdots$ 的纯生过程）的概率母函数 $G(t, z)=\sum\limits_{k=1}^{\infty}P_{ik}(t)z^k$ 满足

$$\frac{\partial G}{\partial t}-\lambda z(z-1)\frac{\partial G}{\partial z}=0$$

9. 有无穷多个服务员的排队系统：假定顾客以参数为 λ 的 Poisson 过程到达，而服务员的数量巨大，可理想化为无穷多个. 顾客一到就与别的顾客相互独立地接受服务，并在时间 h 内完成服务的概率近似为 αh. 记 $X(t)$ 为在时刻 t 正接受服务的顾客总数，试建立此过程的转移机制的模型.

第 7 章

Brown 运动

在第 3 章和第 4 章中，提到另外一种常见的齐次独立增量过程是 Wiener(维纳)过程，也称 Brown(布朗)运动. Brown 运动是具有连续时间参数和连续状态空间的一个随机过程，它在概率论与数理统计、随机过程理论，以及金融、经济、管理科学、物理、生物、通信等领域中都起着重要的作用. 在这一章里，将对 Brown 运动的性质作一定的介绍，并在 7.7 节里列举一些 Brown 运动的应用，在 7.8 节里介绍 Poisson 过程在证券价格波动中的应用.

7.1 Brown 运动的背景及应用

Brown 运动最初是由英国生物学家布朗(Brown)于 1827 年在观察水面上的花粉微粒时，发现花粉微粒进行着无规则的运动，从而提出了这种物理现象. 爱因斯坦(Albert Einstein)于 1905 年首次对这一现象的物理规律给出了一种数学描述，在理论上对此类现象进行了分析和研究. 运用数学理论严格地描述 Brown 发现的这种无规则的运动，是在 1918 年由维纳(Wiener)完成的. 之后，他系统地用随机过程理论和概率理论来建立这种运动的数学模型，因此这个随机过程又称为 Wiener 过程. Wiener 的工作使人们对 Brown 运动的研究取得了迅速而深入的进展. Brown 运动的应用十分广泛，几乎涵盖自然科学和人文科学的所有领域. 例如，在金融领域的证券市场中(如债券、期权等)，Brown 运动有着极其重要的应用.

在 5.6 节中，已经利用随机游动理论构造了随机股价过程，在本节里用连续型模型来构造股票股价模型. 在证券市场中，常常用 Brown 运动来研究证券价格波动问题，感兴趣的是证券价格随时间演化的过程.

设 $S(t)(0\leqslant t<+\infty)$表示某证券在 t 时刻的价格，$S(0)$表示其初始时刻的价格. 若对任意 t，$s\in[0，+\infty)$，价格比的随机变量$\dfrac{S(t+s)}{S(s)}$独立于 s 时刻及此前的所有价格，且 $\ln\left(\dfrac{S(t+s)}{S(s)}\right)$是均值为 μt、方差为 $\sigma^2 t$ 的正态随机变量，则称此证券价格服从漂移参数为 μ、波动参数为 σ 的几何 Brown 运动. 具体而言，如果未来一段时间 t 时刻的价格

与现在价格的比独立于此前的历史价格，而且此比率服从参数 μt，$\sigma^2 t$ 的对数正态分布，则此证券价格序列是一个几何 Brown 运动.

假设某证券价格遵循几何 Brown 运动，若经过数据统计，确定了参数 μ，σ 的值，那么影响未来价格走势(或价格概率分布)的只是现在的价格，而与历史价格无关. 根据随机变量函数的数学期望的概念，有

$$E(S(t))=S(0)\mathrm{e}^{t\left(\mu+\frac{\sigma^2}{2}\right)} \tag{7-1}$$

由式(7-1)可知，在几何 Brown 运动模型下，期望价格增长率为 $\mu+\dfrac{\sigma^2}{2}$. 在例 1-1 中，介绍了一个简单股票模型——二项式模型，设 Δ 表示时间的增量，并假设在每个 Δ 时间单位内，证券的价格或者以概率 p 上升到 uS(S 表示当前的证券价格)，或者以概率 $1-p$ 下降到 dS，即

$$S\begin{cases}\nearrow uS, & \text{以概率 } p\\ \searrow dS, & \text{以概率} (1-p)\end{cases}$$

下面说明几何 Brown 运动模型就是这种简单模型的极限. 取

$$u=\mathrm{e}^{\sigma\sqrt{\Delta}}, \quad d=\mathrm{e}^{-\sigma\sqrt{\Delta}} \tag{7-2}$$

$$p=\frac{1}{2}\left(1+\frac{\mu}{\sigma}\sqrt{\Delta}\right) \tag{7-3}$$

这里，假定证券价格只在 Δ 的整数倍时刻发生变化，且变化只有两种可能：上涨和下跌. 如果在时刻 $k\Delta$ 价格上涨，则令 $Y_k=1$，否则令 $Y_k=0$. 证券价格在前 n 次变化过程中上涨的次数为 $\sum\limits_{k=1}^{n}Y_k$，下跌的次数为 $n-\sum\limits_{k=1}^{n}Y_k$，因此在时刻 $n\Delta$ 的证券价格 $S(n\Delta)$ 可表示为

$$S(n\Delta)=S(0)u^{\sum\limits_{k=1}^{n}Y_k}d^{\,n-\sum\limits_{k=1}^{n}Y_k}$$

即

$$S(n\Delta)=d^nS(0)\left(\frac{u}{d}\right)^{\sum\limits_{k=1}^{n}Y_k}$$

令 $t=n\Delta$，则上式可写成

$$\frac{S(t)}{S(0)}=d^{t/\Delta}\left(\frac{u}{d}\right)^{\sum\limits_{k=1}^{t/\Delta}Y_k}$$

两边取对数且由式(7-2)得

$$\ln\left(\frac{S(t)}{S(0)}\right)=\frac{t}{\Delta}\ln d+\ln\left(\frac{u}{d}\right)\sum_{k=1}^{t/\Delta}Y_k$$
$$=-\frac{t\sigma}{\sqrt{\Delta}}+2\sigma\sqrt{\Delta}\sum_{k=1}^{t/\Delta}Y_k$$

现在，让单位时间越来越小，当$\Delta\to 0$时，由中心极限定理可知，上述和式(可看作独立同分布的随机变量之和)趋近于正态随机变量，即$\ln\left(\frac{S(t)}{S(0)}\right)$趋近于正态随机变量. 由式(7-3)得

$$E\left(\ln\left(\frac{S(t)}{S(0)}\right)\right)=\frac{t}{\Delta}\ln d+2\sigma\sqrt{\Delta}\sum_{k=1}^{t/\Delta}E(Y_k)$$
$$=-\frac{t\sigma}{\sqrt{\Delta}}+2\sigma\sqrt{\Delta}\frac{t}{\Delta}p$$
$$=-\frac{t\sigma}{\sqrt{\Delta}}+\frac{t\sigma}{\sqrt{\Delta}}\left(1+\frac{\mu}{\sigma}\sqrt{\Delta}\right)$$
$$=\mu t$$

由$\{Y_k\}$的独立性及$\Delta\to 0$，有

$$V\left(\ln\left(\frac{S(t)}{S(0)}\right)\right)=4\sigma^2\Delta\sum_{k=1}^{t/\Delta}V(Y_k)$$
$$=4\sigma^2tp(1-p)$$
$$\approx\sigma^2t$$

于是证明了当$\Delta\to 0$时，$\ln\left(\frac{S(t)}{S(0)}\right)$就变成了均值为$\mu t$、方差为$\sigma^2t$的正态随机变量. 同理可证$\ln\left(\frac{S(t+s)}{S(s)}\right)$具有同样的结论. 又因为前后价格的变化是独立的且每一次改变都以同样概率增减，故$\frac{S(t+s)}{S(s)}$独立于s时刻及此前的所有价格. 所以，当$\Delta\to 0$，该模型变成了一个几何 Brown 运动.

几何 Brown 运动在金融领域中有着重要的应用，但同时也要看到，参数μ，σ一旦确定，预测未来价格唯一需要的信息就是当前价格，而与历史价格提供的信息无关，即几何 Brown 运动也存在一定的局限性.

在 5.6 节中，介绍了 Black-Scholes 欧式买入期权定价公式，那时应用了随机游动的理论. 在这里直接假设证券价格过程$\{S(t), t\geqslant 0\}$服从漂移参数为μ、波动参数为σ的几何 Brown 运动. 而且将时间$[0, t]$进行n等分，即$\Delta=\frac{t}{n}$，每经过一个单位时间Δ，证券价格就会变化一次(参见前面的构造式(7-2)和式(7-3)). 为了使得到的期权价格是唯一的无套利价格，由 5.6 节中的内容(风险中立概率)和式(5-48)可知，当风险中立概率取

$$p_{\text{mid}}=\frac{1+r\Delta-d}{u-d}$$

时，市场不存在套利机会. 由式(7-2)得

$$p_{\mathrm{mid}}=\frac{1-\mathrm{e}^{-\sigma\sqrt{\Delta}}+r\Delta}{\mathrm{e}^{\sigma\sqrt{\Delta}}-\mathrm{e}^{-\sigma\sqrt{\Delta}}}$$

由泰勒展开公式有

$$\mathrm{e}^{-\sigma\sqrt{\Delta}}\approx 1-\sigma\sqrt{\Delta}+\frac{1}{2}\sigma^2\Delta$$

$$\mathrm{e}^{\sigma\sqrt{\Delta}}\approx 1+\sigma\sqrt{\Delta}+\frac{1}{2}\sigma^2\Delta$$

于是风险中立概率为

$$\begin{aligned}p_{\mathrm{mid}}&\approx\frac{\sigma\sqrt{\Delta}-\frac{1}{2}\sigma^2\Delta+r\Delta}{2\sigma\sqrt{\Delta}}\\&=\frac{1}{2}+\frac{r\sqrt{\Delta}}{2\sigma}-\frac{\sigma\sqrt{\Delta}}{4}\\&=\frac{1}{2}\left(1+\frac{r-\frac{1}{2}\sigma^2}{\sigma}\sqrt{\Delta}\right)\end{aligned}$$

把此风险中立概率 p_{mid} 与式(7-3)中上升概率 $p=\frac{1}{2}\left(1+\frac{\mu}{\sigma}\sqrt{\Delta}\right)$进行比较可知，若投资此种证券是公平的赌博，即市场不存在套利机会，就必须有

$$\mu=r-\frac{1}{2}\sigma^2$$

这就说明如果证券价格服从波动参数为 σ 的几何 Brown 运动，那么唯一一个能够使得对所购买证券的“赌博”都公平的概率分布是漂移参数为 $\mu=r-\frac{1}{2}\sigma^2$、波动参数为 σ 的几何 Brown 运动的分布. 因此由套利原则，期权要么根据风险中立几何 Brown 运动的概率分布来定价从而使得“赌博”公平，要么存在套利机会.

在风险中立几何 Brown 运动下，$\ln\left(\frac{S(t)}{S(0)}\right)$是均值参数为$\left(r-\frac{1}{2}\sigma^2\right)t$、方差参数为 $\sigma^2 t$ 的正态随机变量. 因此，对于欧式买入期权，其唯一的无套利价格 C 为(参见第 5 章或第 9 章相关的内容)

$$\begin{aligned}C&=\mathrm{e}^{-rt}E((S(t)-K)^+)\\&=\mathrm{e}^{-rt}E((S(0)\mathrm{e}^W-K)^+)\end{aligned}$$

其中，W 为一个均值为$\left(r-\frac{1}{2}\sigma^2\right)t$、方差为 $\sigma^2 t$ 的正态随机变量. 其具体表达式就是 Black-Scholes 期权定价公式，参见式(5-65)

$$C=S(0)\Phi(\xi)-K\mathrm{e}^{-rt}\Phi(\xi-\sigma\sqrt{t})$$

其中

$$\xi=\frac{\ln (S(0)e^{rt}/K)}{\sigma\sqrt{t}}+\frac{\sigma\sqrt{t}}{2}=\frac{rt+\sigma^2 t/2-\ln(K/S(0))}{\sigma\sqrt{t}}$$

而且 $\Phi(x)$为标准正态分布函数.

下面再讨论随机游动与 Brown 运动的关系. 在一直线上，设质点每经过单位时间 Δt，等可能地向左或向右移动一个单位距离 Δx，且每次移动相互独立，记

$$X_k=\begin{cases}1, & \text{第 } k \text{ 次质点向右移动}\\ -1, & \text{第 } k \text{ 次质点向左移动}\end{cases} \tag{7-4}$$

即$\{X_k\}$是独立同分布，且具有

$$P(X_k=1)=P(X_k=-1)=\frac{1}{2} \tag{7-5}$$

若以 $X(t)$表示时刻 t 质点的位置，则有

$$X(t)=\Delta x(X_1+\cdots+X_{[\frac{t}{\Delta t}]})$$

其中，$\left[\frac{t}{\Delta t}\right]$表示$\frac{t}{\Delta t}$的整数部分. 此模型称为简单随机游动. 于是由式(7－4)和式(7－5)得 $E(X_k)=0$，$V(X_k)=1$，则

$$E(X(t))=0,\quad V(X(t))=(\Delta x)^2\left[\frac{t}{\Delta t}\right] \tag{7-6}$$

现在要求 Δt，Δx 趋于 0，即将单位时间和单位距离变得越来越小. 由物理实验得知，通常当 $\Delta t\to 0$ 时，有 $\Delta x\to 0$，而且在许多情况下，有 $\Delta x=c\sqrt{\Delta t}$($c$ 为正常数). 所以，令 $\Delta x=c\sqrt{\Delta t}$，当 $\Delta t\to 0$ 时，根据式(7－6)有

$$E(X(t))=0,\quad V(X(t))\to c^2 t$$

同时，$X(t)=\Delta x(X_1+\cdots+X_{[\frac{t}{\Delta t}]})$可看作独立同分布的随机变量之和，因而它又是独立增量过程. 所以，当 $\Delta t\to 0$ 时，由中心极限定理，对于任意 $x\in\mathbf{R}$，

$$\lim_{\Delta t\to 0}P\left(\frac{X(t)}{\sqrt{c^2 t}}\leqslant x\right)=\Phi(x)$$

故 $X(t)$趋向正态分布，即 $X(t)\sim N(0,c^2t)$. 而且 $X(t)$在任意时间区间中位置变化的分布只依赖于区间的长度，即有平稳增量.

由上面讨论可知，简单随机游动的极限描述了直线上质点的一种运动 $\{X(t),t\geqslant 0\}$，$\{X(t),t\geqslant 0\}$是正态的，且具有独立增量和平稳增量.

7.2 Brown 运动的定义及基本性质

定义 7-1 如果随机过程 $\{X(t),\ t\geqslant 0\}$ 满足

(1) $X(0)=0$；

(2) $\{X(t),\ t\geqslant 0\}$ 有平稳独立增量；

(3) 对于每一个 $t>0$，有 $X(t)\sim N(0,\ c^2t)$，

则称随机过程 $\{X(t),\ t\geqslant 0\}$ 为 **Wiener 过程或 Brown 运动**.

当 $c=1$ 时，Wiener 过程称为**标准 Wiener 过程或标准 Brown 运动**，此时 $X(0)=0$，$X(t)\sim N(0,\ t)$. 当 $c\neq 1$ 时，由于 $\left\{\dfrac{X(t)}{c},\ t\geqslant 0\right\}$ 是标准 Brown 运动，故不失一般性，以下只研究标准 Brown 运动的性质，并简称“标准 Brown 运动”为 Brown 运动. 这里不加证明地指出，由定义中(1)～(3)可以推出，$X(t)$关于 t 是连续函数，即 $X(t)$的样本路径是 t 的连续函数.

设$\{X(t),\ t\geqslant 0\}$为一 Brown 运动，则由其独立增量性可知，时间区间$[s,\ t+s]$上的位置变化 $X(t+s)-X(s)$与过程在时间 s 前的值相独立，因此对于任意 $x,\ y\in\mathbf{R}$，有

$$
\begin{aligned}
&P(X(t+s)\leqslant y\mid X(s)=x,\ X(u),\ 0\leqslant u<s)\\
=&P(X(t+s)-X(s)\leqslant y-x\mid X(s)=x,\ X(u),\ 0\leqslant u<s)\\
=&P(X(t+s)-X(s)\leqslant y-x)\\
=&P(X(t+s)\leqslant y\mid X(s)=x)
\end{aligned}
$$

此式表明给定现在 $X(s)$和过去 $X(u)(0\leqslant u<s)$的状态，将来状态 $X(t+s)$的条件分布只依赖于现在的状态而与过去无关. 所以，Brown 运动为 Markov 过程.

【例 7-1】 设 Brown 运动 $X(t)\sim N(0,\ c^2t)$，求它的均值、方差、协方差及相关函数.

解 由 Brown 运动的定义，显然有

$$\mu_{X(t)}=E(X(t))=0,\quad \sigma^2_{X(t)}=V(X(t))=c^2t$$

当 $t_1<t_2$ 时，由 Brown 运动的独立增量性及 $E(X(t))=0$，有

$$
\begin{aligned}
R(t_1,\ t_2)&=E(X(t_1)X(t_2))=E(X(t_1)(X(t_2)-X(t_1))+X^2(t_1))\\
&=E((X(t_1)-X(0))(X(t_2)-X(t_1)))+E(X^2(t_1))\\
&=c^2t_1
\end{aligned}
$$

当 $t_2<t_1$ 时，同理可得

$$R(t_1,\ t_2)=c^2t_2$$

所以相关函数为

$$R(t_1, t_2)=c^2\min\{t_1, t_2\}$$

显然协方差函数为

$$\begin{aligned}c_X(t_1, t_2)&=R(t_1, t_2)-E(X(t_1))E(X(t_2))\\&=R(t_1, t_2)=c^2\min\{t_1, t_2\}\end{aligned}$$

对于标准 Brown 运动(标准 Wiener 过程)，此时 $X(t)\sim N(0, t)$，通常记之为 $B=\{B(t), t\geqslant 0\}$.

定理 7-1 对任意 $0\leqslant t_1<\cdots<t_n<+\infty$，Brown 运动 $B(t)$有

$$B(t_i)-B(t_{i-1})\sim N(0, t_i-t_{i-1}), \quad i=1, \cdots, n$$

证 由于增量

$$B(t_i)-B(t_{i-1}), \quad i=1, \cdots, n$$

是相互独立的正态变量，由例 7-1 知方差为

$$\begin{aligned}V(B(t_i)-B(t_{i-1}))&=E((B(t_i)-B(t_{i-1}))^2)\\&=E(B^2(t_i)-2B(t_i)B(t_{i-1})+B^2(t_{i-1}))\\&=t_i-2t_{i-1}+t_{i-1} \qquad (t_{i-1}<t_i)\\&=t_i-t_{i-1}\end{aligned}$$

因此 $B(t_i)-B(t_{i-1})(i=1, \cdots, n)$的概率密度函数为

$$p(x; t_i-t_{i-1})=\frac{1}{\sqrt{2\pi(t_i-t_{i-1})}}\exp\left\{-\frac{x^2}{2(t_i-t_{i-1})}\right\} \tag{7-7}$$

因为 $B(t)$具有平稳增量，所以 $B(t)-B(s)$与 $B(t-s)-B(0)=B(t-s)$具有相同的分布，则 $B(t)-B(s)\sim N(0, t-s)$. 由此可见，方差是和区间$[s, t]$的长度成正比的，区间越长，Brown 运动在该区间上的波动性就越大.

比较 Brown 运动与 Poisson 过程可以发现，这两种过程都具有平稳独立增量，但增量所服从的分布有很大的不同，分别服从正态分布和 Poisson 分布，从而导致 Poisson 过程的样本轨迹是完全跳跃式的，而 Brown 运动的样本轨迹是连续的.

7.3 Brown 运动的推广

许多与现实相关联的正态或非正态随机过程可以由 Brown 运动推广而来，下面就来介绍一些这样的过程，其中包括 Brown 桥过程、带有漂移的 Brown 运动和几何 Brown 运动. 这里仍用 $B=\{B(t), t\geqslant 0\}$ 来表示标准 Brown 运动.

定义 7-2 随机过程$\{X(t), t\geqslant 0\}$ 称为正态(高斯)过程，若对一切 $0\leqslant t_1, \cdots, t_n\in\mathbf{R}$，$X(t_1), \cdots, X(t_n)$的联合分布是 n 维正态分布.

设$\{X(t), t\geqslant 0\}$为一 Brown 运动，对于任意$0\leqslant s<t$，记$X_{s,t}=X(t)-X(s)$，所以有$X(t)=X(s)+X_{s,t}$. 又由独立平稳增量性$X(t)-X(s)\sim N(0, c^2(t-s))$，且$X(s)$与$X_{s,t}$相互独立. 因此，对任意$t_1<\cdots<t_n$，$X(t_1), \cdots, X(t_n)$可表示为独立正态随机变量$X(t_1), X(t_2)-X(t_1), \cdots, X(t_n)-X(t_{n-1})$的线性组合，即

$$X(t_k)=\sum_{i=1}^{k}(X(t_i)-X(t_{i-1}))$$

其中，$X(t_0)=X(0)=0$，$1\leqslant k\leqslant n$. 由此推之，Brown 运动$\{X(t), t\geqslant 0\}$也是一正态过程. 类似于例 7-1，

$$E(X(t))=0, \quad c_X(s, t)=c^2\min\{s, t\}, \quad \text{对任意 } t, s\geqslant 0$$

【例 7-2】 (Brown 桥过程)设$\{B(t), t\geqslant 0\}$是标准 Brown 运动，则过程

$$X(t)=B(t)-tB(1), \quad 0\leqslant t\leqslant 1$$

称为 **Brown 桥**，其中

$$X(0)=B(0)-0B(1)=0, \quad X(1)=B(1)-1B(1)=0$$

证 由上面定义的 Brown 桥过程，$\{X(t), t\geqslant 0\}$显然是一个正态过程，从而很容易求出 Brown 桥的期望与协方差，即

$$E(X(t))=0, \quad c_X(t, s)=\min\{s, t\}-ts, \quad s, t\in[0, 1]$$

实际上

$$\begin{aligned}\sigma_{X(s)X(t)}&=\sigma_{B(s)-sB(1), B(t)-tB(1)}\\&=\sigma_{B(s)B(t)}-t\sigma_{B(s)B(1)}-s\sigma_{B(1)B(t)}+st\sigma_{B(1)B(1)}\\&=\min\{s, t\}-ts-ts+st\\&=\min\{s, t\}-ts\end{aligned}$$

因为$\{X(t), t\geqslant 0\}$是正态过程，所以 Brown 桥的特性可以由上面两个函数来描述. 同时 Brown 桥在研究经验分布函数中起着重要作用，本书关于这一部分内容不再展开.

【例 7-3】 (带有漂移的 Brown 运动)如果随机过程$\{X(t), t\geqslant 0\}$满足

(1) $P(X(0)=0)=1$；

(2) $\{X(t), t\geqslant 0\}$有平稳独立增量；

(3) 对于每一个$t>0$，有$X(t)\sim N(\mu t, \sigma^2 t)$，

其中$\sigma>0$，$\mu\in\mathbf{R}$都为常数，这样的过程$\{X(t), t\geqslant 0\}$称为**带有(线性)漂移的 Brown 运动.**

易见，也可以定义带有漂移的 Brown 运动为

$$X(t)=\mu t+\sigma B(t), \quad t\geqslant 0$$

其中$\{B(t), t\geqslant 0\}$是标准 Brown 运动．它是一个正态过程，其期望函数和协方差函数为

$$\mu_{X(t)}=\mu t, \quad c_X(t, s)=\sigma^2\min\{t, s\}, \quad s, t\geqslant 0$$

在这里，期望函数$\mu_{X(t)}=\mu t$决定了样本轨迹的形状．带有漂移的 Brown 运动经过变换

$$Y(t)=X(t)-\mu t$$

转化成普通的 Brown 运动．

带有漂移的 Brown 运动描述的是一个质点在直线上作非对称的随机游动，它是以速率μ漂移的过程．同 Brown 运动一样(见本章 7.1 节)，也可以证明它是随机游动的极限．在一直线上，设质点每经过单位时间Δt随机地移动Δx，每次向右移动Δx的概率为p，向左移动Δx的概率为$1-p$，且每次移动相互独立．记

$$X_k=\begin{cases} 1, & \text{第 } k \text{ 次质点向右移动} \\ -1, & \text{第 } k \text{ 次质点向左移动} \end{cases}$$

即$\{X_k\}$是独立同分布，且具有

$$P(X_k=1)=p, \quad P(X_k=-1)=1-p$$

若以$X(t)$表示时刻t质点的位置，则有

$$X(t)=\Delta x\ (X_1+\cdots+X_{\left[\frac{t}{\Delta t}\right]})$$

于是经过计算

$$E(X(t))=\Delta x\left[\frac{t}{\Delta t}\right](2p-1)$$

$$V(X(t))=(\Delta x)^2\left[\frac{t}{\Delta t}\right][1-(2p-1)^2]$$

因此，令$\Delta x=\sqrt{\Delta t}$，$p=\frac{1}{2}(1+\mu\sqrt{\Delta t})$，当$\Delta t\to 0$时，有

$$E(X(t))\to\mu t, \quad V(X(t))\to t$$

所以，$X(t)\sim \mathrm{N}(\mu t, t)$．即$\{X(t)\}$收敛于漂移系数为$\mu$的 Brown 运动，它也是正态过程，只是均值不为 0．

1900 年 Bachelier 发现风险资产(股票指数、汇率等)的价格可以由 Brown 运动来描述，从此开拓了应用随机过程的新领域．然而，Brown 运动作为一种正态过程，是可以取负值的，这并不符合价格的性质．1973 年，Black、Scholes 和 Merton 发表了著名的论文，为具有风险的价格建立了另外一种随机过程模型，在第 8 章中将详细介绍这一定价欧式期权的模型．

【例 7-4】 (几何 Brown 运动)设$\{B(t), t\geqslant 0\}$是标准 Brown 运动，称

$$X(t)=e^{\mu t+\sigma B(t)}, \quad t\geqslant 0 \tag{7-8}$$

为**几何 Brown 运动**. 可以看出，几何 Brown 运动是带漂移的 Brown 运动的指数形式，但是它不是一个正态过程.

下面计算它的数学期望和协方差函数. 类似矩母函数和特征函数的计算方法，有

$$E(e^{\mu t}(e^{\sigma B(t)}))=e^{\mu t}E(e^{\sigma B(t)})=e^{\left(\mu+\frac{\sigma^2}{2}\right)t} \tag{7-9}$$

当 $s\leqslant t$ 时，由 Brown 运动的独立平稳增量性，$B(t)-B(s)$和 $B(s)$是相互独立的，且 $B(t)-B(s)$与 $B(t-s)$同分布，因此协方差函数为

$$\begin{aligned}
c_X(t, s)&=E(X(t)X(s))-E(X(t))E(X(s))\\
&=e^{\mu(t+s)}E(e^{\sigma(B(t)+B(s))})-e^{\left(\mu+\frac{\sigma^2}{2}\right)(t+s)}\\
&=e^{\mu(t+s)}E(e^{\sigma[(B(t)-B(s))+2B(s)]})-e^{\left(\mu+\frac{\sigma^2}{2}\right)(t+s)}\\
&=e^{\mu(t+s)}E(e^{\sigma(B(t)-B(s))})E(e^{2\sigma B(s)})-e^{\left(\mu+\frac{\sigma^2}{2}\right)(t+s)}\\
&=e^{\left(\mu+\frac{\sigma^2}{2}\right)(t+s)}(e^{\sigma^2 s}-1)
\end{aligned}$$

当 $t=s$ 时，几何 Brown 运动的方差函数为

$$\sigma_{X(t)}^2=e^{(2\mu+\sigma^2)t}(e^{\sigma^2 t}-1) \tag{7-10}$$

几何 Brown 运动过程是由 Black、Scholes 和 Merton 提出的，在 7.1 节里简单介绍了其在证券价格波动问题中的应用.

【例 7-5】 设 $X(t)$的分布为 $N(\mu t, \sigma^2 t)$，某股票现时刻($t=0$)的价格为 S，一个周期后($t=T$)股票的价格为 $Se^{X(T)}$，计算单周期股票的期望收益率和收益率的标准偏差.

实际上，本例的模型是几何 Brown 运动(见式(7-8)). 由收益率的定义和式(7-9)有

$$\begin{aligned}
\text{期望收益率}&=E\left(\frac{Se^{X(T)}-S}{S}\right)=E(e^{X(T)}-1)\\
&=e^{\left(\mu+\frac{\sigma^2}{2}\right)T}-1
\end{aligned}$$

再根据式(7-10)有

$$\begin{aligned}
\text{收益率的标准偏差}&=\sqrt{V\left(\frac{Se^{X(T)}-S}{S}\right)}=\sqrt{V(e^{X(T)}-1)}\\
&=\sqrt{V(e^{X(T)})}=e^{(\mu+\sigma^2/2)T}\sqrt{e^{\sigma^2 T}-1}
\end{aligned}$$

【例 7-6】 设随机过程$\{X(t)=\mu t+B(t),\ t\geqslant 0\}$是漂移系数为$\mu$的 Brown 运动．对于$a$，$b>0$，$-b<x<a$，试求过程自$x$出发，在击中$-b$之前击中$a$的概率，即

$$f(x)\triangleq P(X(t)\text{在击中}-b\text{之前击中}a\,|\,X(0)=x) \tag{7-11}$$

解 令

$$T_a=\min\{t:\ t>0,\ X(t)=a\},\ T_{-b}=\min\{t:\ t>0,\ X(t)=-b\}$$

则式(7-11)可表示为

$$f(x)=P(T_a<T_{-b}<+\infty\,|\,X(0)=x)$$

对于充分小$h(h>0)$，设$Y=X(h)-X(0)$表示过程在时刻 0 与h之间的变化，则有

$$E(Y)=E(X(h))-x=\mu h+x-x=\mu h$$

$$E(Y^2)=E(X(h)-x)^2=E(B(h)+\mu h-x)^2=\mu^2h^2+h$$

因此$Y\sim \mathrm{N}(\mu h,\ h)$，且有$E(Y^k)=o(h)(k\geqslant 3)$．根据上面的定义和 Brown 运动的性质，可以推导出(推导过程略)

$$f(x)=E(f(x+Y))+o(h) \tag{7-12}$$

其中

$$o(h)=P(T_a\leqslant h\,|\,X(0)=x)+P(T_{-b}\leqslant h\,|\,X(0)=x)$$

表示过程在时刻h之前已经击中a或$-b$的概率.

假设$f(x)$在x点及附近有任意阶导数存在，即在x点附近有泰勒级数展开，则由式(7-12)得

$$f(x)=E\left(f(x)+\frac{f'(x)}{1!}Y+\frac{f''(x)}{2!}Y^2+\cdots\right)+o(h)$$

所以有

$$f(x)=f(x)+\frac{f'(x)}{1!}\mu h+\frac{f''(x)}{2!}(\mu^2h^2+h)+o(h)$$

于是由上式可得

$$f'(x)\mu+\frac{f''(x)}{2}=\frac{o(h)}{h}$$

令$h\to 0$

$$f'(x)\mu+\frac{f''(x)}{2}=0$$

为解此微分方程，两边积分得

$$2\mu f(x)+f'(x)=C_1$$

两边同乘 $e^{2\mu x}$ 有

$$\frac{d}{dx}(e^{2\mu x}f(x))=C_1e^{2\mu x}$$

积分得

$$e^{2\mu x}f(x)=C_1e^{2\mu x}+C_2$$

因此

$$f(x)=C_1+C_2e^{-2\mu x}$$

由边界条件，即 $x=a$ 时，$f(a)=1$；$x=-b$ 时，$f(-b)=0$，可以解出 C_1，C_2 为

$$C_1=\frac{e^{2\mu b}}{e^{2\mu b}-e^{-2\mu a}}，\quad C_2=\frac{-1}{e^{2\mu b}-e^{-2\mu a}}$$

于是最后有

$$f(x)=\frac{e^{2\mu b}-e^{2\mu x}}{e^{2\mu b}-e^{-2\mu a}} \tag{7-13}$$

推论 7-1(例 7-6 的推论)　在例 7-6 中，若过程自 $x=0$ 出发，在击中 $-b$ 之前击中 a 的概率 $f(0)$为

$$f(0)=\frac{e^{2\mu b}-1}{e^{2\mu b}-e^{-2\mu a}} \tag{7-14}$$

特别地，若漂移系数为 $\mu<0$，令 $b\to+\infty$，则有

$$P(X(t)\text{迟早击中 } a\,|\,X(0)=0)=e^{2\mu a} \tag{7-15}$$

由式(7-15)可以推出

$$P(\max_{0\leqslant t<+\infty}X(t)\geqslant a\,|\,X(0)=0)=e^{2\mu a} \tag{7-16}$$

即当 $\mu<0$ 时，过程漂向负无穷，而它的最大值 $M=\max_{0\leqslant t<+\infty}X(t)$是服从参数为 -2μ 的指数分布.

7.4　标准 Brown 运动的联合分布

在本节里，将讨论标准 Brown 运动$\{B(t),\ t\geqslant0\}$的有限维联合分布. 由定义7-1知 $B(t)\sim N(0,t)$，所以其概率密度函数为

$$p(x;\ t)=\frac{1}{\sqrt{2\pi t}}\exp\left\{-\frac{x^2}{2t}\right\} \tag{7-17}$$

而且式(7-7)给出了标准 Brown 运动的 $B(t_2)-B(t_1)(t_1<t_2)$概率密度函数，即

$$p(x;\ t_2-t_1)=\frac{1}{\sqrt{2\pi(t_2-t_1)}}\exp\left\{-\frac{x^2}{2(t_2-t_1)}\right\} \tag{7-18}$$

根据上面的结论，可得到标准 Brown 运动的联合概率密度函数.

定理 7-2 设$\{B(t),\ t\geqslant 0\}$为标准 Brown 运动，对于任意 $0=t_0<t_1<\cdots<t_n$，$(B(t_1),\ \cdots,\ B(t_n))$的联合概率密度函数为

$$f_B(x_1,\cdots,x_n;\ t_1,\cdots,t_n)=\prod_{i=1}^{n}p(x_i-x_{i-1};\ t_i-t_{i-1}) \tag{7-19}$$

其中，$B(t_0)=B(0)=0$ 且 $x_0=0$.

证 由 Brown 运动的独立增量性，令

$$X_1=B(t_1),\quad X_i=B(t_i)-B(t_{i-1}),\quad 2\leqslant i\leqslant n \tag{7-20}$$

则 $X_1,\ \cdots,\ X_n$ 是相互独立的，且 $X_i\sim \mathrm{N}(0,\ t_i-t_{i-1})$. 于是$(X_1,\ \cdots,\ X_n)$联合概率密度函数为

$$f_X(x_1,\cdots,x_n)=\prod_{i=1}^{n}\frac{1}{\sqrt{2\pi(t_i-t_{i-1})}}\exp\left\{-\frac{x_i^2}{2(t_i-t_{i-1})}\right\}$$

由式(7-20)有

$$B(t_i)=\sum_{k=1}^{i}X_{t_k},\quad 1\leqslant i\leqslant n$$

再根据随机向量变换的概率密度公式(定理 2-4)，$(B(t_1),\ \cdots,\ B(t_n))$的联合概率密度函数为

$$f_B(x_1,\ \cdots,\ x_n;\ t_1,\ \cdots,\ t_n)=f_X(x_1,\ \cdots,\ x_n)|\boldsymbol{J}|$$

通过计算，坐标变换的雅可比行列式$|\boldsymbol{J}|=1$. 故

$$\begin{aligned}f_B(x_1,\cdots,x_n;\ t_1,\cdots,t_n)&=\prod_{i=1}^{n}\frac{1}{\sqrt{2\pi(t_i-t_{i-1})}}\exp\left\{-\frac{(x_i-x_{i-1})^2}{2(t_i-t_{i-1})}\right\}\\&=\prod_{i=1}^{n}p(x_i-x_{i-1};\ t_i-t_{i-1})\end{aligned}$$

对于任意 $t_1<t_2$，由定理可知，当给定 $B(t_1)=x_1$ 时，$B(t_2)$的条件概率密度函数为

$$\begin{aligned}p(x;\ t_2-t_1|x_1)&=\frac{1}{\sqrt{2\pi(t_2-t_1)}}\exp\left\{-\frac{(x-x_1)^2}{2(t_2-t_1)}\right\}\\&=p(x-x_1;\ t_2-t_1)\end{aligned}$$

同理，任意 $s,\ t>0$，当给定 $B(s)=y$ 时，$B(s+t)$的条件概率密度函数为

$$p(x;\ t|y)=p(x-y;\ t)=\frac{1}{\sqrt{2\pi t}}\exp\left\{-\frac{(x-y)^2}{2t}\right\} \tag{7-21}$$

所以由正态分布的特性，有

$$P(B(s+t)>y|B(s)=y)=P(B(s+t)\leqslant y|B(s)=y)=\frac{1}{2} \tag{7-22}$$

此式表明，在给定初始条件 $B(s)=y$ 时，对于任意 $t>0$，标准 Brown 运动在 $s+t$ 时刻的位置高于或低于初始位置的概率相等，均为$\frac{1}{2}$，这就是标准 Brown 运动的对称性.

由式(7-21)，容易验证 $p(x; t|y)$满足偏微分方程

$$\frac{\partial p}{\partial t}=\frac{1}{2}\frac{\partial^2 p}{\partial x^2} \tag{7-23}$$

$p(x; t|y)$又称为转移概率函数.

标准 Brown 运动$\{B(t), t\geqslant 0\}$的独立增量性可以推出它是 Markov 过程，对于任意 $s<t$，其转移概率密度是

$$\begin{aligned}f(y, x; s, t)&=\frac{\partial}{\partial x}P(B(t)\leqslant x|B(s)=y)\\&=\frac{\partial}{\partial x}\left(\int_{-\infty}^{x-y}\frac{1}{\sqrt{2\pi(t-s)}}\exp\left\{-\frac{z^2}{2(t-s)}\right\}\mathrm{d}z\right)\\&=\frac{1}{\sqrt{2\pi(t-s)}}\exp\left\{-\frac{(x-y)^2}{2(t-s)}\right\}\\&=p(x; t-s|y)=p(x-y; t-s)\end{aligned}$$

上式说明标准 Brown 运动具有时间和空间的齐次性.

根据定理 7-2，Brown 运动$\{B(t), t\geqslant 0\}$为正态过程，因此 Brown 运动可由其均值和协方差函数所决定，即

$$\mu_{B(t)}=\mu t, \quad c_B(t, s)=\min\{t, s\}, \quad s, t\geqslant 0 \tag{7-24}$$

【例 7-7】 (反射 Brown 运动)设$\{B(t), t\geqslant 0\}$是标准 Brown 运动，令 $X(t)=|B(t)|$，则称$\{X(t), t\geqslant 0\}$为在原点的反射 Brown 运动. 当 $x<0$ 时，有

$$P(X(t)\leqslant x)=0$$

当 $x\geqslant 0$ 时，根据正态分布的性质，有

$$\begin{aligned}P(X(t)\leqslant x)&=P(|B(t)|\leqslant x)=P(-x\leqslant B(t)\leqslant x)\\&=2P(B(t)\leqslant x)-1=2\int_{-\infty}^{x}p(x; t)\mathrm{d}x-1\end{aligned}$$

同时由$\{B(t)\}$的马氏性及上面所阐述的标准 Brown 运动时间和空间的齐次性，容易证明$\{X(t)\}$也是一 Markov 过程，其转移概率密度为

$$f(y, x; t)=p(x-y; t)+p(x+y; t)$$

而且其数学期望为

$$E(X(t))=\int_{-\infty}^{+\infty}|x|p(x;t)\mathrm{d}x=\sqrt{\frac{2t}{\pi}}$$

方差为

$$V(X(t))=E(X^2(t))-\frac{2t}{\pi}=E(B^2(t))-\frac{2t}{\pi}$$
$$=t-\frac{2t}{\pi}$$

7.5 Brown 运动的首中时及最大值

在本节中，将介绍标准 Brown 运动的首中时及最大值的概念. 设$\{B(t), t\geqslant 0\}$是标准 Brown 运动，且 $B(0)=0$，令 $T_a=\inf\{t: B(t)=a, t>0\}$，则 T_a 表示首次击中 a 的时间，即**首中时**.

对于任意 $t>0$，令

$$M(t)=\max_{0\leqslant s\leqslant t}B(s)$$

表示标准 Brown 运动在$[0, t]$上的最大值. 当 $a>0$ 时，存在下述事件的等价关系

$$\{T_a\leqslant t\}=\{M(t)\geqslant a\}$$

故有

$$P(T_a\leqslant t)=P(M(t)\geqslant a) \tag{7-25}$$

定理 7-3 首中时 T_a 的分布函数为

$$P(T_a\leqslant t)=\frac{2}{\sqrt{2\pi}}\int_{\frac{|a|}{\sqrt{t}}}^{+\infty}\mathrm{e}^{-\frac{x^2}{2}}\mathrm{d}x \tag{7-26}$$

且

$$E(T_a)=+\infty,\quad P(T_a<+\infty)=1 \tag{7-27}$$

证 当 $a>0$ 时，对于事件$\{T_a\leqslant t\}$而言，有

$$P(B(t)\geqslant a)$$
$$=P(B(t)\geqslant a|T_a\leqslant t)P(T_a\leqslant t)+P(B(t)\geqslant a|T_a>t)P(T_a>t)$$

若 $T_a\leqslant t$，即 $B(T_a)=a$，则过程在$[0, t]$中的某个时刻击中 a，由 Brown 运动的对称性，在时刻 t 过程 $B(t)$ 在 a 之上（即 $B(t)\geqslant a$）或在 a 之下（即 $B(t)<a$）是等可能的，即

$$P(B(t)\geqslant a\mid T_a\leqslant t)=\frac{1}{2}$$

而且显然有

$$P(B(t)\geqslant a\mid T_a>t)=0$$

于是由上述三等式有

$$\begin{aligned}P(T_a\leqslant t)&=2P(B(t)\geqslant a)\\&=\frac{2}{\sqrt{2\pi t}}\int_a^{+\infty}\mathrm{e}^{-\frac{u^2}{2t}}\mathrm{d}u\\&=\frac{2}{\sqrt{2\pi}}\int_{\frac{a}{\sqrt{t}}}^{+\infty}\mathrm{e}^{-\frac{x^2}{2}}\mathrm{d}x,\quad a>0\end{aligned}$$

当 $a<0$ 时，由 Brown 运动的对称性，T_a 与 T_{-a} 具有相同的分布，即

$$P(T_a\leqslant t)=P(T_{-a}\leqslant t)$$

因此，综合上面两种情况，对于任意 a，有

$$P(T_a\leqslant t)=\frac{2}{\sqrt{2\pi}}\int_{\frac{|a|}{\sqrt{t}}}^{+\infty}\mathrm{e}^{-\frac{x^2}{2}}\mathrm{d}x=2\left[1-\Phi\left(\frac{|a|}{\sqrt{t}}\right)\right]$$

式(7-26)得证.

再由 T_a 的分布，可知

$$P(T_a<+\infty)=\lim_{t\to+\infty}P(T_a\leqslant t)=\frac{2}{\sqrt{2\pi}}\int_0^{+\infty}\mathrm{e}^{-\frac{x^2}{2}}\mathrm{d}x=1$$

可以证明(参见例 2-5)，对于非负值随机变量 X，

$$E(X)=\int_0^{+\infty}P(X>x)\mathrm{d}x \tag{7-28}$$

所以有

$$\begin{aligned}E(T_a)&=\int_0^{+\infty}P(T_a>t)\mathrm{d}t\\&=\int_0^{+\infty}\left(\frac{2}{\sqrt{2\pi}}\int_0^{\frac{|a|}{\sqrt{t}}}\mathrm{e}^{-\frac{x^2}{2}}\mathrm{d}x\right)\mathrm{d}t\\&=\frac{2}{\sqrt{2\pi}}\int_0^{+\infty}\left(\int_0^{\frac{a^2}{u^2}}\mathrm{d}t\right)\mathrm{e}^{-\frac{u^2}{2}}\mathrm{d}u\\&=\frac{2a^2}{\sqrt{2\pi}}\int_0^{+\infty}\frac{1}{u^2}\mathrm{e}^{-\frac{u^2}{2}}\mathrm{d}u\\&\geqslant\frac{2a^2}{\sqrt{2\pi}}\int_0^{1}\frac{1}{u^2}\mathrm{e}^{-\frac{u^2}{2}}\mathrm{d}u\\&\geqslant\frac{2a^2}{\sqrt{2\pi}}\int_0^{1}\frac{1}{u^2}\mathrm{e}^{-\frac{1}{2}}\mathrm{d}u=+\infty\end{aligned}$$

因此有

$$E(T_a)=+\infty$$

定理 7-3 得证.

定理 7-3 说明几乎每条轨道都能在有限时间过 a 点，但是过 a 点的平均时间却是无穷. 由式(7-26)知 T_a 的概率密度为

$$f_{T_a}(t)=\frac{\mathrm{d}P(T_a\leqslant t)}{\mathrm{d}t}=\frac{|a|}{\sqrt{2\pi}}t^{-\frac{3}{2}}\mathrm{e}^{-\frac{a^2}{2t}} \tag{7-29}$$

根据式(7-25)有

$$P(M(t)\geqslant a)=P(T_a\leqslant t)=\frac{2}{\sqrt{2\pi}}\int_{\frac{|a|}{\sqrt{t}}}^{+\infty}\mathrm{e}^{-\frac{x^2}{2}}\mathrm{d}x$$

又由于 $B(0)=0$，所以 $M(t)\geqslant B(0)=0$. 因此，对于 $a<0$ 时，$M(t)$的密度函数为 0. 最后，$M(t)$的密度函数为

$$f_{M(t)}(a)=\begin{cases}\dfrac{2}{\sqrt{2\pi t}}\mathrm{e}^{-\frac{a^2}{2t}}, & a\geqslant 0\\ 0, & a<0\end{cases} \tag{7-30}$$

*7.6 Brown 运动轨道的性质

对于一个给定的样本点 ω，下面来研究它的轨道性质. 由 Brown 运动的定义，可以证明以概率 1，Brown 运动的轨道是连续的. 但从它的运动轨道的模拟图又发现这些关于 t 的函数是很不规则的，造成这种现象的主要原因是由于 $B=\{B(t), t\geqslant 0\}$的增量是相互独立的，特别是在邻近的区间上. 无论区间长度是怎样的，Brown 运动在相应区间上的增量都是独立的. 如果是这样，那么为什么 Brown 运动的轨道又是连续的呢？为了解决上述问题，首先来介绍另外一类随机过程，Brown 运动是这类过程的一个特例.

如果随机过程$\{X_t, t\geqslant 0\}$有限维随机向量的分布满足：对于任何 $T>0$，$t_i\geqslant 0$ $(i=1, \cdots, n)$

$$(T^H B(t_1), \cdots, T^H B(t_n))\overset{\mathrm{d}}{=}(B(Tt_1), \cdots, B(Tt_n)) \tag{7-31}$$

其中，$H>0$，“$\overset{\mathrm{d}}{=}$”表示分布相同，则称这样的随机过程是 H 自相似的.

粗略地讲，自相似是指以不同的尺度描述同一个 Brown 运动的轨道时，在大小不同的区间上会看到轨道曲线的形状是相似的，但并不完全一致. 而且可以证明，自相似过程的样本轨道是处处不可微的，而 Brown 运动是$\frac{1}{2}$自相似的，即对于任何 $T>0$，

$t_i \geqslant 0(i=1, \cdots, n)$，有

$$(T^{\frac{1}{2}}B(t_1), \cdots, T^{\frac{1}{2}}B(t_n)) \stackrel{d}{=} (B(Tt_1), \cdots, B(Tt_n)) \tag{7-32}$$

因此，Brown 运动轨道也是处处不可微的.

很容易证明分布等式(7-32)成立．事实上，式(7-32)的左、右两边都是服从正态分布的随机向量，因此只要证明它们具有相同的期望与协方差矩阵即可. 根据式(7-24)，可以对该性质加以证明，在这里略去证明.

函数 $f(x)$是可微的就意味着它的图形是光滑的，如果函数 f 在 x_0 处是可微的，则 f 在该点有切线，而 Brown 运动的轨道是处处没有切线的，也就是处处不可微的. 试着想象一下处处不可微函数的图形：在任一点的邻域内，图形都在以完全不可测的方式改变着形状，我们发现这样一个函数的图形是很难想象出来的，然而 Brown 运动却是现实生活中许多现象的很好近似. 例如，在 7.1 节中，看到 Brown 运动是一种和过程的极限过程等.

Brown 运动的自相似性有利于模拟它的样本轨道，如果要模拟区间$[0, T]$上的轨道，只要模拟出区间$[0, 1]$上的轨道就足够了，然后令 T 作为时间区间的量度，令 $T^{\frac{1}{2}}$ 作为样本轨道的量度就可以完成模拟了.

Brown 运动是具有轨道处处不可微的随机过程，下面进一步描述 Brown 运动轨道的不规则性. Brown 运动轨道在任一有限区间[0，T]上无**有界变差**，即令

$$\mathcal{J}=\{\{t_k: 0\leqslant k\leqslant n\}: 0=t_0<\cdots<t_n=T, n\in\mathbf{N}\}$$

则

$$V_B[0, T]=\sup\left\{\sum_k |B(t_k)-B(t_{k-1})| : \{t_k\}\in\mathcal{J}\right\}=+\infty$$

由 Brown 运动轨道的处处不可微性和无有界变差性，使得许多积分方法无法应用于这类轨道，从而引进随机微积分，本书将在第 9 章中介绍随机微积分的有关内容.

下面介绍 Brown 运动样本轨道的逼近或模拟. 上面说明了 Brown 运动轨道的不规则性，这部分内容在实际问题中有着重要的应用，同时这部分内容也有助于更好地理解 Brown 运动轨道的性质，使用标准的软件可以很容易地模拟出 Brown 运动样本轨道. 在很多实际问题中，我们无法确切地得知一个随机过程的分布函数及其他一些相关的函数，而样本轨道的逼近或模拟方式的建立及计算机科学的利用，将可以模拟出所研究随机过程的轨道. 下面应用函数中心极限定理来模拟 Brown 运动的样本轨道.

在概率论中，中心极限定理是研究大量独立随机变量和的分布的定理，它也揭示了正态分布在概率论和统计学中之所以如此重要的原因. 一组独立同分布，且具有有限方差的随机变量序列，其部分和经过适当的标准化、中心化后，它的分布收敛于正态分布. 具体描述为：设 X_1，X_2，…是一组非退化的独立同分布随机变量，其均值和方差分别为

$$\mu_X=E(X_1), \quad \sigma_X^2=V(X_1)$$

定义

$$Y_0=0,\quad Y_n=X_1+\cdots+X_n,\quad n\geqslant 1$$

为它的部分和. 同时仍用 Φ 表示标准正态随机变量的分布函数，则如果 X_1 的方差是有限的，那么序列 $\{X_i\}$ 服从中心极限定理，即

$$\lim_{n\to\infty} P\left(\frac{Y_n-E(Y_n)}{[V(Y_n)]^{\frac{1}{2}}}\leqslant x\right)=\Phi(x)$$

因此当 n 足够大时，$\dfrac{Y_n-n\mu_X}{(n\sigma_X^2)^{\frac{1}{2}}}$ 的分布近似于标准正态分布.

下面应用中心极限定理逼近，模拟所考虑的随机过程. 设所考虑的随机过程在区间 $[0,1]$ 上具有连续的样本轨道，令

$$S_n(t)=\begin{cases}(n\sigma_X^2)^{-\frac{1}{2}}(Y_i-i\mu_X), & t=\dfrac{i}{n},\ i=0,\ \cdots,\ n\\ \text{线性插值}, & \text{其他}\end{cases}\tag{7-33}$$

式(7-33)表示由序列 $X_1, X_2, \cdots, X_n$ 构造一随机过程 $\{S_n(t), t\in[0,1]\}$，它具有连续的样本轨道. 假设独立同分布的随机变量序列 $\{X_i\}$ 服从标准正态分布 $\mathrm{N}(0,1)$，S_n 限定在点 $\dfrac{i}{n}$ 上取值，则有

(1) $S_n(0)=0$；

(2) S_n 具有独立的增量，即对于所有整数 $0\leqslant i_1\leqslant\cdots\leqslant i_m\leqslant n$，随机变量族

$$S_n\left(\frac{i_2}{n}\right)-S_n\left(\frac{i_1}{n}\right),\ \cdots,\ S_n\left(\frac{i_m}{n}\right)-S_n\left(\frac{i_{m-1}}{n}\right)$$

是相互独立的；

(3) 对于任何 $0\leqslant i\leqslant n$，$S_n\left(\dfrac{i}{n}\right)\sim\mathrm{N}\left(0,\dfrac{i}{n}\right)$.

因此，当只考虑 S_n 在点 $\dfrac{i}{n}$ 上的取值时，它与区间 $[0,1]$ 上的 Brown 运动 $B(t)$ 有很多相同的性质. 当然，如果独立同分布的随机变量序列 $\{X_i\}$ 的分布函数不是标准正态分布，那么上述第三条性质是不成立的. 但是，从渐近意义上来讲，随机过程 $\{S_n(t)\}$ 和 Brown 运动相逼近，也就是说，如果 X_1 的方差是有限的，则序列 $\{X_i\}$ 服从中心极限定理，即在区间 $[0,1]$ 上，过程 $\{S_n(t)\}$ **依分布收敛**于 Brown 运动 $B(t)$.

$\{S_n(t)\}$ 依分布收敛包含了两个内容. 第一个内容是随机过程 $\{S_n(t)\}$ 的有限维分布收敛于相应的 Brown 运动 $B(t)$ 的有限维分布，即对于所有可能的 $t_i\in[0,1]$，$x_i\in\mathbf{R}$，$i=1,\cdots,m$，其中 $m(m\geqslant 1)$ 为任意的正整数，当 $n\to+\infty$，有

$$P(S_n(t_1)\leqslant x_1,\ \cdots,\ S_n(t_m)\leqslant x_m)\to P(B(t_1)\leqslant x_1,\ \cdots,\ B(t_m)\leqslant x_m)\tag{7-34}$$

但有限维分布的收敛性并不能推出随机过程的收敛性，它仅说明随机过程在任何有限个时刻 t_i 取值时，所得到的随机向量的极限分布为正态分布. 但随机过程包含无限个随机元素，有限维分布的收敛结果不能完全表现随机过程的收敛性质. 为了解决这个问题，要求随机过程$\{S_n(t)\}$分布的收敛性包含第二个内容，即$\{S_n(t)\}$还需满足所谓的**紧性(或胎紧)**(tightness)，也称**随机紧致性(或随机紧)**(stochastic compactness). 这一性质超出了本书的知识范围. 一般而言，我们所考虑的部分和过程$\{S_n(t)\}$是紧的.

上面所讨论的过程$\{S_n(t)\}$的收敛性也同样适用于过程$\{\widetilde{S}_n(t)\}$，即

$$\widetilde{S}_n(t)=(n\sigma_X^2)^{-\frac{1}{2}}\ (Y_{[nt]}-[nt]\mu_X),\quad 0\leqslant t\leqslant 1 \tag{7-35}$$

其中，$[nt]$是实数 nt 的整数部分. 与 S_n 相比，过程 $\widetilde{S}_n$ 在区间$\left[\frac{(i-1)}{n},\ \frac{i}{n}\right]$上是常量，在点$\frac{i}{n}$上具有跳跃性. 但是 S_n 和 $\widetilde{S}_n$ 在 $t=\frac{i}{n}$ 时是一致的，并且由于按 $n^{\frac{1}{2}}$ 标准化后，当 n 足够大时，S_n 和 $\widetilde{S}_n$ 之间的差异几乎是微不足道的. 从而，得到如下的中心极限定理，即如果 X_1 有有限的方差，则序列$\{X_i\}$服从中心极限定理，即在区间$[0,1]$上，过程 $\widetilde{S}_n$ 依分布收敛于 Brown 运动 $B(t)$，即 S_n 与 $\widetilde{S}_n$ 依分布收敛到同一 Brown 运动$B(t)$.

通过以上内容可知，在观察一些具体的实际问题时，如果它具备或近似具备 Brown 运动的性质，则可根据前面的构造方法来逼近和模拟此随机过程. 我们也得到模拟 Brown 运动轨道的一个简单方法，即当 n 足够大时，可作出过程 S_n 或 $\widetilde{S}_n$ 的轨道，就相应地得到了 Brown 运动样本轨道. 根据 Brown 运动的自相似性，可以模拟任何区间$[0,T]$上的样本轨道，首先模拟出 S_n 或 $\widetilde{S}_n$ 在区间$[0,1]$上的轨道，然后以 T 作为时间的尺度，以 $T^{\frac{1}{2}}$ 作为样本轨道的尺度，即可得到区间$[0,T]$上的样本轨道. Mathematica、Matlab 等数学软件可以帮助模拟出所需要的样本轨道.

下面再介绍应用级数表示来逼近和模拟 Brown 运动. 在数学分析中学习了一个以 2π 为周期的连续函数 f 可以用一个傅里叶级数来表示. 由于 Brown 运动样本轨道是连续的，因此也可以把它展开成傅里叶级数的形式，由于不同的样本 ω 对应不同的样本轨道，这就意味着展开后傅里叶级数的系数是一些随机变量，而且满足正态分布. 设$\{Z_n,\ n\geqslant 0\}$是一组独立、具有相同分布 $N(0,1)$的随机变量序列，则

$$B_t(\omega)=Z_0(\omega)\frac{t}{(2\pi)^{1/2}}+\frac{2}{\pi^{1/2}}\sum_{n=1}^{\infty}Z_n(\omega)\frac{\sin(nt/2)}{n},\quad t\in[0,2\pi] \tag{7-36}$$

称为 Brown 运动在区间$[0,2\pi]$上的 Paley-Wiener 表示. Paley-Wiener 表示只是众多 Brown 运动级数表示的一种. 此外，还有许多其他的表示法，在这里就不加以介绍了.

7.7 Brown 运动在金融、经济中的应用举例

【例 7-8】 (企业破产的独立增量过程)设 $T(T>0)$表示企业破产或投资者“死亡”的时间，T 是一随机变量. 再设$\{X(t)\}$是具有独立增量的随机过程，令随机过程$\{Y(t)\}$为

$$Y(t)=\begin{cases}Y(0)e^{X(t)}, & t<T\\ 0, & t\geqslant T\end{cases} \tag{7-37}$$

式中，随机变量 T 与过程$\{X(t)\}$相互独立. 式(7-37)定义的随机过程$\{Y(t),\ t\geqslant 0\}$通常作为处于破产阶段企业的证券价格的描述模型. 特别地，如果

$$X(t)=\left(\mu-\frac{\sigma^2}{2}\right)t+\sigma B(t)$$

则在破产时刻 T 之前，企业的证券价格服从几何 Brown 运动.

【例 7-9】 (股票期权的价值)假设某投资者持有敲定价格为 K 的欧式买入期权，其满期为 T. 设当前此股票的价格为 $S(0)=S$，且证券的价格服从几何 Brown 运动，计算期权的期望价值.

设股票的价格为 $S(t)$，为了简单起见，定义(几何 Brown 运动)

$$S(t)=S(0)e^{B(t)} \tag{7-38}$$

由欧式买入期权的概念，在到期日 T，如果股票价格 $S(T)$高于敲定价格 K，则投资者将实施其买入期权，从而获取利益，否则将放弃期权. 所以期权的期望价值为(参见例 2-5)

$$\begin{aligned}E(\max\{S(T)-K,\ 0|S(0)=S\}) &=\int_0^{+\infty}P(S(T)-K>x)\mathrm{d}x\\ &=\int_0^{+\infty}P(Se^{B(T)}-K>x)\mathrm{d}x\\ &=\int_0^{+\infty}P\left(B(T)>\ln\left(\frac{K+x}{S}\right)\right)\mathrm{d}x\\ &=\frac{1}{\sqrt{2\pi T}}\int_0^{+\infty}\int_{\ln\left(\frac{K+x}{S}\right)}^{+\infty}e^{-\frac{u^2}{2T}}\mathrm{d}u\mathrm{d}x\end{aligned}$$

【例 7-10】 (股票期权的实施)假设某投资者持有某股票敲定价格为 K 的美式买入期权，且设此股票价格的变化遵循带有负漂移系数($\mu<0$)的 Brown 运动过程，且初始价格为 $S(0)=0$. 讨论投资者实施其期权的收益情况.

由题意，也可以定义股票价格过程 $X(t)$ 具有

$$X(t)=\mu t+B(t), \quad t\geqslant 0$$

考虑股票价格在 S(元)时实施期权的投资策略，则投资者所得的投资收益为

$$\text{投资收益}=f(S)(S-K) \tag{7-39}$$

其中，$f(S)$ 是过程迟早到达 S 的概率．由本章推论 7-1，有

$$P(\text{过程迟早到达 } S)=f(S)=\mathrm{e}^{2\mu S}, \quad S>0$$

若期望最大的投资收益，只需式(7-39)达到最大，则有

$$S=K-\frac{1}{2\mu}$$

由以上计算知，该投资者可以根据具体情况来确定何时实施自己的期权.

【例 7-11】 (商品价格模型)设 X_n 表示某商品在 n 时刻的价格，而且价格比 $\frac{X_n}{X_{n-1}}$ 是独立同分布的随机序列．令

$$Y_n=\frac{X_n}{X_{n-1}}, \quad Y_0=1, \quad \text{对于任意 } n\geqslant 1$$

则有

$$X_n=Y_1Y_2\cdots Y_n$$

取对数得

$$\ln(X_n)=\sum_{i=1}^{n}\ln(Y_i)$$

因为 $\{Y_n\}$ 是独立同分布的随机序列，经过适当正规化，$\ln(X_n)$ 近似于 Brown 运动，也就是说商品价格 $\{X_n\}$ 近似于几何 Brown 运动.

7.8 Poisson 过程在证券价格波动中的应用

上面已经介绍了人们常用几何 Brown 运动来研究和描述证券价格的波动．由于 Brown 运动轨道的连续性，因此价格不存在向上或者向下的不连续跳跃，这与实际问题有一定的不同．有实际问题中，由于突发事件的原因，在某一时刻价格会有跳跃(即价格发生剧烈的震荡)．观察上海综合指数 2001—2005 年的统计数据(见图 7-1)，指数从 2 250 点附近跌至接近 1 000 点位，其中单个交易日指数涨幅或跌幅超过 5%的事件

是多而又多．导致股票价格或证券指数剧烈波动的原因有很多，主要是战争、政治、政权和经济等原因．所以，在几何 Brown 运动中加入一些随机跳跃而建立新的价格模型，可能对研究和了解证券价格的波动起到一定的作用．在实际应用中，在一定的特定时期内，这种具有跳跃性质的模型对证券的波动和走势的预测可能会更加准确．Poisson 过程作为一个具有跳跃的过程，自然被应用到这一问题中来．

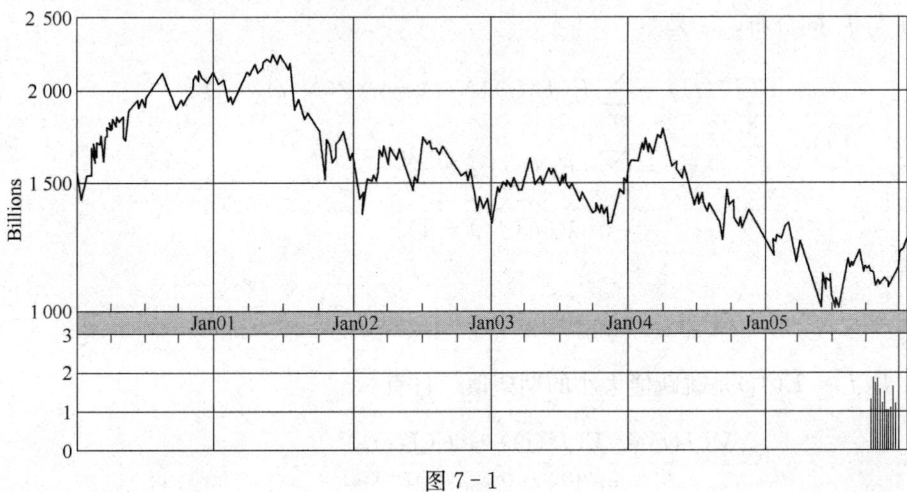

图 7－1

设$\{N(t),\ t\geqslant 0\}$是强度为λ的 Poisson 过程，它表示$[0,\ t]$时间间隔内事件发生的次数，则

$$P(N(t)=n)=\mathrm{e}^{-\lambda t}\frac{(\lambda t)^n}{n!},\quad n=0,\ 1,\ \cdots$$

假设当第i次跳跃发生时证券的价格变为原来价格乘以J_i，其中$\{J_i,\ i=1,\ 2,\ \cdots\}$是独立同分布随机变量序列，而且这个随机变量序列与跳跃发生的时间是相互独立的．具体而言，设$S(t)(0\leqslant t<+\infty)$表示某证券在$t$时刻的价格，而且假设

$$S(t)=S^*(t)\prod_{i=1}^{N(t)}J_i,\quad t\geqslant 0 \tag{7-40}$$

其中，$S^*(t)(t\geqslant 0)$ 是一个漂移参数为μ、波动参数为σ的几何 Brown 运动，它和$\{J_i\}$及跳跃发生的时间是相互独立的．而且定义

$$J(t)=\prod_{i=1}^{N(t)}J_i=1,\qquad \text{当 } N(t)=0 \text{ 时}$$

下面计算$J(t)$的均值和方差．令

$$J^m(t)=\prod_{i=1}^{N(t)}J_i^m,\quad m=1,\ 2$$

所以有

$$E(J^m(t)\,|\,N(t)=n)=E\Big(\prod_{i=1}^{N(t)}J_i^m\,|\,N(t)=n\Big)$$

$$=E\left(\prod_{i=1}^{n} J_i^m \mid N(t)=n\right)$$

$$(\text{由 } J_i \text{ 与 } N(t) \text{ 的独立性})=E\left(\prod_{i=1}^{n} J_i^m\right)$$

$$(\text{由 } J_i \text{ 独立同分布})=(E(J^m))^n$$

其中 J 与 J_i 同分布，于是

$$\begin{aligned}E(J^m(t)) &= \sum_{n=0}^{\infty} E(J^m(t) \mid N(t)=n)P(N(t)=n) \\ &= \sum_{n=0}^{\infty}(E(J^m))^n \mathrm{e}^{-\lambda t}\frac{(\lambda t)^n}{n!} \\ &= \exp\{\lambda t(E(J^m)-1)\}\end{aligned}$$

因此有

$$E(J(t))=\mathrm{e}^{\lambda t(E(J)-1)}, \quad E(J^2(t))=\mathrm{e}^{\lambda t(E(J^2)-1)} \tag{7-41}$$

其中，$E(J)=E(J_i)$是跳跃值大小的期望值．且有

$$\begin{aligned}V(J(t)) &= E(J^2(t))-(E(J(t)))^2 \\ &= \mathrm{e}^{\lambda t(E(J^2)-1)}-\mathrm{e}^{2\lambda t(E(J)-1)}\end{aligned}$$

由于$S^*(t)(t\geqslant 0)$是一个漂移参数为μ、波动参数为σ的几何 Brown 运动，所以根据例 7－4 有

$$E(S^*(t))=S^*(0)\mathrm{e}^{(\mu+\frac{\sigma^2}{2})t}$$

因此

$$\begin{aligned}E(S(t)) &= E(S^*(t)J(t)) \\ &= E(S^*(t))E(J(t)) \qquad (\text{由独立性}) \\ &= S^*(0)\mathrm{e}^{(\mu+\frac{\sigma^2}{2}+\lambda(E(J)-1))t}\end{aligned}$$

为了避免套利，令

$$\mu+\frac{\sigma^2}{2}+\lambda(E(J)-1)=r$$

即有 $E(S(t))=S(0)\mathrm{e}^{rt}$．所以几何 Brown 运动 $S^*(t)(t\geqslant 0)$的漂移参数μ为

$$\mu=r-\frac{\sigma^2}{2}-\lambda(E(J)-1)$$

由本章 7.1 节的内容，当参数μ如上给出时，就可以得到证券价格过程的风险中立概率．由套利定理可知，期权根据此风险中立概率进行定价，套利不可能发生．如果设一欧式买入期权的满期为 T，执行价格为 K，则无套利期权价格为

$$\begin{aligned}C(S, T, K, J) &= \mathrm{e}^{-rT}E((S(T)-K)^+) \\ &= \mathrm{e}^{-rT}E((S^*(T)J(T)-K)^+)\end{aligned}$$

$$=\mathrm{e}^{-rT}E((J(T)S\mathrm{e}^{W(T)}-K)^{+})$$

其中，$S^{*}(0)=S$ 是证券的初始价格，$W(T)=\ln\left(\dfrac{S^{*}(T)}{S}\right)$ 是均值为 $\left(r-\dfrac{\sigma^{2}}{2}-\lambda(E(J)-1)\right)T$、方差为 $\sigma^{2}T$ 的正态随机变量.

下面讨论对数正态跳跃分布.

设跃度 J_i 服从均值为 $\bar{\mu}$、方差为 $\bar{\sigma}^2$ 的对数正态分布，则

$$E(J)=\mathrm{e}^{(\bar{\mu}+\frac{\bar{\sigma}^2}{2})}$$

令 $X_i=\ln(J_i)$ $(i\geqslant 1)$，则 $\{X_i\}$ 是具有均值为 $\bar{\mu}$、方差为 $\bar{\sigma}^2$ 的相互独立的正态随机变量序列. 而且

$$J(t)=\prod_{i=1}^{N(t)}J_i=\prod_{i=1}^{N(t)}\mathrm{e}^{X_i}=\exp\left\{\sum_{i=1}^{N(t)}X_i\right\}$$

其中，$\sum\limits_{i=1}^{N(t)}X_i$ 为复合 Poisson 过程. 因此由上面的结论，满期为 T、执行价格为 K 的欧式买入期权的(无套利)期权价格为

$$C(S,T,K,J)=\mathrm{e}^{-rT}E\left(\left(S\exp\left\{W(T)+\sum_{i=1}^{N(T)}X_i\right\}-K\right)^{+}\right)\tag{7-42}$$

定理 7-4 设跃度 $\{J_i\}$ 都服从均值为 $\bar{\mu}$、方差为 $\bar{\sigma}^2$ 的对数正态分布，则满期为 T、执行价格为 K 的欧式买入期权的(无套利)期权价格为

$$C(S,T,K,J)=\sum_{n=0}^{+\infty}\mathrm{e}^{-\lambda TE(J)}\frac{(\lambda TE(J))^{n}}{n!}C(S,T,K,J,n)\tag{7-43}$$

式中

$$C(S,T,K,J,n)=\mathrm{e}^{-r(n)T}E\left[\left(S\exp\left\{W(T)+\sum_{i=1}^{N(T)}X_i\right\}-K\right)^{+}\middle|N(T)=n\right]\tag{7-44}$$

式中，当 $N(T)=n$ 时，$W(T)+\sum\limits_{i=1}^{N(T)}X_i$ 是均值为 $\left(r(n)-\dfrac{\sigma^{2}(n)}{2}\right)T$、方差为 $\sigma^{2}(n)T$ 的正态随机变量，其中

$$\sigma^{2}(n)=\sigma^{2}+\frac{n\bar{\sigma}^{2}}{T}$$

$$r(n)=r-\lambda(E(J)-1)+\frac{n}{T}\ln(E(J))$$

$$E(J)=\mathrm{e}^{(\bar{\mu}+\frac{\bar{\sigma}^2}{2})}$$

证 根据前面 $W(T)$ 和 $\sum_{i=1}^{N(T)} X_i$ 的定义及相互独立性可知，随机变量

$$\left(W(T)+\sum_{i=1}^{N(T)} X_i \mid N(T)=n\right)$$

是一个正态随机变量，其均值和方差分别为

$$E\left(W(T)+\sum_{i=1}^{N(T)} X_i \mid N(T)=n\right)=\left(r-\frac{\sigma^2}{2}-\lambda(E(J)-1)\right)T+n\bar{\mu}$$

$$V\left(W(T)+\sum_{i=1}^{N(T)} X_i \mid N(T)=n\right)=\sigma^2 T+n\bar{\sigma}^2$$

如果设

$$\sigma^2(n)=\sigma^2+\frac{n\bar{\sigma}^2}{T}$$

$$\begin{aligned} r(n)&=\left(r-\frac{\sigma^2}{2}-\lambda(E(J)-1)\right)+\frac{n\bar{\mu}}{T}+\frac{\sigma^2(n)}{2} \\ &=r-\lambda(E(J)-1)+\frac{n}{T}\left(\bar{\mu}+\frac{\sigma^2(n)}{2}\right) \\ &=r-\lambda(E(J)-1)+\frac{n}{T}\ln(E(J)) \end{aligned}$$

所以，当 $N(T)=n$ 时，$W(T)+\sum_{i=1}^{N(T)} X_i$ 是均值为 $\left(r(n)-\frac{\sigma^2(n)}{2}\right)T$、方差为 $\sigma^2(n)T$ 的正态随机变量. 令

$$C(S,\ T,\ K,\ J,\ n)=\mathrm{e}^{-r(n)T}E\left(\left(S\exp\left\{W(T)+\sum_{i=1}^{N(T)} X_i\right\}-K\right)^+ \mid N(T)=n\right)$$

因此有

$$\mathrm{e}^{(r(n)-r)T}C(S,\ T,\ K,\ J,\ n)=\mathrm{e}^{-rT}E\left(\left(S\exp\left\{W(T)+\sum_{i=1}^{N(T)} X_i\right\}-K\right)^+ \mid N(T)=n\right)$$

于是由上式和式(7-42)，欧式买入期权的(无套利)期权价格为

$$\begin{aligned} C(S,\ T,\ K,\ J)&=\sum_{n=0}^{+\infty}\mathrm{e}^{-\lambda T}\frac{(\lambda T)^n}{n!}\mathrm{e}^{(r(n)-r)T}C(S,\ T,\ K,\ J,\ n) \\ &=\sum_{n=0}^{+\infty}\mathrm{e}^{-\lambda TE(J)}(E(J))^n\frac{(\lambda T)^n}{n!}C(S,\ T,\ K,\ J,\ n) \\ &=\sum_{n=0}^{+\infty}\mathrm{e}^{-\lambda TE(J)}\frac{(\lambda TE(J))^n}{n!}C(S,\ T,\ K,\ J,\ n) \end{aligned}$$

这样就证明了定理 7-4 的结论.

习题 7

1. 设$\{X(t),\ t\geqslant 0\}$为 Brown 运动过程，令$Y(t)=tX(1/t)$

(1) $Y(t)$的分布是什么？

(2) 计算$\sigma_{Y(s),Y(t)}$.

(3) 试证$\{Y(t),\ t\geqslant 0\}$也是 Brown 运动.

(4) 令$T=\inf\{t>0:\ X(t)=0\}$，利用(3)给出$P(T=0)=1$的证明.

2. 设$X(t)$同上，令$W(t)=\dfrac{X(a^2t)}{a}(a>0)$，验证$\{W(t),\ t\geqslant 0\}$也是 Brown 运动.

3. 设$X(t)$同上，计算给定$X(t_1)=A$，$X(t_2)=B$时$X(s)$的条件分布，其中$t_1<s<t_2$.

4. 设$\{B(t),\ t\geqslant 0\}$是标准 Brown 运动，求下列过程的协方差函数：

(1) $B(t)+Xt$，X与$B(t)$相互独立，且$X\sim \mathrm{N}(0,\ 1)$；

(2) $aB\left(\dfrac{t}{a^2}\right)$，($a>0$为常数).

5. 设$\{X(t),\ 0\leqslant t\leqslant 1\}$为 Brown 桥过程. 证明：若$W(t)=(t+1)X\left(\dfrac{t}{t+1}\right)$，则$\{W(t),\ t\geqslant 0\}$是 Brown 运动.

6. 验证$\left\{X(t)=(1-t)B\left(\dfrac{t}{1-t}\right),\ 0\leqslant t\leqslant 1\right\}$是 Brown 桥，其中$\{B(t),\ 0\leqslant t\leqslant 1\}$是标准 Brown 运动.

7. (1) 证明 Gauss 过程为严平稳的充要条件是$\sigma_{X(s),X(t)}$只依赖于$t-s$ ($s\leqslant t$)及$E(X(t))=c$.

(2) 设$\{X(t),\ t\geqslant 0\}$为 Brown 运动，定义$V(t)=\mathrm{e}^{-\alpha t/2}X(\mathrm{e}^{\alpha t})$. 证明：$\{V(t),\ t\geqslant 0\}$是平稳 Gauss 过程，它称为 Ornstein－Uhlenbeck 过程.

8. 设$\{X(t),\ t\geqslant 0\}$为一个生灭过程，它允许取负值，有常数生灭率$\lambda_n\equiv\lambda$，$\mu_n\equiv\mu(n=0,\ \pm1,\ \pm2,\ \cdots)$. 定义$\mu$与$c$的关于$\lambda$的函数，使得$\lambda\to\infty$时$\{cX(t),\ t\geqslant 0\}$收敛于 Brown 运动.

9. 设$\{X(t),\ t\geqslant 0\}$为 Brown 运动，求下列变量的分布：

(1) $|X(t)|$；

(2) $\left|\min\limits_{0\leqslant s\leqslant t}X(s)\right|$；

(3) $\max\limits_{0\leqslant s\leqslant t}\{X(s)-X(t)\}$.

10. 以T_x记 Brown 运动首次击中x的时间. 计算$P(T_1<T_{-1}<T_2)$.

11. 设$\{B(t),\ t\geqslant 0\}$为 Brown 运动，α，$\beta>0$，证明：对于任意$t\geqslant 0$，

$$P(B(t)\leqslant \alpha t+\beta\,|\,B(0)=x)=1-\mathrm{e}^{-2\alpha(\beta-x)}$$

其中$x\leqslant\beta$.

第 8 章

鞅及其应用

本节将介绍另一类特殊的随机过程——鞅．近几十年来，鞅理论不仅在随机过程及其他数学分支中占据了重要的地位，而且在实际问题中，诸如金融、保险中也得到了广泛应用．鞅理论对理解第 9 章的 Ito 积分也起着十分重要的意义．

8.1 鞅的定义及其性质

鞅(martingale)的定义是从条件期望出发的，在第 2 章中已经介绍了 σ 域和条件数学期望的概念，掌握和了解了条件期望的有关内容，这对理解鞅理论是很有帮助的．

首先介绍一些有关概念．设 F 是 Ω 上的 σ 代数(域)，$\{F_t,\ t\geqslant 0\}$ 是 F 的一列 σ 子代数．如果对于所有的 $0\leqslant s\leqslant t$，都有

$$F_s \subset F_t$$

则 $\{F_t,\ t\geqslant 0\}$ 称为 F 的单调不减子 σ 代数序列．同样，若 $\{F_n,\ n=0,\ 1,\ \cdots\}$ 是 Ω 上的 σ 子代数列，且对于所有的 n，$F_n\subset F_{n+1}$，则 $\{F_n,\ n\geqslant 0\}$ 也称为 F 的单调不减子 σ 代数序列．设随机过程 $Y=\{Y_t,\ t\geqslant 0\}$，如果满足

$$\sigma(Y_t)\subset F_t,\ t\geqslant 0$$

则称 $Y=\{Y_t,\ t\geqslant 0\}$ 为适应于 $\{F_t,\ t\geqslant 0\}$ 的随机过程．特别地，当 F_t 是由 Y 产生的 σ 代数时，即

$$F_t=\sigma(Y_s,\ s\leqslant t)$$

此时随机过程 Y 适应于 $\{F_t,\ t\geqslant 0\}$．随机过程 Y 的适应性说明 Y_t 不会比 F_t 提供更多的信息．

如果 $Y=\{Y_n,\ n=0,\ 1,\ \cdots\}$ 是一个离散时间过程，类似地，可以定义它的适应性：若 $\sigma(Y_n)\subset F_n$，其中 $\{F_n,\ n=0,\ 1,\ \cdots\}$ 是不减子 σ 代数序列，则随机过程 Y 适应于 $\{F_n,\ n\geqslant 0\}$．通常称 $\{Y_n,\ F_n,\ n\geqslant 0\}$ 为适应随机序列．

【例 8-1】 设 $\{B_t,\ t\geqslant 0\}$ 是 Brown 运动，它适应的不减子 σ 代数定义为 $F_t=\sigma(B_s,\ s\leqslant t)$，令

$$X_t=f(t, B_t), \quad t\geqslant 0$$

则随机过程 X_t 是变量 t 和 B_t 的二元函数，而且适应于 $\{F_t, t\geqslant 0\}$. 例如 $f(t, B_t)=B_t^2$ 或 $f(t, B_t)=B_t^2-t$ 这些随机过程与 $\{F_t, t\geqslant 0\}$ 都是相适应的. 该结论也同样适用于取决于过去 Brown 运动的过程，如

$$f(t, B_t)=\min_{0\leqslant s\leqslant t} B_s, \quad 或 \quad f(t, B_t)=\max_{0\leqslant s\leqslant t} B_s^4$$

它们也都适应于 $\{F_t, t\geqslant 0\}$.

设区间 $[0, t]$ 上的 Brown 运动为 $B=\{B_s, s\leqslant t\}$，令

$$F_t=\sigma(B)=\sigma(B_s, s\leqslant t)$$

则称 $\{F_t\}$ 为区间 $[0, t]$ 上的随机过程 B 所生成的 σ 代数.

下面根据条件数学期望的性质来计算

$$E(B_t|F_s)=E(B_t|B_u, u\leqslant s), \quad s\geqslant 0$$

显然，若 $s\geqslant t$，则 $F_s\supset F_t$，再根据 σ 代数的性质(即 B_t 是 F_s 的可测函数)，有

$$E(B_t|F_s)=B_t$$

若 $s<t$，则由条件期望的线性特点可得

$$\begin{aligned}E(B_t|F_s)&=E((B_t-B_s)+B_s|F_s)\\&=E(B_t-B_s|F_s)+E(B_s|F_s)\end{aligned}$$

又因为 B_t-B_s 和 F_s 是相互独立的，因此由条件期望的性质，有

$$E(B_t-B_s|F_s)=E(B_t-B_s)=0$$

由于 $\sigma(B_s)\subset\sigma(B_u, u\leqslant s)=F_s$，因此 $E(B_s|F_s)=B_s$，从而得到

$$E(B_t|F_s)=B_{\min\{s,t\}} \tag{8-1}$$

式(8-1)表明了 Brown 运动在给定其所生成的 σ 代数的条件下条件数学期望的结论.

进一步地，设 $B=\{B_s, s\leqslant t\}$ 为 Brown 运动，$F_s=\sigma(B_u, u\leqslant s)$，令 $X_t=B_t^2-t(t\geqslant 0)$ (见例 8-1)，下面来计算 X_t 的条件期望. 根据上面的推导过程，可以类似地推出

$$E(X_t|F_s)=X_t, \quad s\geqslant t$$

当 $s<t$ 时

$$\begin{aligned}B_t^2-t&=[(B_t-B_s)+B_s]^2-t\\&=(B_t-B_s)^2+B_s^2+2B_s(B_t-B_s)-t\end{aligned}$$

所以条件期望为

$$E(X_t|F_s)=E((B_t-B_s)^2|F_s)+E(B_s^2|F_s)+2E(B_s(B_t-B_s)|F_s)-t$$

因为 B_t-B_s 和 $(B_t-B_s)^2$ 都与 F_s 相互独立，且 $\sigma(B_s^2)\subset\sigma(B_s)\subset F_s$，因此根据条件期望

的性质，得到

$$\begin{aligned}E(X_t|F_s)&=E(B_t-B_s)^2+B_s^2+2B_sE(B_t-B_s)-t\\&=(t-s)+B_s^2+0-t\\&=X_s\end{aligned}$$

从而有

$$E(X_t|F_s)=X_{\min\{s,t\}} \tag{8-2}$$

比较式(8-1)与式(8-2)，它们在形式上很相似.

显然，可以扩大与随机过程相适应的不减子σ代数序列，从而得到另外一种与随机过程相适应的不减子σ代数序列，使同一个随机过程适应于不同的不减子σ代数序列.

【例 8-2】 如上例，设$B=\{B_t, t\geqslant 0\}$是 Brown 运动，与它相适应的σ代数序列为$F_t=\sigma(B_s, s\leqslant t)$，$t\geqslant 0$. 随机过程$X_t=B_t^2$产生的$\sigma$代数序列为

$$F_t'=\sigma(B_s^2, s\leqslant t),\quad t\geqslant 0$$

则$\{F_t'\}$要比$\{F_t\}$小，即对于任何t，$F_t'\subset F_t$. 这是因为通过B_t^2只能了解到有关$|B_t|$的信息，而对于B_t则一无所知，因此对于随机过程$\{B_t^2, t\geqslant 0\}$来说，它也适应于$\{F_t\}$，从而得到和同一个过程相适应的两个不同的子σ代数序列.

例 8-2 所涉及的内容在实际问题中具有一定的应用作用，关于这一点，可以举一个金融领域的例子加以说明. 在金融市场中，假设汇率、利率及股票价格等满足某些随机微分方程，而且用随机微分方程的解来逼近和模拟汇率、利率及股票价格的波动，而这些解都是 Brown 运动的函数，因此它们分别是一个随机过程. 应用该随机过程就可以模拟金融市场的波动情况(在不相交的时间间隔中，波动是相互独立的)，并由此反映出有关的市场信息. 从这些金融模型得到的这些相关信息都是由该过程自己生成，没有涉及任何外界的情形. 然而，在实际中，经常会有一部分投资者除了金融信息外还会了解一些其他的信息. 例如，他们有可能知道不久以后，政府将出台一项重要的政治决策或金融决策，而这一决策将改变现有金融状况，或者他们预先知道一些重大的政治事件、经济事件及军事事件等将要发生，因此这些投资者就得到更多的市场信息，从而更有利于他们做出投资决策.

定义 8-1 设$X=\{X_t, t\geqslant 0\}$为一随机过程，$F_t=\sigma(X_s, 0\leqslant s\leqslant t)$. 过程$X=\{X_t, t\geqslant 0\}$称为(连续时间)**鞅**，如果满足

(1) 对于任意的$t\geqslant 0$，$E(|X_t|)<+\infty$；

(2) 对于所有$0\leqslant s<t$，有$E(X_t|F_s)=X_s$，a. s.；

(3) 对于任意的$t\geqslant 0$，X_t关于F可测.

同样，也可以定义离散时间(或离散参数)鞅$X=\{X_n, n=0, 1, \cdots\}$.

定义 8-2 设$X=\{X_n, n\geqslant 0\}$为一离散参数随机过程，过程$X=\{X_n, n\geqslant 0\}$是**鞅**，如果对于任意$n\geqslant 0$，有

(1) $E(|X_n|)<+\infty$；

(2) $E(X_{n+1}|X_0, X_1, \cdots, X_n)=X_n$, a. s..

定义 8-2 中(2)还可以表示为

$$E(Y_{n+1}|X_0, X_1, \cdots, X_n)=0$$

其中 $Y_{n+1}=X_{n+1}-X_n(n=0, 1, \cdots)$. 称随机序列$\{Y_n\}$为关于$\{X_n, n\geqslant 0\}$的**鞅差序列**. 为了方便起见，简称$\{X_t, t\geqslant 0\}$或$\{X_n, n\geqslant 0\}$为鞅，不再指明其相应的不减子 σ 代数序列.

定义 8-3 设 $X=\{X_n, n\geqslant 0\}$和$Y=\{Y_n, n\geqslant 0\}$为两个离散参数随机过程，称过程$\{X_n, n\geqslant 0\}$关于$\{Y_n, n\geqslant 0\}$是**鞅**，如果对于任意 $n\geqslant 0$，有

(1) $E(|X_n|)<+\infty$；

(2) $E(X_{n+1}|Y_0, Y_1, \cdots, Y_n)=X_n$, a. s..

性质 8-1 鞅的期望函数是一个常量.

证 由定义 8-1 中(2)可知

$$E(X_t|F_s)=X_s, \quad 0\leqslant s<t$$

再由条件期望的性质，对于任意的 $0\leqslant s<t$，有

$$E(X_s)=E(E(X_t|F_s))=E(X_t)$$

证毕.

应用该性质可以很容易地判断一个随机过程不是鞅，但如果要证明一个随机过程是鞅，该性质是不充分的.

【例 8-3】 (独立随机变量的部分和) 设$\{Z_n, n\geqslant 0\}$是一个相互独立的随机变量序列且 $Z_0=0$，其中每个随机变量的期望 $E(|Z_n|)<+\infty$，$E(Z_n)=0$. 令部分和

$$R_n=Z_0+\cdots+Z_n, \quad n\geqslant 0$$

它相应的不减子 σ 代数序列为 $F_n=\sigma(R_0, \cdots, R_n)$，$n\geqslant 0$. 注意到还有

$$F_n=\sigma(Z_0, \cdots, Z_n), \quad n\geqslant 0$$

这是因为当 $i=1, \cdots, n$ 时

$$R_i=Z_1+\cdots+Z_i, \quad Z_i=R_i-R_{i-1}$$

因此随机向量$(Z_0, \cdots, Z_n)$与$(R_0, \cdots, R_n)$包含了相同的信息. 应用条件期望的计算规则，可以得到

$$E(R_{n+1}|F_n)=E(R_n|F_n)+E(Z_{n+1}|F_n)=R_n+E(Z_{n+1})$$

由条件可知，对于所有的 n，$E(Z_n)=0$，则

$$E(R_{n+1}|F_n)=R_n$$

所以$\{R_n, n=0, 1, \cdots\}$是关于$\{F_n, n=0, 1, \cdots\}$的鞅. 或者也可以利用定义 8-3 的表

达方式来说明$\{R_n\}$关于$\{Z_n\}$是鞅，这是因为

$$E(|R_n|)=E\left(\left|\sum_{i=1}^{n}Z_i\right|\right)\leqslant\sum_{i=1}^{n}E(|Z_i|)<+\infty$$

$$\begin{aligned}E(R_{n+1}|Z_0, Z_1, \cdots, Z_n)&=E(R_n+Z_{n+1}|Z_0, Z_1, \cdots, Z_n)\\&=E(R_n|Z_0, Z_1, \cdots, Z_n)+E(Z_{n+1}|Z_0, Z_1, \cdots, Z_n)\\&=R_n\end{aligned}$$

【例 8-4】 (随机变量信息的收集(Doob 鞅过程)) 设Z是Ω上的随机变量，$E(|Z|)<+\infty$，$\{F_t, t\geqslant 0\}$是F的不减子σ代数序列. 定义随机过程X为

$$X_t=E(Z|F_t), \quad t\geqslant 0$$

由于F_t随时间而增大，因此X_t将提供越来越多有关随机变量Z的信息，则可以证明$X=\{X_t, t\geqslant 0\}$是一个鞅. 特别地，当对于某个t，$\sigma(Z)\subset F_t$时，$X_t=Z$.

证 由 Jensen 不等式及条件数学期望的性质，得

$$E(|X_t|)=E(|E(Z|F_t)|)\leqslant E(E(|Z||F_t))=E(|Z|)<\infty$$

令$s<t$

$$E(X_t|F_s)=E(E(Z|F_t)|F_s)=E(Z|F_s)=X_s$$

又$\sigma(X_t)\subset F_t$，因此X满足连续时间鞅的定义，故X为鞅.

离散时间 Doob 鞅过程可表述如下：设Z是Ω上的随机变量，$E(|Z|)<+\infty$，$\{Y_n, n\geqslant 0\}$是一个随机序列，令

$$X_n=E(Z|Y_0, \cdots, Y_n)$$

则过程$\{X_n, n\geqslant 0\}$关于$\{Y_n, n\geqslant 0\}$是鞅，并称之为 Doob 过程.

事实上，对于任意$n\geqslant 0$，有

$$\begin{aligned}E(|X_n|)&=E(|E(Z|Y_0, \cdots, Y_n)|)\\&\leqslant E(E(|Z||Y_0, \cdots, Y_n))\\&=E(|Z|)<\infty\end{aligned}$$

$$\begin{aligned}E(X_{n+1}|Y_0, Y_1, \cdots, Y_n)&=E(E(Z|Y_0, \cdots, Y_{n+1})|Y_0, \cdots, Y_n)\\&=E(Z|Y_0, \cdots, Y_n)\\&=X_n\end{aligned}$$

本例说明任意以随机变量序列为条件的条件数学期望构成鞅.

【例 8-5】 (由 Markov 链导出的鞅) 设$\{Y_n, n\geqslant 0\}$是一 Markov 链，其状态空间为E，其转移概率矩阵$\boldsymbol{P}=(p_{ij})$. 设f是$\boldsymbol{P}$的有界右正则序列，即f是非负且满足

$$f(i)=\sum_{j\in E}p_{ij}f(j),\quad |f(i)|<M,\quad i\in E$$

令 $X_n=f(Y_n)$，则过程$\{X_n, n\geqslant 0\}$关于$\{Y_n, n\geqslant 0\}$是鞅.

证 因为 f 有界，所以

$$E(|X_n|)=E(|f(Y_n)|)<+\infty$$

又由于马氏性

$$\begin{aligned}E(X_{n+1}|Y_0, Y_1, \cdots, Y_n)&=E(f(Y_{n+1})|Y_0, \cdots, Y_n)\\&=E(f(Y_{n+1})|Y_n)\\&=\sum_{j\in E}P(Y_{n+1}=j|Y_n)f(j)\\&=\sum_{j\in E}p_{Y_n,j}f(j)\\&=f(Y_n)=X_n\end{aligned}$$

因此证明了$\{X_n, n\geqslant 0\}$关于$\{Y_n, n\geqslant 0\}$是鞅.

【例 8-6】 (由转移概率特征向量导出的鞅)设$\{Y_n, n\geqslant 0\}$是一 Markov 链，其状态空间为 E，其转移概率矩阵$\boldsymbol{P}=(p_{ij})$. 称向量$\boldsymbol{f}=(f(0), f(1), \cdots, f(i), \cdots)$为$\boldsymbol{P}$的右特征向量，若对某个特征值$\lambda$有

$$\lambda f(i)=\sum_{j\in E}p_{ij}f(j),\quad \text{对于任意 } i\in E$$

且$E(|f(Y_n)|)<+\infty$，对于任意 $n\geqslant 0$. 令 $X_n=\lambda^{-n}f(Y_n)$，则过程$\{X_n, n\geqslant 0\}$关于$\{Y_n, n\geqslant 0\}$是鞅.

证 因为 $\boldsymbol{f}$ 有界，所以

$$E(|X_n|)=E(|\lambda^{-n}f(Y_n)|)=\lambda^{-n}E(|f(Y_n)|)<\infty$$

又由于马氏性

$$\begin{aligned}E(X_{n+1}|Y_0, Y_1, \cdots, Y_n)&=E(\lambda^{-n-1}f(Y_{n+1})|Y_0, \cdots, Y_n)\\&=\lambda^{-n}\lambda^{-1}E(f(Y_{n+1})|Y_n)\\&=\lambda^{-n}(\lambda^{-1}\sum_{j\in E}p_{Y_n,j}f(j))\\&=\lambda^{-n}f(Y_n)=X_n\end{aligned}$$

因此证明了$\{X_n, n\geqslant 0\}$关于$\{Y_n, n\geqslant 0\}$是鞅.

【例 8-7】 (Brown 运动是鞅)设随机过程 $B=\{B_t, t\geqslant 0\}$是标准 Brown 运动，则有

(1) $\{B_t, t\geqslant 0\}$关于 $F_t=\sigma(B_s, s\leqslant t)$是鞅.

(2) $\{B_t^2-t, t\geqslant 0\}$关于 $F_t=\sigma(B_s, s\leqslant t)$是鞅.

(3) $\exp\left\{\sigma B_t-\frac{\sigma^2}{2}t\right\}$关于$F_t=\sigma(B_s, s\leqslant t)$是鞅.

证 (1)、(2)易证，请读者自己完成证明. 下面证明(3). 若$X\sim N(0,1)$是一个标准正态随机变量，则对于常数λ，有

$$E(e^{\lambda X})=\frac{1}{\sqrt{2\pi}}\int_{-\infty}^{\infty}e^{\lambda x}e^{-\frac{x^2}{2}}dx=e^{\frac{\lambda^2}{2}}$$

当$s<t$时

$$E(e^{\sigma B_t-\frac{\sigma^2 t}{2}}|F_s)=e^{\sigma B_s-\frac{\sigma^2 t}{2}}E(e^{\sigma(B_t-B_s)}|F_s)$$

又因为

$$\begin{aligned}E(e^{\sigma(B_t-B_s)}|F_s)&=E(e^{\sigma(B_t-B_s)})=E(e^{\sigma B_{t-s}})\\&=E(e^{\sigma X\sqrt{t-s}})=\exp\left\{\frac{1}{2}\sigma^2(t-s)\right\}\end{aligned}$$

因此，$\exp\left\{\sigma B_t-\frac{\sigma^2}{2}t\right\}$符合鞅的定义，(3)得证.

下面介绍有关鞅变换的例子，这有助于了解Ito随机积分. 实际上，鞅变换相似于随机积分的离散状况.

【例8-8】 (鞅变换) 设$Y=\{Y_n, n=0, 1, \cdots\}$是关于$\{F_n, n=0, 1, \cdots\}$的鞅差序列. 令随机过程$C=\{C_n, n=1, 2, \cdots\}$，并假定对于所有的$n$，

$$\sigma(C_n)\subset F_{n-1} \tag{8-3}$$

这表明C_n所包含的信息$\sigma(C_n)$被F_{n-1}所包含. 即如果F_{n-1}已知，则在时刻$n-1$，我们已经完全了解随机变量C_n的状态(或信息).

由此引入两个新的概念. 若序列$\{C_n, n\geqslant 0\}$满足式(8-3)，则称它关于$\{F_n\}$是**可预见的或可预言的**. 若随机过程$X=\{X_n, n\geqslant 0\}$定义为

$$X_0=0,\quad X_n=\sum_{i=1}^{n}C_iY_i,\quad n\geqslant 1 \tag{8-4}$$

则X称为Y关于C的**鞅变换**，记为$C\cdot Y$. 若对于所有的$n\geqslant 0$，$E(C_n^2)<+\infty$且$E(Y_n^2)<+\infty$，则鞅变换$C\cdot Y$是鞅.

实际上，根据Cauchy-Schwarz不等式

$$E(|C_iY_i|)\leqslant(E(C_i^2)E(Y_i^2))^{\frac{1}{2}}$$

得

$$E(|X_n|)\leqslant\sum_{i=1}^{n}E(|C_iY_i|)\leqslant\sum_{i=1}^{n}(E(C_i^2)E(Y_i^2))^{\frac{1}{2}}<\infty$$

又根据前面的条件及式(8-3)、式(8-4)可知，Y_1，…，Y_n 并不能提供较 F_n 更多的信息，而且 C_1，…，C_n 是可预言的，因此 X_n 适应于 F_n，即 $\sigma(X_n)\subset F_n$. 再由条件期望的性质和计算规则，以及$\{C_n\}$的可预言性和$\{Y_n\}$是鞅差序列，可以得到

$$E(X_n-X_{n-1}|F_{n-1})=E(C_nY_n|F_{n-1})=C_nE(Y_n|F_{n-1})=0$$

所以$\{X_n-X_{n-1}，n\geqslant 1\}$是一个鞅差序列，且$\{X_n\}$是关于$\{F_n\}$的鞅.

【例 8-9】 (Brown 运动的鞅变换) 设 $B=\{B_s，s\leqslant t\}$为标准 Brown 运动，以及任意一划分

$$0=t_0<t_1<\cdots<t_{n-1}<t_n=t$$

根据 Brown 运动的独立增量性，序列

$$\Delta B：\quad \Delta_0 B=0，\quad \Delta_i B=B_{t_i}-B_{t_{i-1}}，\quad i=1，\cdots，n$$

是关于

$$F_0=\{\varnothing，\Omega\}，F_i=\sigma(B_{t_j}，1\leqslant j\leqslant i)，\quad i=1，\cdots，n$$

的鞅差序列. 再来看变换序列

$$\widetilde{B}=\{B_{t_{i-1}}，i=1，\cdots，n\}$$

它关于$\{F_n\}$是可预言的，则 $\widetilde{B}\cdot\Delta B$ 是鞅，其中

$$(\widetilde{B}\cdot\Delta B)_k=\sum_{i=1}^{k}\widetilde{B}_i\Delta_i B=\sum_{i=1}^{k}B_{t_{i-1}}(B_{t_i}-B_{t_{i-1}})，\quad k=1，\cdots，n \qquad (8-5)$$

在第 9 章里，将介绍 Riemann-Stieltjes 积分 $\int_0^t B_s\mathrm{d}B_s$，此积分可以用 Riemann-Stieltjes 和形式来定义，而式(8-5)右端是具有 Riemann-Stieltjes 和的典型形式. 然而，由于 Brown 运动样本轨道是极其不规则的，该积分在 Riemann-Stieltjes 意义下是不存在的，因此 $\widetilde{B}\cdot\Delta B$ 可以看作是伊藤随机积分 $\int_0^t B_s\mathrm{d}B_s$ 在离散时间情况下的近似.

8.2 上鞅、下鞅及分解定理

首先分别给出在连续时间和离散时间条件下，上鞅、下鞅的定义. 在本节中，仍假设$\{F_t，t\geqslant 0\}$为 F 的单调不减子 σ 代数序列，则给出如下的定义.

定义 8-4(连续参数) 随机过程 $X=\{X_t，t\geqslant 0\}$ 称为关于$\{F_t，t\geqslant 0\}$是一个**上鞅**，

如果满足

(1) 对于所有的 $t\geqslant 0$，$E(X_t^-)>-\infty$，其中 $x^-=\min\{x, 0\}$；

(2) X 适应于 $\{F_t\}$；

(3) 对于所有 $0\leqslant s<t$，有

$$E(X_t|F_s)\leqslant X_s$$

定义 8-5(连续参数) 随机过程 $X=\{X_t, t\geqslant 0\}$ 称为关于 $\{F_t, t\geqslant 0\}$ 是一个**下鞅**，如果满足

(1) 对于所有的 $t\geqslant 0$，$E(X_t^+)<+\infty$，其中 $x^+=\max\{x, 0\}$；

(2) X 适应于 $\{F_t\}$；

(3) 对于所有 $0\leqslant s<t$，有

$$E(X_t|F_s)\geqslant X_s$$

同样，可以对离散参数随机过程 $X=\{X_n, n=0, 1, \cdots\}$ 定义其上鞅和下鞅，定义如下.

定义 8-6(离散参数) 随机过程 $X=\{X_n, n=0, 1, \cdots\}$ 称为关于 $\{F_n, n=0, 1, \cdots\}$ 是一个**上鞅**，如果满足

(1) 对于所有的 $n=0, 1, \cdots$，$E(X_n^-)>-\infty$，其中 $x^-=\min\{x, 0\}$；

(2) X 适应于 $\{F_n\}$；

(3) 对于所有 $n=0, 1, \cdots$，有

$$E(X_{n+1}|F_n)\leqslant X_n$$

定义 8-7(离散参数) 随机过程 $X=\{X_n, n=0, 1, \cdots\}$ 称为关于 $\{F_n, n=0, 1, \cdots\}$ 是一个**下鞅**，如果满足

(1) 对于所有的 $n=0, 1, \cdots$，$E(X_n^+)<+\infty$，其中 $x^+=\max\{x, 0\}$；

(2) X 适应于 $\{F_n\}$；

(3) 对于所有 $n=0, 1, \cdots$，有

$$E(X_{n+1}|F_n)\geqslant X_n$$

注意到，若 X 是关于 $\{F_n\}$ 的上鞅$\Leftrightarrow -X$ 是关于 $\{F_n\}$ 的下鞅.

上(下)鞅有以下基本性质.

(1) $E(X_{n+j}|F_n)\leqslant(\geqslant)X_n$，对于任意 $j\geqslant 0$.

(2) $E(X_n)\leqslant(\geqslant)E(X_0)$，对于任意 n.

(3) 两个上(下)鞅的和仍为上(下)鞅.

对于上鞅和下鞅，有如下的分解定理，它是鞅理论中的基本定理之一.

定理 8-1 对于任意一个关于 $\{F_n, n=0, 1, \cdots\}$ 的上鞅 $\{X_n, n=0, 1, \cdots\}$，存在一个唯一的分解

$$X_n=M_n-A_n$$

其中 $\{M_n\}$ 是一个鞅，而且 $\{A_n\}$ 满足：$A_0=0$，$A_n\leqslant A_{n+1}$，$E(A_n)<+\infty$，且 $\sigma(A_n)\subset F_{n-1}$，$n\geqslant 0$(其中 $F_{-1}=F_0$).

证 当 $n=0$ 时，$A_0=0$，并令 $M_0=X_0$，分别对

$$X_{n+1}-X_n=M_{n+1}-M_n-(A_{n+1}-A_n)$$

的两边关于 F_n 求条件期望得

$$-(A_{n+1}-A_n)=E(X_{n+1}|F_n)-X_n$$

于是有

$$M_{n+1}-M_n=X_{n+1}-E(X_{n+1}|F_n)$$

可见，$\{M_n\}$和$\{A_n\}$被上述两式完全确定，即由上述两式可以得出$\{M_n\}$ 是一个鞅，$\{A_n\}$关于$\{F_n\}$是可预言的，再由上述两式的递推性及初始条件可证明上述分解的唯一性，定理得证.

推论 8-1 若$\{X_n, n=0, 1, \cdots\}$是关于$\{F_n, n=0, 1, \cdots\}$的下鞅，则它存在唯一的分解

$$X_n=M_n+A_n$$

其中$\{M_n\}$是一个鞅，而且$\{A_n\}$满足：$A_0=0$，$A_n\leqslant A_{n+1}$，$E(A_n)<+\infty$，且 $\sigma(A_n)\subset F_{n-1}$，$n\geqslant 0$.

8.3 停时与停时定理

停时(stopping time)是一个不依赖于“将来”的随机时间，停时在金融领域中也有着广泛的应用. 例如，某投资者购买了一份美式期权，在期满之前(包括期满日当天)的任何一个营业日都可以实施其权利，在 n 时刻(如第 n 天)投资者是否实施期权，取决于该投资者对 n 时刻所得到信息的判断，而这个实施期权的日期可以由一随机变量(称为停时)来刻画. 下面先简单介绍一下离散时间条件下停时的概念.

定义 8-8 设随机变量 τ 在$\{0, 1, 2, \cdots, +\infty\}$中取值，$\{F_n, n\geqslant 0\}$为 F 的单调不减子 σ 代数序列，若对于任何 $n\geqslant 0$，有

$$\{\tau=n\}\in F_n$$

则称 τ 是**停时**(或称马尔可夫时间).

停时 τ 的等价定义如下.

定义 8-9 设随机变量 τ 在$\{0, 1, 2, \cdots, +\infty\}$中取值，$\{F_n, n\geqslant 0\}$为 F 的单调不减子 σ 代数序列，若对于任何 $n\geqslant 0$，有

$$\{\tau\leqslant n\}\in F_n$$

则称 τ 是**停时**.

后面将定义连续时间条件下的停时，其定义就是定义 8-9 的推广形式. 设 τ 关于$\{F_n, n\geqslant 0\}$ 是一个停时，由 τ 所导出的 σ 代数定义为

$$F_\tau=\{A\in F: A\cap\{\tau=n\}\in F_n,\ n\geqslant 0\}$$

容易证明 F_τ 是 F 的子 σ 代数，它表达的是随机时间 τ 前的可能信息，因此称 F_τ 为 τ 前的 σ 代数. 设 $\{X_n, n\geqslant 0\}$ 是一个适应于 $\{F_n, n\geqslant 0\}$ 的随机过程，则停时 τ 具有如下性质：

(1) τ 是 F_τ 可测的，X_τ 也是 F_τ 可测的；

(2) 设 τ_1，τ_2 是停时且 $\tau_1\leqslant\tau_2$，则有 $F_{\tau_1}\subset F_{\tau_2}$；

(3) 设 τ_1，τ_2 是停时，则 $\tau_1+\tau_2$，$\tau_1\wedge\tau_2=\min\{\tau_1, \tau_2\}$，$\tau_1\vee\tau_2=\max\{\tau_1, \tau_2\}$ 都是停时. 进一步地，设 $\{\tau_k\}$ 是停时序列，则 $\sup\limits_k\{\tau_k\}$，$\inf\limits_k\{\tau_k\}$ 都是停时.

设 $\{X_n, n\geqslant 0\}$ 是一个适应于 $\{F_n, n\geqslant 0\}$ 的随机序列，τ 是一个停时，则在时刻 τ 的“停止”过程定义为

$$X_n^\tau(\omega)=X_{\tau(\omega)\wedge n}(\omega),\quad \omega\in\Omega$$

其中 $\tau\wedge n=\min\{\tau, n\}$. 即在集合 $\{\tau=j\}$ 上，有

$$X_n^\tau=\begin{cases}X_j, & j\leqslant n\\ X_n, & j>n\end{cases}$$

定理 8-2 设过程 $\{X_n, n\geqslant 0\}$ 适应于 $\{F_n, n\geqslant 0\}$，且 τ 是一个停时，则停止过程 $\{X_n^\tau, n\geqslant 0\}$ 与 $\{F_n, n\geqslant 0\}$ 也相适应，且若 $\{X_n, n\geqslant 0\}$ 是一个鞅(上鞅或下鞅)，则 $\{X_n^\tau, n\geqslant 0\}$ 也是鞅(上鞅或下鞅).

证 对于 $n\geqslant 1$，有

$$X_{\tau\wedge n}=X_0+\sum_{j=1}^n\phi_j(X_j-X_{j-1})$$

其中 $\phi_j=1_{\{j\leqslant\tau\}}$. 因为 $\{j\leqslant\tau\}$ 是集合 $\{\tau<j\}=\{\tau\leqslant j-1\}$ 的补集，因此过程 $\{\phi_n, n\geqslant 0\}$ 是可预言的.

显然，$\{X_{\tau\wedge n}, n\geqslant 0\}$ 适应于 $\{F_n, n\geqslant 0\}$. 此外，若 $\{X_n\}$ 是一个鞅，由于 $\{X_{\tau\wedge n}\}$ 是 $\{X_n\}$ 的鞅变换，因此 $\{X_{\tau\wedge n}\}$ 也是关于 $\{F_n, n\geqslant 0\}$ 的鞅. 类似地，根据 $\{\phi_n, n\geqslant 0\}$ 的可预言性和非负性可以证明，若序列 $\{X_n\}$ 是一个上鞅(下鞅)，则相应的停止过程也为上鞅(下鞅). 证毕.

同离散时间的情形相同，在连续时间条件下停时也是一个很重要的概念，下面对连续情形下的停时加以介绍. 设 $\{X_t, t\geqslant 0\}$ 为一连续时间随机过程，随机变量 $\tau\in\mathbf{R}^+\cup\{+\infty\}$，$F_t=\sigma(X_s, s\leqslant t)$，若对于任何 $t\geqslant 0$，有

$$\{\tau\leqslant t\}\in F_t$$

则 τ 是关于 $\{F_t, t\geqslant 0\}$ 的**停时**.

停时有以下基本特性：设 τ_1，τ_2 是关于 $\{F_t\}$ 的两个停时，则 $\tau_1+\tau_2$，$\tau_1\wedge\tau_2=\inf\{\tau_1,\tau_2\}$，$\tau_1\vee\tau_2=\sup\{\tau_1, \tau_2\}$ 均是停时. 特别地，若 τ 是一个停时，t 是一个确定的时间，则 $\tau\wedge t$ 是一个停时. 而且，停时 τ 是关于 F_t 可测的.

下面不加证明地给出连续时间的停时定理，其证明可参文献 [14].

定理 8-3(停时定理) 设$\{X_t, t\geqslant 0\}$是关于$\{F_t, t\geqslant 0\}$的连续鞅，若停时τ满足下述条件之一：

(1) τ是有界停时；

(2) $E(|X_\tau|)<+\infty$且$\lim\limits_{t\to+\infty}E(|X_\tau|I_{\{\tau>t\}})=0$.

则有

$$E(X_\tau)=E(X_0)$$

【例 8-10】 设$\{B_t, t\geqslant 0\}$为 Brown 运动，$F_t=\sigma(B_s, s\leqslant t)$. 再设$a$是一个实数，令

$$T_a=\inf\{s\geqslant 0, B_s=a\}$$

当该集合为空集时，令$T_a=+\infty$，则T_a是一个停时，其取值有限，而且有

$$E(\mathrm{e}^{-\lambda T_a})=\mathrm{e}^{-\sqrt{2\lambda}|a|} \tag{8-6}$$

式中，λ为任意正实数.

证 假定$a\geqslant 0$，首先证明T_a是一个停时. 因为B_s连续，从而有

$$\begin{aligned}\{T_a\leqslant t\}&=\bigcap_{\epsilon\in Q,\epsilon>0}\{\sup_{s\leqslant t}B_s>a-\epsilon\}\\&=\bigcap_{\epsilon\in Q,\epsilon>0}\bigcup_{s\in Q^+,s\leqslant t}\{B_s>a-\epsilon\}\end{aligned}$$

其中后一个集合属于F_t，因此$\{T_a\leqslant t\}\in F_t$，即$T_a$是一个停时.

为了计算式 (8-6)，将停时定理应用于鞅

$$X_t=\exp\left(\sigma B_t-\frac{\sigma^2}{2}t\right) \tag{8-7}$$

上(参见例 8-7). 由于T_a不一定有界，不能直接将停时定理应用于T_a，所以令n是一个正整数，则$T_a\wedge n$是一个有界停时，根据停时定理有

$$E(X_{T_a\wedge n})=1$$

一方面，有

$$X_{T_a\wedge n}=\mathrm{e}^{\sigma B_{T_a\wedge n}-\sigma^2(T_a\wedge n)/2}\leqslant \mathrm{e}^{\sigma a}$$

另一方面，若$T_a<+\infty$，

$$\lim_{n\to+\infty}X_{T_a\wedge n}=X_{T_a}$$

若$T_a=+\infty$，则在任意t时刻，$B_t\leqslant a$，因此

$$\lim_{n\to+\infty}X_{T_a\wedge n}=0$$

由上面的讨论及 Lebesgue 定理有$E(1_{\{T_a<+\infty\}}X_{T_a})=1$，于是由式(8-7)有(因为当$T_a<+\infty$时，$B_{T_a}=a$)

$$E\left(1_{\{T_a<+\infty\}}\exp\left(-\frac{\sigma^2}{2}T_a\right)\right)=\mathrm{e}^{-\sigma a}$$

令 σ 趋于 0，可以得到 $P(T_a<+\infty)=1$，这表明 Brown 运动一定能达到 a. 因此有

$$E\left(\exp\left(-\frac{\sigma^2}{2}T_a\right)\right)=\mathrm{e}^{-\sigma a}$$

当 $a<0$ 时，令

$$T_a=\inf\{s\geqslant 0,\ -B_s=-a\}$$

则可以得到相类似的结论. 因为$\{-B_t,\ t\geqslant 0\}$是均值为 0、方差为 t 且具有独立平稳增量的随机过程，所以它是关于$\{F_t,\ t\geqslant 0\}$的 Brown 运动. 取 $\lambda=\frac{\sigma^2}{2}$，综合上面所述，式(8-6)成立.

应用停时定理，还可以得到如下很有用的结论：若 X_t 是一个平方可积的鞅，则 $\sup\limits_{0\leqslant t\leqslant T}|X_t|$的二阶矩是有界的，即如下的 Doob 不等式.

定理 8-4(Doob 不等式)　设$\{X_t,\ 0\leqslant t\leqslant T\}$是一个连续鞅，则

$$E\left(\sup_{0\leqslant t\leqslant T}|X_t|^2\right)\leqslant 4E(|X_T|^2)$$

(证明略)

8.4　条件期望的投影性及鞅的应用

设(Ω, $\mathscr{F}$, P)是一概率空间，$L^2(\Omega)$是 Ω 上随机变量 X 所组成的集合，而且 X 满足：

(1) $E(X^2)<+\infty$；

(2) $\sigma(X)\subset\mathscr{F}$. 若 $F=\sigma(Y)$，则 X 是 Y 的函数.

在第 2 章中已经介绍了条件数学期望 $E(X|F)$的概念，在 $L^2(\Omega)$中，条件期望有一个重要的性质，即投影性(projection property).

投影性　设 X 是一个随机变量，且 $E(X^2)<+\infty$，则条件期望 $E(X|F)$是 $L^2(\Omega)$中的随机变量，而且在均方意义上，它与 X 最接近，即

$$E(X-E(X|F))^2=\min_{Z\in L^2(F)}E(X-Z)^2 \tag{8-8}$$

此时，$E(X|F)$可以看成是随机变量 X 在空间 $L^2(\Omega)$上的投影，如图 8-1 所示(证明见本小节最后).

条件期望 $E(X|F)$投影性的解释如下：设 $E(Z^2)<+\infty$，$E(Y^2)<+\infty$，Z 与 Y 的内积定义为$\langle Z,\ Y\rangle=E(ZY)$，$Z$ 与 Y 之间的距离定义为

$$\|Z-Y\|=\sqrt{\langle Z-Y,\ Z-Y\rangle}$$

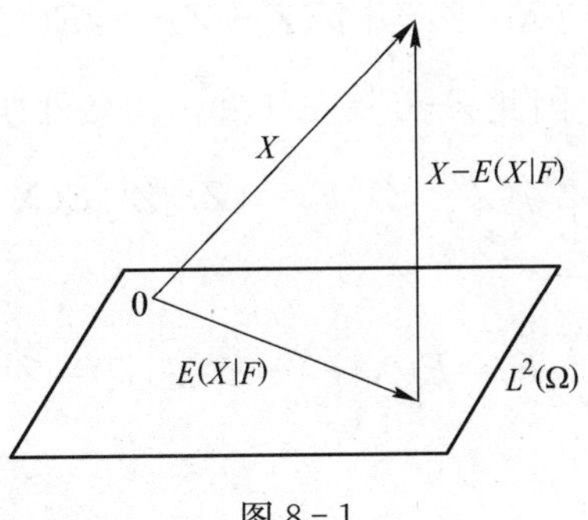

图 8-1

若$\langle Z, Y\rangle=0$，则在欧几里得空间中，称Z与Y是正交的. 因此$E(X|F)$是X在$L^2(\Omega)$上的正交投影，即对于所有$Z\in L^2(\Omega)$，$\langle X-E[X|F], Z\rangle=0$，当$Z=E(X|F)$时，$\langle X-Z, X-Z\rangle$最小.

如果$F=\sigma(Y)$，则$E(X|F)$是Y的函数，并且它的二阶矩是有限的，在均方意义上，它与X最接近.

由于式(8-8)，有时称$E(X|F)$是在已知F的条件下对X的最好预测. 为了解释"预测"的含义，要先回顾一下例8-7. 已经证得，当$s\leqslant t$时，

$$E(B_t|B_u, u\leqslant s)=B_s, \quad E(B_t^2-t|B_u, u\leqslant s)=B_s^2-s$$

上式表明，如果知道时刻s以前(包含现在时刻s)的有关Brown运动的信息，则对将来时刻(t时刻)的值B_t和B_t^2-t的最好预测是它们现在的取值B_s，B_s^2-s. 该性质说明，如果要预测一个随机过程在将来某一时刻可能的取值，则该随机过程在现在时刻的取值是对其最好的预测.

现在把上述内容抽象化. 设$X=\{X_t, t\geqslant 0\}$是Ω上的随机过程，并假定已知现在时刻s的信息F_s，且F_s和X是相互依赖的，可以根据已经知道的信息来减少在未来时刻t，X_t取值的不确定性，从而更好地预测X_t，用数学语言描述为

$$E(X_t|F_s), \quad 0\leqslant s<t$$

在上面的讨论中，得知$E(X_t|F_s)$就是在已知信息F_s的条件下对X_t最好的预测. 同时还了解到，对于Brown运动$\{B_t, t\geqslant 0\}$来说，随机过程$X_t=B_t$和$X_t=B_t^2-t$满足$E(X_t|F_s)=X_s$，$s<t$(因为它们是鞅)，即对于这些过程X来说，它们现在的取值X_s是对其将来取值X_t的最好预测. 此外，还要注意到，同一个随机过程对应不同的σ代数时，情况会有所不同，因此通常还需指明在具体应用时所涉及的σ代数的类型.

下面应用条件期望的性质来证明式(8-8). 令随机变量$Z'=E(X|F)$，由于X是一个随机变量，且$E(X^2)<\infty$，则有$Z'\in L^2(\Omega)$，$E(Z')^2<\infty$，$\sigma(Z')\subset\mathscr{F}$. 事实上，根据Jensen不等式

$$E((E(X|F))^2)\leqslant E(E(X^2|F))=E(X^2)$$

这就证明了$E(X|F)$的二阶矩有限. 设Z是$L^2(\Omega)$中的任一随机变量，则有

$$\begin{aligned}E(X-Z)^2 &= E((X-Z')+(Z'-Z))^2 \\ &= E(X-Z')^2+E(Z'-Z)^2+2E((X-Z')(Z'-Z))\end{aligned}$$

由于 Z 和 Z' 都属于 $L^2(\Omega)$，因此 $Z-Z'\in L^2(\Omega)$. 由条件期望的性质，得

$$E((X-Z')(Z'-Z)|F)=(Z-Z')E(X-Z'|F)$$

又因为

$$E(X-Z'|F)=E(X|F)-E(Z'|F)=Z'-Z'=0$$

所以

$$E((X-Z)^2)=E((X-Z')^2)+E((Z'-Z)^2)$$

从而对于所有的随机变量 $Z\in L^2(\Omega)$ 有

$$E(X-Z)^2\geqslant E(X-Z')^2$$

式(8-8)得证.

鞅的背景来源于公平赌博，下面以赌博为例解释鞅的实际意义. 考虑一个赌博者，正在进行一系列赌博，每次赌博输赢的概率都是 0.5. 令 $\{Y_n, n\geqslant 1\}$ 是一列独立同分布的随机变量，表示每次赌博的结果，即

$$P\{Y_n=1\}=P\{Y_n=-1\}=\frac{1}{2}$$

其中 $\{Y_n=1\}$($\{Y_n=-1\}$)表示赌博者在第 n 次赌博时赢(输). 如果赌博者采用的赌博策略(即所下赌注)依赖于前面的赌博结果，那么他的赌博可以用下述的随机变量序列

$$b_n=b_n(Y_1, \cdots, Y_{n-1}), \quad n\geqslant 2$$

描述. 其中 $b_n(<\infty)$ 是第 n 次的赌注，若赌赢则获利 b_n，否则输掉 b_n，设 X_0 是该赌博者的初始投资，则

$$X_n=X_0+\sum_{i=1}^{n}b_iY_i$$

是他在第 n 次赌博后的赌资，同时有

$$X_{n+1}=X_n+b_{n+1}Y_{n+1}$$

因此

$$\begin{aligned}&E(X_{n+1}|Y_1, \cdots, Y_n)\\ &=E(X_n|Y_1, \cdots, Y_n)+E(b_{n+1}Y_{n+1}|Y_1, \cdots, Y_n)\\ &=X_n+b_{n+1}E(Y_{n+1}|Y_1, \cdots, Y_n) \quad (\text{因为 } X_n \text{ 与 } b_{n+1} \text{ 由 } Y_1, \cdots, Y_n \text{ 确定})\\ &=X_n+b_{n+1}E(Y_{n+1}) \quad (\text{因为}\{Y_n\}\text{是独立的随机变量序列})\\ &=X_n \quad (\text{因为 } E(Y_{n+1})=0, n\geqslant 0)\end{aligned}$$

上式表明，如果每次赌博的输赢机会是均等的，并且赌博策略是依赖于前面的赌博结果，则赌博是“公平的”，即若以 X_n 表示一个赌博者在第 n 次赌博后所有的赌资，

则第 $n+1$ 次赌博结束时的平均赌资恰好等于现实的赌资 X_n，与他过去赌博的输赢无关. 这也就是本章前面所介绍的鞅的概念.

鞅理论在金融领域中具有重要的应用. 例如，设 S_t 表示某股票在时刻 t 的价格，S_t^0 表示某债券在时刻 t 的价格，令

$$X_t=\frac{S_t}{S_t^0},\quad t\geqslant 0 \tag{8-9}$$

式中，X_t 是股票价格与债券价格的比值，它是该股票真实价格的表现.

在证券市场中，投资人希望股票价格的走势具有“公平性”或“公正性”，即假定 X_t 是一个鞅，也就是下一时刻股票价格的期望与现在的股票价格相等. 这有助于研究股票价格的性质和波动.

习 题 8

1. 设 $\{X_n,\ n\geqslant 1\}$ 是相互独立的随机变量序列，$E(X_n)=1$，令 $Z_n=\prod_{i=1}^{n}X_i$，证明 $\{Z_n,\ n\geqslant 1\}$ 是鞅.

2. 设 $\{X_n,\ n\geqslant 1\}$ 是二阶矩存在的鞅，令 $F(n)=E(X_n^2)$，证明

$$E(|X_{n_1}-X_{n_2}|^2)=F(n_1)-F(n_2)\quad (n_1\geqslant n_2)$$

3. 设 $\{X_n,\ n\geqslant 0\}$ 是鞅，$E(X_n^2)<\infty$.

(1) 证明：鞅差 $\{Y_n=X_n-X_{n-1},\ n\geqslant 1\}(Y_0=X_0)$ 正交，即 $E(Y_iY_j)=0(i\neq j)$.

(2) 证明：对于任意正整数 $k\leqslant l<m$，差 X_m-X_l 与 X_k 不相关，即 $E((X_m-X_l)\times X_k)=0$.

4. 对鞅 $\{X_n,\ n\geqslant 1\}$，令 $Y_i=X_i-X_{i-1}(X_0=0)$. 证明

$$V(X_n)=\sum_{i=1}^{n}V(Y_i)$$

5. 设 $\{X_n,\ n\geqslant 0\}$ 是独立增量随机过程，$E(|X_n|^2)<+\infty(n\geqslant 0)$，试举出由 $\{X_n,\ n\geqslant 0\}$ 构造的鞅、上鞅和下鞅.

6. 设 $\{X_t,\ t\geqslant 0\}$ 是独立增量过程，且对每一个 $t\geqslant 0$，$E(X_t)=0$，$X_0=0$，又设 $E(X_t-X_s)^2=F(t)-F(s)(0\leqslant s\leqslant t)$，$F(t)$ 是 t 的非减函数. 证明：$\{X_t^2-F(t),\ t\geqslant 0\}$ 是关于 $F_t=\sigma(X_s,\ 0\leqslant s\leqslant t)$ 的鞅.

7. 设 $\{X_n,\ n\geqslant 0\}$ 为随机序列，每个均值都存在，且满足

$$E(X_{n+1}|X_0,\ X_1,\ \cdots,\ X_n)=\alpha X_n+\beta X_{n-1},\quad n>0$$

其中 $\alpha>0$，$\beta>0$，$\alpha+\beta=1$，求 c，使得

$$Y_n=cX_n+X_{n-1}\quad(n\geqslant 1,\ Y_0=X_0)$$

是关于 $F_n=\sigma(X_k,\ 0\leqslant k\leqslant n)$，$n\geqslant 0$ 的鞅.

8. 设 X_t，Y_t 是鞅，证明 X_t+Y_t 是鞅，$\min\{X_t,\ Y_t\}$是下鞅.

9. 设$\{X_n,\ n\geqslant 0\}$是鞅，而$\{\xi_i,\ i\geqslant 0\}$由下式部分和确定，$X_n=\sum_{i=0}^{n}\xi_i$. 试证：对于任意 $j\neq i$，$E(\xi_i\xi_j)=0$.

10. 设$\{X_n,\ n\geqslant 1\}$是下鞅，令

$$U_1=0,\quad U_n=\sum_{i=2}^{n}(E(X_i\mid X_1,\ \cdots,\ X_{i-1})-X_i)$$

其中 $n=2$. 试证：$\{U_n,\ n\geqslant 1\}$是单调增过程，即 $U_n\geqslant U_{n-1}$.

11. 设 $S_n=\sum_{k=1}^{n}X_k$ 关于 $F_n=\sigma(X_k,\ 1\leqslant k\leqslant n)$是鞅，且 $E(X_k^2)\leqslant p<+\infty$，$k\geqslant 1$. 证明：对于任意 $\varepsilon>0$，

$$\lim_{n\to+\infty}P\left(\left|\frac{1}{n}S_n\right|\geqslant\varepsilon\right)=0$$

12. 设 Markov 链$\{X_n,\ n\geqslant 0\}$的状态空间为$\{0,\ 1,\ \cdots,\ N\}$，转移概率为

(1) $p_{ij}=\binom{N}{j}\left(\frac{i}{N}\right)^j\left(1-\frac{i}{N}\right)^{N-j}$，$i,\ j=0,\ 1,\ \cdots,\ N$. 记 $F_n=\sigma(X_k,\ 0\leqslant k\leqslant n)$，证明：$\{X_n,\ n\geqslant 0\}$和$\left\{Y_n=\frac{X_n(N-X_n)}{(1-N^{-1})^n},\ n\geqslant 0\right\}$关于$\{F_n,\ n\geqslant 0\}$是鞅.

(2) $p_{ij}=\binom{2i}{j}\binom{2N-2i}{N-j}\Big/\binom{2N}{N}$，$i,\ j=0,\ 1,\ \cdots,\ N$. 试确定 λ 使得 $\left\{Y_n=\frac{X_n(N-X_n)}{\lambda^n},\ n\geqslant 0\right\}$关于$\{F_n,\ n\geqslant 0\}$是鞅.

(3) 如果$\{X_n,\ n\geqslant 0\}$关于$\{F_n,\ n\geqslant 0\}$是鞅，则状态 0 与 N 是吸收态.

13. 设 $X_0\sim U(0,\ 1)$，$X_{n+1}\sim U(1-X_n,\ 1)$，$n\geqslant 1$，$F_n=\sigma(X_k,\ 0\leqslant k\leqslant n)$. 又设 $Y_0=X_0$，$Y_n=2^n\prod_{k=1}^{n}\frac{1-X_k}{X_k-1}$，$n\geqslant 1$. 证明：$\{Y_n,\ n\geqslant 0\}$关于$\{F_n,\ n\geqslant 0\}$是鞅.

14. 设$\{X_n,\ n\geqslant 0\}$与$\{Y_n,\ n\geqslant 0\}$是鞅，且 $Y_0=X_0$. $E(X_n^2)<+\infty$，$E(Y_n^2)<+\infty$，$n\geqslant 1$，证明

$$E(X_nY_n)=\sum_{k=1}^{n}E((X_k-X_{k-1})(Y_n-Y_{k-1}))$$

$$E(X_n^2)=\sum_{k=1}^{n}E((X_k-X_{k-1})^2)$$

15. 设$\{X_n,\ n\geqslant 0\}$是非负上鞅. 证明：对于 $\lambda>0$，

$$\lambda P\left(\max_{0\leqslant k\leqslant n}X_k\geqslant\lambda\right)\leqslant E(X_0)$$

16. 设$\{X_n, n\geqslant 0\}$是下鞅，证明：对于$\lambda>0$，

$$\lambda P\left(\max_{0\leqslant k\leqslant n} X_k < -\lambda\right) \leqslant E(X_n^+) - E(X_0)$$

17. 设$\{X_n, n\geqslant 0\}$是鞅，且$E(X_n)=0$，$E(X_n^2)<+\infty$. 证明：对于$\lambda>0$，

$$\lambda P\left(\max_{0\leqslant k\leqslant n} X_k > \lambda\right) \leqslant \frac{E(X_n^2)}{E(X_n^2)+\lambda}$$

18. 设$\{X_n, n\geqslant 0\}$关于$\{Y_n, n\geqslant 0\}$是鞅，C为任意常数.

(1) 若$E(|X_n \vee C|)<+\infty$，则$\{X_n \vee C, n\geqslant 0\}$是下鞅.

(2) 若$E(X_n^+)<+\infty$，则$\{X_n^+, n\geqslant 0\}$是下鞅.

19. 设$\{X_n, n\geqslant 0\}$关于$\{Y_n, n\geqslant 0\}$是上鞅.

(1) 若$E(|X_n \wedge C|)<+\infty$，则$\{X_n \wedge C, n\geqslant 0\}$是上鞅.

(2) 若$E(X_n^-)>-\infty$，则$\{X_n^-, n\geqslant 0\}$是上鞅.

20. 设$\{X_n, n\geqslant 0\}$是(上)鞅，τ是停时，则对于所有$n\geqslant k$，有

$$E(X_n I_{\{\tau=k\}}) = (\leqslant) E(X_k I_{\{\tau=k\}})$$

21. 设$\{X_n, n\geqslant 0\}$是(上)鞅，τ是停时，则对于所有$n\geqslant 1$，有

$$E(X_0) = (\geqslant) E(X_{\tau\wedge n}) = (\geqslant) E(X_n)$$

第 9 章

随机微分方程及其在金融中的应用

这一章主要围绕随机积分、随机微分方程及其解、Black-Scholes 微分方程及它们在金融领域中的应用展开，将重点介绍伊藤(Ito)随机积分、伊藤随机微分方程、Black-Scholes期权定价公式等. 由于在数理金融学领域中，“等价鞅测度”和“测度变换”等概念发挥着重要的作用，因此在 9.4 节中还将对这方面知识作简要介绍.

9.1 随机积分

通常所涉及的积分有两种，即 Riemann 积分和 Riemann-Stieltjes 积分. Riemann积分在多数高等数学和数学分析课本中都会涉及，本节不再对它的概念和性质加以介绍. Riemann-Stieltjes 积分所研究的积分形式为

$$I=\int_0^1 f(t)\mathrm{d}g(t)$$

许多随机过程课本都对 Riemann-Stieltjes 积分有详细的介绍，读者可参见文献 [44].

从 7.6 节可知 Brown 运动的轨道很特殊，即几乎任一条轨道的任一点都没有有限的导数，任意两点之间也不是有限的变差函数. 这一性质在定义与 Brown 运动轨道相应的随机积分时起到了主要作用. 由 Riemann-Stieltjes 积分可知，如果被积函数充分光滑，Riemann-Stieltjes 积分可以用于分析 Brown 运动的轨道，即当 f 光滑时，

$$\int_0^1 f(t)\mathrm{d}B_t(\omega)$$

有定义，其中$\{B_t(\omega)，t\geqslant 0\}$是 Brown 运动样本轨道. 然而，Brown 运动的轨道不能对其自身求积分，即 Riemann-Stieltjes 积分

$$\int_0^1 B_t(\omega)\mathrm{d}B_t(\omega)$$

无定义. 因此必须探索一种未被定义的积分，这就是所谓的伊藤随机积分，它是对某 Riemann-Stieltjes 和取均方极限所得. 它的缺点是不能对这样的积分做出直观的解释，所以用 Riemann-Stieltjes 和的形式来近似随机积分.

首先，介绍随机积分的预备知识. 如果随机过程$\{X(t), t\in T\}$，对于任意$t\in T$，有

$$m(t)=E(X(t))<+\infty$$

$$D(t)=E((X(t)-m(t))^2)<+\infty$$

则称它为**二阶矩过程**.

设$L^2(\Omega)$表示概率空间$(\Omega, \mathscr{F}, P)$上所有二阶矩存在的随机变量，即

$$L^2(\Omega)=\{X: E(X^2)<+\infty\}$$

若X_n，$X\in L^2(\Omega)$，$n=1, 2, \cdots$，且满足

$$\lim_{n\to\infty} E(X_n-X)^2=0$$

则称X_n均方收敛于X，且称X为X_n的**均方极限**，记为

$$\lim_{n\to\infty} X_n=X, \quad \text{in} \quad L^2(\Omega)$$

或简记为$X_n \xrightarrow{L^2} X$.

如果随机过程$\{X(t), t\in T\}$是定义在$T=[a, b]$上的二阶矩过程，将区间$[a, b]$划分为$n+1$个分点，即

$$a=t_0<t_1<t_2<\cdots<t_n=b$$

设$\Delta t_i=t_i-t_{i-1}$，t'_i是$[t_{i-1}, t_i]$中的任意一点，$i=1, 2, \cdots, n$，令

$$\Delta t=\max_{1\leqslant i\leqslant n}\Delta t_i$$

对于和式

$$\sum_{i=1}^{n} X(t'_i)(t_i-t_{i-1})$$

如果当$\Delta t\to 0$时，上述和式均方收敛且此极限与划分的取法无关，则称$X(t)$在$[a, b]$上**均方可积**，其极限记为

$$\int_a^b X(t)\mathrm{d}t$$

称为$X(t)$在$[a, b]$上的**均方积分**，即有

$$\lim_{\Delta t\to 0} E\left(\left|\sum_{i=1}^{n} X(t'_i)\Delta t_i-\int_a^b X(t)\mathrm{d}t\right|^2\right)=0$$

9.1.1 Brown 运动的随机积分

设$B=\{B_t, t\geqslant 0\}$为一标准 Brown 运动，定义 Riemann-Stieltjes 和为

$$I_n=\sum_{i=1}^{n}B_{t_{i-1}}(B_{t_i}-B_{t_{i-1}})=\sum_{i=1}^{n}B_{t_{i-1}}\Delta B_i \tag{9-1}$$

其中

$$0=t_0<t_1<\cdots<t_{n-1}<t_n=t \tag{9-2}$$

是区间$[0, t]$的一个分割，而且

$$\Delta B_i=B_{t_i}-B_{t_{i-1}},\quad i=1, \cdots, n$$

是$B(t)$相应的增量，且

$$\Delta_i=t_i-t_{i-1},\quad i=1, \cdots, n$$

由上面的定义，I_n 可以改写成如下形式

$$I_n=\frac{1}{2}B_t^2-\frac{1}{2}\sum_{i=1}^{n}(\Delta B_i)^2 \tag{9-3}$$

这是因为 $B_0=0$，$t_n=t$，所以应用二项式$(B_{t_i}-B_{t_{i-1}})^2=B_{t_i}^2+B_{t_{i-1}}^2-2B_{t_i}B_{t_{i-1}}$有

$$\begin{aligned}B_t^2&=(B_{t_1}^2-B_{t_0}^2)+(B_{t_2}^2-B_{t_1}^2)+\cdots+(B_{t_n}^2-B_{t_{n-1}}^2)\\&=\sum_{i=1}^{n}(\Delta B_i)^2+2\sum_{i=1}^{n}B_{t_{i-1}}\Delta B_i\end{aligned}$$

故式(9-3)成立.

由于 Brown 运动有独立平稳增量，因此

$$E(\Delta B_i\Delta B_j)=\begin{cases}0, & i\neq j\\ V(\Delta B_i)=t_i-t_{i-1}=\Delta_i, & i=j\end{cases}$$

所以有

$$E\Big(\sum_{i=1}^{n}(\Delta B_i)^2\Big)=\sum_{i=1}^{n}\Delta_i=t$$

又因为$V(X)=E(X^2)-(E(X))^2$ 且 Brown 运动有独立增量，有

$$V\Big(\sum_{i=1}^{n}(\Delta B_i)^2\Big)=\sum_{i=1}^{n}V((\Delta B_i)^2)=\sum_{i=1}^{n}(E(\Delta B_i)^4-\Delta_i^2)$$

因为随机变量 B_1(即 $t=1$)服从标准正态分布 N(0, 1)，则 $E(B_1^4)=3$，因此由正态分布的性质有

$$E(\Delta B_i)^4=E(B_{t_i-t_{i-1}}^4)=E((\Delta_i)^{1/2}B_1)^4=3\Delta_i^2$$

这表明

$$V\Big(\sum_{i=1}^{n}(\Delta B_i)^2\Big)=2\sum_{i=1}^{n}\Delta_i^2$$

从而，若 $\max\limits_{i=1,\cdots,n}\Delta_i\to 0$，可以得到

$$V\Big(\sum_{i=1}^{n}(\Delta B_i)^2\Big)\leqslant 2\max_{i=1,\cdots,n}\Delta_i\sum_{i=1}^{n}\Delta_i=2t\max_{i=1,\cdots,n}\Delta_i\rightarrow 0$$

由于

$$V\Big(\sum_{i=1}^{n}(\Delta B_i)^2\Big)=E\Big(\sum_{i=1}^{n}(\Delta B_i)^2-t\Big)^2$$

于是得到以下结论：$\sum_{i=1}^{n}(\Delta B_i)^2$ 均方收敛于 t，即

$$\lim_{\substack{\max\limits_{i=1,\cdots,n}\Delta_i\to 0}}\sum_{i=1}^{n}(B_{t_i}-B_{t_{i-1}})^2=t,\quad \text{in}\quad L^2(\Omega)\tag{9-4}$$

上式极限函数仅对 Brown 运动而言成立，因此称它为 Brown 运动在$[0,t]$上的二次变差.

可以证明，对于给定的 Brown 运动样本轨道和适当的分割(见式(9－2))，$\sum_{i=1}^{n}(\Delta B_i)^2$ 是不收敛的，即式(9－3)的极限不存在，这说明不能把 Brown 运动轨道对其自身的积分 $\int_0^t B_s(\omega)\mathrm{d}B_s(\omega)$ 定义为 Riemann-Stieltjes 积分. 但由式(9－3)和式(9－4)，可以把 $\int_0^t B_s\mathrm{d}B_s$ 定义为均方极限. 事实上，由式(9－3)和式(9－4)可知 $I_n=\frac{1}{2}\Big(B_t^2-\sum_{i=1}^{n}(\Delta B_i)^2\Big)$ 均方收敛于 $\frac{1}{2}(B_t^2-t)$，即

$$I_n=\frac{1}{2}\Big(B_t^2-\sum_{i=1}^{n}(\Delta B_i)^2\Big)\rightarrow\frac{1}{2}(B_t^2-t),\quad \text{in}\quad L^2(\Omega)$$

因此，可以把该极限看作是积分 $\int_0^t B_s\mathrm{d}B_s$ 的值，即

$$\int_0^t B_s\mathrm{d}B_s\triangleq\lim_{\substack{\max\limits_{i=1,\cdots,n}\Delta_i\to 0}}\sum_{i=1}^{n}B_{t_{i-1}}\Delta B_i=\frac{1}{2}(B_t^2-t),\quad \text{in}\quad L^2(\Omega)\tag{9-5}$$

由此可见，有关 Brown 运动样本轨道的积分，虽然不能在 Riemann-Stieltjes 意义下定义，但在均方意义下其积分是存在的.

总结以上内容可知，区间$[t_{i-1},t_i]$上的增量 $\Delta B_i=B_{t_i}-B_{t_{i-1}}$ 满足 $E(\Delta B_i)=0$，$E(\Delta B_i)^2=\Delta_i=t_i-t_{i-1}$，$\sum_{i=1}^{n}(\Delta B_i)^2$ 的均方极限为 t. 这些性质表明$(\Delta B_i)^2$ 是 Δ_i 阶的，对于微分而言，令

$$(\mathrm{d}B_t)^2=(B_{t+\mathrm{d}t}-B_t)^2=\mathrm{d}t\tag{9-6}$$

对于积分而言，令

$$\int_0^t(\mathrm{d}B_s)^2=\int_0^t\mathrm{d}s=t\tag{9-7}$$

式(9-7)右边是 Brown 运动在$[0,\ t]$上的二次变差．需要注意的是，式(9-6)和式(9-7)不是严格意义上的数学定义，但它有助于理解 Brown 运动的微分和积分．可以用数学方法证明式(9-6)和式(9-7)在均方意义下是成立的．在后面的讨论中，将把它们作为已知的规则，这将帮助理解与伊藤积分相关的结论，特别是伊藤公式．

定理 9-1(Ito 积分)　设$B=\{B_t,\ t\geqslant 0\}$为标准 Brown 运动，$B_0=0$，则有

$$\int_0^t B_s \mathrm{d}B_s=\frac{1}{2}(B_t^2-t),\quad \text{in}\quad L^2(\Omega)$$

证　由$\int_0^t B_s \mathrm{d}B_s$的定义(见式(9-5))及前面的讨论，定理得证．

9.1.2　简单过程的伊藤随机积分

从一种轨道取有限个值的过程出发，来研究伊藤随机积分．设$B=\{B_t,\ t\geqslant 0\}$为 Brown 运动，令

$$F_t=\sigma(B_s,\ s\leqslant t),\qquad t\geqslant 0 \tag{9-8}$$

下面将考虑给定区间$[0,\ T]$上过程的可积情况．首先介绍一种伊藤可积过程，即简单过程的伊藤随机积分．

定义 9-1　设$(\Omega,\ \mathscr{F},\ P)$为一概率空间，随机过程$C=\{C_t,\ t\in[0,\ T]\}$称为是**简单过程**，如果它满足以下条件：

(1) 存在分割

$$0=t_0<t_1<\cdots<t_{n-1}<t_n=T$$

(2) 存在一个随机变量序列$\{Z_i,\ i=1,\ \cdots,\ n\}$满足

$$C_t=\begin{cases}Z_n, & t=T\\ Z_i, & t_{i-1}\leqslant t<t_i,\quad i=1,\ \cdots,\ n\end{cases}$$

且序列$\{Z_i\}$适应于$\{F_{t_{i-1}},\ i=1,\ \cdots,\ n\}$(即$Z_i$是 Brown 运动$\{B_t,\ t\leqslant t_{i-1}\}$的函数)，且对于所有的$i$，$E(Z_i^2)<+\infty$．其中$F_{t_{i-1}}$的定义见式(9-8)．

【例 9-1】　(两个简单过程)(1) 设函数为

$$f_n(t)=\begin{cases}\dfrac{n-1}{n}, & t=T\\ \dfrac{i-1}{n}, & \dfrac{i-1}{n}\leqslant t<\dfrac{i}{n},\quad i=1,\ \cdots,\ n\end{cases}$$

则$f_n(t)$是阶梯函数，因此它是一个简单过程．

(2) 令过程为

$$C_t=\begin{cases} Z_n=B_{t_{n-1}}, & t=T \\ Z_i=B_{t_{i-1}}, & t_{i-1}\leqslant t<t_i, \quad i=1, \cdots, n \end{cases} \tag{9-9}$$

则它是一个简单过程，其轨道是分段常量，而且 C_t 是 Brown 运动(到时间 t 为止)的函数.

由定义 9-1，定义区间$[0, T]$上简单过程 C 的伊藤随机积分为

$$\int_0^T C_s \mathrm{d}B_s=\sum_{i=1}^{n} C_{t_{i-1}}(B_{t_i}-B_{t_{i-1}})=\sum_{i=1}^{n} Z_i \Delta B_i \tag{9-10}$$

而在区间$[0, t]$，$t_{k-1}\leqslant t\leqslant t_k$ 上简单过程 C 的伊藤随机积分定义为

$$\int_0^t C_s \mathrm{d}B_s=\int_0^T C_s I_{[0,t]}(s)\mathrm{d}B_s=\sum_{i=1}^{k-1} Z_i \Delta B_i+Z_k(B_t-B_{t_{k-1}}) \tag{9-11}$$

其中，$\sum_{i=1}^{0} Z_i \Delta B_i=0$.

因此伊藤随机积分 $\int_0^t C_s \mathrm{d}B_s$ 的值是 C 的轨道的 Riemann-Stieltjes 和，且被积函数 C 在$[t_{i-1}, t_i]$的左端点取值. 若 $t<t_n$，则点 t 可被看作是$[0, t]$分割的最后一个分割点.

【例 9-2】 (例 9-1 续)例 9-1 中简单过程$\{f_n\}$和$\{C_t\}$相应的伊藤随机积分分别为

$$\int_0^t f_n(s)\mathrm{d}B_s=\sum_{i=1}^{k-1}\frac{i-1}{n}(B_{\frac{i}{n}}-B_{\frac{i-1}{n}})+\frac{k-1}{n}(B_t-B_{\frac{k-1}{n}}) \tag{9-12}$$

其中，$t\in\left[\frac{k-1}{n}, \frac{k}{n}\right]$.

$$\int_0^t C_s \mathrm{d}B_s=\sum_{i=1}^{k-1} B_{t_{i-1}}\Delta B_i+B_{t_{k-1}}(B_t-B_{t_{k-1}}) \tag{9-13}$$

其中，$t\in[t_{k-1}, t_k]$.

定理 9-2 随机过程 $I_t(C)=\int_0^t C_s \mathrm{d}B_s$，$t\in[0, T]$(简记为 $I(C)$)是关于$\{F_t, t\in[0, T]\}$(见式(9-8))的鞅，即它满足：

(1) $E(|I_t(C)|)<+\infty$，$t\in[0, T]$；

(2) $I_t(C)$适应于$\{F_t\}$；

(3) 而且

$$E(I_t(C)|F_s)=I_s(C), \quad s<t \tag{9-14}$$

(证明略)

简单过程伊藤随机积分具有以下性质。

(1) 伊藤随机积分的期望为 0，即 $E(I_t(C))=0$.

证 由于 Z_i 与 ΔB_i 相互独立，因此

$$E(Z_i\Delta B_i)=E(Z_i)E(\Delta B_i)=0$$

实际上，由于 $I_t(C)$ 是鞅，因此它的期望函数是常量. 又因为 $I_0(C)=0$，于是得到 $E(I_t(C))=E(I_0(C))=0$.

(2) 伊藤随机积分满足等距性，即

$$E\left(\int_0^t C_s\mathrm{d}B_s\right)^2=\int_0^t E(C_s^2)\mathrm{d}s,\quad 0\leqslant t\leqslant T \tag{9-15}$$

该性质在定义一般随机积分时起到了重要作用.

证 为简单起见，令 $t=t_k$. 事实上，若 $t_{k-1}<t<t_k$，可以把 $0=t_0<\cdots<t_{k-1}<t_k'=t$ 看成是$[0, t]$的一个分割，所以可以把 t 作为一个分割点. 若令 $W_i=Z_i\Delta B_i$，则有

$$E(I_t(C))^2=\sum_{i=1}^k\sum_{j=1}^k E(W_iW_j) \tag{9-16}$$

当 $i>j$ 时，随机变量 W_i 和 W_j 是不相关的，这是因为 W_j 和 Z_i 都是 Brown 运动直到时间 t_{i-1} 的函数，因此它们与 $\Delta_i B$ 都是相互独立的. 由此，可以得到

$$E(W_iW_j)=E(W_jZ_i)E(\Delta B_i)=0$$

所以，当 $i\neq j$ 时，$E(W_iW_j)=0$. 于是有

$$E((I_t(C))^2)=\sum_{i=1}^k E((Z_i\Delta B_i)^2)=\sum_{i=1}^k E(Z_i^2)E(\Delta B_i)^2=\sum_{i=1}^k E(Z_i^2)(t_i-t_{i-1})$$

上式右端是阶梯函数 $f(s)=E(C_s^2)$ 的 Riemann 积分 $\int_0^t f(s)\mathrm{d}s$，因此伊藤随机积分的等距性得证.

(3) 伊藤随机积分是线性的，即设 α，$\beta\in\mathbf{R}$ 和$[0, T]$上的简单过程 $C^{(1)}$，$C^{(2)}$，则

$$\int_0^t(\alpha C_s^{(1)}+\beta C_s^{(2)})\mathrm{d}B_s=\alpha\int_0^t C_s^{(1)}\mathrm{d}B_s+\beta\int_0^t C_s^{(2)}\mathrm{d}B_s$$

说明伊藤随机积分与 Riemann 和 Riemann-Stieltjes 积分一样，都具有积分的线性性质. 证明的方法是，把对应于 $C^{(1)}$ 的时间分割与对应于 $C^{(2)}$ 的时间分割合成一个分割(即新的分割细分了原有的两个分割)，则对于新分割来说，$I(C^{(i)})$的值是不变的. 再由 Riemann-Stieltjes 和的线性，该性质得证.

(4) 伊藤随机积分在积分区间上是线性的，即

$$\int_{t_1}^{t_3}C_s\mathrm{d}B_s=\int_{t_1}^{t_2}C_s\mathrm{d}B_s+\int_{t_2}^{t_3}C_s\mathrm{d}B_s,\quad 0\leqslant t_1<t_2<t_3\leqslant T$$

证 由于

$$\int_{t_1}^{t_3}C_s\mathrm{d}B_s=\int_{t_1}^{t_3}(C_s^{(1)}+C_s^{(2)})\mathrm{d}B_s$$

其中 $C_s^{(1)}=C_sI_{[t_1,t_2]}(s)$和 $C_s^{(2)}=C_sI_{(t_2,t_3]}(s)$是两个简单过程. 再由上述性质(3)，该性质得证.

(5) 过程 $I_t(C)$有连续的样本轨道.

证 由于

$$I_t(C)=I_{t_{i-1}}(C)+Z_i(B_t-B_{t_{i-1}}),\qquad t_{i-1}\leqslant t\leqslant t_i$$

又因为 Brown 运动的样本轨道是连续的，所以该性质得证.

9.1.3 一般伊藤随机积分

在 9.1.2 节中，介绍了简单过程 C(即样本轨道为阶梯函数的随机过程)的伊藤随机积分. 简单地说，该积分 $\int_0^t C_s\mathrm{d}B_s$ 是 C 关于布朗运动的 Riemann-Stieltjes 和，其中过程 C 在区间$[t_{i-1}, t_i]$的左端点取值. 在前面的讨论中已经知道，一般不能把伊藤随机积分作为 Riemann-Stieltjes 和的极限来定义，但是可以把它定义为 Riemann-Stieltjes 和的均方极限. 该方法对于一般伊藤随机积分也同样适用.

在本小节中，设过程 $X=\{X_t, t\in[0, T]\}$为伊藤随机积分的被积函数，并假定它满足：在$[0, T]$上，$\{X_t\}$适应于$\{F_t=\sigma(B_s, s\leqslant t), t\geqslant 0\}$，即 X_t 是 $B_s(s\leqslant t)$的函数；积分 $\int_0^T E(X_s^2)\mathrm{d}s<+\infty$，即是有限的. 即给出如下假定：

(1) $X_t(\omega)$关于$[0, T]\times\Omega$ 可测；

(2) $\{X_t\}$适应于$\{F_t=\sigma(B_s, s\leqslant t), t\geqslant 0\}$，即 X_t 是 $B_s(s\leqslant t)$的函数；

(3) $\int_0^T E(X_s^2)\mathrm{d}s<+\infty$, $E(X_s^2)<+\infty$, $\quad t\geqslant 0$.

满足上述三条的函数全体记为$\mathcal{L}_T^2$.

下面根据前面伊藤积分的定义方法来定义一般伊藤随机积分. 设$\{X_t\}$是满足上述条件的过程，则存在一个简单过程的序列$\{C^{(n)}\}$，满足

$$\lim_{n\to\infty}\int_0^T E(X_s-C_s^{(n)})^2\mathrm{d}s=0 \tag{9-17}$$

即简单过程序列$\{C^{(n)}\}$在均方意义上收敛于被积过程$\{X_t\}$. 在本书中，略去式(9-17)的证明，读者可参阅文献［14］. 由于 $C^{(n)}$ 是简单过程，所以对于任意的 n, t，由 9.1.2 节内容可以得到伊藤随机积分

$$I_t(C^{(n)})=\int_0^t C_s^{(n)}\mathrm{d}B_s$$

的值. 同时还可以证明(证明略)，在均方收敛的意义下，伊藤随机积分序列$\{I(C^{(n)})\}$收敛于唯一的极限过程 $I(X)$，即存在一过程$\{I_t(X)\}$，有

$$E\left(\sup_{0\leqslant t\leqslant T}(I_t(X)-I_t(C^{(n)}))^2\right)\to 0,\qquad n\to\infty \tag{9-18}$$

均方极限 $I(X)$称为 X 的伊藤随机积分，记为

$$I_t(X)=\int_0^t X_s \mathrm{d}B_s,\quad t\in[0,T] \tag{9-19}$$

若 X 是简单过程，则它的伊藤随机积分可以如式(9-11)，表示为 Riemann-Stieltjes 和的形式.

上述伊藤随机积分的定义不具备很好的直观形式，这是因为无法把积分 $\int_0^t X_s \mathrm{d}B_s$ 表示为关于 Brown 运动的求和形式. 下面介绍一般伊藤随机积分的性质. 一般伊藤随机积分具有与简单过程的伊藤随机积分相同的性质.

(1) 随机过程 $I_t(X)=\int_0^t X_s \mathrm{d}B_s$，$t\in[0,T]$ 是关于$\{F_t=\sigma(B_s,\ s\leqslant t),\ t\geqslant 0\}$的鞅.

(2) 伊藤随机积分的期望为 0.

(3) 伊藤随机积分满足等距性，即

$$E\left(\int_0^t X_s \mathrm{d}B_s\right)^2=\int_0^t E(X_s^2)\mathrm{d}s,\quad 0\leqslant t\leqslant T$$

(4) 伊藤随机积分是线性的，即对于 α，$\beta\in\mathbf{R}$ 和$[0,\ T]$上的简单过程 $X^{(1)}$，$X^{(2)}$，则

$$\int_0^t (\alpha X_s^{(1)}+\beta X_s^{(2)})\mathrm{d}B_s=\alpha\int_0^t X_s^{(1)}\mathrm{d}B_s+\beta\int_0^t X_s^{(2)}\mathrm{d}B_s$$

(5) 伊藤随机积分在积分区间上是线性的，即

$$\int_0^T C_s \mathrm{d}B_s=\int_0^t C_s \mathrm{d}B_s+\int_t^T C_s \mathrm{d}B_s,\quad 0\leqslant t\leqslant T$$

(6) 过程 $I_t(C)$有连续的样本轨道.

9.2 伊藤随机微分方程

在本节中，将介绍伊藤随机微分方程及方程解的形式. 随机微分方程理论近年来有了迅速的发展，并广泛应用于金融与经济、系统科学、工程控制和生态学等许多领域. 在 9.3 节中将着重考虑随机微分方程在金融领域中的应用.

9.2.1 伊藤随机微分方程定义

在 9.1 节中，已经引入伊藤积分的概念，而且也知道 Brown 运动的样本轨道是不可微的. 为了引入随机微分方程的定义，记 $\mathrm{d}B_t=B_t'\mathrm{d}t$，$B_t'$称为 Brown 运动的“导数”，也称为“白噪声”. 白噪声 B_t'在实际中具有广泛的应用，它可以描述许多物理系统，白噪声不是真正的导数，它是一类泛函，只有在关于 Brown 运动的积分中才有意义. 设$\{B_t,\ t\geqslant 0\}$为标准 Brown 运动，首先考虑一阶常系数线性随机微分方程

$$X_t'+aX_t=bB_t' \tag{9-20}$$

则上式可以表达为

$$\mathrm{d}X_t+aX_t\mathrm{d}t=b\mathrm{d}B_t \tag{9-21}$$

其中 a，$b\in\mathbf{R}$. 对上式两边积分可得

$$X_t-X_{t_0}+a\int_{t_0}^{t}X_s\mathrm{d}s=b(B_t-B_{t_0}) \tag{9-22}$$

方程式(9-22)称为随机积分方程. 因为对于任意 $w\in\Omega$，Brown 运动的样本轨道 $B_t(w)$是连续的(即有定义)，所以称满足积分方程(9-22)的有连续样本函数的随机过程 X_t 是随机微分方程（9-21）的解.

若方程(9-21)两边同乘以 e^{at}，则有

$$\mathrm{e}^{at}(\mathrm{d}X_t+aX_t\mathrm{d}t)=b\mathrm{e}^{at}\mathrm{d}B_t$$

即

$$\mathrm{d}(X_t\mathrm{e}^{at})=b\mathrm{e}^{at}\mathrm{d}B_t$$

对上式两边积分可得($0\leqslant t_0\leqslant t\leqslant T$)

$$X_t\mathrm{e}^{at}-X_{t_0}\mathrm{e}^{at_0}=\int_{t_0}^{t}b\mathrm{e}^{as}\mathrm{d}B_s$$

于是有

$$X_t=X_{t_0}\mathrm{e}^{-a(t-t_0)}+\int_{t_0}^{t}b\mathrm{e}^{-a(t-s)}\mathrm{d}B_s \tag{9-23}$$

上式即为随机微分方程(9-21)的解. 下面给出一般随机微分方程的定义.

定义 9-2(伊藤过程) 设随机过程 $X=\{X_t, t\geqslant 0\}$满足如下的伊藤积分：对于任意$0\leqslant t_0\leqslant t\leqslant T$，有

$$X_t=X_0+\int_{t_0}^{t}a(s, X_s)\mathrm{d}s+\int_{t_0}^{t}b(s, X_s)\mathrm{d}B_s \tag{9-24}$$

或等价地写作伊藤微分形式

$$\mathrm{d}X_t=a(t, X_t)\mathrm{d}t+b(t, X_t)\mathrm{d}B_t \tag{9-25}$$

其中，$a(t, x)$和 $b(t, x)$是二元连续函数，且对于任意 $x\in\mathbf{R}$，$|a(t)|^{\frac{1}{2}}$，$b(t)\in L_T^2$，则称 $X=\{X_t, t\geqslant 0\}$为**伊藤随机过程**(或伊藤过程). 称式(9-24)为伊藤随机积分方程，称式(9-25)为伊藤随机微分方程.

在定义 9-2 中，微分方程(9-25)的直观解释是：随着时间的推移 $\mathrm{d}t$ 和 Brown 运动的变化 $\mathrm{d}B_t=B_{t+\mathrm{d}t}-B_t$，导致了随机过程 X 的改变 $\mathrm{d}X_t=X_{t+\mathrm{d}t}-X_t$，其中 $\mathrm{d}t$ 和 $\mathrm{d}B_t$ 的系数分别为 $a(t, X_t)$，$b(t, X_t)$. 但是 Brown 运动的样本轨道是不可微的，因此又该如何解释式(9-25)呢？显然要回答该问题，答案不止一个. 在前面已经介绍了伊藤积分的有关内容，在这里把式(9-25)解释为随机积分方程

$$X_t = X_0 + \int_0^t a(s, X_s)\mathrm{d}s + \int_0^t b(s, X_s)\mathrm{d}B_s, \quad 0 \leqslant t \leqslant T$$

上述第一个积分为一般的 Riemann 均方积分，第二个为伊藤随机积分.

若一随机过程 $Y=\{Y_t, t\geqslant 0\}$ 是伊藤随机过程 $X=\{X_t, t\geqslant 0\}$ 的函数，希望知道 Y_t 是否可以表示为伊藤积分、希望知道 Y_t 的伊藤微分形式，下面的伊藤公式能够回答以上问题.

定理 9-3(伊藤公式) 设随机过程 $X=\{X_t, t\geqslant 0\}$ 满足式(9-24)，$y=f(t, x)$ 是二元函数，且具有连续偏导数 $\frac{\partial f}{\partial t}$，$\frac{\partial f}{\partial x}$，$\frac{\partial^2 f}{\partial x^2}$. 令 $Y_t=f(t, X_t)$，则过程 $Y=\{Y_t, t\geqslant 0\}$ 也是随机过程，且对于任意 $0\leqslant t_0\leqslant t$，满足如下的伊藤积分方程

$$Y_t - Y_{t_0} = \int_{t_0}^t \left(\frac{\partial f}{\partial t} + a\frac{\partial f}{\partial x} + \frac{b^2}{2}\frac{\partial^2 f}{\partial x^2}\right)(s, X_s)\mathrm{d}s + \int_{t_0}^t b\frac{\partial f}{\partial x}(s, X_s)\mathrm{d}B_s \quad (9-26)$$

或等价的伊藤微分形式

$$\mathrm{d}Y_t = \left(\frac{\partial f}{\partial t} + a\frac{\partial f}{\partial x} + \frac{b^2}{2}\frac{\partial^2 f}{\partial x^2}\right)(t, X_t)\mathrm{d}t + b\frac{\partial f}{\partial x}(t, X_t)\mathrm{d}B_t \quad (9-27)$$

式(9-26)或式(9-27)称为伊藤公式.

(证明略)

【例 9-3】 利用伊藤公式计算 $\int_0^t B_s \mathrm{d}B_s$.

解 由伊藤公式，令 $X_t=B_t$，则式(9-25)可表示为

$$\mathrm{d}X_t = 0\times \mathrm{d}t + 1\times \mathrm{d}B_t$$

所以 $a=0$，$b=1$. 令 $f(t, x)=x^2$，则 $\frac{\partial f}{\partial t}=0$，$\frac{\partial f}{\partial x}=2x$，$\frac{\partial^2 f}{\partial x^2}=2$，由伊藤公式得

$$B_t^2 - B_{t_0}^2 = 2\int_{t_0}^t B_s \mathrm{d}B_s + \int_{t_0}^t \mathrm{d}s, \quad 0\leqslant t_0 < t$$

当 $t_0=0$ 时，因为 $B_0=0$，所以

$$\int_0^t B_s \mathrm{d}B_s = \frac{1}{2}(B_t^2 - t)$$

该公式即为前面介绍过的式(9-5)或定理 9-1.

【例 9-4】 (伊藤指数) 在微积分中，指数函数 e^x 的导数是其本身，即 $(e^x)'=e^x$，也可以等价地表示为

$$e^t - e^s = \int_s^t e^x \mathrm{d}x$$

那么类似于上式，是否存在一个随机过程 X 满足

$$X_t - X_s = \int_s^t X_x \mathrm{d}B_x, \quad 0 \leqslant s < t \tag{9-28}$$

如果有，则称满足式(9-28)的随机过程 X 为伊藤指数(过程). 由于伊藤积分的特殊性，可以证明 $\exp\{B_t\}$ 不是伊藤指数. 这是因为

$$\mathrm{d}B_t = 0 \times \mathrm{d}t + 1 \times \mathrm{d}B_t$$

所以 $a=0$, $b=1$. 令 $f(t, x) = \mathrm{e}^x$，因此由伊藤公式得

$$\mathrm{e}^{B_t} - \mathrm{e}^{B_s} = \int_s^t \mathrm{e}^{B_x} \mathrm{d}B_x + \frac{1}{2}\int_s^t \mathrm{e}^{B_x} \mathrm{d}x, \quad 0 \leqslant s < t$$

显然，上式右端第二个积分的值为正数，所以 $\exp\{B_t\}$ 不满足式(9-28). 但是，如果令

$$f(t, x) = \mathrm{e}^{x - \frac{1}{2}t}$$

则

$$\frac{\partial}{\partial t} f(t, x) = -\frac{1}{2} f(t, x), \quad \frac{\partial}{\partial x} f(t, x) = f(t, x), \quad \frac{\partial^2}{\partial x^2} f(t, x) = f(t, x)$$

应用上面的伊藤公式(9-26)得

$$f(t, B_t) - f(s, B_s) = \int_s^t f(x, B_x) \mathrm{d}B_x$$

可见，在式(9-28)的意义下，$f(t, B_t)$ 是伊藤指数.

【例 9-5】 (几何 Brown 运动) 考虑几何 Brown 运动

$$X_t = f(t, B_t) = \mathrm{e}^{(\mu - \frac{1}{2}\sigma^2)t + \sigma B_t} \tag{9-29}$$

其中，μ 和 $\sigma > 0$ 是常数. 因为

$$f(t, x) = \mathrm{e}^{(\mu - \frac{1}{2}\sigma^2)t + \sigma x}$$

$$\frac{\partial}{\partial t} f(t, x) = \left(\mu - \frac{1}{2}\sigma^2\right) f(t, x)$$

$$\frac{\partial}{\partial x} f(t, x) = \sigma f(t, x), \quad \frac{\partial^2}{\partial x^2} f(t, x) = \sigma^2 f(t, x)$$

应用伊藤公式(9-26)，可以得到几何 Brown 运动过程 X 满足线性随机微分方程

$$X_t - X_0 = \mu \int_0^t X_s \mathrm{d}s + \sigma \int_0^t X_s \mathrm{d}B_s \tag{9-30}$$

前面讨论了伊藤随机微分方程的概念和伊藤公式，介绍了微分方程解的表达式，下面讨论随机微分方程解的存在和唯一性问题，并给出解的存在且唯一的充分条件.

定理 9-4 设随机过程 $X=\{X_t, t\geqslant 0\}$ 满足伊藤微分方程

$$dX_t=a(t, X_t)dt+b(t, X_t)dB_t, \quad 0\leqslant t\leqslant T$$

或

$$X_t=X_0+\int_{t_0}^{t} a(s, X_s)ds+\int_{t_0}^{t} b(s, X_s)dB_s$$

设初始条件 X_0 的二阶矩有限，即 $E(X_0^2)<+\infty$，并且 X_0 与 $\{B_t, t\geqslant 0\}$ 相互独立. $a(t, x)$ 和 $b(t, x)$ 是二元函数且满足下列条件：

(1) $a(t, x)$，$b(t, x)$ 二元可测，且 $|a(t, x)|^{\frac{1}{2}}$，$b(t, x)\in L^2_{T\times\mathbf{R}}$；

(2) 关于第二个变量，它们满足 Lipschitz 条件，即存在常数 K，满足对任意 $t\in[0, T]$，x，$y\in\mathbf{R}$，

$$|a(t, x)-a(t, y)|+|b(t, x)-b(t, y)|\leqslant K\mid x-y|$$

(3) 存在常数 $C>0$，有

$$|a(t, x)|+|b(t, x)|\leqslant C(1+|x|), \quad t\in[0, T], x, y\in\mathbf{R}$$

则伊藤随机微分方程在 $[0, T]$ 上有唯一的解 $X=\{X_t, t\geqslant 0\}$，且对于任意 $t\in[0, T]$，有 $E(X_t^2)<+\infty$.

(证明略)

【例 9-6】 (线性随机微分方程) 考虑伊藤随机微分方程

$$X_t=X_0+\int_0^t(\mu_1 X_s+\mu_2)ds+\int_0^t(\sigma_1 X_s+\sigma_2)dB_s, \quad t\in[0, T] \tag{9-31}$$

其中，μ_i 和 σ_i 为常数，$i=1, 2$.

可以验证

$$a(t, x)=\mu_1 x+\mu_2, \quad b(t, x)=\sigma_1 x+\sigma_2 \tag{9-32}$$

满足定理 9-4 条件(1)～(3)，所以伊藤随机微分方程(9-31)存在唯一解.

在例 9-6 中，因为伊藤随机微分方程(9-31)的系数函数 $a(t, x)$ 和 $b(t, x)$ 关于 x 是线性的，所以称它为**线性伊藤随机微分方程**. 在 9.2.2 节中，将继续讨论线性随机微分方程解的情况.

9.2.2 应用伊藤公式求解伊藤随机微分方程

这一部分将应用伊藤公式来求解一些基本的伊藤随机微分方程. 由于线性随机微分方程相对较简单，因此在这里主要讨论线性随机微分方程解的情况.

【例 9-7】 （线性伊藤随机微分方程的解为几何 Brown 运动）考虑一种简单的线性伊藤随机微分方程

$$X_t = X_0 + \mu\int_0^t X_s \mathrm{d}s + \sigma\int_0^t X_s \mathrm{d}B_s,\quad t\in[0,\ T] \tag{9-33}$$

其中，μ 和 $\sigma>0$ 为已知常数．根据例 9-5 或式(9-30)，得知几何 Brown 运动

$$X_t = X_0 \mathrm{e}^{(\mu-\frac{1}{2}\sigma^2)t+\sigma B_t},\quad t\in[0,\ T] \tag{9-34}$$

是方程(9-33)的解，再由例 9-6 可知它是唯一的解．在例 9-5 中应用伊藤公式来验证 X 满足式(9-33)．

现在来考虑相反的问题，即应用伊藤公式找到方程(9-33)的解，而且此解恰为式(9-34)．假定 $X_t=f(t,\ B_t)$，且函数 $f(t,\ x)$是光滑的，则根据伊藤公式有

$$X_t = X_0 + \int_0^t \left(\frac{\partial}{\partial t}f(s,\ B_s) + \frac{1}{2}\frac{\partial^2}{\partial x^2}f(s,\ B_s)\right)\mathrm{d}s + \int_0^t \frac{\partial}{\partial x}f(s,\ B_s)\mathrm{d}B_s \tag{9-35}$$

由于 X 是伊藤过程，因此对式(9-33)和式(9-35)进行比较，则其相应 Riemann 积分、伊藤积分中的被积函数是相等的．再根据 Brown 运动轨道的连续性，可以得到

$$\mu f(t,\ x) = \frac{\partial}{\partial t}f(t,\ x) + \frac{1}{2}\frac{\partial^2}{\partial x^2}f(t,\ x) \tag{9-36}$$

$$\sigma f(t,\ x) = \frac{\partial}{\partial x}f(t,\ x) \tag{9-37}$$

根据式(9-37)并对式(9-37)两边关于 x 求导，有

$$\sigma^2 f(t,\ x) = \frac{\partial^2}{\partial x^2}f(t,\ x)$$

因此微分方程(9-36)、式(9-37)可以简化为

$$\left(\mu-\frac{1}{2}\sigma^2\right)f(t,\ x) = \frac{\partial}{\partial t}f(t,\ x),\quad \sigma f(t,\ x) = \frac{\partial}{\partial x}f(t,\ x) \tag{9-38}$$

若把 $f(t,\ x)$写成两个函数积的形式

$$f(t,\ x) = g(t)h(x)$$

则式(9-38)变为

$$\left(\mu-\frac{1}{2}\sigma^2\right)g(t) = g'(t),\quad \sigma h(x) = h'(x)$$

求解上述两方程可得

$$g(t) = g(0)\mathrm{e}^{(\mu-\frac{1}{2}\sigma^2)t},\quad h(x) = h(0)\mathrm{e}^{\sigma x}$$

从而得到

$$f(t, x)=g(0)h(0)e^{(\mu-\frac{1}{2}\sigma^2)t+\sigma x}$$

又

$$X_0=f(0, B_0)=f(0, 0)=g(0)h(0)$$

因此求得方程(9-33)的解为

$$X_t=f(t, B_t)=X_0 e^{(\mu-\frac{1}{2}\sigma^2)t+\sigma B_t}, \quad t\in[0, T]$$

它与式(9-34)是一样的. 可见，伊藤随机微分方程的解有时可以通过求解偏微分方程推导出来.

【例 9-8】 (Ornstein-Uhlenbeck 过程) 考虑另一个线性随机微分方程

$$X_t=X_0+\mu\int_0^t X_s ds+\sigma\int_0^t dB_s, \quad t\in[0, T] \tag{9-39}$$

其中，μ 和 σ 为常数. 该方程通常称为 Langevin 方程，Langevin 在 1908 年运用这种随机微分方程来模拟和研究 Brown 质点的运动速度. 当初始分布 X_0 为常量时，称它为 Ornstein-Uhlenbeck 过程. 式(9-39)也可表示成

$$dX_t=\mu X_t dt+\sigma dB_t$$

为求解(9-39)，作下列变换

$$Y_t=e^{-\mu t}X_t$$

注意到过程 X 和 Y 满足相同的初始条件

$$X_0=Y_0$$

应用伊藤公式，其中 $f(t, x)=e^{-\mu t}x$，而且

$$\frac{\partial}{\partial t}f(t, x)=-\mu f(t, x), \quad \frac{\partial}{\partial x}f(t, x)=e^{-\mu t}, \quad \frac{\partial^2}{\partial x^2}f(t, x)=0$$

于是得到

$$\begin{aligned}
Y_t-Y_0&=\int_0^t\left(\frac{\partial}{\partial t}f(s, X_s)+\mu X_s\frac{\partial}{\partial x}f(s, X_s)+\frac{1}{2}\sigma^2\frac{\partial^2}{\partial x^2}f(s, X_s)\right)ds+\\
&\quad\int_0^t\left(\sigma\frac{\partial}{\partial x}f(s, X_s)\right)dB_s\\
&=\int_0^t(-\mu Y_s+\mu Y_s+0)ds+\int_0^t(\sigma e^{-\mu s})dB_s\\
&=\int_0^t[\sigma e^{-\mu s}]dB_s
\end{aligned}$$

因此过程

$$X_t=e^{\mu t}X_0+\sigma e^{\mu t}\int_0^t e^{-\mu s}dB_s \tag{9-40}$$

是 Langevin 随机微分方程(9－39)的解. 为了验证过程(9－40)确实是方程(9－39)的解，可以把伊藤公式应用于过程 $X_t=u(t, Z_t)$，其中

$$Z_t=\int_0^t e^{-\mu s}\,dB_s,\quad u(t,z)=e^{\mu t}X_0+\sigma e^{\mu t}z$$

又因为 Langevin 方程是线性伊藤随机微分方程，因此 X 是随机微分方程(9－39)的唯一解.

下面证明 Ornstein-Uhlenbeck 过程是一个高斯过程. 为简单起见，设 $X_0=0$. 根据伊藤随机积分的定义，对于$[0, t]$的分割，当 $\Delta t\to 0$ 时，积分

$$\int_0^t e^{-\mu s}\,dB_s$$

是下列 Riemann-Stieltjes 和的均方极限

$$I_n=\sum_{i=1}^{n} e^{-\mu t_{i-1}}(B_{t_i}-B_{t_{i-1}})$$

该和服从正态分布，其均值为 0，方差为

$$\sum_{i=1}^{n} e^{-2\mu t_{i-1}}(t_i-t_{i-1}) \tag{9-41}$$

式(9－41)的极限为

$$\int_0^t e^{-2\mu s}\,ds=\frac{1}{2\mu}(1-e^{-2\mu t})$$

由于均方的收敛性表明分布的收敛性(证明略)，因此可以证明均方极限 X_t 也服从正态分布，对于 $X_0=0$ 有

$$E(X_t)=0,\qquad V(X_t)=\frac{\sigma^2}{2\mu}(e^{2\mu t}-1)$$

同样应用 Riemann-Stieltjes 和的方法，可以计算出 $X_0=0$ 时，Ornstein-Uhlenbeck 过程的协方差函数，即

$$\sigma_{X_sX_t}=\frac{\sigma^2}{2\mu}(e^{\mu(t+s)}-e^{\mu(t-s)}),\qquad s<t \tag{9-42}$$

由于 X 是均值为 0 的高斯过程，因此该协方差函数可以描述出 Ornstein-Uhlenbeck 过程的特性.

【例 9－9】 (两个相互独立 Brown 运动的随机微分方程) 令 $B^{(i)}=\{B_t^{(i)}, t\geqslant 0\}$表示两个相互独立的 Brown 运动，$\sigma_i(i=1, 2)$是实数. 定义过程

$$\widetilde{B}_t=(\sigma_1^2+\sigma_2^2)^{-\frac{1}{2}}(\sigma_1B_t^{(1)}+\sigma_2B_t^{(2)})$$

根据 $B^{(1)}$ 和 $B^{(2)}$ 的独立性，有

$$E(\widetilde{B}_t)=0,\ \sigma_{\widetilde{B}_t\widetilde{B}_s}=\min\{s,\ t\}$$

即 $\widetilde{B}$ 具有和标准 Brown 运动相同的期望和方差函数，因此 $\widetilde{B}$ 是 Brown 运动．现在考虑积分方程

$$X_t=X_0+\mu\int_0^t X_s\mathrm{d}s+\sigma_1\int_0^t X_s\mathrm{d}B_s^{(1)}+\sigma_2\int_0^t X_s\mathrm{d}B_s^{(2)}$$

其中，μ 和 σ_i 是常数．可以把该方程写成如下形式

$$\begin{aligned}X_t-X_0&=\mu\int_0^t X_s\mathrm{d}s+\int_0^t X_s\mathrm{d}(\sigma_1 B_s^{(1)}+\sigma_2 B_s^{(2)})\\&=\mu\int_0^t X_s\mathrm{d}s+(\sigma_1^2+\sigma_2^2)^{\frac{1}{2}}\int_0^t X_s\mathrm{d}\widetilde{B}_s\end{aligned}\tag{9-43}$$

它是具有 Brown 运动 $\widetilde{B}$ 的伊藤随机微分方程，其解为

$$\begin{aligned}X_t&=X_0\mathrm{e}^{[\mu-\frac{1}{2}(\sigma_1^2+\sigma_2^2)]t+(\sigma_1^2+\sigma_2^2)^{\frac{1}{2}}\widetilde{B}_t}\\&=X_0\mathrm{e}^{[\mu-\frac{1}{2}(\sigma_1^2+\sigma_2^2)]t+[\sigma_1 B_t^{(1)}+\sigma_2 B_t^{(2)}]}\end{aligned}$$

【例 9-10】 （人口增长模型）设 N_t 为 t 时刻的人口数量，且过程 $\{N_t,\ t\geqslant 0\}$ 满足微分方程

$$\mathrm{d}N_t=\mu N_t\mathrm{d}t+\sigma N_t\mathrm{d}B_t$$

其中，μ，σ 为常数．试用伊藤公式求 N_t 的表达式．

解 因为 $B_0=0$，所以有

$$\int_0^t\frac{\mathrm{d}N_t}{N_t}=\mu t+\sigma B_t$$

于是令 $f(t,\ x)=\ln x$，$Y_t=\ln N_t$，则有

$$\frac{\partial}{\partial t}f(t,\ x)=0,\quad \frac{\partial}{\partial x}f(t,\ x)=\frac{1}{x},\quad \frac{\partial^2}{\partial x^2}f(t,\ x)=-\frac{1}{x^2}$$

由伊藤公式，有

$$\mathrm{d}Y_t=\mathrm{d}(\ln N_t)=\left(0+\frac{\mu N_t}{N_t}+\frac{\sigma^2 N_t^2}{-2N_t^2}\right)\mathrm{d}t+\frac{\sigma N_t}{N_t}\mathrm{d}B_t$$

即有

$$\mathrm{d}(\ln N_t)=\left(\mu-\frac{\sigma^2}{2}\right)\mathrm{d}t+\sigma\mathrm{d}B_t$$

由 $B_0=0$，两边积分得

$$\ln\frac{N_t}{N_0}=\left(\mu-\frac{\sigma^2}{2}\right)t+\sigma B_t$$

所以

$$N_t = N_0 e^{(\mu - \frac{\sigma^2}{2})t + \sigma B_t}$$

这说明 N_t 是几何 Brown 运动. 而且有

$$\begin{aligned} E(N_t) &= E(N_0 e^{(\mu - \frac{\sigma^2}{2})t + \sigma B_t}) \\ &= N_0 e^{(\mu - \frac{\sigma^2}{2})t} E(e^{\sigma B_t}) \\ &= N_0 e^{(\mu - \frac{\sigma^2}{2})t} \int_{-\infty}^{+\infty} e^{\sigma x} \frac{1}{\sqrt{2\pi t}} e^{-\frac{x^2}{2t}} dx \\ &= \frac{1}{\sqrt{2\pi t}} N_0 e^{(\mu - \frac{\sigma^2}{2})t} \int_{-\infty}^{+\infty} e^{\sigma x - \frac{x^2}{2t}} dx \end{aligned}$$

【例 9－11】 (Black-Scholes 模型) 设 $S(t)$ 为 t 时刻某种股票或证券的价格, 且过程 $\{S(t), t \geqslant 0\}$ 满足如下微分方程

$$\begin{cases} dS(t) = S(t)(\mu dt + \sigma dB(t)) \\ S(0) = S_0 \end{cases}$$

其中, μ, σ 为常数.

与例 9－10 类似, 可求得上述微分方程的解为

$$S(t) = S_0 e^{(\mu - \frac{\sigma^2}{2})t + \sigma B(t)}$$

它也是一个几何 Brown 运动. 将在 9.3 节中具体介绍 Black-Scholes 模型及 Black-Scholes 期权定价公式.

9.3 随机微积分在金融中的应用

Black-Scholes 和 Merton 的著名论文发表以来，人们对应用随机微积分来研究有风险资产(如股票价格，Dow Jones、Nikkei、DAX 等指数，期权、汇率、利率等)越来越重视，从而开拓了概率论应用的一个新的分支——数理金融学. 这是一门集构造随机模型、经济推理和实际金融交易为一体的学科，随着我国经济的不断发展和金融体系的不断完善，数理金融学同样在我国也将会有迅速的发展.

在本节中，将利用 Black-Scholes 模型给出欧式买入期权的定价公式. 为了使读者较好地理解本节内容，在推导欧式买入期权定价的 Black-Scholes 公式的同时，还会介绍一些相关的经济学和金融学的知识、概念和基本的金融术语，如债券、股票、期权、投资组合、波动性、交易策略、套期保值、满期、自融资、套利等. 虽然有些概念在第 1 章已经有所介绍，但为了使本章内容具有连贯性，仍会对这些概念进行简单介绍，而且对有些概念还会给出更一般的定义. 在本节中，前面介绍的伊藤公式将会被利用在期

权定价公式的推导过程中.

9.3.1 基本概念与基本定义

1. 金融知识简介

设 $S(t)$是一种风险资产(如股票等)在时刻 t 的价格，而且 $S(t)$由几何 Brown 运动给出，即

$$S(t)=f(t,\ B(t))=S(0)\mathrm{e}^{(\mu-\frac{1}{2}\sigma^2)t+\sigma B(t)} \tag{9-44}$$

其中，$B=\{B(t),\ t\geqslant 0\}$是 Brown 运动，$S(0)$与 B 相互独立. 之所以要这样定义股票价格 $S(t)$，是因为它是线性随机微分方程

$$S(t)=S(0)+\mu\int_0^t S(s)\mathrm{d}s+\sigma\int_0^t S(s)\mathrm{d}B(s) \tag{9-45}$$

的唯一解，见例 9-5 和例 9-7. 上式也可以等价地写成

$$\mathrm{d}S(t)=\mu S(t)\mathrm{d}t+\sigma S(t)\mathrm{d}B(t) \tag{9-46}$$

式(9-46)说明股票价格 $S(t)$在区间$[t,\ t+\mathrm{d}t]$上有

$$S(t+\mathrm{d}t)-S(t)=\mu S(t)\mathrm{d}t+\sigma S(t)\mathrm{d}B(t)$$

等价地

$$\frac{S(t+\mathrm{d}t)-S(t)}{S(t)}=\mu\mathrm{d}t+\sigma\mathrm{d}B(t)$$

上式左边是在时间$[t,\ t+\mathrm{d}t]$内该资产的相对收益(或回报)率. 它表明此收益率的走向具有线性趋势 $\mu\mathrm{d}t$，而且它的走向受到随机噪声 $\sigma\mathrm{d}B(t)$的干扰. 这里常量 μ 就是所谓的平均收益率(mean rate of return)，$\sigma>0$ 是所谓的波动率(volatility). 由式(9-44)可以看出，σ 越大，$S(t)$的波动性越大，因此可以把 σ 看作是资产风险的度量. 尽管用模型(9-45)来逼近资产的真实价格不是很精确，但它具有一定的合理性. 在经济学领域中，股票价格按指数增长(或波动)已经被广大的金融学家和经济学家所接受，因此该模型已成为研究股票价格(或证券价格、指数等)波动的主要方法之一. 下面首先讨论离散时间模型下的金融资产问题.

2. 资产

考虑某证券市场 $N+1$ 个交易日的交易情况. 对于 $n=0,\ 1,\ \cdots,\ N$，定义单调上升 σ 代数序列 $F=\{F_n,\ n=0,\ 1,\ \cdots,\ N\}$，这里 F_n 表示在时刻 n 已知的信息. 假设市场中有 $d+1$ 种金融资产，在时刻 n 的价格分别用非负随机变量 S_n^0，S_n^1，…，S_n^d 表示，且

$$\sigma(S_n^i)\subset F_n,\quad i=0,\ 1,\ \cdots,\ d$$

即投资者知道过去和现在的资产价格. 向量 $\boldsymbol{S}_n=(S_n^0,\ S_n^1,\ \cdots,\ S_n^d)$是时刻 n 的价格向

量，其中 S_n^0 表示无风险资产的价格，并且约定 $S_0^0=1$. 若该无风险资产的收益率等于常量 r，则 $S_n^0=(1+r)^n$，而且 $\beta_n=1/S_n^0$ 可以解释为折现率(从时间 n 到 0)，即如果在 0 时刻将 β_n 投资于无风险资产，那么到 n 时刻可获得的价值为 1. 相应地，d 种风险资产的价格用 $S_n^i(i=1,\cdots,d)$来表示.

3. 策略

用随机过程 $\boldsymbol{\phi}_n=(\phi_n^0,\phi_n^1,\cdots,\phi_n^d)\in\mathbf{R}^{d+1}$ 表示交易策略，ϕ_n^i 是 n 时刻投资组合中资产 i 的投资份额. 而且 ϕ 是可预言的，即

$$\sigma(\phi_0^i)\subset F_0,\ \sigma(\phi_n^i)\subset F_{n-1},\quad n\geqslant 1,\ i\in\{0,1,\cdots,d\}$$

这表明 n 时刻的投资策略$(\phi_n^0,\phi_n^1,\cdots,\phi_n^d)$可根据 $n-1$ 时刻所获得的信息来确定. 在时刻 n，投资组合的价值为

$$V_n(\phi)=\boldsymbol{\phi}_n\cdot\boldsymbol{S}_n=\sum_{i=0}^{d}\phi_n^iS_n^i$$

它的折现值为

$$\widetilde{V}_n(\phi)=\beta_n(\boldsymbol{\phi}_n\cdot\boldsymbol{S}_n)=\boldsymbol{\phi}_n\cdot\widetilde{\boldsymbol{S}}_n$$

其中，$\beta_n=\dfrac{1}{S_n^0}$，$\widetilde{\boldsymbol{S}}_n=(1,\beta_nS_n^1,\cdots,\beta_nS_n^d)$是折现价格的向量.

如果对于所有 $n\in\{0,1,\cdots,N-1\}$，有

$$\boldsymbol{\phi}_n\cdot\boldsymbol{S}_n=\boldsymbol{\phi}_{n+1}\cdot\boldsymbol{S}_n$$

则该策略是**自融资的**. 它所表达的是：若在时刻 n 的价格为 $S_n^0,\cdots,S_n^d$，投资者可以调整其交易策略从 $\boldsymbol{\phi}_n$ 变为 $\boldsymbol{\phi}_{n+1}$，但要求不进行任何增加投资或消费. 显然，等式 $\boldsymbol{\phi}_n\cdot\boldsymbol{S}_n=\boldsymbol{\phi}_{n+1}\cdot\boldsymbol{S}_n$ 等价于

$$\boldsymbol{\phi}_{n+1}\cdot(\boldsymbol{S}_{n+1}-\boldsymbol{S}_n)=\boldsymbol{\phi}_{n+1}\cdot\boldsymbol{S}_{n+1}-\boldsymbol{\phi}_n\cdot\boldsymbol{S}_n$$

或

$$V_{n+1}(\phi)-V_n(\phi)=\boldsymbol{\phi}_{n+1}\cdot(\boldsymbol{S}_{n+1}-\boldsymbol{S}_n)$$

由上面的定义可知，在时刻 $n+1$ 投资组合的价值为 $\boldsymbol{\phi}_{n+1}\cdot\boldsymbol{S}_{n+1}$，而 $\boldsymbol{\phi}_{n+1}\cdot\boldsymbol{S}_{n+1}-\boldsymbol{\phi}_{n+1}\cdot\boldsymbol{S}_n$ 是从时刻 n 到时刻 $n+1$ 价格变化引起的净收益，从而自融资策略所实现的净收益完全由价格的变动所决定. 下面给出一个等价的命题，即下列(1)、(2)、(3)等价.

(1) 策略 ϕ 是自融资的.

(2) 对于任意 $n\in\{1,\cdots,N\}$

$$V_n(\phi)=V_0(\phi)+\sum_{j=1}^{n}\phi_j\cdot\Delta S_j$$

其中，$\Delta S_j=S_j-S_{j-1}$.

(3) 对于任意 $n\in\{1,\cdots,N\}$，

$$\widetilde{V}_n(\phi)=V_0(\phi)+\sum_{j=1}^{n}\phi_j\cdot\Delta\widetilde{S}_j$$

其中，$\Delta\widetilde{S}_j=\widetilde{S}_j-\widetilde{S}_{j-1}=\beta_jS_j-\beta_{j-1}S_{j-1}$.

易见(1)⇔(2). 再由$\boldsymbol{\phi}_n\cdot\boldsymbol{S}_n=\boldsymbol{\phi}_{n+1}\cdot\boldsymbol{S}_n\Leftrightarrow\boldsymbol{\phi}_n\cdot\widetilde{\boldsymbol{S}}_n=\boldsymbol{\phi}_{n+1}\cdot\widetilde{\boldsymbol{S}}_n$，得(1)⇔(3). 于是等价性得证.

该命题表明，若投资者按自融资策略进行投资，其投资组合的折现价值及价值都完全取决于投资的初始值和策略$(\phi_n^1,\cdots,\phi_n^d)_{0\leqslant n\leqslant N}$(因为$\Delta\widetilde{S}_j^0=0$). 归纳前面的结论，得到如下的结果：对于任何可预言的过程$((\phi_n^1,\cdots,\phi_n^d))_{0\leqslant n\leqslant N}$和随机变量$V_0$，存在一个唯一的可预言过程$(\phi_n^0)_{0\leqslant n\leqslant N}$使得策略$\boldsymbol{\phi}=(\phi^0,\phi^1,\cdots,\phi^d)$是自融资的，且投资组合的初始价值为$V_0$.

事实上，由自融资条件可得

$$\begin{aligned}\widetilde{V}_n(\phi)&=\phi_n^0+\phi_n^1\widetilde{S}_n^1+\cdots+\phi_n^d\widetilde{S}_n^d\\&=V_0+\sum_{j=1}^{n}(\phi_j^1\Delta\widetilde{S}_j^1+\cdots+\phi_j^d\Delta\widetilde{S}_j^d)\end{aligned}$$

此式给出了ϕ_n^0的定义，于是只需证明ϕ^0是可预言的. 再根据等式

$$\begin{aligned}\phi_n^0=V_0&+\sum_{j=1}^{n-1}(\phi_j^1\Delta\widetilde{S}_j^1+\cdots+\phi_j^d\Delta\widetilde{S}_j^d)+\\&(\phi_n^1(-\widetilde{S}_{n-1}^1)+\cdots+\phi_n^d(-\widetilde{S}_{n-1}^d))\end{aligned}$$

可以证明ϕ^0是可预言的.

下面讨论更一般的证券价格模型. 考虑概率空间$(\Omega,\mathscr{F},P)$上n维标准Brown运动过程$B(t)=(B_1(t),\cdots,B_n(t))$，其中$\{B_i(t)\}(1\leqslant i\leqslant n)$是一维标准Brown运动，而且相互独立，设$F_t=\sigma\{B(s),s\leqslant t\}$.

现在考虑具有一个无风险债券和n个股票的证券市场. 假定有一种无风险资产——债券$\{S_0(t),0\leqslant t\leqslant T\}$，初始价格为$S_0(0)$，$S_0(t)$表示债券在$t$时刻的价格，利率为$r(t)$，并设$S_i(t)(0\leqslant t\leqslant T)$表示第$i(i=1,\cdots,n)$个股票在$t$时刻的价格(注意：这里债券和股票价格的表达形式与前面离散型的表达形式有所不同). 设债券的价格满足下列微分方程

$$\mathrm{d}S_0(t)=r(t)S_0(t)\mathrm{d}t,\quad S_0(0)=C_0,\quad 0\leqslant t\leqslant T\tag{9-47}$$

式中，C_0为常量. n个股票价格满足

$$\mathrm{d}S_i(t)=S_i(t)\Big(b_i(t)\mathrm{d}t+\sum_{j=1}^{n}\sigma_{ij}(t)\mathrm{d}B_j(t)\Big),\quad S_i(0)=C_i,\quad 0\leqslant t\leqslant T\tag{9-48}$$

式中，$C_i(i=1,\cdots,n)$为常量. 记

$$S(t)=(S_0(t),S_1(t),\cdots,S_n(t))$$

$$b(t)=(b_1(t),\cdots,b_n(t)),\quad \Sigma(t)=(\sigma_{ij})$$

其中，$r(t)$，$b(t)$，$\Sigma(t)$是一致有界且关于$\{F_t\}$可测的随机过程.

在投资过程中，投资者为了降低风险，通常是将资金投资多种资产，而不是仅仅投资一种资产，因此投资者会形成各自的投资组合．假定投资者投资了 $N_0(t)$份债券和 $N_i(t)(i=1, \cdots, n)$份 i 股票，且 $N_0(t)$，$N_i(t)$是关于$\{F_t\}$可测的随机过程，则称

$$(N_0(t), N_1(t), \cdots, N_n(t)), \quad t\in[0, T] \tag{9-49}$$

是一种**交易策略**(投资策略)．显然，每一位投资者在进行投资时都在寻找一种合适的交易策略以避免亏损．根据定义，在时刻 t 投资者所持有的投资组合的资产价值或财富 $X(t)$为

$$X(t)=\sum_{i=0}^{n} N_i(t)S_i(t), \quad t\in[0,T] \tag{9-50}$$

式中，时刻 0 投资者所持有的资产价值或财富为

$$X(0)=\sum_{i=0}^{n} N_i(0)C_i$$

其中，$N_0(t)$，$N_i(t)(i=1, \cdots, n)$可以是正值也可为负值．$N_i(t)$取负值表示股票卖空(short sale)，即在时刻 t 卖出股票，$N_0(t)$取负值时表示投资者以债券无风险利率 $r(t)$借入资金.

事实上，在进行卖空操作时还需付交易费(transaction costs)，但为了简便在此忽略了该项费用，并假定 $N_0(t)$和 $N_i(t)$都是无界的，即投资者可以具有无限的资本和债务，其目的是使数学问题更加简化．最后还假设投资者不会将投资资金用于其他用途，如不会将投资资金用于消费而使投资组合资金减少.

称交易策略$(N_0(t), N_1(t), \cdots, N_n(t))$是**自融资**(self-financing)，如果在整个投资过程中，投资者既没有增加投资资金，也没有减少投资资金，财富 $X(t)$的增长完全依赖于资产价格 $S(t)$的变化．交易策略的自融资可表达为

$$\sum_{i=0}^{n} \mathrm{d}N_i(t)\cdot S_i(t)=0 \tag{9-51}$$

等价地，自融资可用微分形式表示为(由式(9-47)～式(9-51))

$$\begin{aligned}\mathrm{d}X(t)&=\mathrm{d}\Big(\sum_{i=0}^{n} N_i(t)S_i(t)\Big)=\sum_{i=0}^{n} N_i(t)\mathrm{d}S_i(t)\\&=r(t)N_0(t)S_0(t)\mathrm{d}t+\sum_{i=1}^{n} N_i(t)S_i(t)\Big(b_i(t)\mathrm{d}t+\sum_{j=1}^{n}\sigma_{ij}(t)\mathrm{d}B_j(t)\Big)\\&=r(t)X(t)\mathrm{d}t+\sum_{i=1}^{n} N_i(t)S_i(t)\Big((b_i(t)-r(t))\mathrm{d}t+\sum_{j=1}^{n}\sigma_{ij}(t)\mathrm{d}B_j(t)\Big)\end{aligned}$$

令 $\pi_i(t)=N_i(t)S_i(t)(i=1, \cdots, n)$，由上式有

$$\mathrm{d}X(t)=r(t)X(t)\mathrm{d}t+\sum_{i=1}^{n}\pi_i(t)\Big((b_i(t)-r(t))\mathrm{d}t+\sum_{j=1}^{n}\sigma_{ij}(t)\mathrm{d}B_j(t)\Big) \tag{9-52}$$

在上式中，令 $\pi(t)=(\pi_1(t), \cdots, \pi_n(t))$，则$\{\pi(t)\}$称为**投资组合过程**.

特别地，当仅考虑具有一种无风险债券和一种风险资产(如股票)的证券市场时，交易策略$(N_0(t), N(t))$是自融资的可表达为

$$dX(t)=d(N_0(t)S_0(t)+N(t)S(t))=N_0(t)dS_0(t)+N(t)dS(t)$$

或写成伊藤积分的形态为

$$X(t)-X(0)=\int_0^t N_0(s)dS_0(s)+\int_0^t N(s)dS(s) \tag{9-53}$$

4. 期权(option)

期权是投资者(通常称为乙方)买入的一份合约. 该合约称作**欧式买入期权**或**欧式看涨期权**(European call option)，是指在时刻$t=0$时甲方(通常为证券公司)与乙方签署该合约，按此合约规定乙方有一个权利，能在时刻T(称为**满期**)以价格K(称为**敲定价格**或**执行价格**)从甲方买入事先约定数量的这种证券，如果在时刻T时的市场价格$S(T)$低于K，乙方可以不买，而只要在时刻T时的市场价格$S(T)$高于K，乙方就可以执行期权，以价格K买入该种证券，再以价格$S(T)$卖出，此时乙方获利，获得随机收益为$S(T)-K$. 因此综合起来，欧式买入期权的购买者在时刻T时获得的随机收益为

$$(S(T)-K)^+=\max\{0, S(T)-K\}=\begin{cases}S(T)-K, & S(T)>K\\ 0, & S(T)\leqslant K\end{cases}$$

这种合约称为**期权**. 又因为乙方只能在最终时刻T做出选择，所以称为**欧式期权**(European option). 若乙方可以在满期前(包括满期)任一时刻执行期权，则称为**美式期权**(American option). 当投资者预测此证券的价格$S(t)$将会上涨时，他就会买入一份“买入”期权，期望将来获得的随机收益(对于欧式期权)$(S(T)-K)^+$为正值，所以称为**看涨期权**或者**买入期权**(call option). 由于这个合约能给乙方带来随机收益，就需要乙方在$t=0$时刻用钱从甲方购买这种权利. 这个合约在$t=0$时刻的价格，称为它的**贴水**或**保证金**等(premium). 一种相反的情况是，如果$t=0$时甲方与乙方签订如下的合约，此合约规定乙方有一个权利，即能在时刻T以价格K卖给甲方约定数量的这种证券；如果时刻T的市场价格$S(T)$高于K，乙方可以不卖，只要时刻T时的市场价格$S(T)$低于K，卖方就得利，因此此时乙方会实施其权利，乙方得到随机收益为$K-S(T)$. 这也是一种欧式期权，此时投资者在现时刻预测此证券的价格$S(T)$将会下跌，则他购买一份“卖出”期权，期望将来获得的随机收益$K-S(T)$为正值，所以称为**看跌期权**或者**卖出期权**(put option). 同样由于这个合约也能给乙方带来收益，也就需要乙方在$t=0$时刻用钱从甲方购买这种权利. 这个合约在$t=0$时刻的价格，也称为它的贴水或保证金.

综上所述，欧式卖出期权的购买者所获得的随机收益为

$$(K-S(T))^+=\begin{cases}K-S(T), & S(T)<K\\ 0, & S(T)\geqslant K\end{cases}$$

更为一般的欧式期权是：甲方卖给乙方一个由多种证券组合而成的合约，此合约能在T时刻给乙方带来随机收益$f(S(T))$(称为**欧式未定权益**)，同样希望知道这个合约

在时刻 $t<T$ 的价格(贴水). 未定权益为 $S(T)$的欧式权益，称为在时刻 T 成熟的**远期合约**. 易见，远期合约在时刻 $t<T$ 的价格应该是证券的即时价格 $S(t)$.

下面以欧式买入期权为例来讨论期权定价问题. 所谓期权定价问题，指的是为了使市场交易顺利进行，需要合理地确定 $t=0$ 时刻期权的价格即贴水或保证金. 为此，Black，Scholes 和 Merton 定义了这样一个价值.

(1) 若在 $t=0$ 时刻，投资者将这部分用于保证金(或贴水)的资金投资股票和债券，则他可以根据自融资策略调整其投资组合以产生与购买期权相同的收益$(S(T)-K)^+$.

(2) 若期权的价格不合理，则会产生套利机会. 即在开始时无资本，经过资本的市场运作后，变成有非负的(随机)资金，而且有正资金的概率为正.

9.3.2 期权定价的数学公式

为了使问题简单化，仅考虑具有一种无风险债券和一种风险资产(如股票)的证券市场，并讨论欧式买入期权的定价问题. 设 $S(t)$表示此股票在时刻 t 的价格，且满足随机微分方程

$$dS(t)=S(t)(\mu dt+\sigma dB(t)) \tag{9-54}$$

其中，μ，σ 为常数，$B(t)$为一维标准 Brown 运动. $S_0(t)$表示债券在 t 时刻的价格，市场无风险利率为 r. 假定存在一个自融资策略$(N_0(t),\ N(t))$，则其相应投资组合的价值过程 $X(t)$满足

$$X(t)=N_0(t)S_0(t)+N(t)S(t)=C(S(t),\ t),\quad t\in[0,\ T] \tag{9-55}$$

其中，$C(x,\ t)$是光滑函数. 为了确定投资组合的价值过程 $X(t)$，就需要求出价值函数 $C(x,\ t)$. 由欧式买入期权可知，在满期 T 时期权的收益$(S(T)-K)^+$应该等于该组合的价值 $X(T)$，从而得到满期条件

$$X(T)=C(S(T),\ T)=(S(T)-K)^+ \tag{9-56}$$

在金融学中，把满足式(9-56)的自融资策略过程称为**相对于未定权益**$(S(T)-K)^+$的**套期保值**.

下面将伊藤公式应用于价值过程 $X(t)=C(S(t),\ t)$. 记 $f(t,\ x)=C(x,\ t)$，则有

$$\frac{\partial}{\partial t}f(t,\ x)=C_t(x,\ t),\quad \frac{\partial}{\partial x}f(t,\ x)=C_x(t,\ x),\quad \frac{\partial^2}{\partial x^2}f(t,\ x)=C_{xx}(t,\ x)$$

由例 9-11 及式(9-54)，$\{S(t)\}$满足伊藤积分方程

$$S(t)=S(0)+\mu\int_0^t S(s)ds+\sigma\int_0^t S(s)dB_s$$

应用伊藤公式，有

$$X(t)-X(0)$$

$$= f(t, S(t)) - f(0, S(0))$$
$$= \int_0^t (C_t(S(s), s) + \mu S(s) C_x(S(s), s) + \frac{1}{2}\sigma^2 S(s)^2 C_{xx}(S(s), s)) \mathrm{d}s + \int_0^t (\sigma S(s) C_x(S(s), s)) \mathrm{d}B(s)$$

另外，由于$(N_0(t), N(t))$是自融资的，由式(9-53)

$$X(t) - X(0) = \int_0^t N_0(s) \mathrm{d}S_0(s) + \int_0^t N(s) \mathrm{d}S(s)$$

因为$S_0(t) = S_0(0)\mathrm{e}^{rt}$，于是

$$\mathrm{d}S_0(t) = rS_0(0)\mathrm{e}^{rt}\mathrm{d}t = rS_0(t)\mathrm{d}t$$

又$X(t) = N_0(t)S_0(t) + N(t)S(t)$，从而

$$N_0(t) = \frac{X(t) - N(t)S(t)}{S_0(t)}$$

由上面结论和式(9-54)，可以得到

$$X(t) - X(0)$$
$$= \int_0^t N(s)\mathrm{d}S(s) + \int_0^t \frac{X(s) - N(s)S(s)}{S_0(s)} rS_0(s)\mathrm{d}s$$
$$= \int_0^t N(s)\mathrm{d}S(s) + \int_0^t r(X(s) - N(s)S(s))\mathrm{d}s$$
$$= \int_0^t \mu N(s)S(s)\mathrm{d}s + \int_0^t \sigma N(s)S(s)\mathrm{d}B_s + \int_0^t r(X(s) - N(s)S(s))\mathrm{d}s$$
$$= \int_0^t ((\mu - r)N(s)S(s) + rX(s))\mathrm{d}s + \int_0^t (\sigma N(s)S(s))\mathrm{d}B_s$$

比较$X(t) - X(0)$的两个不同表达式，令两式中 Riemann 积分和伊藤积分的被积函数分别相等，得

$$N(t) = C_x(S(t), t) \tag{9-57}$$

且

$$(\mu - r)N(t)S(t) + rC(S(t), t)$$
$$= (\mu - r)C_x(S(t), t)S(t) + rC(S(t), t)$$
$$= C_t(S(t), t) + \mu S(t)C_x(S(t), t) + \frac{1}{2}\sigma^2 S(t)^2 C_{xx}(S(t), t)$$

因为$S(t)$可以取任意正值，所以上述最后一个等式可以写成对于任意$x>0$，$t\in[0, T]$，

$$-rC(x, t) + C_t(x, t) + rxC_x(x, t) + \frac{1}{2}\sigma^2 x^2 C_{xx}(x, t) = 0 \tag{9-58}$$

此微分方程也称为 Black-Scholes 偏微分方程式. 再由满期条件(9-56)

$$X(T)=C(S(T),\ T)=(S(T)-K)^{+}$$

得到如下的满期条件(边界条件)

$$C(x,\ T)=(x-K)^{+},\quad x>0 \tag{9-59}$$

在 Black-Scholes 偏微分方程式(9－58)中不包含增长系数 μ，这说明期权的价值独立于资产增长的快慢，影响期权价格的唯一参数是方差 V，即如果估计的 μ 不同，其期权价值仍然相同.

9.3.3 Black-Scholes 期权定价公式

本节将对 Black-Scholes 偏微分方程(9－58)求解，从而导出 Black-Scholes 期权定价公式. 将分几个步骤来求解方程(9－58).

(1) 首先，令函数 $u(x,\ t)$ 满足

$$C(x,\ t)=\mathrm{e}^{r(t-T)}\cdot u(x,\ t)$$

由于

$$\begin{aligned}-rC(x,\ t)+C_t(x,\ t)&=-r\mathrm{e}^{r(t-T)}u+(r\mathrm{e}^{r(t-T)}+\mathrm{e}^{r(t-T)}u_t)\\&=\mathrm{e}^{r(t-T)}u_t\end{aligned}$$

将此式代入式(9－58)，得

$$u_t+rxu_x+\frac{1}{2}\sigma^2x^2u_{xx}=0 \tag{9-60}$$

边界条件(9－59)变换成

$$u(x,\ T)=(x-K)^{+},\quad x>0 \tag{9-61}$$

(2) 其次，对变量 $(x,\ t)\in(0,\ \infty)\times[0,\ T]$ 进行如下的变换

$$y=\ln\frac{x}{K}+\left(r-\frac{\sigma^2}{2}\right)(T-t)$$

$$s=T-t$$

即

$$x=K\mathrm{e}^{y-\left(r-\frac{\sigma^2}{2}\right)s},\quad t=T-s$$

所以变量 $(y,\ s)\in\mathbf{R}\times[0,\ T]$. 设通过上面的变换，$u(x,\ t)$ 变换成 $v(y,\ s)$，即 $u(x,\ t)=v(y(x,\ t),\ s(t))$，于是有

$$\frac{\partial u}{\partial t}=\frac{\partial v}{\partial y}\frac{\partial y}{\partial t}+\frac{\partial v}{\partial s}\frac{\partial s}{\partial t}=-\left(r-\frac{\sigma^2}{2}\right)v_y-v_s$$

$$\frac{\partial u}{\partial x}=\frac{\partial v}{\partial y}\frac{\partial y}{\partial x}=\frac{1}{x}v_y$$

$$\frac{\partial^2 u}{\partial x^2}=\frac{\partial^2 v}{\partial y^2}\left(\frac{\partial y}{\partial x}\right)^2+\frac{\partial v}{\partial y}\frac{\partial^2 y}{\partial x^2}=\frac{1}{x^2}v_{yy}-\frac{1}{x^2}v_y$$

把以上等式代入式(9-60)，得到

$$-v_s+\frac{1}{2}\sigma^2 v_{yy}=0 \tag{9-62}$$

当 $s=0$ 时，由式(9-61)可得 $v(y,\ 0)=u(x,\ T)=(x-K)^+$. 又因为 $s=0$ 时，$x=Ke^y$，所以边界条件(9-61)变换成如下初始条件

$$v(y,\ 0)=(K(e^y-1))^+ \tag{9-63}$$

(3) 再作变换 $z=\dfrac{y}{\sigma}$，则得到

$$w(z,\ s)=v(\sigma z,\ s)$$

所以有

$$\frac{\partial w}{\partial s}=\frac{1}{2}\frac{\partial^2 w}{\partial z^2},\quad w(z,\ 0)=(K(e^{\sigma z}-1))^+ \tag{9-64}$$

式(9-64)是具有初值条件的热传导方程(或传热方程). 因此 Black-Scholes 偏微分方程(9-58)和(9-59)就简化为式(9-64)热传导方程的初值问题. 采用初等偏微分方程中的基本方法，即利用 Brown 运动的转移密度函数的积分，给出式(9-64)的非负解为

$$\begin{aligned} w(z,\ s)&=\int_{-\infty}^{\infty}k(s;\ z,\ \zeta)w(\zeta,\ 0)\mathrm{d}\zeta \\ &=\int_0^{\infty}\frac{1}{\sqrt{2\pi s}}\exp\left\{-\frac{(z-\zeta)^2}{2s}\right\}K(e^{\sigma\zeta}-1)\mathrm{d}\zeta \end{aligned} \tag{9-65}$$

式中

$$k(s;\ z,\ \zeta)=\frac{1}{\sqrt{2\pi s}}\exp\left\{-\frac{(z-\zeta)^2}{2s}\right\}$$

令

$$A(z,s)=\frac{K}{\sqrt{2\pi s}}\int_0^{\infty}\exp\left\{-\frac{(z-\zeta)^2}{2s}+\sigma\zeta\right\}\mathrm{d}\zeta$$

$$B(z,s)=\frac{K}{\sqrt{2\pi s}}\int_0^{\infty}\exp\left\{-\frac{(z-\zeta)^2}{2s}\right\}\mathrm{d}\zeta$$

则有

$$w(z,\ s)=A(z,\ s)-B(z,\ s) \tag{9-66}$$

(4) 从式(9-66)出发，求出 Black-Scholes 期权定价公式. 设 $\Phi(\lambda)$ 为标准正态分布函数，即

$$\Phi(\lambda)=\frac{1}{\sqrt{2\pi}}\int_{-\infty}^{\lambda}\exp\left\{-\frac{\xi^2}{2}\right\}\mathrm{d}\xi$$

计算 $A(z, s)$ 中的函数得

$$\begin{aligned}-\frac{(z-\zeta)^2}{2s}+\sigma\zeta&=-\frac{1}{2s}(z^2-2z\zeta+\zeta^2-2s\sigma\zeta)\\&=-\frac{1}{2s}\{(\zeta-(\sigma s+z))^2-s(\sigma^2 s+2\sigma z)\}\\&=-\frac{1}{2s}\{(\zeta-(\sigma s+z))^2\}+\frac{1}{2}(\sigma^2 s+2\sigma z)\end{aligned}$$

于是有

$$\begin{aligned}A(z, s)&=\frac{K}{\sqrt{2\pi s}}\exp\left\{\sigma z+\frac{1}{2}\sigma^2 s\right\}\int_0^{\infty}\exp\left\{-\frac{(\zeta-(z+\sigma s))^2}{2s}\right\}\mathrm{d}\zeta\\&=K\exp\left\{\sigma z+\frac{1}{2}\sigma^2 s\right\}\left\{\frac{1}{\sqrt{2\pi}}\int_{-(z+\sigma s)/\sqrt{s}}^{\infty}\exp\left\{-\frac{\eta^2}{2}\right\}\mathrm{d}\eta\right\}\\&=K\exp\left\{\sigma z+\frac{1}{2}\sigma^2 s\right\}\Phi\left(\frac{z+\sigma s}{\sqrt{s}}\right)\end{aligned}$$

其中，在上面推导中用到了如下积分变换为

$$\eta=\frac{\zeta-(z+\sigma s)}{\sqrt{s}},\quad \mathrm{d}\zeta=\sqrt{s}\mathrm{d}\eta$$

对于 $B(z, s)$，同样的方法可得

$$B(z, s)=K\left\{\frac{1}{\sqrt{2\pi}}\int_{-z/\sqrt{s}}^{\infty}\exp\left\{-\frac{\eta^2}{2}\right\}\mathrm{d}\eta\right\}=K\Phi\left(\frac{z}{\sqrt{s}}\right)$$

根据前面(1)～(3)的变换过程，若把 $A=A(z, s)$，$B=B(z, s)$ 看成是 (x, t) 的复合函数，则欧式买入期权的价格 $C(x, t)$，$x=S(t)$ 可写成

$$C(x, t)=\mathrm{e}^{r(t-T)}(A-B)=\mathrm{e}^{-r(T-t)}(A-B)(=\mathrm{e}^{-rs}(A-B))\tag{9-67}$$

下面对 $\mathrm{e}^{-rs}A$ 进行计算. 根据变换 $\sigma z=y$ 和变换 (y, s)，有

$$y+\frac{1}{2}\sigma^2 s-rs=y-\left(r-\frac{\sigma^2}{2}\right)s$$

所以有

$$K\exp\left\{y+\frac{1}{2}\sigma^2 s-rs\right\}=x$$

于是

$$e^{-r(T-t)}A = x \cdot \Phi\left(\frac{z+\sigma s}{\sqrt{s}}\right)$$

又因为

$$\begin{aligned} z+\sigma s &= \frac{1}{\sigma}(y+\sigma^2 s) \\ &= \frac{1}{\sigma}\left\{\ln\frac{x}{K}+\left(r-\frac{\sigma^2}{2}\right)s+\sigma^2 s\right\} \\ &= \frac{1}{\sigma}\left\{\ln\frac{x}{K}+\left(r+\frac{\sigma^2}{2}\right)(T-t)\right\} \end{aligned}$$

令

$$g(x, t) = \frac{1}{\sigma\sqrt{T-t}}\left\{\ln\frac{x}{K}+\left(r+\frac{\sigma^2}{2}\right)(T-t)\right\} \tag{9-68}$$

则有

$$e^{-r(T-t)}A = x \cdot \Phi(g(x, t)) \tag{9-69}$$

类似地，计算 $e^{-r(T-t)}B$. 由于

$$\begin{aligned} \frac{z}{\sqrt{s}} &= \frac{1}{\sigma\sqrt{s}}y \\ &= \frac{1}{\sigma\sqrt{s}}\left\{\ln\frac{x}{K}+\left(r-\frac{\sigma^2}{2}\right)s\right\} \\ &= \frac{1}{\sigma\sqrt{s}}\left\{\ln\frac{x}{K}+\left(r+\frac{\sigma^2}{2}\right)s\right\}-\sigma\sqrt{s} \\ &= g(x, t)-\sigma\sqrt{T-t} \end{aligned}$$

令

$$h(x, t) = g(t, x)-\sigma\sqrt{T-t} \tag{9-70}$$

则有

$$e^{-r(T-t)}B = e^{-r(T-t)}K \cdot \Phi(h(x, t)) \tag{9-71}$$

于是由式(9-67)～式(9-71)得到如下 Black-Scholes 公式.

定理 9-5(Black-Scholes 公式) 到期时刻为 T、权利行使价格(敲定价格)为 K、价格过程为式(9-54)的股票欧式期权价值 $C(S(t), t)(t<T)$为

$$C(S(t), t) = S(t) \cdot \Phi(g(x, t)) - Ke^{-r(T-t)} \cdot \Phi(h(x, t)) \tag{9-72}$$

式中，$g(x, t)$和 $h(x, t)$分别由式(9-68)和式(9-70)给出.

在第 5 章中，期权的价值用 $C(S, t, K)$来表示. 一般情况下，很难求得偏微分方程的显解，而要依赖于数值解，但偏微分方程(9-58)比较例外，它具有显解(9-72)，

这也许正是 Black-Scholes-Merton 方法如此盛行的原因之一.

回顾前面的内容，$C(S(t),\ t)$是热传导方程的正解，即

$$C(S(t),\ t)>0 \tag{9-73}$$

欧式买入期权自融资策略$(N_0(t),\ N(t))$为

$$N(t)=C_x(S(t),\ t),\quad N_0(t)=\frac{1}{S_0(t)}\{C(S(t),\ t)-C_x(S(t),\ t)S(t)\} \tag{9-74}$$

而且可以证明

$$\lim_{t\to T}C(S(t),\ t)=(S(T)-K)^+$$

即在 T 时刻，资产组合的价值为$(S(T)-K)^+$.

而且还可以证明，对于所有 $t\in[0,\ T]$，$N(t)>0$ 而 $N_0(t)$则不然，这说明对于价格过程(9-54)，股票不会出现卖空的情况，但债券则可能出现以利率 $r>0$ 借入资金的情况. Black-Scholes 公式与平均收益率 μ 是相互独立的，但依赖于波动率 σ，且具有对称式表现. 令

$$g_{\pm}(x,\ t)=\frac{1}{\sigma\sqrt{T-t}}\left\{\ln\frac{x}{K}+\left(r\pm\frac{\sigma^2}{2}\right)(T-t)\right\} \tag{9-75}$$

则 Black-Scholes 公式可写成

$$C(S(t),\ t)=S(t)\cdot\Phi(g_+(S(t),\ t))-Ke^{-r(T-t)}\cdot\Phi(g_-(S(t),\ t)) \tag{9-76}$$

与上面的讨论相类似，可以研究欧式卖出期权(看跌期权)的定价问题. 用 $P=P(S(t),\ t)$ 表示欧式卖出期权在 t 时刻的价格，$C=C(S(t),\ t)$表示欧式买入期权在 t 时刻的价格，则在无套利的条件下有

$$C-P=S-Ke^{-r(T-t)} \tag{9-77}$$

式中，$S=S(t)$为 t 时刻的股票价格. 这个关系式称为**欧式买入-卖出期权的平价关系**(call-put option parity). 因此，欧式卖出期权定价公式可由欧式买入期权定价公式和买入-卖出期权的平价关系所得到，即

$$P(S(t),\ t)=-S(t)\cdot\Phi(-g_+(S(t),\ t))-Ke^{-r(T-t)}\cdot\Phi(-g_-(S(t),\ t)) \tag{9-78}$$

下面解释 Black-Scholes 公式(9-72)中的$C(S(t),\ t)$作为期权价格是合理的. 由定理 9-5，在 $t=0$ 时刻期权的价格(或贴水)为 $c=C(S(0),\ 0)$. 假设在证券市场中$t=0$的初始期权价格为 d 且$d\neq c$，则经过适当的市场运作，套利发生. 不妨设 $d>c$，当 $t=0$ 时，实施如下投资策略：

(1) 以价格 d 卖出期权；

(2) 按自融资策略式(9-74)将 c 投资于股票和债券.

经过如上两项操作，在初始时刻就获得净收益 $d-c>0$. 满期 T 时，该投资组合的价值为

$$N_0(T)S_0(T)+N(T)S(T)=(S(T)-K)^+ \tag{9-79}$$

而且在满期 T 时，对 $t=0$ 时刻卖出的期权负有履行合约的义务. 若 $S(T)>K$，须以价格 $S(T)$ 买入股票并以敲定价格 K 将它卖给期权的持有者，此时的净亏损为 $S(T)-K$；若 $S(T)\leqslant K$，由于不执行期权，不再有任何的支付. 因此 T 时的总收益为 0，也就是整个过程的净收益为 $d-c>0$，套利成功. 当 $d<c$ 时，可以进行类似的讨论.

这种投资的规模可以任意增大：可以在 0 时刻卖出 n 份期权得到 nd，以自融资策略 $(nN_0(t), nN(t))$ 将 nc 投资于股票和债券，于是在 0 时刻得到净收益 $n(d-c)$. 因此，投资者可以不冒任何亏损的风险而获得巨额的利益，这就是套利.

【例 9-12】 设 0 时刻的股票价格为 30 元，相应的股票的欧式期权执行价格为 30 元，年无风险利率为 8%，股票价格的波动率(标准差)为 $\sigma=0.2$，期权的有效期为 3 个月，求在无套利情况下欧式买入期权的价格.

解 由条件 $T=0.25$，$r=0.08$，$\sigma=0.2$，$K=30$，$S(0)=30$，由 Black-Scholes 公式(9-76)，有

$$g_{\pm}(S(0),0)=\frac{1}{0.2\sqrt{0.25}}\left[\ln\frac{30}{30}+\left(0.08\pm\frac{0.2^2}{2}\right)(0.25)\right]$$

所以有

$$g_+(S(0),0)=0.25,\quad g_-(S(0),0)=0.15$$

因此

$$\begin{aligned}C&=30\Phi(0.25)-30\mathrm{e}^{-(0.08\times0.25)}\Phi(0.15)\\&=30\times0.5987-30\times0.9802\times0.5596\\&\approx1.506\end{aligned}$$

即适当的期权价格为 1.506 元.

9.4 测度变换与 Black-Scholes 公式

这一节将介绍一种随机微积分的常用技巧，即基本概率测度的变换，这就是所谓的 Girsanov's 定理或 Cameron-Martin 公式. Girsanov's 定理使得随机微分方程解的表现形式变得更加容易，它对于各种金融衍生产品价格的定价起着重要的作用，是数理金融学的基本定理之一. 下面将介绍测度理论的一些基本知识，相关知识可参见文献［42］. 在本节的最后，应用测度变换的思想给出 Black-Scholes 公式的另外一种推导方法.

9.4.1 Girsanov's 定理

设$(\Omega, \mathscr{F})$为一可测空间，P，Q是可测空间上的两个概率测度. 若存在一个非负可测函数f_1满足

$$Q(A)=\int_A f_1(\omega)\mathrm{d}P(\omega), \quad A\in\mathscr{F} \tag{9-80}$$

则称Q关于P **是绝对连续的**. f_1称为Q关于P的密度或称为Q关于P的Radon-Nikodym导数.

类似地，交换P和Q，也可以定义P关于Q是绝对连续的，以及非负可测函数f_2. 若P关于Q是绝对连续的，且Q关于P也是绝对连续的，则称P与Q是**等价的概率测度**.

设$B=\{B(t), t\in[0, T]\}$表示标准Brown运动，且

$$F_t=\sigma(B_s, s\leqslant t), \quad t\in[0, T] \tag{9-81}$$

定义一个随机过程如下

$$\tilde{B}(t)=at+B(t), \quad t\in[0, T] \tag{9-82}$$

式中，a是一常数. 可见，仅当$a=0$时，$\tilde{B}$才是标准Brown运动. 但若用一个适当的概率测度Q来取代基本概率测度P，则可以证明在新的概率测度Q下，$\tilde{B}$是一个标准Brown运动. 这表明当P变成Q时，$\tilde{B}$满足标准Brown运动的定义性质.

定理9-6(Girsanov's 定理) 设$\{B(t)\}$为标准Brown运动，$\{F_t\}$由式(9-81)给出，则有

(1) 在概率测度P下，随机过程$\{M_t\}$

$$M_t=\exp\left\{-\frac{1}{2}a^2t-aB(t)\right\}, \quad t\in[0, T] \tag{9-83}$$

是关于$\{F_t\}$的鞅.

(2) 下式

$$Q(A)=\int_A M_T(\omega)\mathrm{d}P(\omega), \quad A\in\mathscr{F} \tag{9-84}$$

定义了一个$\mathscr{F}$上的概率测度Q，它与P是等价的.

(3) 在概率测度Q下，由式(9-82)定义的过程$\tilde{B}$是一个标准Brown运动.

(4) 过程$\tilde{B}$适应于$\{F_t\}$.

其中，概率测度Q称作**等价鞅测度**.

【例9-13】 考虑线性随机微分方程

$$\mathrm{d}S(t)=\mu S(t)\mathrm{d}t+\sigma S(t)\mathrm{d}B(t), \quad t\in[0, T] \tag{9-85}$$

式中，系数 μ 和 $\sigma>0$ 是常量.

由例 9－5，该方程的解为

$$S(t)=S(0)\mathrm{e}^{(\mu-\frac{1}{2}\sigma^2)t+\sigma B(t)}, \quad t\in[0, T] \tag{9-86}$$

设

$$\widetilde{B}(t)=\frac{\mu}{\sigma}t+B(t), \quad t\in[0, T]$$

则式(9－85)可以写为

$$\mathrm{d}S(t)=\sigma S(t)\mathrm{d}\left(\frac{\mu}{\sigma}t+\sigma B(t)\right)=\sigma S(t)\mathrm{d}\widetilde{B}(t), \quad t\in[0, T] \tag{9-87}$$

根据 Girsanov's 定理，在由式(9－84)定义的等价鞅测度下，$\widetilde{B}$ 是一个标准 Brown 运动，其中 $a=\frac{\mu}{\sigma}$. 因为线性随机微分方程式(9－87)不含漂移项，所以根据式(9－86)(或例 9－5)，可以推导出式(9－87)的解 S 如下(即令 $\mu=0$ 并用 $\widetilde{B}$ 取代 B)，即

$$S(t)=S(0)\mathrm{e}^{-\frac{1}{2}\sigma^2 t+\sigma\widetilde{B}(t)} \tag{9-88}$$

类似 Girsanov's 定理的式(9－83)，式(9－87)的解 $S(t)$ 是概率测度 Q 下的鞅，但在概率测度 P 下不是鞅. 又 $\widetilde{B}(t)=\frac{\mu}{\sigma}t+B(t)$，所以有

$$S(t)=S(0)\mathrm{e}^{(\mu-\frac{1}{2}\sigma^2)t+\sigma B(t)}, \quad t\in[0, T] \tag{9-89}$$

这正是原来随机微分方程(9－85)的解.

在例 9－13 中，测度变换消去了随机微分方程中的漂移项，因此当只知道 $\mu=0$ 时方程的解(9－86)，则应用测度变换就可以推导出 μ 取一般值时方程的解(9－86). 因为 $S(t)$ 是概率测度 Q 下的鞅，所以利用鞅的性质就可以证明有关 $S(t)$ 的各种结论. 在下节中，将使用上述结论来定价欧式买入期权.

9.4.2 测度变换与 Black-Scholes 公式

这里首先回顾一下 Black-Scholes 模型及其相关内容，然后说明 Black-Scholes 期权定价公式可以表示为在满期 T 时净收益$(S(T)-K)^+$折现价值的条件期望. 假定如下前提条件.

(1) 证券(有风险)A 和债券(无风险)B，它们的资产数量单位无限可分，而且债券 B 的无风险利率 $r>0$ 对于存储和贷款一致. 资产市场无任何交易成本和税收，无卖空限制.

(2) 证券 A 的价格过程 $S(t)$ 由如下随机微分方程

$$\mathrm{d}S(t)=\mu S(t)\mathrm{d}t+\sigma S(t)\mathrm{d}B(t), \quad t\in[0, T] \tag{9-90}$$

所描述，其中 μ 是平均收益率，σ 是波动率，B 是标准 Brown 运动，T 是期权的满期.

(3) 无风险资产(债券)的价格由如下微分方程

$$\mathrm{d}S_0(t)=rS_0(t)\mathrm{d}t,\quad t\in[0,\ T] \tag{9-91}$$

给出，其中 $r>0$ 是债券的利率.

(4) 投资者在 t 时的投资组合为：$N(t)$份股票，$N_0(t)$份债券，此时该投资的价值为

$$X(t)=N(t)S(t)+N_0(t)S_0(t),\quad t\in[0,\ T] \tag{9-92}$$

(5) 该投资组合是自融资的，即

$$\mathrm{d}X(t)=N(t)\mathrm{d}S(t)+N_0\mathrm{d}S_0(t),\quad t\in[0,\ T] \tag{9-93}$$

(6) 在满期时，$X(T)$等于未定权益 $h(S(T))$，其中 h 为一给定的函数. 对于欧式买入期权，$h(x)=(x-K)^+$，其中 K 是期权的敲定价格；对于欧式卖出期权，$h(x)=(K-x)^+$.

在 9.3 节中已经推导出欧式买入期权的价格(贴水)，并证明了存在一个自融资策略$(N_0(t),\ N(t))$使得 $X(T)=(S(T)-K)^+$. 下面就应用 Girsanov's 定理给出欧式买入期权定价公式的直观解释.

在满期时，投资者从期权得到的收益为$(S(T)-K)^+$. 为了确定它在 0 时刻的价值，以利率 r 折现得到 0 时刻的价值为

$$\mathrm{e}^{-rT}(S(T)-K)^+ \tag{9-94}$$

由于在时刻 0 时无法知道 $S(T)$的值，所以假定 $S(t)$满足线性随机微分方程(9-90)，这就自然想到是否可以在一定条件下及结合式(9-94)来讨论 0 时刻期权的价格.

设股票的折现价格为

$$\widetilde{S}_t=\mathrm{e}^{-rt}S(t),\quad t\in[0,\ T]$$

令

$$f(x,\ t)=\mathrm{e}^{-rt}x$$

应用伊藤公式(9-27)得

$$\begin{aligned}\mathrm{d}\widetilde{S}_t&=-r\mathrm{e}^{-rt}S(t)\mathrm{d}t+\mathrm{e}^{-rt}\mathrm{d}S(t)\\&=-r\mathrm{e}^{-rt}S(t)\mathrm{d}t+\mathrm{e}^{-rt}S(t)(\mu\mathrm{d}t+\sigma\mathrm{d}B(t))\\&=\widetilde{S}_t((\mu-r)\mathrm{d}t+\sigma\mathrm{d}B(t))\\&=\sigma\widetilde{S}_t\mathrm{d}\widetilde{B}(t)\end{aligned}$$

其中

$$\widetilde{B}(t)=B(t)+\frac{\mu-r}{\sigma}t,\quad t\in[0,\ T]$$

由 Girsanov's 定理，对概率测度 P 进行变换而得到一个等价鞅测度 Q 使 $\widetilde{B}$ 成为标准 Brown 运动. 类似于例 9-13，上述方程的解为

$$\widetilde{S}_t=\widetilde{S}_0 e^{-\frac{1}{2}\sigma^2 t+\sigma\widetilde{B}(t)},\quad t\in[0,T] \tag{9-95}$$

它在概率测度 Q 下是关于 $\{F_t\}$ 的鞅.

下面利用等价鞅测度 Q 来给出 Black-Scholes 公式的直观解释.

假定 Black-Scholes 模型中存在一个自融资策略 $(N_0(t),N(t))$，它使投资组合在 t 时的价值 $X(t)$ 为

$$X(t)=N(t)S(t)+N_0(t)S_0(t),\quad t\in[0,T]$$

且 $X(T)$ 等于未定权益 $h(S(T))$. 对于欧式买入期权，可采取如下自融资策略

$$N(t)=C_x(S(t),t),\quad N_0(t)=\frac{1}{S_0(t)}[C(S(t),t)-C_x(S(t),t)S(t)]$$

则可以证明 t 时刻投资组合的价值可表示为

$$X(t)=E_Q(e^{-r(T-t)}h(S(t))|F_t),\quad t\in[0,T] \tag{9-96}$$

其中，$E_Q(A|F_t)$ 表示在新的概率测度 Q 下随机变量 A 关于 $F_t=\sigma(B(s),s\leqslant t)$ 的条件期望.

常用 $E(A|F_t)$ 表示在原来概率测度 P 下的条件期望，即在没有任何角标的情况下，$E(A|F_t)=E_P(A|F_t)$.

下面证明式(9-96)是正确的，然后再用它来计算欧式买入期权的价格. 考虑折现价值过程

$$\widetilde{X}(t)=e^{-rt}X(t)=e^{-rt}(N(t)S(t)+N_0(t)S_0(t))$$

令 $f(x,t)=e^{-rt}x$，所以 $\widetilde{X}(t)=f(X(t),t)$. 又 $dS_0(t)=rS_0(t)dt$，由伊藤公式(9-27)和自融资策略得

$$\begin{aligned}d\widetilde{X}(t)&=-r\widetilde{X}(t)dt+e^{-rt}dX(t)\\&=-re^{-rt}(N(t)S(t)+N_0(t)S_0(t))dt+e^{-rt}(N(t)dS(t)+N_0(t)dS_0(t))\\&=N(t)(-re^{-rt}S(t)dt+e^{-rt}dS(t))\\&=N(t)d\widetilde{S}_t\end{aligned}$$

又 $\widetilde{X}_0=X(0)$，于是

$$\begin{aligned}\widetilde{X}(t)&=X(0)+\int_0^t N(s)d\widetilde{S}_s\\&=X(0)+\sigma\int_0^t N(s)\widetilde{S}_s d\widetilde{B}(s)\end{aligned}$$

在等价鞅测度 Q 下，$\widetilde{B}$ 是标准 Brown 运动，过程 $\{N(t)\widetilde{S}_t,t\in[0,T]\}$ 适应于 $\{F_t,t\in[0,T]\}$，因此 $\widetilde{X}(t)=X(0)+\sigma\int_0^t N(s)\widetilde{S}_s d\widetilde{B}(s)$ 形成一个关于 $\{F_t\}$ 的鞅，这是伊藤积分的基本性质之一(证明略). 再根据鞅的性质

$$\widetilde{X}(t)=E_Q(\widetilde{X}(T)|F_t),\quad t\in[0,T]$$

因为

$$\widetilde{X}(T)=\mathrm{e}^{-rT}X(T)=\mathrm{e}^{-rT}h(S(T))$$

所以

$$\mathrm{e}^{-rt}X(t)=E_Q(\mathrm{e}^{-rT}h(S(T))\,|\,F_t)$$

于是证明了投资组合的值表示为式(9-96).

下面讨论欧式买入期权的价格问题. 由式(9-96)，投资组合在 t 时刻的价值 $X(t)$ 为

$$\begin{aligned}X(t)&=E_Q(\mathrm{e}^{-r(T-t)}h(S(T))\,|\,F_t)\\&=E_Q(\mathrm{e}^{-r(T-t)}h(S(t)\mathrm{e}^{(r-\frac{1}{2}\sigma^2)(T-t)+\sigma(\widetilde{B}(T)-\widetilde{B}(t))})\,|\,F_t)\end{aligned}$$

在时刻 t，$S(t)$是 $B(t)$的函数，所以 $\sigma(S(t))\subset F_t$，即在 F_t 条件下 $S(t)$可以看成常数. 在 Q 下，$\widetilde{B}(T)-\widetilde{B}(t)$ 与 F_t 是相互独立的，且 $\widetilde{B}(T)-\widetilde{B}(t)$ 服从正态分布 $\mathrm{N}(0,(T-t))$，从而根据第2章中条件期望的性质，有

$$X(t)=f(S(t),t)$$

其中

$$f(x,t)=\mathrm{e}^{-r(T-t)}\int_{-\infty}^{\infty}h\left(x\mathrm{e}^{(r-\frac{1}{2}\sigma^2)(T-t)+\sigma y(T-t)^{1/2}}\right)\varphi(y)\mathrm{d}y$$

$\varphi(y)$表示标准正态分布的密度函数. 对于欧式买入期权

$$h(x)=(x-K)^+=\max\{0,x-K\}$$

于是

$$\begin{aligned}f(x,t)&=\int_{-z_2}^{\infty}[x\mathrm{e}^{-\frac{1}{2}\sigma^2(T-t)+\sigma y(T-t)^{1/2}}-K\mathrm{e}^{-r(T-t)}]\varphi(y)\mathrm{d}y\\&=x\Phi(z_1)-K\mathrm{e}^{-r(T-t)}\Phi(z_2)\end{aligned}$$

其中，$\Phi(x)$是标准正态分布函数，而且

$$z_1=\frac{\ln(x/K)+\left(r+\dfrac{1}{2}\sigma^2\right)(T-t)}{\sigma(T-t)^{1/2}},\qquad z_2=z_1-\sigma(T-t)^{1/2}$$

该公式与推导出的欧式买入期权的价格公式一致. 对于欧式卖出期权，$h(x)=(K-x)^+$，用同样的方法可以计算出它的价格

$$f(x,t)=K\mathrm{e}^{-r(T-t)}\Phi(-z_2)-x\Phi(-z_1)$$

习 题 9

1. 设 f 是连续函数，举例说明积分 $\int_0^1 f(B_t)\mathrm{d}B_t$ 可以有(或没有)有限的矩.

2. 求积分 $\int_0^1 t\mathrm{d}B_t$ 的均值与方差.

3. 利用伊藤公式证明下面等式

$$\int_0^t B_s^2 \mathrm{d}B_s = \frac{1}{3}B_t^3 - \int_0^t B_s ds$$

$$\int_0^t s\mathrm{d}B_s = tB_t - \int_0^t B_s \mathrm{d}s$$

4. 设 X_t，Y_t 是伊藤过程，试证

$$\mathrm{d}(X_tY_t) = X_t\mathrm{d}Y_t + Y_t\mathrm{d}X_t + \mathrm{d}X_t \cdot \mathrm{d}Y_t$$

由此导出下面的分部积分公式

$$\int_0^t X_s\mathrm{d}Y_s = X_tY_t - X_0Y_0 - \int_0^t Y_s\mathrm{d}X_s - \int_0^t \mathrm{d}X_s \cdot \mathrm{d}Y_s$$

5. 定义

$$\beta_k(t) = E(B_t^k), \quad k=0, 1, 2, \cdots, t \geqslant 0$$

用伊藤公式证明

$$\beta_k(t) = \frac{1}{2}k(k-1)\int_0^t \beta_{k-2}(s)\mathrm{d}s, \quad k \geqslant 2$$

并由此推出 $E(B_t^4)$的值.

6. 利用伊藤公式，求下列过程所满足的伊藤随机微分方程.

(1) $X_t = B_t^3$

(2) $X_t = \alpha + t + \mathrm{e}^{B_t}$

(3) $X_t = \mathrm{e}^{\frac{t}{2}}\cos B_t$

(4) $X_t = \mathrm{e}^{ut+\sigma B_t}$

7. 利用伊藤公式证明下列随机过程是鞅.

(1) $X_t = \mathrm{e}^{\frac{t}{2}}\cos B_t$

(2) $X_t = (B_t + t)\exp\left\{-B_t - \frac{1}{2}t\right\}$

8. 设 $\mathrm{d}X_t = (aX_t + b\sqrt{X_t})\mathrm{d}t + cX_t\mathrm{d}B_t$，$M_t = \mathrm{e}^{-cB_t + \frac{1}{2}c^2t}$.

(1) 求证：

$$\mathrm{d}(M_tX_t) = M_t(aX_t + b\sqrt{X_t})\mathrm{d}t$$

(2) 令 $Y_t = M_tX_t$，并证明它满足常微分方程

$$\frac{\mathrm{d}Y_t}{\mathrm{d}t} = aY_t + b\mathrm{e}^{-\frac{1}{2}cB_t + \frac{1}{4}c^2t}\sqrt{Y_t}$$

(3) 求证：$Z_t = \sqrt{Y_t}$满足$\frac{\mathrm{d}Z_t}{\mathrm{d}t} = \frac{a}{2}Z_t + \frac{b}{2}\mathrm{e}^{-\frac{1}{2}cB_t + \frac{1}{4}c^2t}Z_t$.

(4) 通过求解 Z_t，证明：$X_t = e^{cB_t - \frac{c^2}{2}t + at}\left(\frac{b}{2}\int_0^t e^{-\frac{c}{2}B_s + (\frac{c^2}{4} - \frac{a}{2})s} ds + \sqrt{X_0}\right)^2$.

9. 求证如下的随机利率方程

$$dr_t = \sigma dB_t + (a - br_t)dt$$

有唯一解

$$r_t = r_0 e^{-at} + b(1 - e^{-at}) + \sigma e^{-at}\int_0^t e^{as} dB_s$$

10. 设 0 时刻的股票价格为 50 元，相应的股票的欧式期权执行价格为 45 元，年无风险利率为 6%，股票价格的波动率(标准差)为 $\sigma = 0.2$，期权的有效期为 3 个月，求在无套利情况下欧式买入期权的价格.

11. 设某种证券当前价格为 40(元)，假设该证券价格过程 $S(t)$ 服从参数 $\mu = 0.12$ 和 $\sigma = 0.24$ 的几何 Brown 运动，那么对于一个还有 4 个月才到期、执行价格是 $K = 42$ 的买入期权，它会被执行的概率有多大？如果无风险利率是 8%，试求在风险中立概率下买入期权的价格(设单位时间为 1 年).

12. 设某种证券当前价格为 105(元)，考虑该证券价格的波动率为 $\sigma = 0.30$、满期为 6 个月、执行价格是 $K = 100$ 的欧式卖出期权，如果无风险利率是 10%，试求在风险中立概率下该欧式卖出期权的价格.

13. 设某种证券的价格服从漂移参数为 $\mu = 0.06$、波动率为 $\sigma = 0.3$ 的几何 Brown 运动.

(1) 6 个月内证券的价格比现在的价格低 90% 的概率有多大？

(2) 考虑一种新型的投资：初始成本为 A，6 个月后如果届时的价格低于初始价格的 90%，则投资者就得到 100，否则得到 0. 要使这种投资无套利发生，A 的值应该是何值？

部分习题参考答案

习 题 2

2. $E(Y)=\frac{1}{1-a}$

3. 协方差矩阵为$\begin{bmatrix}1/18 & 0\\ 0 & 3/80\end{bmatrix}$

4. (1) $f(x, y)=\frac{1}{2\pi\sqrt{3}}\exp\left\{-\frac{2}{3}\left[x^2-\frac{1}{2}xy+\frac{y^2}{4}\right]\right\}$ (2) $a=-4$

5. $f_Y(y)=\begin{cases}\frac{1}{\sqrt{2\pi}\sigma}\exp\left\{-\frac{(\ln y-\mu)^2}{2\sigma^2}\right\}\cdot\frac{1}{y}, & y>0\\ 0, & y\leqslant 0\end{cases}$

6. $C_n^k\left(\frac{\lambda_1}{\lambda_1+\lambda_2}\right)^k\cdot\left(\frac{\lambda_2}{\lambda_1+\lambda_2}\right)^{n-k}$

7. $y>0$ 时，$f(x\mid y)=\begin{cases}\frac{1}{y}, & 0<x<y\\ 0, & 其他\end{cases}$； $x>0$ 时，$f(y\mid x)=\begin{cases}e^{x-y}, & y>x\\ 0, & 其他\end{cases}$

8. 矩母函数：$\frac{\lambda}{\lambda-t}(\lambda>t)$， 均值：$\frac{1}{\lambda}$， 方差：$\frac{1}{\lambda^2}$

11. (1) 0.347 4 (2) 0.625 4

13. $E(X)=1$， $V(X)=1$

习 题 3

1. 0，$r_X(t_1+t_2)=(1+t_1t_2)\sigma^2$，$c_X(t_1, t_2)=(1+t_1t_2)\sigma^2$

2. (1) $\mu_{Y_t}=\mu_{X_t}+\varphi(t)$，$c_Y(t_1, t_2)=c_X(t_1, t_2)$

4. (2) $\sigma_{Y_t}^2=k^2\sigma_{X_t}^2$，$c_Y(t_1, t_2)=k^2\sigma_{X\min(t_1,t_2)}^2$

5. (1) $0.96-0.08\ln 5=0.83$

   (2) $P(N_{20}\geqslant 10)=\sum_{k=10}^{+\infty}\frac{(0.5\times 20)^k e^{-0.5\times 20}}{k!}=0.542\,05$

6. (1) X_t 是严平稳过程

   (2) $r_X(\tau)=\sigma^2+\mu^2$

7. (1) X_t 是平稳过程，$\mu_X=0$，$r_X(\tau)=\cos\tau$

   (2) X_t 是严平稳过程，因为 X_t 是正态过程

8. $E(Y_n)=np$； $\sigma_Y(m, n)=p(1-p)\min\{m, n\}$

11. $c_X(t_1, t_2)=1+t_1t_2+t_1^2t_2^2$

12. $R_Y(t, t+\tau)=\dfrac{A^4}{4}\left(1+\dfrac{1}{2}\cos 2\omega t\right)$； $R_{XY}(t, t+\tau)=0$

13. $f(t; x)=f\left(-\dfrac{\ln x}{t}\right)\left|\dfrac{1}{tx}\right|$； $\mu_{X_t}=E(X_t)=\int_0^\infty e^{-yt}f(y)dy$；

$R_X(t_1, t_2)=\int_0^\infty e^{-y(t_1+t_2)}f(y)dy$

15. $e^{\lambda t(e^{iu}-1)}$

习　题　4

1. (3) e^{-1}；　$1-e^{-1}$；　$e^{-0.5}-e^{-1.5}$

2. (1) $\lambda t+\lambda^2 t(t+s)$；　(4) $E(M(T))=\dfrac{\lambda T}{2}$, $V(M(T))=\dfrac{\lambda T}{3}$

4. $f(S_1, S_2, S_3)=\lambda^3 e^{-\lambda s_3}$，　$0<S_1<S_2<S_3$

5. $e^{-1.2}$

6. $P(T>t)=e^{-\lambda nt}\ (t>0)$

7. $\lambda\int_0^t\left(F\left(\dfrac{b}{t-s}\right)-F\left(\dfrac{a}{t-s}\right)\right)ds$

8. (1) $50t$；　(2) $500t$

10. $\Phi(x)=\dfrac{\lambda}{x+\lambda}\ (x\geqslant 0)$

11. $P(N(t)\geqslant k)=\begin{cases}\displaystyle\int_0^{t-k\delta}\frac{\mu^k}{(k-1)!}s^{k-1}e^{-s}ds, & t>k\delta\\ 0, & t\leqslant k\delta\end{cases}$

17. $P(N(t)=k)=\Phi\left(\dfrac{t}{\sqrt{k}\sigma}\right)-\Phi\left(\dfrac{t}{\sqrt{k+1}\sigma}\right)$, $m(t)=\sum\limits_{k=1}^{\infty}\Phi\left(\dfrac{t}{\sqrt{k}\sigma}\right)$.

习　题　5

2. 0

3. $\boldsymbol{P}=\begin{bmatrix}\frac{1}{6}&\frac{1}{6}&\frac{1}{6}&\frac{1}{6}&\frac{1}{6}&\frac{1}{6}\\ 0&\frac{1}{3}&\frac{1}{6}&\frac{1}{6}&\frac{1}{6}&\frac{1}{6}\\ 0&0&\frac{1}{2}&\frac{1}{6}&\frac{1}{6}&\frac{1}{6}\\ 0&0&0&\frac{2}{3}&\frac{1}{6}&\frac{1}{6}\\ 0&0&0&0&\frac{5}{6}&\frac{1}{6}\\ 0&0&0&0&0&1\end{bmatrix}$

4. (1) $p_{ii}=\frac{1}{N}(ip+(N-i)(1-p))$，$p_{i,i+1}=\frac{N-i}{N}p$，$p_{i,i-1}=\frac{i}{N}(1-p)$，而且当 $|i-j|>1$时，$p_{ij}=0$

(2) 6 次

5. (1) $\boldsymbol{P}^{(3)}=\begin{bmatrix}0.25 & 0.375 & 0.375\\ 0.375 & 0.25 & 0.375\\ 0.375 & 0.375 & 0.25\end{bmatrix}$

(2) 0.375

7. $f_{11}^{(1)}=p_1$，$f_{11}^{(2)}=0$，$f_{11}^{(3)}=q_1q_2q_3$，$f_{12}^{(1)}=q_1$，$f_{12}^{(2)}=p_1q_1$，$f_{12}^{(3)}=p_1^2q_1$

8. 常返态，周期为 3，平稳分布为$\left(\frac{1}{3},\ \frac{1}{3},\ \frac{1}{6},\ \frac{1}{6}\right)$

9. (1) $N=\{3,\ 4\}$，$C_1=\{1\}$，$C_2=\{2\}$，状态“1，2”为吸收态，正常返，非周期

(2) $\frac{1}{48}$，$\frac{1}{12}$

(3) $\frac{1}{36}$

二步转移概率为

$$\boldsymbol{P}^{(2)}=\begin{bmatrix}\frac{4}{25} & \frac{2}{5} & \frac{11}{25}\\ \frac{9}{20} & \frac{1}{4} & \frac{3}{10}\\ \frac{1}{3} & \frac{5}{9} & \frac{1}{9}\end{bmatrix}$$

$P(X_2=0)=0.237\,2$，$P(X_2=1)=0.400\,9$，$P(X_2=2)=0.361\,9$

10. (2) $(\pi_1,\ \pi_2,\ \pi_3)=(0.176\,5,\ 0.235\,3,\ 0.588\,2)$；$\pi_1=\pi_2=\pi_3=\frac{1}{3}$；$(\pi_1,\ \pi_2,\ \pi_3)=\left(\frac{5}{14},\ \frac{6}{14},\ \frac{3}{14}\right)$

11. (1) $\frac{7}{18}$

(2) $\frac{3}{5}+\left(\frac{1}{6}\right)^n\left(p-\frac{3}{5}\right)$

(3) 具有遍历性

(4) $\left(\frac{3}{5},\ \frac{2}{5}\right)$

12. (1) 令状态为他身边所有的伞数. 转移概率为 $p_{0,r}=1$，$p_{i,r-i}=1-p$，$p_{i,r-i+1}=p$，$i=1,\ 2,\ \cdots,\ r$

(2) $\pi_0=\frac{q}{r+q}$，$\pi_i=\frac{1}{r+q}$，$i=1,\ 2,\ \cdots,\ r$，其中 $q=1-p$

(3) $p\pi_0=\frac{pq}{r+q}$

14. $\boldsymbol{P}=\begin{bmatrix} \frac{1}{2} & \frac{1}{2} & 0 & 0 & \cdots \\ \frac{2}{3} & 0 & \frac{1}{3} & 0 & \cdots \\ \frac{3}{4} & 0 & 0 & \frac{1}{4} & \cdots \\ \vdots & \vdots & \vdots & \vdots & \end{bmatrix}$

该链不可约，非周期，正常返，其平稳分布为$\left\{\frac{1}{(\mathrm{e}-1)(k+1)!}, k\geqslant 0\right\}$

习　题　6

1. $\begin{bmatrix} -5 & 2 & 3 \\ 0 & 0 & 0 \\ 2 & 2 & -4 \end{bmatrix}$

2. $P_{00}(t)=\frac{\mu}{\lambda+\mu}+\frac{\lambda}{\lambda+\mu}\mathrm{e}^{-(\lambda+\mu)t}$

3. $N(t)\sim \mathrm{P}(\lambda t)$.

4. 向前方程为 $P'_{ij}(t)=-P_{ij}(t)+\frac{1}{2}P_{i,j-1}(t)+\frac{1}{2}P_{i,j+1}(t)$

转移概率 $P_{ij}(t)=\begin{cases} \frac{1}{3}-\frac{1}{3}\mathrm{e}^{-\frac{3}{2}t}, & i\neq j \\ \frac{1}{3}+\frac{2}{3}\mathrm{e}^{-\frac{3}{2}t}, & i=j \end{cases}$

平稳分布 $\pi_j=\lim\limits_{t\to\infty}P_{ij}(t)=\frac{1}{3}$，$j=1, 2, 3$

5. (1) $\pi_0=\left(\frac{\mu}{\lambda+\mu}\right)^M$，$\pi_j=\mathrm{C}_M^j\left(\frac{\lambda}{\lambda+\mu}\right)^j\left(\frac{\mu}{\lambda+\mu}\right)^{M-j}$，$j=1, 2, \cdots, M$

(2) 0.780 9

6. $p_1(t)=\frac{\beta}{\alpha+\beta}-\frac{\beta}{\alpha+\beta}\mathrm{e}^{-(\alpha+\beta)t}$，$p_2(t)=\frac{\alpha}{\alpha+\beta}+\frac{\beta}{\alpha+\beta}\mathrm{e}^{-(\alpha+\beta)t}$

7. $P_n(t)=\binom{N}{n}\mathrm{e}^{-N\lambda t}(\mathrm{e}^{\lambda t}-1)^n$

9. $\{X(t), t\geqslant 0\}$是生灭过程

习　题　7

3. 均值为$A+(B-A)\frac{s-t_1}{t_2-t_1}$、方差为$\frac{(s-t_1)(t_2-s)}{t_2-t_1}$的正态分布

4. (1) $st+\min\{s, t\}$　(2) $\min\{s, t\}$

8. $\mu=\lambda$，$c=\sqrt{\frac{1}{2}\lambda}$

9. (1)、(2)、(3) 有相同的密度

10. $\frac{1}{6}$

习　题　8

5. $\{Y_n = X_n - E(X_n),\ n \geqslant 0\}$是鞅，$\{Z_n = [X_n - E(X_n)]^2,\ n \geqslant 0\}$是下鞅，$\{-Z_n,\ n \geqslant 0\}$是上鞅.

7. $c = \frac{1}{\beta}$

12. (2) $\frac{2(N-1)}{2N-1}$

习　题　9

1. 取 $f(t)=t$，则 $E\left(\int_0^1 B_t \mathrm{d}B_t\right) = 0$，$E\left(\int_0^1 B_t \mathrm{d}B_t\right)^2 = \frac{1}{2}$；取 $f(t) = \mathrm{e}^{t^2}$，虽然积分存在，但积分的二阶矩不存在.

2. 均值为 0，方差为$\frac{1}{3}$

5. $E(B_t^4) = 3t^2$

10. 7.62

参考文献

[1] BILLINGSLEY P. Convergence of probability measures. New York: Wiley, 1968.

[2] BILLINGSLEY P. Probability and measure. New York: Wiley, 1995.

[3] BLACK F, SCHOLES M. The pricing of options and corporate liabilities. Journal Political Economy, 1973 (81): 635 - 654.

[4] CAPINSKI M, KOPP E. Measure, integral and probability. Berlin: Springer-Verlag, 2000.

[5] CHUNG K L. A coures in probability theory. Academic Press, 1974.

[6] CHUNG K L, WILLIAMS R J. Introduction to stochastic integration. 2nd ed. Birkhäuser, Basel, 1990.

[7] COX J C, RUBINSTEIN M. Options markets. New Jersey: Prentice-Hall, 1985.

[8] DEMPSTER M, PLISKA S. Mathematics of derivative securities. Cambrige: Cambridge University Press, 1997.

[9] DOOB J L. Stochastic processes. New York: Wiley, 1953.

[10] DUFFIE D. Dynamic asset pricing theory. New Jersey: Princeton University Press, 1993.

[11] IKEDA N, WATANABE S. Stochastic differential equations and diffusion processes. 2nd ed. North-Holland, Amsterdam, 1989.

[12] LAMBERTON D, LAPEYRE B. Introduction to stochastic calculus applied to finance. Chapman and Hall/CRC, 2000.

[13] KARATZAS I. Lectures on the mathematics of finance. American Mathematical Society, 1996.

[14] KARATZAS I, SHREVE S E. Brownian motion and stochastic calculus. Berlin: Springer-Verlag, 1988.

[15] KARATZAS I, SHREVE S E. Methods of mathematical finance. Berlin: Springer-Verlag, 1998.

[16] MALLIARIS A G, BROCK W A. Stochastic methods in economics and finance. North-Holland, Amsterdam, 1999.

[17] MERTON R C. Theory of rational option pricing. The Bell Journal of Economics and Magaement Science, 1973 (4): 141 - 183.

[18] MIKOSCH T. Elementary stochastic calculus with finance in view. World

Scientific，1998.

[19] OKSENDAI B. Stochastic differential equations. Berlin：Springer-Verlag，1998.

[20] PLISKA S R. Introduction to mathematical finance，discrete times models. Blackwell Publishers，2000.

[21] RITCHKEN P H. On option pricing bounds. Finance，1985 (40)：1219 - 1233.

[22] RITCHKEN P H，KUO S. Option bounds with finite revision opportunities. Finance，1988 (43)：301 - 308.

[23] ROGERS L C G，WILLIAMS D. Diffusions，markov processes and martingales，volume 2 Ito calculus. Cambrige：Cambridge University Press，2000.

[24] ROLSKI T，SCHMIDLI H，SCHMIDT V，TEUGELS J. Stochastic processes for insurance and finance. New York：Wiley，1998.

[25] ROSS S M. Stochastic processes. John Wiley and Sons，1983.

[26] ROSS S M. An introduction to mathematical finance，options and other topics. Cambrige：Cambridge University Press，1999.

[27] SHAFER G，VORK V. Probability and finance：it's only a game. New York：Wiley，2001.

[28] SHIRYAYEV A N. Probability. Berlin：Springer-Verlag，1984.

[29] STEELE J. Stochastic calculus and financial applications. Berlin：Springer-Verlag，2000.

[30] TAPIERO C S. Applied stochastic models and control for finance and insurance. Kluwer Academic Publishers，2002.

[31] WILLIAMS D. Probability with martingales. Cambrige：Cambridge University Press，2000.

[32] 田畑吉雄. 数理金融论. 东京：牧野书店，1993.

[33] 泽木胜茂. 金融数理. 东京：朝仓书店，1999.

[34] 森村英典，木岛正明. 金融与随机过程. 东京：日科技连出版社，2000.

[35] 森真. 数理金融学. 讲谈社，2001.

[36] 森真，滕田岳彦. 概率统计入门：数理金融学的应用. 东京：讲谈社，2001.

[37] 津野义道. 金融概率积分：伊藤公式，Girsanov 定理，Black-Scholes 公式. 东京：共立出版株式会社，2001.

[38] 王梓坤. 概率论基础及其应用. 北京：科学出版社，1976.

[39] 王梓坤. 随机过程论. 北京：科学出版社，1978.

[40] 叶中行，林建忠. 数理金融：资产定价与金融决策理论. 北京：科学出版社，2000.

[41] 何声武. 随机过程导引. 上海：华东师范大学出版社，1986.

[42] 严士健，刘秀芳. 测度与概率. 北京：北京师范大学出版社，1994.

[43] 严加安，彭实戈．随机分析选讲．北京：科学出版社，1997.
[44] 柳金甫，李学伟，王军．应用随机过程．北京：中国铁道出版社，2005.
[45] 龚光鲁．随机微分方程引论．北京：北京大学出版社，1997.
[46] 张尧廷．金融市场的统计分析．桂林：广西师范大学出版社，1998.
[47] PLISKA S R. 数理金融学引论：离散时间模型．王忠玉，译．北京：经济科学出版社，2002.
[48] MILLS T C. 金融时间序列的经济计量学模型．俞卓箐，译．北京：经济科学出版社，2002.
[49] PETERS E E. 分形市场分析：将混沌理论应用到投资与经济理论上．储海林，殷勤，译．北京：经济科学出版社，2002.
[50] STAMPFLI J，GOODMAN V. 金融数学．蔡明超，译．北京：机械工业出版社，2004.